UTB 3052

Eine Arbeitsgemeinschaft der Verlage

Böhlau Verlag · Köln · Weimar · Wien
Verlag Barbara Budrich · Opladen · Farmington Hills
facultas.wuv · Wien
Wilhelm Fink · München
A. Francke Verlag · Tübingen und Basel
Haupt Verlag · Bern · Stuttgart · Wien
Julius Klinkhardt Verlagsbuchhandlung · Bad Heilbrunn
Lucius & Lucius Verlagsgesellschaft · Stuttgart
Mohr Siebeck · Tübingen
C. F. Müller Verlag · Heidelberg
Orell Füssli Verlag · Zürich
Verlag Recht und Wirtschaft · Frankfurt am Main
Ernst Reinhardt Verlag · München · Basel
Ferdinand Schöningh · Paderborn · München · Wien · Zürich
Eugen Ulmer Verlag · Stuttgart
UVK Verlagsgesellschaft · Konstanz
Vandenhoeck Göttingen
vdf Hochschulverlag AG an der ETH Zürich

Boike Rehbein, Hermann Schwengel

Theorien der Globalisierung

UVK Verlagsgesellschaft mbH

Bibliografische Information der Deutschen Nationalbibliothek
Die Deutsche Nationalbibliothek verzeichnet diese Publikation in der Deutschen Nationalbibliografie; detaillierte bibliografische Daten sind im Internet über http://dnb.d-nb.de abrufbar.

ISBN 978-3-8252-3052-4

Einbandgestaltung: Atelier Reichert, Stuttgart
Coverbild: © Tom Grill/corbis
Satz und Layout: Claudia Wild, Stuttgart
Druck: CPI Ebner & Spiegel, Ulm

UVK Verlagsgesellschaft mbH
Schützenstr. 24 · D-78462 Konstanz
Tel.: 07531-9053-0 · Fax: 07531-9053-98
www.uvk.de

Für Gerda und Wheat

Inhaltsverzeichnis

Einleitung

Jede Zusammenstellung von Theorien der Globalisierung erzählt selbst eine Geschichte. Auch wenn man versucht, Auswahl und Prinzipien so transparent wie möglich zu halten, verbleiben die Autoren nicht im Status theoretischer Unschuld. In der Tat glauben wir, dass nach zwei Jahrzehnten hitziger Debatte Globalisierung als Tatsache nicht mehr zu bestreiten ist, dass die Geschichte menschlicher Gesellschaften eine neue Qualität erreicht hat und dass mit dem Aufstieg und der Differenzierung des globalen Südens die globalen Interaktionsverhältnisse sich fundamental zu verändern begonnen haben. Auch das Bewusstsein, in *einer* Welt zu leben, die mehr oder weniger rund ist und mehr oder weniger gleichartige Erdenbewohner umfasst, hat sich in den letzten Jahrzehnten über die Welt ausgebreitet. Eine andere Sache ist es aber, sich den Bildern der Globalisierung nicht auszuliefern, sondern Einheit und Vielfalt theoretisch zu verknüpfen. Gerade wenn wir glauben, im Zeitalter der Globalisierung zu leben, ist die differenzierte Struktur dieser Welt zu begreifen eine Überlebensnotwendigkeit. Gerade wenn wir die Entstehung neuer globaler Kräfte, Mächte und Märkte in ihrer Vielfalt beobachten, gilt es, zwischen der unterschiedlichen Dichte dieser Prozesse zu unterscheiden. Es ist deshalb ratsam, von der Vorstellung vieler Globalisierungen – von den *varieties of globalization* – auszugehen, um Alternativen auszuleuchten und Gabelungen sichtbar zu machen.

Fernsehen, Internet, mobile Telekommunikation, weltumspannender Flugverkehr, instantane Geldtransfers in die entlegensten Winkel der Welt, globale Handels- und Warenketten, auf allen Märkten präsente Marken, weltweite Umweltprobleme und Risiken sowie supranationale Organisationen sind historisch mehr oder weniger neu. Ein Geschäftsreisender fliegt in einem Flugzeug, das von einer der wenigen TNCs hergestellt wurde, übernachtet in einem Hotelzimmer der wenigen transnationalen Ketten, mietet einen Wagen der wenigen internationalen Mietwagenfirmen und bezahlt mit einer der wenigen global akzeptierten Kreditkarten (Sklair 1991: 26). Er sieht Fernsehsendungen eines der wenigen Branchenriesen, kann im Kabelfernsehen zwischen Hollywood und Bollywood wählen, konsumiert Produkte einer weniger Weltmarken und spricht die Weltsprache Englisch. Vermutlich wird er auch mit Werbung einer der wenigen transnationalen Werbefirmen bombardiert. In allen Großstädten der Welt kann er in Chinatown einkaufen und bei McDonald's essen. Seine aus aller Welt kommenden E-mails und die Kurse seiner Wertpapiere kann er in seinem Hotelzimmer abfragen und sich dabei einen Virus einfangen, der alle Computer der Welt bedroht. Allerdings lässt sich diese suggestive Kette lockern oder anziehen. Sie erfasst nicht informelle Räume, die mit Globalisierung überhaupt nichts zu tun haben, und nicht diejenigen, die schon immer global waren. Die Kette kann als Last wie als Schmuck empfunden werden, man mag die Ambivalenz der Bilder genießen oder sie abstoßend finden, erklären muss man sie sich und anderen.

Was also könnten die Eigenschaften des Neuen sein, und wie sind sie zu erklären? Die einfachste und wohl anerkannteste Definition des Begriffs der Globalisierung ist wachsende Vernetzung, oft auch als Raum-Zeit-Kompression (Harvey 1989; Robertson 1990; Thompson 1995) umschrieben. Die Definition greift zurück auf Émile Durkheims *Gravitationsgesetz* der Sozialwissenschaften, nach dem die Größe und Dichte von Gesellschaften zunimmt (1986: 330). Man kann die Dichte auch auf eine globale Interdependenz erweitern, wenn man im Blick behält, dass Dichte auch wieder zurückgehen kann und Zusammenhänge schrumpfen können. Für Durkheim wie für die Globalisierungstheoretiker bedarf die Zunahme von Größe und Dichte keiner Erklärung, sie ist ein Axiom und kein Phänomen. Nach zwei Jahrzehnten erbitterter Debatten hat sich eine gewisse Nüchternheit durchgesetzt, die unterschiedlichen Dichten der Globalisierung vor dem Hintergrund der *einen* vernetzten Welt zu suchen. Allerdings gibt man sich nicht mit dem kleinsten gemeinsamen Nenner zufrieden, der einen mehr oder weniger geographischen Sachverhalt beschreibt, sondern differenziert die Prozesse der Globalisierung nach den Bereichen Wirtschaft, Gesellschaft, Geschichte und Politik. Die entsprechenden Debatten sind Gegenstand dieses Buches.

Tabelle 0.1: Symptome der Globalisierung

	Um 1970	**Um 2000**
Internationale Flugpassagiere	75 Mio.	600 Mio.
Kosten einer Telefonminute zwischen England und den USA	3 US$	0,10 US$
Internetnutzer	0	399 Mio.
Fernsehzuschauer weltweit	200 Mio.	1400 Mio.
Grenzüberschreitender Wertpapierhandel der USA in Prozent des BSP	4 % (1975)	Über 200 % (1997)
Bankeinlagen im Ausland	20 Mrd. US$ (1964)	7900 Mrd. US$ (1995)
Durchschnittliche Einfuhrzölle	13 %	4 %
Änderung des Geldwechselkurses	Fast nie	Mehrmals täglich
Publikationen mit der Wurzel »global« im Titel	13 (1980–84)	600 (1992–96)

Quellen: Altvater/Mahnkopf 1999; Dicken 2003; Mackay 2000; Scholte 2000; Urry 2000; Yergin/Stanislaw 1999.

Globalisierungsbegriff

Erst in den ausgehenden 1980er Jahren hat der Begriff der Globalisierung weite Verbreitung gefunden. Dafür gibt es Gründe. Tatsächlich aber ist das Phänomen des Zusammenwachsens der – jeweils bekannten – Welt schon in der europäischen Antike diskutiert worden. In der jüngsten Vergangenheit haben zahlreiche Autoren zu verschiedenen Zeitpunkten auf das Phänomen hingewiesen. Unseres Wissens hat Marshall Hodgson (1941) zum ersten Mal das Wort *global* in seiner heutigen Bedeutung verwendet. Trygve Mathisen (1959) unterschied knappe zwei Jahrzehnte später eine *world society*, die nicht-staatliche Organisationen und die ganze Welt umfasse, vom Bereich internationaler Organisationen (der *international society*), in denen nur staatliche Akteure vertreten seien. Damit war zum ersten Mal ein Unterschied zwischen dem Zusammenwachsen der Staaten und einem jenseits der Staaten angesiedelten Prozess der Globalisierung gezogen worden. Gestritten wurde danach noch bis in die 1990er Jahre, ob das neue Phänomen zu mehr oder weniger kultureller Homogenität führe, ob es lediglich durch den Neoliberalismus oder nur durch neue Technologien angetrieben werde, ob es als einheitliche Epoche zu betrachten sei und ob es in allen Aspekten tatsächlich neu sei.

Die Auseinandersetzungen haben inzwischen viele Schematismen hinter sich gelassen. Niemand tritt mehr auf, um die einzige und gesamte Wahrheit der Globalisierung zu verkünden. Es konkurrieren Tendenzen miteinander, Verstärkungen und Abschwächungen, Reichweiten und Begrenzungen. Diese relative Nüchternheit musste erst erarbeitet werden, so wie ihr Erfolg auch dadurch wieder zunichte gemacht werden könnte, dass ihre zeitdiagnostische Kraft und kulturelle Orientierungsleistung durch Gleichgültigkeit verspielt wird. Es kann als Konsens gelten, dass erstens am Zusammenwachsen der Welt kein Zweifel mehr besteht, dass zweitens die Welt schon seit Jahrtausenden Tendenzen zum Zusammenwachsen aufweist, dass drittens die Globalisierungsdebatten einen wichtigen Bestandteil der Globalisierung selbst darstellen, dass viertens sich verschiedene Stränge und Bereiche von Globalisierung unterscheiden und dass fünftens die transnationalen Zusammenhänge und Ströme neue Formen sozialer und politischer Aushandlung erfordern. Um auf diesem relativen Konsens sinnvolle theoretische Differenzierung aufzubauen, ist es am besten, zwischen den *Voraussetzungen*, die die verschiedenen Wissenschaften anbieten, den *Zusammenhängen*, die bestimmte Fragestellungen nach Akteuren und Institutionen in diesen Prozessen schärfer formulieren, und der Frage nach den *Konsequenzen* zu unterscheiden, so wie wir es in diesem Buch tun.

Systematik

Wollte man alle Texte zur Globalisierung aufarbeiten und darstellen, müsste ein Werk mit unendlich vielen Seiten entstehen. Es bliebe nichts anderes übrig, als nur noch Autoren, Titel und Themen aufzulisten. Ein Lehrbuch dieser Art ist etwa das Werk von Patrick Manning (2003) über die Weltgeschichtsschreibung. Für bestimmte Zwecke mag dies nützlich sein, wir haben uns aber gegen den Anspruch auf Vollständigkeit entschieden, weil unseres Erachtens die Zusammenhänge im Vordergrund stehen sollten und die Leserschaft mehr über die jeweiligen Inhalte erfahren sollte. Das aber bedeutet, den einzelnen Werken mehr Raum zu widmen und damit die mögliche Zahl der dargestellten Werke und Autoren zu reduzieren. Eine solche Entscheidung hat natürlich Konsequenzen für die Repräsentativität, eröffnet aber der Leserschaft eigene Entscheidungsmöglichkeiten.

Man könnte sich auch vorstellen, die Globalisierungsdebatten dadurch aufzuarbeiten, dass ihre – vorläufigen – Ergebnisse zusammengefasst werden. Diese Darstellungsweise hätte den Vorzug, der Leserschaft alle Irr- und Seitenwege der Diskussion zu ersparen und nur die jeweiligen aktuellen Kontroversen und Bestände zu erörtern. Ihr Nachteil ist allerdings, dass die eigene – notwendig auch idiosynkratische und historisch beschränkte – Sichtweise noch stärker in den Vordergrund träte, als ohnehin unvermeidbar ist. Ein Beispiel dafür ist die lesenswerte Einführung in das Phänomen der Globalisierung von Klaus Müller (2000).

Auch die Zuspitzung auf dualistische Konzepte hat ihre Vor- und Nachteile. Held und McGrew (2000) haben in ihrem Buch zu Beginn dieses Jahrzehnts die zahlreichen Diskussionen auf eine einzige große Globalisierungsdebatte reduziert, innerhalb derer sie nur zwei Positionen unterscheiden: die skeptische und die globalistische. Die Skeptiker sprechen von Internationalisierung, betrachten Verhältnisse zwischen Staaten, Nationalismus, Imperialismus und nationale Identitäten und halten an der Vorherrschaft des Nationalstaates und des globalen Nordens fest. Demgegenüber sprechen die Globalisten von der Globalisierung, diagnostizieren den Niedergang des Nationalstaates und die Entstehung von Multilateralismus, globaler Kultur, Hybridisierung, transnationalen Zusammenhängen, *global governance* und einer globalen Zivilgesellschaft (Held/McGrew 2000: 37). Die Reduktion auf einen einfachen Gegensatz mag vorübergehend hilfreich gewesen sein, schert aber viele Themen und Streitpunkte unnötig über einen Kamm. Es ist deshalb folgerichtig, dass in dem Reader, den Held und McGrew vor kurzem herausgegeben haben (Held/McGrew 2007), der Ausfächerung der Alternativen sehr viel mehr Raum geboten wird. Die rein historische Darstellung der Debatte mit all ihren Seiten- und Irrwegen mag, wenn die intellektuelle Distanz gelingt, die größte Breite erreichen, wird aber den Preis dafür zahlen, dass die Sichtbarkeit der Alternativen und Kontroversen abnimmt.

Nach all diesen Überlegungen, die bei der Konzeptualisierung dieses Buches angestellt worden sind, haben wir uns also dafür entschieden, das Material in drei Schichten zu sortieren, die jeweils unterschiedlich systematisiert sind. Der erste Teil referiert wichtige Voraussetzungen und Grundlagen der Globalisierungsdebatte. Er ist in fünf Kapitel gegliedert, jeweils um einen disziplinären Kern kreisend: Geschichte, Weltsystemtheorie, Ökonomie, Ethnologie und Soziologie. Auch dabei waren Entscheidungen zu treffen. Natürlich wäre es interessant gewesen, die Ansätze zur Weltgeschichtsschreibung noch stärker im Wettbewerb mit nationaler und regionaler, Alltags- und Gesellschaftsgeschichtsschreibung zu erläutern, aber wir haben es bei einer Einbettung in mögliche Zusammenhänge belassen. Natürlich wäre eine Ausweitung der Rezeption der Weltsystemtheorie auf Ansätze neuerer Zivilisationstheorien interessant gewesen, aber sie hätten den Rahmen einer sozialwissenschaftlichen Rezeption der Weltsystemtheorie vollends gesprengt. Natürlich wäre es interessant gewesen, die breite Literatur zu *global governance* daraufhin zu referieren, wie sie gegenüber der Weltwirtschaft die Kraft, *government* zu sein, erklärt, aber wir haben mit guten Gründen eine Rückbindung an die langen Reihen der Kritik der politischen Ökonomie vorgezogen. Natürlich wäre es interessant gewesen, die sozialwissenschaftliche Betrachtungsweise kultureller Globalisierung durch eine medientheoretische Konzeptualisierung zu ergänzen, aber auch hier wäre der Rahmen der Fragestellung überdehnt worden. Schließlich bedarf es aufgeklärter Sinne für das Nicht-Wissen, wie uns Niklas Luhmann gelehrt hat, also das Bewusstsein für Bereiche, von denen wir nur wissen, dass wir sie nicht gut genug kennen. Die Soziologie könnte eine Lotsen- und Navigationsrolle in diesem Prozess des vernetzten Wissens einer vernetzten Welt – mit anderen Disziplinen zusammen – einnehmen. Aber gerade deshalb kann die Darstellung von Theorien der Globalisierung nicht mit der Soziologie der Globalisierung beginnen, sondern die Soziologie muss sich im Bewusstsein der Verflechtung der Disziplinen darin erst definieren. Das hat auch damit zu tun, dass sich die Sozialwissenschaften aus einer Periode der additiv-mythischen Interdisziplinarität, in der alles mit allem irgendwie zusammenhing und in kleinsten Nennern resultierte, zu klareren Abstufungen der Nutzung des Wissens anderer Disziplinen durchringen müssen.

Globalisierung geschieht nicht allein, ihre Zusammenhänge werden hergestellt, es bedarf des Können-Bewusstseins von Akteuren und Institutionen, verdichteter Problemzusammenhänge und Aussichten. Das ist der Fokus, der für den zweiten Teil des Buches die Themen sortiert. Für besonders wichtig halten wir dabei den Aufstieg und die Differenzierung des globalen Südens, der Gegenstand des ersten

Kapitels ist, gefolgt von Kapiteln zu Städten, Unternehmen, kulturellen Szenen, Regionen und Sozialstrukturen. Diese Diskussionen sind in vollem Gange und können daher weniger einer rezeptiven Systematik als einer Systematik des Interesses an Konfliktarenen, Entscheidungsalternativen und Entstehungsprozessen globaler Akteure folgen.

Der zweite Teil nimmt eine Scharnierrolle zwischen den Voraussetzungen und den Konsequenzen differenzierter Globalisierungsprozesse ein. Deshalb gewinnen die Ansichten der Verfasser auch eine stärkere Rolle als zuvor. Göran Therborn (2000) unterscheidet zum Beispiel fünf zentrale Debatten um den Begriff der Globalisierung: Ökonomie, Globalisierungskritik, Ende des Nationalstaates, kulturelle Globalisierung und Ökologie. Aber diese Unterscheidung spiegelt, wie sinnvoll ihre Annäherung an die Debatten auch ist, eher die Präferenzen des Autors als eine empirisch geleitete Konzeptualisierung wider. Damit wären etwa die Traditionen der Weltgeschichte, des Feminismus, der soziologischen Theorie und der außereuropäischen Globalisierung mehr oder weniger unter den Tisch gefallen. Es ist so, dass verschiedene Globalisierungsdebatten geführt werden und miteinander in Wettbewerb, Konflikt und Konsensus stehen. Die Reduktion, der wir in diesem Buch folgen, leitet sich von der Frage ab, wer, wie, warum und wo Zusammenhänge *herstellen* kann zwischen den Niveaus, Bereichen und Optionen globaler Prozesse. Deshalb werden die Diskussionen um den globalen Süden, Städte, Unternehmen, kulturelle Szenen, Regionen und Sozialstrukturen im zweiten Teil skizziert. In der Konsequenz daraus werden im dritten Teil die möglichen Handlungsräume der Gestaltung von Globalisierung, der Öffnung neuer Sichtweisen und der Erarbeitung möglicher Allianzen aufgezeigt.

Allgemeine Prinzipien

Wir referieren nicht jeden einzelnen Text zur Globalisierung, sondern konzentrieren uns auf wichtige und klar konturierte Standpunkte. Philologische Rechtschaffenheit zwingt uns zu einer engen Begrenzung des Textmaterials. Wir ziehen nicht willkürlich Texte eines Autors oder einer Schule heran, ohne auf den Kontext zu achten. Diskussionen, Schulen, Autoren und Gedanken entwickeln sich im Laufe der Zeit. Sogar innerhalb von Texten können sich Diskussionszusammenhänge, Adressaten und Ziele kreuzen. Daher haben wir unsere Darstellung auf möglichst wenige Kernstellen von Texten mit einem besonders hohen Wirkungsgrad beschränkt. Ein weiterer Grund für diese Vorgehensweise besteht darin, dass die Leserschaft sich so besser in die Primärliteratur einlesen kann. Die referierten Textstellen können zuerst im Original gelesen und dann durch weitere Lektüre ergänzt werden. Nach Möglichkeit werden Quellen zugrunde gelegt, die in deutscher Sprache erhältlich sind, um der Leserschaft den Einstieg in die eigene Lektüre zu erleichtern. Dennoch wird man erkennen müssen, dass die Debatten noch zu einem großen Teil durch die angelsächsische Literatur dominiert werden. Ganz ohne einen Blick in englischsprachige Texte wird man nicht auskommen.

Beim Referieren der Literatur haben wir zumeist den Indikativ gewählt, der sich leichter liest als der Konjunktiv, den wir nur in grammatischen und inhaltlichen Notfällen benutzen, oder um die Einbettung der Texte in breitere ideenpolitische Zusammenhänge zu illustrieren. Die Darstellung bezieht sich fast immer nur auf den zuletzt genannten Text, dem auch die in Klammern angeführten Belegstellen entnommen sind, so dass wir auf die ständige Wiederholung des Autorennamens verzichten können.

Jede Darstellung von Theorien der Globalisierung wird sich der Tatsache bewusst sein müssen, dass Autorinnen und Leserinnen, Studierende und Hochschullehrer, Rezeption und Öffentlichkeit Teil des Prozesses sind, den sie zu verstehen suchen. Wenn wir die Voraussetzungen und Grundlagen in Geschichte, Weltsystemtheorie und politischer Ökonomie auskundschaften, sind wir deshalb Teil der gegenwärtigen Interaktion zwischen den Wissenschaften. Gleiches gilt für Zusammenhänge und Konsequenzen. Die Teilhabe mag bei vielen sozial- und kulturwissenschaftlichen Themen der Fall sein, aber bei der Auseinandersetzung mit der Globalisierung sollten alle wirtschaftlichen und politischen, kulturellen und sozialen Sinne hellwach sein. Theorien der Globalisierung konkurrieren auch mit publizistischen Wahrnehmungen der Globalisierung, die eine Deutungshoheit beanspruchen (Schwengel 2006). Und weder Lehrende noch Lernende sollten sich dabei die Butter vom Brot nehmen lassen.

1. Voraussetzungen

1.1. Lange Wellen

Da Globalisierung ein historischer Prozess ist, ganz gleich, wie man ihn definiert, bestimmt die Geschichte der Geschichtswissenschaften das Forschungsdesign jeder Untersuchung von Globalisierungsprozessen mit. Aber diese Mitbestimmung hat auch ihre Grenzen, weil der Prozess der Globalisierung und globale Geschichte nicht vorschnell gleichgesetzt werden sollten. Es kommt hinzu, dass vor allem in Deutschland die neuere Weltgeschichte es sehr schwer hat gegenüber einer Perspektive, die froh ist, keine Nationalgeschichte mehr, sondern eine Geschichte der europäischen Moderne zu schreiben. Es lassen sich drei Grundhaltungen zu diesem Verhältnis von Globalisierung und Weltgeschichte unterscheiden (Gills/Thompson 2006: 2 ff): Für eine Gruppe ist die gegenwärtige Globalisierung die letzte Periode einer Folge von Globalisierungsschüben, die in der Gegenwart ihre höchste Verdichtung erfahren. Eine andere Gruppe beharrt auf dem qualitativen Unterschied aller Phänomene der Globalisierung von der Logik der Globalgeschichte, weil sonst keine Notwendigkeit für einen sozialwissenschaftlich eigenständigen Begriff der Globalisierung bestände, denn alle globale Geschichte wäre immer schon Globalisierung.

Mit Gills und Thompson verfolgen wir eine dritte Perspektive, die eine selektive Rezeption der Weltgeschichtsschreibung mit der Entwicklung eines sozialwissenschaftlichen Konzepts der Globalisierung verbindet. Es kommt also darauf an, wo und wie sich sozialwissenschaftliche Theorien der Globalisierung aus dem Gehäuse der Weltgeschichtsschreibung emanzipieren, ohne diese Herkunft zu vergessen. Die Herkunft aus der Weltgeschichtsschreibung erleichtert nämlich den Bruch mit dem Ethnozentrismus, den die Weltgeschichtsschreibung in sich und an sich vollzogen hat. Charakteristisch für die frühere Weltgeschichtsschreibung war ihr Ethnozentrismus, Weltgeschichte wurde als Vorgeschichte der jeweils eigenen Gegenwart geschrieben und behauptet. Erklärungsbedürftig war stets die Vorherrschaft Europas, Nordamerikas oder des Westens. Voltaire begann seine *Histoire Générale* (1756) noch mit China, nicht mit Europa, aber bereits für Kant und Hegel beginnt die Geschichte mit den antiken Hochkulturen, die als Boden Europas gedeutet werden. Europa wird als Höhepunkt und Erfüllung der Menschheitsgeschichte interpretiert, verschoben oder perfektioniert in Nordamerika. Damit ging bald einher, Geschichte nicht mehr als Menschheitsgeschichte, sondern als Geschichte von Nationalstaaten zu schreiben. Die Überdetermination der Geschichtsschreibung durch Eurozentrismus und nationalstaatliche Fokussierung ist deshalb für sozialwissenschaftliche Theorien der Globalisierung von großer Bedeutung, weil ihr langer Schatten sich auf die Entstehung der Globalisierungsforschung gelegt hat. Die Entstehung der Sozialwissenschaften ist verknüpft mit dem Aufstieg Europas. Alle bekannten sozialwissenschaftlichen Theorien bis in die jüngste Gegenwart wurden vor allem in Europa oder Nordamerika entwickelt. Ihr Ethnozentrismus ist somit ein Eurozentrismus. Die Sozialwissenschaften folgen dem Bruch der Weltgeschichtsschreibung mit der ethno- und eurozentristischen, um dann selbst die Zusammenhänge gegenwärtiger Globalisierungsprozesse zu beleuchten.

Wenn sich die Sozialwissenschaften für den Weg von der ethnozentrischen Geschichte zur Weltgeschichte interessieren, dann nicht deshalb, weil sie eine bessere Geschichte schreiben wollen oder eine Metageschichte, sondern weil die Erfahrung des Bruchs, der erneuten Zusammensetzung der Bruchstücke und der Eröffnung eines neuen Horizonts ein Lehrstück darstellt. Gegen die Verengung und Verfälschung des Blicks entwickelte sich im 20. Jahrhundert die Tradition der Weltgeschichte, die den Voraussetzungen der bisher dominierenden Geschichtsschreibung widersprach. Europa war nur während zweier kurzer Perioden in Altertum und Moderne vorherrschend, und der Nationalstaat wurde nicht vor dem 19. Jahrhundert dominant. Erst in der Gegenwart beginnen sich die Einsichten der Weltgeschichtsschreibung durchzusetzen. Der Nationalstaat und die Vorherrschaft des Westens geraten unter Druck. Sie können nicht mehr als selbstverständlich betrachtet werden. Zu dieser Erkenntnis tragen die Regionalwissenschaften bei, die sich nie vollständig dem Eurozentrismus angeschlossen haben. Die gegenwärtige Grundlagenkrise, etwa der Islamwissenschaften (vgl. Poya/Reinkowski 2008), vermag deshalb am Ende kreative Potentiale freizusetzen, die in die Geschichts- und Sozialwissenschaften wieder zurückfließen.

Die Theorien der eurozentrischen Sozial- und Geisteswissenschaften ließen sich selten vollständig auf außereuropäische Gesellschaften übertragen. Die vorherrschenden Theorien erklärten die außereuropäischen Gesellschaften daher einfach als Ausnahmen oder historisch unterentwickelt. Diese Abfertigung von Kritik wird heute zweifelhaft, da Chinas Wirtschaftsdaten die der USA einzuholen drohen und der globale Süden nicht mehr uneingeschränkt den vom Westen vorgeschriebenen Pfaden folgen mag (siehe Kapitel 2.1). Zunehmend stellt sich die Frage, ob es nicht die europäischen Gesellschaften sind, die historische Ausnahmen darstellen.

Fragen dieser Art werden in der gegenwärtigen Weltgeschichtsschreibung bearbeitet. Noch ist keine umfassende Theorie entstanden, die Europa und Außereuropa in einen einheitlichen Rahmen zu integrieren vermag. Noch wird an Vergleichen und Beziehungen gearbeitet. Sie sind Gegenstand des letzten Abschnitts dieses Kapitels. Der erste Abschnitt beschäftigt sich mit der eurozentrischen Geschichtsschreibung und der Kritik an ihr. Im zweiten Abschnitt wird die außereuropäische Geschichtsschreibung vorgestellt, die zuerst nicht-eurozentrische Bilder der Vergangenheit entwickelte und den Boden für die heutige Geschichte von Vergleichen und Beziehungen bereitete, welche der letzte Abschnitt behandelt.

1.1.1. Von der ethnozentrischen Geschichte zur Weltgeschichte

Formen von »Weltgeschichte« gibt es in allen menschlichen Kulturen und womöglich zu allen Zeiten. Mythen – von Brasiliens Urwald bis ins Bergland Indochinas – erzählen vom Anbeginn der Welt und von der Entstehung der Menschheit. An den Ursprungsmythos schließt sich zumeist die Geschichte der eigenen Gruppe an, bei der es sich um einen Clan, einen Dorfverband oder eine ethnische Gruppe handeln kann. Es wird eine ethnozentrische Weltgeschichte erzählt. Ursprungsmythos und ethnozentrische Erzählung der jüngsten Geschichte verbinden sich auch im ältesten bekannten Werk der Schriftkultur, im *Gilgamesch-Epos*. Es beginnt mit der Behauptung, Gilgamesch habe alle Weltgegenden gesehen und alles Wesentliche erfasst, auch das, was sich vor der Sintflut ereignet hatte (I. Tafel: 1–8).

Mythen und Epen gelten insofern nicht als wissenschaftlich, als sie keinen Anspruch darauf erheben, dokumentierbare Ereignisse darzustellen. Der zwischen 490 und 480 v. Chr. in Halikarnassos geborene Herodot gilt als »Vater der Geschichtswissenschaft«. Der Grieche wollte die Geschichte der gesamten bekannten Welt, der *oikumene*, auf der Grundlage von Quellen und eigenen Beobachtungen schreiben, anstatt die mündliche Überlieferung zu wiederholen. Die Bücher des Herodot sind in Anspruch und Reichweite durchaus mit der Weltgeschichte des frühen 20. Jahrhunderts vergleichbar. Geografie verbindet sich mit Ethnografie, Ökonomie und Ereignisgeschichte zum Versuch, ein umfassendes Bild der bekannten Welt zu zeichnen. Das Bild Herodots reicht über Äthiopien hinaus nach Schwarzafrika und über die Steppen Zentralasiens hinaus bis nach China. Es finden sich auch ausführliche Beschreibungen des Nahen Ostens und Indiens (vor allem Herodot 3. Buch: 97 ff). Dabei hat sich Herodot eigenen Angaben zufolge sogar persischer, phönizischer, indischer und anderer Quellen bedient (1. Buch: 1 ff). Wenngleich es auch außerhalb Griechenlands Traditionen der Geschichtsschreibung gab, hat Herodot aber letztlich nur auf sie zurückgegriffen, um eine ähnlich ethnozentrische Geschichte zu schreiben, wie es schon Gilgamesch getan hatte.

Die abendländische Tradition, die von Herodot über Thukydides, Polybios, Plinius und die christlichen Historiker bis zu Hegel und Ranke reicht, hat sich für die extraokzidentale Geschichte nur noch als Vorgeschichte des Aufstiegs der jeweils eigenen Gesellschaft oder als deren Randgebiet interessiert. So meint Polybios (6. Buch), die Geschichte aus der Sicht Roms erzählen zu können, weil das Römische Reich mit der Gesamtheit der (zivilisierten) Welt identisch geworden sei. Das war sicher nicht der Fall, stellte sich aber aus römischer Perspektive so dar. In ähnlicher Weise hat man die Welt als Peripherie, Bestandteil oder Vorgeschichte der je eigenen sozialen Umgebung gedeutet.

In Indien war das Interesse an einer präzisen Geschichtsschreibung gering. Neben den bekannten und weniger bekannten großen Epen, in denen sich historische Ereignisse mit mythischen Erzählungen mischen, sind größtenteils Chroniken erhalten, die mindestens bis in das 3. Jahrhundert v. Chr. zurückreichen, aber in Anspruch und Reichweite sehr begrenzt sind (Philips 1961: 29). Anders verhielt es sich in China. Aktivitäten des Kaisers und tägliche Berichte gab es mindestens seit den Han. Im 7. Jahrhundert schuf der Kaiser ein eigenes Amt für Geschichtsschreibung, das von einem Minister oder sogar vom Kanzler geleitet wurde (Franke/Trauzettel 1971: 14). Dementsprechend wurde natürlich offizielle Geschichte geschrieben. Die Chinesen ersetzten schon früh Mythen über die Urzeit und Legenden über die Vorzeit durch die Konzeption einer historischen Entwicklung, in der historische Individuen eine Rolle spielen (Franke/Trauzettel 1971: 16). Eine große Bedeutung hatte die Geschichte auch in der islamischen Welt, die einige der bis heute bedeutendsten Historiker hervorgebracht hat (Ibn Battuta, Ibn Khaldun, Al-Biruni und viele andere). Die Geschichtsschreibung blühte ab dem 9. Jahrhundert und dehnte sich über die gesamte islamische Welt einschließlich Indiens aus (Philips 1961: 117). Entsprechend der Offenheit und fortschreitenden Ausdehnung des Islams waren die Historiker überregional orientiert in einem Maße, das im Westen erst im 19. Jahrhundert erreicht wurde.

Auch wenn der arabische Blick wegen der Ausdehnung des Islams von Spanien bis Indonesien weiter reichte als der europäische Blick, richtete sich das Hauptinteresse immer noch auf die Erzählung einer Vorgeschichte der eigenen Gegenwart. Die europäische Geschichtsschreibung hat bis ins 20. Jahrhundert an dieser Orientierung festgehalten. Das Standardwerk des Geschichtsunterrichts, *Der große Ploetz*, kommt in seiner 32. Auflage von 1998 mit 230 Seiten (von insgesamt 1860 Seiten) zur außereuropäischen Geschichte vor der europäischen Expansion aus. Erzählt wird die Standardgeschichte der Welt: Einer Vorgeschichte der Zivilisation (Ploetz 1998: 13–72) folgte die Entstehung von Staaten im Nahen Osten (73–112), die von der ersten echten Kultur, der griechischen, abgelöst wurden. Die Griechen wurden verdrängt durch die römische Weltherrschaft, auf die der Niedergang im Mittelalter und schließlich die Entdeckung der Welt sowie die Ausbreitung der Moderne und der globale Kapitalismus vom europäischen Zentrum aus folgten (113–1086). Vom 19. oder 20. Jahrhundert an kann die Geschichte als die einer Welt erzählt werden, weil diese unter europäische Herrschaft geriet (1321–1860).

Die vollkommenste Version der ethnozentrischen Geschichte erzählte zu Beginn des 19. Jahrhunderts G.W. F. Hegel (1961), der sie philosophisch konsistent zu begründen vermochte. Er zog die Konsequenz aus dem Ziel der Geschichtsschreibung, die je eigene Gegenwart zu erklären. Wenn der Mensch die Geschichte gleichzeitig macht und begreift, ist eine vollkommene Einheit erst erreicht, wenn die Person, die Geschichte macht, die gesamte Geschichte begriffen hat (Hegel 1961: 47 ff). Das kann notwendig nur in der eigenen Person geschehen. Die gesamte Geschichte, die Hegel konsequent als »Weltgeschichte« bezeichnete (1961: 39), musste demnach als Vorgeschichte der eigenen Gegenwart gedeutet werden. Hegel konnte diesen Gedanken als Vollendung der Geschichte interpretieren, weil er sie auf der Basis des christlichen Weltbilds betrachtete. Gott schuf die Menschheit, damit sie sich an der Welt abarbeite und sie im Zuge dessen begreife (1961: 55). Indem Hegel das erkannte und gleichzeitig die Geschichte philosophisch zu erklären vermochte, vollendete er die Aufgabe der Menschheit.[1] In empirischer Hinsicht erzählte Hegel jedoch eine Version der Geschichte, die sich weder von seinen Vorgängern noch vom *Ploetz* stark unterschied.

Hegels Geschichtsphilosophie wurde bald scharf kritisiert. Weder empirisch noch philosophisch vermochte seine Theodizee langfristig zu überzeugen, obwohl nie wieder ein ähnlich konsistentes Bild der Geschichte gezeichnet wurde. Man konnte nur andere Geschichten erzählen, aber Hegel nicht übertrumpfen. In logischer Hinsicht hatte Hegel die ethnozentrische Geschichtsschreibung vollendet. Etliche Philosophen versuchten jedoch, Hegel geschichtsphilosophisch zu überwinden, indem sie das Ziel der Geschichte anders bewerteten als er. Während dieser wie seine Vorgänger in der Gegenwart den Höhepunkt der Zivilisation erblickte, verlegte ihn Karl Marx in die Zukunft. Oswald Spengler (1918/22) legte ein

1 »Es hat sich also erst aus der Betrachtung der Weltgeschichte zu ergeben, dass es vernünftig in ihr zugegangen sei, dass sie der vernünftige, notwendige Gang des Weltgeistes gewesen, des Geistes, dessen Natur zwar immer eine und dieselbe ist, der aber in dem Weltdasein diese seine eine Natur expliziert … Die Geschichte erklären aber heißt, die Leidenschaften der Menschen, ihr Genie, ihre wirkenden Kräfte enthüllen, und diese Bestimmtheit der Vorsehung nennt man gewöhnlich ihren Plan … Die Entwicklung des denkenden Geistes, welche aus dieser Grundlage der Offenbarung des göttlichen Wesens ausgegangen ist, muss dazu endlich gedeihen, das, was dem fühlenden und vorstellenden Geiste zunächst vorgelegt worden, auch mit dem Gedanken zu erfassen; es muss endlich an der Zeit sein, auch diese reiche Produktion der schöpferischen Vernunft zu begreifen, welche die Weltgeschichte ist … Unsere Betrachtung ist insofern eine Theodizee, eine Rechtfertigung Gottes« (Hegel 1961: 50–56).

zyklisches Geschichtsmodell vor, während Max Horkheimer und Theodor W. Adorno (1981) genau entgegengesetzt von Hegel die Gegenwart als die Erfüllung einer zerstörerischen Geschichte deuteten. In empirischer und systematischer Hinsicht wiederholten sie jedoch alle die Standarderzählung, die auch noch die Grundlage des *Ploetz* bildet.

Im Zuge der Professionalisierung des Bildungswesens in der westlichen Welt entstand im 19. Jahrhundert neben der geschichtsphilosophischen Kritik auch eine Strömung, die aus empirischen Gründen gegen Hegel opponierte, nämlich die spezialisierte Geschichtswissenschaft. Bemühungen um eine empirische Forschung hatte es mindestens seit Herodot gegeben. Als eines der entscheidenden Hindernisse betrachtete man in der professionellen Geschichtsschreibung nun jedoch den globalen Anspruch, als Einzelperson die gesamte Geschichte empirisch aufarbeiten zu können. Die wissenschaftliche Geschichtsschreibung ist eine spezialisierte Forschung ohne philosophischen oder universalen Anspruch. Mit der Spezialisierung der Wissenschaften ist das Gesamtbild der Geschichte, insbesondere die Gesamtheit der Welt, zunehmend aus dem Blick geraten. Die Spezialisierung hatte eine noch stärkere Konzentration auf den jeweils eigenen Kulturkreis zur Folge, der im 19. und 20. Jahrhundert meist im Rahmen des Nationalstaats definiert wurde. Der Nationalstaat erlebte seinen Aufstieg im Europa des 19. Jahrhunderts und breitete sich im 20. Jahrhundert im Gefolge von Imperialismus, Kolonialismus und Postkolonialismus über den Rest der Welt aus. Die professionelle, in akademischen Institutionen verankerte Geschichtsschreibung entstand größtenteils im Zusammenhang mit dem Nationalstaat, der erst ein einheitliches Bildungswesen schuf und zumeist die Geschichtswissenschaft zur Rechtfertigung der eigenen Existenz heranzog. Selbst aus einer distanzierten Perspektive musste der Nationalstaat in dieser Phase als vorrangige Analyseeinheit der historischen Forschung gelten, bestimmte er doch die Gegenwart.

Es gab jedoch auch im 20. Jahrhundert zahlreiche Historiker, die den Rahmen des Nationalstaats verließen. Nicht zufällig handelte es sich um Wissenschaftler, die größere Zeiträume zu erfassen suchten und damit auch die Zeit vor der Entstehung des Nationalstaats in den Blick nahmen und sie zur Gegenwart in Relation setzten. Die wichtigste Strömung der Geschichtswissenschaften, die auch während der Blüte nationaler Geschichtsschreibung in längeren Perioden dachte, war die französische *Annales*-Schule, benannt nach ihrer Zeitschrift. Bekannte Vertreter dieser Schule sind Marc Bloch und Fernand Braudel, der den Terminus der *longue durée* prägte, um der Orientierung seines Denkens Ausdruck zu verleihen. Nur die Betrachtung großer Zeiträume ermögliche es, historische Entwicklungen zu erkennen. Mit der Ausdehnung der Zeit verband sich auch eine Ausdehnung des Raums über den Nationalstaat Frankreich hinaus.

Die *Annales*-Schule ging nicht nur in Zeit und Raum über den europäischen Nationalstaat hinaus, sondern wählte auch ein anderes Untersuchungsobjekt, als Geschichtsphilosophie und Geschichtswissenschaft es bis dahin im Allgemeinen getan hatten. An die Stelle der großen Ereignisse und großen Männer traten Strukturen des Alltagslebens. Daher wurde diese Art der Geschichtsschreibung auch als Wirtschafts- und Sozialgeschichte bezeichnet. Sie entwickelte sich rasch zu einer einflussreichen Strömung, die in Europa nach dem Zweiten Weltkrieg vielleicht sogar eine beherrschende Stellung errang, in den verschiedenen nationalstaatlich organisierten Wissenschaftskulturen jedoch unterschiedliche Ausprägungen erfuhr. In Frankreich hatte sie zuerst die weltgeschichtliche Orientierung, die für das vorliegende Buch von Interesse ist.

Fernand Braudel postuliert explizit, dass seine Geschichtsschreibung die gesamte Menschheitsgeschichte umfasse, sie aber nur im Hinblick auf das Alltagsleben betrachte (1986: 14 ff). Das Alltagsleben zerfällt seiner Auffassung nach in drei Ebenen, erstens die materielle Kultur, zweitens das kalkulierte Wirtschaftsleben bzw. die Marktwirtschaft und drittens den Kapitalismus (1971: 6 ff; 1986: 36 f). In seinem großen, dreibändigen Werk zeichnet Braudel ein sehr detailliertes und fesselndes Bild des Alltagslebens der Menschheit vom 15. Jahrhundert bis in die Gegenwart. Er behandelt Demografie, Ökologie (einschließlich Krankheiten), Landwirtschaft, Technik, Märkte, Finanzwesen und soziale Organisation, strukturiert nach den drei von ihm unterschiedenen Ebenen des Alltagslebens.

Im Anschluss an den Begründer der französischen Soziologie, Emile Durkheim, schreibt Braudel der Demografie eine grundlegende Rolle bei der Erklärung der Weltgeschichte zu. Durkheim hat die »Größe und Dichte der Bevölkerung« zum »Gravitationsgesetz« der Sozialwissenschaften erklärt (Durkheim 1986: 330). Aus heutiger Perspektive könnte man auch sagen, dass Bevölkerungswachstum und Globalisierung das Grundgesetz der Weltgeschichte seien. Braudel ermittelt nun, dass Größe und Dichte der Bevölkerung sich eher zyklisch entwickelt hätten und erst in der jüngsten Vergangenheit stark angestiegen seien (1971: 15). Allerdings meint er ähnlich wie Durkheim, dass die Anzahl der Menschen Ursache und Folge des geschichtlichen Fortschritts sei. Aus diesem Grund beginnt er sein monumentales Werk mit der Demografie.[2]

2 Den Beginn der Darstellung mit der Demografie hatte bereits die klassische englische Wirtschaftswissenschaft gewählt. Adam Smith war einer der wichtigsten Gewährsmänner Durkheims. Dieser Ansatz war von Marx (1969: 631 f) scharf kritisiert worden. Die Bevölkerung sei nur die Oberfläche der Gesellschaft. In der Analyse müsse man zwar mit dieser Oberfläche beginnen, sie dann aber in die grundlegenden Kategorien auflösen, mit denen dann die Darstellung zu beginnen habe. Die Demografie sei keine Erklärung, sondern selbst das zu

Braudel arbeitet heraus, dass die Bevölkerung Europas zwischen 1000 und 1350, zwischen 1450 und 1650 und seit 1750 angestiegen sei (1971: 18). Genau parallel dazu sei auch die Bevölkerung Chinas angestiegen (1971: 24 f). Die Bevölkerungszahl Chinas sei stets mit der Europas (bis zum Ural) vergleichbar gewesen. Das Ende einer Wachstumsperiode und der anschließende Bevölkerungsrückgang »löste eine gewisse Anzahl von Problemen, beseitigte Spannungen, räumte den Überlebenden Vorrecht ein, eine Art Heilverfahren, wenn auch eine Rosskur« (1971: 18). Bei relativer Überbevölkerung entständen Nahrungsknappheit, soziale Konflikte und Krankheiten, wobei Krankheiten eine eigene Dynamik hätten (1971: 79).

Die wichtigsten Parameter der materiellen Kultur sind für Braudel Ernährung, Energie, Wohnung, Kleidung und Technologie. Die Menschheit ernährte sich größtenteils pflanzlich und entwickelte hierzu verschiedene Formen der Landwirtschaft, die jeweils um eine zentrale Pflanze kreisten (1971: 100–156). Während in Europa Weizen vorherrschte, stützte sich Asien auf Reis, der eine größere Bevölkerungszahl ernähren konnte, aber auch eine straffere und intensivere Organisation der Landwirtschaft erforderte. Die amerikanische Landwirtschaft schließlich basierte auf dem einfach anzubauenden Mais. Nur der Weizen erforderte längere Brachezeiten und ermöglichte damit die Viehhaltung auf den Feldern (1971: 113). Im Hinblick auf Energie und Technologie war China den Europäern stets weit voraus. Beispielsweise wurden Steinkohle, Eisen, Papier und Schießpulver in China Jahrhunderte oder gar Jahrtausende früher benutzt (1971: 367–425). Die Europäer eigneten sich diese Erfindungen erst zu gegebener Zeit an.

Im Zentrum von Braudels Schaffen steht die Frage, wie es den Europäern gelang, China zu überholen und letztlich die Weltherrschaft zu erringen. Wie Marx und Weber erblickt er den Schlüssel zur Antwort im Kapitalismus. Allerdings unterscheidet er den Kapitalismus von der Marktwirtschaft und behauptet, Kapitalismus habe es auch vor und außerhalb der europäischen Expansion gegeben. Spezifisch für den europäischen Kapitalismus sei seine Verbindung mit dem Staat zu einer organisierten Eroberung der Welt unter Ausnutzung aller Ressourcen (1971: 457 f, 595; 1986: 53 f, 60). Das gelang, indem Europa Geld und Kapital für die Hochseeschifffahrt mobilisierte und durch die Ausnutzung vorhandener Militärtechnologie alle anderen Regionen der Welt übertrumpfte. Freies Unter-

Erklärende. Wir würden Marx vermutlich zustimmen, wenn wir seine Argumentation so übersetzen, dass Bevölkerungswachstum und Globalisierung selbst einer Erklärung bedürfen. In der Weltgeschichtsschreibung hat sich jedoch die Tendenz erhalten, Größe und Dichte der Bevölkerung als eine Art Gravitationsgesetz zu betrachten.

nehmertum, entwickeltes Finanzwesen, Unterstützung durch den Staat, Rüstungstechnologie, Fernhandel und Kapital zählten also zu den Voraussetzungen der europäischen Expansion. Sie konnte allerdings nicht ohne die Eroberung des Atlantischen Ozeans und den Zugang zu den Ressourcen Afrikas und Amerikas gelingen, also durch eine Art historischen Zufall (1971: 447, 522).

Braudel gesteht freimütig ein, dass seine Darstellung der Weltgeschichte eurozentrisch bleibt. Er beschäftige sich in erster Linie mit Europa, weil der Beruf des Historikers in Europa entstanden sei und sich die Historiker zuerst mit ihrer eigenen Vergangenheit beschäftigt hätten (1986: 31 f). Die Begründung ist wenig überzeugend. Da der chinesische Kaiser vor den europäischen Staaten professionelle Historiker beschäftigte, läuft Braudels Begründung auf eine Tautologie hinaus. Tatsächlich beruht der Eurozentrismus weit eher darauf, dass Europa über weite Strecken des 19. und 20. Jahrhunderts die Welt beherrschte. Die Herrschaft war erklärungsbedürftig und konnte am besten vom Herrschaftszentrum aus erklärt werden. Der Unterschied zwischen Braudels Erklärung und der Hegels, Rankes oder Webers besteht darin, dass diese den Aufstieg Europas aus sich selbst heraus erklärt hatten, während er für Braudel nur im Zusammenhang eines globalen Gefüges plausibel zu machen war. Genau hierin ist die Neuerung der Weltgeschichte gegenüber der älteren Geschichtsphilosophie und Universalgeschichte zu erblicken.

Eine Tradition der Wirtschafts- und Sozialgeschichte entstand auch in Großbritannien und Deutschland. Hier blieb sie weitaus stärker nationalstaatlich orientiert, bis die Tendenzen der Globalisierung sich bemerkbar zu machen begannen. Der vielleicht prominenteste Vertreter der global orientierten Wirtschafts- und Sozialgeschichte Großbritanniens ist Eric Hobsbawm, der wie Braudel ein mehrbändiges Monumentalwerk zum Aufstieg Europas als Weltgeschichte verfasste. Von der traditionellen Interpretation der Geschichte entfernte er sich zunehmend, um im letzten Band Kritik am eigenen Eurozentrismus zu üben (1996: 3, 14, 171). Dieser letzte Band, *The Age of Extremes*, entstand unter dem Eindruck des Endes der Sowjetunion und des Ost-West-Konflikts, der das Denken mindestens seit dem Zweiten Weltkrieg beherrscht hatte. Plötzlich gab es nur noch eine Welt. Die Auflösung der Sowjetunion war ohne Zweifel das bedeutendste Ereignis des späten 20. Jahrhunderts. Daher sprach Hobsbawm vom »kurzen 20. Jahrhundert«, das vom Ersten Weltkrieg bis zum Ende der Sowjetunion reichte (1996: 5). Obwohl Hobsbawm meinte, die Trennung der Welt in eine kapitalistische und eine kommunistische sei ein kurzsichtiger Fehler gewesen (1996: 4), schrieb auch er dem Kommunismus eine zentrale Rolle zu. Er habe militärisch (im Zweiten Weltkrieg) und ökonomisch (danach) für die Aufrechterhaltung des Kapitalismus im Westen gesorgt (1996: 7). Das kurze 20. Jahrhundert zeichnete sich durch drei

Transformationen aus: den Niedergang Europas, das Zusammenwachsen der Welt und die Auflösung alter menschlicher Beziehungsmuster (1996: 15 f).

Tatsächlich konzentrierte sich Hobsbawm jedoch auf das Zusammenspiel von Wirtschaft und Krieg. Dabei gelangte er zu interessanten Einsichten, auch wenn seine Darstellung weitestgehend deskriptiv und nicht theoretisch fundiert ist. Bereits in seinem Band über das 19. Jahrhundert, *The Age of Empires*, hatte er wie Braudel argumentiert, dass der europäische Kapitalismus sich durch die Verschmelzung von Wirtschaft und Politik zum Zwecke der Expansion auszeichnete. Erst im 20. Jahrhundert kam es jedoch zum totalen Krieg um die Weltherrschaft, in dem alle Menschen und Ressourcen mobilisiert wurden (1996: 44). Vom größten Industriezweig im 19. Jahrhundert entwickelte sich der Krieg im 20. Jahrhundert zum größten Unternehmen der Menschheitsgeschichte (1996: 45). Als Geldgeber und nur mittelbar Beteiligter konnten die USA in dieser Zeit Europa den Rang als beherrschende Macht ablaufen. Den Krieg deutete Hobsbawm weniger als Konkurrenz zwischen Nationalstaaten, sondern vielmehr als globalen Bürgerkrieg (1996: 144). Auf der einen Seite standen die Erben der Aufklärung, auf der anderen ihre Gegner. Die Fronten verliefen größtenteils innerhalb der Gesellschaften statt zwischen ihnen. Das war auch in den Kolonien der Fall, wo die Weltwirtschaftskrise eine Periode unaufhörlichen Wachstums beendete und damit Aufstände auslöste (1996: 212 ff).

Neben der empirischen Geschichtswissenschaft und Geschichtsphilosophie entwickelte sich im 19. Jahrhundert eine weitere einflussreiche Strömung in Opposition zu Hegel, deren Programm großenteils wissenschaftstheoretisch begründet war und als hermeneutische Tradition bezeichnet werden kann. Sie reicht zurück zur Textkritik des Philon von Alexandria, der das Alte Testament einer kritischen Prüfung unterzogen hatte. Die hermeneutische Tradition wandte sich gegen den Anspruch universaler Erklärungen und behauptete dagegen, dass historische Ereignisse (und Texte) singulär seien. In der Neuzeit hat Giambattista Vico (1981; 1744) gegen die deduktive Methode von Galilei und Descartes eingewandt, die historischen Wissenschaften bedürften einer eigenen Methode. Die Methode müsse sich von der naturwissenschaftlichen Forschung auch deshalb unterscheiden, weil historische Phänomene sinnhaft seien und aus diesem Grund nicht nur erklärt werden könnten, sondern auch verstanden werden müssten. Auf diese Einwände Vicos beriefen sich die Begründer der deutschen Geschichtswissenschaft wie Leopold von Ranke und J. G. Droysen, die die Historie ausdrücklich als eine interpretierende, hermeneutische Wissenschaft singulärer Entwicklungen sehen wollten.

Während die hermeneutische Tradition einen großen Einfluss auf die empirischen Geschichtswissenschaften ausübte, blieb sie gleichzeitig eine wissenschaftstheoretische Strömung, die in allen Geistes- und Sozialwissenschaften seit dem

19. Jahrhunderts eine wichtige Rolle spielte. Sie bestimmte die historischen und philologischen Wissenschaften vor allem im deutschsprachigen Raum. Neben wichtigen methodologischen und wissenschaftstheoretischen Einsichten hat sie ein Gegengewicht zur nationalstaatlichen Geschichtsschreibung gebildet. Historiker wie Ranke, Geschichtsphilosophen wie Oswald Spengler und Kulturhistoriker wie Jakob Burckhardt schrieben im 19. Jahrhundert die Geschichte von Kulturen und Zivilisationen statt von Nationalstaaten und Weltgeist. Untersuchungseinheit war weder der eigene nationale Container noch das Ganze, sondern eine Zivilisation, deren wesentliche Eigenschaften sowie zeitliche und räumliche Grenzen die Wissenschaft zu bestimmen hatte.

In der Globalisierungsdebatte spielt die hermeneutische Tradition eine ebenso geringe Rolle wie in der heutigen Weltgeschichte. Der Beginn der neueren Weltgeschichtsschreibung wird gemeinhin mit dem großen Werk von William McNeill, *The Rise of the West* (1963), angesetzt. Diese Datierung beruht auf der Verschiebung des intellektuellen Zentrums der Welt von Europa in die USA mit dem Zweiten Weltkrieg. Die Diskussionen vor McNeill und außerhalb der Vereinigten Staaten werden nicht mehr zur Kenntnis genommen. Braudel und Hobsbawm finden nur aus dem Grund noch Erwähnung, dass ihre Bücher auf Englisch verfügbar sind. Globalisierungsdebatte und Weltgeschichtsschreibung haben ihr Zentrum in den Vereinigten Staaten. Eingang finden nur Beiträge, die in englischer Sprache abgefasst sind und in den USA in Erscheinung treten.

Anders als der Titel vermuten lässt, zeichnet das Monumentalwerk von McNeill die gesamte Menschheitsgeschichte von den Anfängen bis ins 20. Jahrhundert nach. Der Aufstieg Europas in der Moderne nimmt nur 230 der 800 Seiten ein. McNeill übernahm die Untersuchungseinheit der Zivilisation von seinem Vorbild, Arnold Toynbee, der eine große Weltgeschichte im Geist des 19. Jahrhunderts geschrieben hatte (Toynbee 1949/58). Im Zentrum seines Denkens stand jedoch die Überzeugung, dass die Zivilisationen nur in ihrer Interaktion zu verstehen seien und über Jahrtausende teilweise oder vollständig einen Zusammenhang, eine *oikumene* im Sinne Herodots, bildeten (McNeill 1963: 56, 85). So sei auch die europäische Expansion nur durch die Position Europas in der *oikumene* zu verstehen (1963: 565).

Die Entstehung der *oikumene* zeichnet McNeills Buch nach. Zentrale Ereignisse der Vorgeschichte waren der Aufstieg des Menschen und die Entwicklung des Ackerbaus, die sich vermutlich an mehreren Stellen unabhängig voneinander vollzog, weil überall unterschiedliche Pflanzen angebaut wurden (1963: 11; vgl. 1992: 76 ff). Die dörfliche Lebensform hingegen wurde im Nahen Osten entwickelt und verbreitete sich ab 6500 v. Chr. über die Region bis nach Europa, Nordafrika, Süd- und Zentralasien (1963: 64). Auch die städtische Kultur entstand im Nahen

Osten, später auch in China, Indien und Nordafrika. Mindestens seit 2500 v. Chr. wurde zwischen den städtischen Zivilisationen Handel getrieben. Der Nahe Osten wuchs immer mehr zusammen und bildete bereits um 2000 v. Chr. eine Einheit und das Zentrum für die Zivilisationen von Europa, Indien und China (1996: 169). Diese vier Zivilisationen bildeten einen Zusammenhang, den McNeill als Eurasien bezeichnete und zu seiner vorrangigen Untersuchungseinheit machte. Noch im Jahr 1500 sah die kulturelle Landkarte Eurasiens kaum anders aus als zwei Jahrtausende zuvor.

McNeill beschäftigte sich mit den kulturellen und ökonomischen Beziehungen zwischen den Zivilisationen, aber auch mit ökologischen Verhältnissen, den Rändern der Zivilisation und der Ausbreitung von Krankheiten. Er veröffentlichte zahlreiche Arbeiten zu speziellen und weltgeschichtlichen Themen unter dem Gesichtspunkt interzivilisatorischer Verflechtungen. Einen guten Überblick über sein Schaffen bietet die kleine Sammlung, *The Global Condition* (1992). Sie behandelt die amerikanische »Frontier« im Vergleich zu anderen europäischen Eroberungen, das Verhältnis von Kulturkontakten und Krankheiten – und (natürlich) den Aufstieg Europas. McNeill fasste sein Denken nun in der These zusammen, dass die Begegnung unterschiedlicher Kulturen (innerhalb von und zwischen Zivilisationen) der Motor historischen Wandels sei (1992: 12). Daher müsse der Kontakt zwischen Kulturen im Mittelpunkt der weltgeschichtlichen Forschung stehen.

Vor diesem Hintergrund erzählt McNeill eine Geschichte der europäischen Expansion, die über die alte Universalgeschichte hinausgeht, indem sie Europa in überregionalen Zusammenhängen situiert. Damit wird die Expansion nicht aus sich selbst heraus, sondern durch eine Vielzahl von Faktoren erklärt, die nur als Relationen zu verstehen sind. Das zentrale Ereignis nach der Entwicklung des Ackerbaus war für McNeill die Entstehung von Städten, die eine berufliche Spezialisierung und neue Krankheitserreger mit sich brachte (1992: 83 ff). Sie schuf aber auch komplexe Interaktionen zwischen der beruflich spezialisierten Stadt und dem Nahrungsmittel produzierenden Land sowie zwischen Nomaden und Städtern. Die Überfälle von Nomaden waren die bestimmenden Ereignisse bis in die Neuzeit, indem sie den Aufstieg von Zivilisationen beendeten. Auch Krankheiten, die meist durch den Kontakt entfernter Kulturen übertragen wurden, spielten beim Niedergang eine Rolle. Sie beendeten die Globalisierung der Antike in China und Rom sowie in der frühen Neuzeit (1992: 93 ff). Erst im 18. Jahrhundert wurden sie weniger verheerend, vermutlich weil durch die verbesserten Verkehrswege (die Globalisierung) alle Menschen mit den meisten Krankheiten schon einmal in Kontakt gekommen waren (1992: 35). Der Kulturkontakt wurde stabilisiert durch den Fernhandel, der wiederum stark von politischen Verhältnissen abhängig war. Händler mussten eine gewisse Freiheit und zugleich eine beträchtliche Sicherheit genießen. Diese Bedingungen waren in der Antike gegeben und wurden um 1000 von China gewährleistet; von China ausgehend entwickelte sich eine relativ sichere eurasische *oikumene* (1992: 106 ff).

Im Verlauf der folgenden Jahrhunderte erlangte Europa mehrere Vorteile (1992: 114 ff). Erstens zirkulierten in Europa interkulturelle Ideen besonders schnell. Zweitens machte Europas politische Zersplitterung eine ständige Verbesserung der Kriegstechnologie erforderlich. Drittens waren die meisten europäischen Herrscher für die Finanzierung ihrer Kriegstechnologie und Armeen von Händlern und Bänkern abhängig, die dadurch eine bis dahin ungekannte Machtposition erlangten. Und schließlich entdeckten die Europäer riesige Ressourcen, über die China, Indien und der Nahe Osten nicht verfügten: die Sklaven Afrikas und das Land Amerikas. Die Eroberung Amerikas führt McNeill auch auf Zufälle zurück. Die Europäer waren den Bewohnern Amerikas in Zahlen sehr unterlegen und in Technologie und Organisation nur geringfügig überlegen (1992: 18). Entscheidend war ihre epidemiologische Überlegenheit; eingeschleppte Krankheiten entvölkerten ganze Landstriche Amerikas. Dadurch erwuchs Europa ein fünfter Vorteil. Während die Bevölkerungsdichte in den anderen drei Zivilisationen trotz großer Fortschritte, die denen Europas vergleichbar oder sogar überlegen waren, eine absolute Grenze hatte, konnte Europa diese Grenze überschreiten. Die »überschüssige« Bevölkerung verließ Europa. Zwischen 1846 und 1920 wanderten 46,2 Millionen Europäer nach Übersee, weitere 10 Millionen nach Russland aus (1992: 54). Diese Auswanderung ist eine historische Seltenheit. Erfolgreiche Migration wurde in der Geschichte fast immer von organisierten Gruppen unternommen, während die freie, private Migration historisch neu war. Sie erklärt auch einige Besonderheiten der kolonisierten Gebiete, mit denen sich McNeill ausführlich beschäftigte.

Die bedeutendste Schwäche des monumentalen Werks von McNeill besteht aus heutiger Sicht darin, dass er in seinem empirischen Fokus auf Europa (und die Vereinigten Staaten) über die spezialisierte Geschichtsschreibung, die Geschichtsphilosophie und die hermeneutische Tradition kaum hinauskam. Für ihn bestand das erklärungsbedürftige Phänomen in der Vorherrschaft des Westens und der europäischen Moderne. Wichtiger als die Schwächen seines Werkes sind jedoch seine Verdienste, die denen der *Annales*-Schule sehr ähnlich sind. Er betrachtete den Eurozentrismus und die Vernachlässigung anderer Teile der Welt selbst als Schwäche (1990; 1992: X). Ferner erkannte er, dass viele Prozesse für die professionelle Geschichtswissenschaft seiner Zeit nicht erkennbar waren, weil sie innerhalb nationalstaatlicher Grenzen dachte (1992: XI). Außerdem blieb er eng am empirischen Material. Schließlich wollte er seine Untersuchungen nicht auf lokale

Eliten beschränken, sondern auf großflächige und lang dauernde Prozesse ausdehnen (1992: XI f). Dieses Programm verfolgte er seit dem Beginn des Zweiten Weltkriegs, also parallel zur *Annales*-Schule.

1.1.2. Alternative Geschichten

Es ist bemerkenswert, in welchem Maße McNeill den Eurozentrismus, mit dem er aufgewachsen war, zu überwinden vermochte. Im Laufe seines Schaffens lernte er viel von einem kritischen Leser, der sein Kollege an der University of Chicago war und ein ähnliches Programm verfolgte. Marshall Hodgson betrachtete die Weltgeschichte jedoch nicht aus der Perspektive des Aufstiegs Europas, sondern aus der seines Spezialgebiets, der islamischen Welt. Er versuchte, die islamische Region in der Weltgeschichte zu situieren – und nicht Europa. Im Ansatz war Hodgson vielleicht eurozentrischer als McNeill, aber die veränderte Fragestellung warf die Möglichkeit auf, die Weltgeschichte aus einer Perspektive zu betrachten, die nicht die westliche Moderne zum Endpunkt hatte. Damit wurde die Weltgeschichtsschreibung systematisch und geografisch erweitert. Hodgsons Monumentalwerk, *The Venture of Islam* (1974), fand außerhalb der Fachwelt eine ebenso begrenzte Aufnahme wie eine Anzahl von Aufsätzen, die er seit 1941 veröffentlichte. Erst die posthume Veröffentlichung seiner Aufsätze als Buch (1993) hatte eine weite Verbreitung seiner Gedanken zu Folge. Nun interessierte sich ein größerer Kreis der wissenschaftlichen Gemeinschaft und sogar der Öffentlichkeit für den Islam und für die Welt außerhalb der eurozentrischen Perspektive.

Hodgson legte die vielleicht erste wissenschaftliche Kritik am eurozentrischen Bild der Geschichte vor. Dieses Bild charakterisierte er ähnlich, wie wir es oben getan haben (Hodgson 1993: 6): Die Geschichte begann im Osten; von Mesopotamien und Ägypten wurde die Flamme an Griechenland und Rom und dann an Nordwesteuropa weitergegeben. Im dunklen Mittelalter dominierte kurzzeitig der Islam auf der Basis griechischer Wissenschaft, bevor sich Europa über die Welt ausbreitete. Diese Geschichte geht erstens von einem Mainstream aus, der unsere eigene Vorgeschichte ist, und zweitens von einem Anderen, das als Orient bezeichnet wird. Das Bild stammt aus dem Mittelalter und spiegelt sich in den zeitgenössischen, auf Mercator zurückgehenden Weltkarten wider. Wir teilen die Welt in fünf Kontinente, wobei Europa weder geografisch ein Kontinent noch besonders groß ist. Die Karte von Mercator hat die Größe Europas stark übertrieben. Und warum sollte Europa ein Kontinent sein und Indien nicht, das eine ähnliche Größe, Geografie und Bevölkerung hat? Europa, der Nahe Osten, Nordafrika und Indien bilden sehr viel mehr eine geografische Einheit als China und Indien, die durch den kaum überwindlichen Himalaya getrennt sind (1993: 10). Vor allem aber spielte das, was wir heute als Europa bezeichnen, in der Geschichte nur für eine kurze Dauer eine Rolle (1993: 40).

Vor dem Hintergrund dieser Kritik wählte Hodgson eine Analyseeinheit, die er als Afro-Eurasien bezeichnete. Im ersten Jahrtausend n. Chr. entwickelte sich diese Einheit gemeinsam und akkumulierte einen gemeinsamen Bestand an Technologie und Informationen, der hauptsächlich im Osten entwickelt wurde (1993: 17 ff, 47). Wie McNeill betrachtete Hodgson das Verhältnis zwischen städtischer Zivilisation und Nomaden als einen historischen Faktor. Bis in die Antike stand die Zivilisation unter dem Druck der Nomadenüberfälle. Nach der Entstehung des Römischen Reiches zerstörten Nomaden die Zivilisation nicht mehr, sondern überlagerten sie nur noch. Und ab Dschingis Khan waren die Nomaden von der Zivilisation umzingelt, nicht mehr umgekehrt (1993: 20 ff). Nach der Mongolenexpansion verbreiteten sich chinesische Erfindungen schneller als vorher. Auf dieser Basis konnte der Westen in den Überseehandel einsteigen – zunächst mit Indien, wo die begehrten Waren herkamen. Das Schießpulver ermöglichte im 16. Jahrhundert auch die Schaffung der drei muslimischen Großreiche, die allerdings kein Interesse am Seehandel entwickelten.

Tabelle 1.1.1. Historische Zentren Eurasiens

Ungefährer Beginn	**Regionen**
3000 v. Chr.	Naher Osten
400 v. Chr.	Persien, Indien, Griechenland
0	China, Rom
800	Naher Osten
1200	Naher Osten, Indien, China, Italien
1800	England
1917	Westeuropa, Sowjetunion

Im 16. Jahrhundert war die Technologie, die den Aufstieg Europas ermöglichte, in ganz Afro-Eurasien verbreitet, das außerdem einen durch Handel und Kommunikation verbundenen Zusammenhang bildete. Ein Besucher vom Mars hätte im 16. Jahrhundert laut Hodgson vermuten müssen, dass dieser Zusammenhang im Prozess war, muslimisch zu werden (1993: 97). Bis zum 17. Jahrhundert expandierte die muslimische Gesellschaftsform am stärksten – nicht nur, weil sie geografisch am zentralsten lag, sondern weil sie auf die vorher entstandenen kulturellen Tendenzen reagieren konnte, da Kosmopolitismus, Egalitarismus und Antitraditionalismus besonders stark entwickelt waren. Gleichzeitig entstand in China eine Gesellschaft, die der Industrialisierung förderlich war. Europa hatte jedoch ein paar Vorteile, auf die auch McNeill hingewiesen hat: erschließbares Ackerland,

leichte Kommunikationswege, Zugang zum amerikanischen Kontinent, Rückgang der Angriffe durch Nomaden (1993: 68). Warum aber stieg nicht die islamische Welt auf, die Hodgson zufolge entwickelter war als Europa? Im 16. Jahrhundert war die muslimische Welt auf dem Höhepunkt ihrer politischen Macht und kulturellen Kreativität – nicht so sehr im Osmanischen Reich, das für Europäer der Bezugspunkt war, sondern im Fruchtbaren Halbmond und in Indien (1993: 100 ff).[3] Hodgson schreibt die europäische Expansion dem Zufall zu, dass die Europäer in der entscheidenden Phase auf die (bewaffnete) Seefahrt setzten, die von China und der islamischen Welt gerade im 16. und 17. Jahrhundert vernachlässigt wurde. Die Portugiesen hatten das Glück, nach ihrer Umrundung des Kaps der guten Hoffnung einen muslimischen Steuermann zu finden, der eine Abhandlung über die Navigation im Indischen Ozean geschrieben hatte und für die Veröffentlichung der Geheimnisse der Navigationskunst eintrat (1993: 98). Dabei war auch die zugleich hierarchische, rechtlich geregelte und durch intermediäre Institutionen bestimmte Gesellschaftsform vieler europäischer Gebiete von Vorteil (1993: 141 ff).

Anders als McNeill weigerte sich Hodgson, Zivilisationen klar voneinander abzugrenzen. Er betrachtete die jeweilige Analyseeinheit als Konstrukt, das vom Zweck der jeweiligen Untersuchung abhing. Das konnte Afro-Eurasien, eine Region, ein Kulturraum, eine Tradition, aber auch eine Zivilisation sein (1993: 273). So gelangte er nicht nur geografisch und systematisch über McNeill hinaus, sondern auch wissenschaftstheoretisch. Während McNeill recht statisch und substanzialistisch bestimmte Einheiten zueinander in Relation setzte, waren für Hodgson die Einheiten selbst relational zu bestimmende Konstrukte. Durch jede neue Relation ändert sich die Einheit, wodurch sich neue Relationen ergeben. Ebenso ergibt jede neue Perspektive neue Gesichtspunkte und Relationen, die das Gesamtbild des Untersuchungsgegenstands ändern (1993: 19).[4] Dieses Denken verweist bereits in die Gegenwart der Weltgeschichtsschreibung.

Nach dem Zweiten Weltkrieg entwickelte sich ein stärkeres Interesse an den bis dahin vernachlässigten Gebieten der Welt, die deren größten Teil ausmachen. Das beruhte einerseits auf der Konkurrenz zwischen den Vereinigten Staaten und der

3 Die islamische Welt jenseits des Mittelmeers vor der europäischen Expansion ist im Westen auch heute noch weitgehend unerforscht, jedenfalls großenteils unbekannt.

4 »The several civilized regions formed a persistent historical configuration, in which each region had its typical place, its repeatedly typical relationships to the others. This interregional configuration, then, even while maintaining its key characteristics, constantly changed as to the detailed manner of its interrelationships.« (Hodgson 1993: 17) Ähnlich charakterisiert Delanty (2006b) die Zivilisation – als Konstrukt und als Konfiguration, darüber hinaus aber auch als »Familie von Gesellschaften«.

Sowjetunion um Anhänger in der Welt, andererseits auf dem Prozess der Dekolonisierung, der mit der kurzzeitigen Befreiung vieler Kolonialgebiete im Zweiten Weltkrieg einsetzte. Während die Vertreter von Befreiungsbewegungen meist die Ideologie entweder des Westens oder des Ostens übernahmen, traten auch die ersten Verfechter »indigener« oder radikal antikolonialer Geschichte ins Licht der Öffentlichkeit. In Indien beispielsweise verwob Jawaharlal Nehru in seinen Schriften europäische mit indischen Traditionen, während Mahatma Gandhi nach einem indischen Weg suchte. In der Geschichtsschreibung erlangte der Diplomat K. M. Panikkar eine beträchtliche Bedeutung, indem er versuchte, die Geschichte und Eroberung Indiens aus einer indischen Perspektive zu erzählen.

Panikkar vertritt eine entschieden antieuropäische Linie. Die Europäer hätten die Herrschaft über Asien nur erlangen können, weil sie anders als ihre Vorgänger Handel mit militärischer Gewalt kombinierten (1955: 21 ff). Panikkar verfolgt den Aufstieg Europas zurück bis zur Konkurrenz zwischen Venedig und Genua (1955: 12). Venedig war eine merkantile Macht, in der alle Einzelinteressen dem Staatsinteresse untergeordnet waren. Auch die Flotte war staatlich. In Genua hingegen agierten die Kaufleute auf eigene Rechnung. Die Genuesen suchten einen Weg um Islam und Venedig herum und berieten die Portugiesen dabei. Mit ihrer Hilfe gelang die Umsegelung des Kaps der guten Hoffnung. Gestützt auf niederländisches Kapital, die Leugnung aller Rechtsgrundsätze und Kanonen drangen die Portugiesen in den Indischen Ozean vor. Der Herrscher von Calicut rief die ägyptische Flotte gegen die Portugiesen zu Hilfe. 1507 fochten beide Flotten im Indischen Ozean eine fast ausschließlich auf Artillerie gestützte Schlacht (1955: 33). Die Portugiesen mussten sich zurückziehen, konnten aber in Goa an der Peripherie des Hindureichs Vijayanagar Fuß fassen, das mit den Muslimen verfeindet war. Von hier aus dehnten sie ihren Einfluss bis nach Indonesien aus. Das Vordringen der Portugiesen, ihre relative Schwäche und ihre Raubzüge wurden am chinesischen Hof sofort bekannt (1955: 51 ff). Die Europäer kauften in China große Mengen von Waren, konnten aber außer Edelmetallen kaum etwas verkaufen. Das änderte sich mit dem (in England verbotenen) Opium, auf dessen Verkauf die britische East India Company 1773 das Monopol erhielt. Bis 1833 stieg der Anteil von Opium an allen britischen Importen in China auf 50 Prozent (1955: 106).

Panikkar zeichnet das Bild eines peripheren, schwachen Europas, das nur durch List und Gewalt in das ahnungslose, gutmütige Asien vordringen kann. Sein Bild der Geschichte ist vielleicht kaum zutreffender als das eurozentrische, aber zumindest eine wichtige ergänzende Perspektive. Für den Eurozentrismus ist Asien ein zurückgebliebenes Gebiet von Willkür und Despotie, während für den Antikolonialismus Europa diese Eigenschaften besitzt. Das europäische Bild des Ostens hat der Literaturwissenschaftler Edward Said in seinem einflussreichen Buch *Orienta-*

lism (1978) erforscht. Das Werk analysiert schriftliche Quellen über den »Orient« als Projektionen, die Teil eines umfassenden und im Westen allgegenwärtigen »Diskurses« sind (1978: 1 ff). Orientalismus definiert Said als eine Denkweise, die auf der Unterscheidung zwischen Orient und Okzident beruht und dem Orient von außen bestimmte negative Konnotationen zuschreibt, beispielsweise Sinnlichkeit, Despotismus, schweifende Mentalität, Ungenauigkeit und Zurückgebliebenheit (1978: 203 f). Bereits das Wort Orient habe beim Leser die entsprechenden Assoziationen hervorgerufen. Den Beginn des Orientalismus setzte Said im späten 18. Jahrhundert an, als er eine Institution für den Umgang mit dem Orient wurde und Aussagen, Sichtweisen, Lehren und Herrschaft umfasste. Dieser Orient war nicht nur eine Idee, sondern auch eine Praxis. Ein Orientalismus hätte nicht allein als Gedanke entstehen können. Er musste mit faktischer Herrschaft verbunden sein, der Orient als Idee musste auch faktisch zum Orient gemacht werden. Diesen Prozess versuchte Said auf der Basis einer Verbindung von Foucaults Herrschaftsbegriff und Gramscis Hegemoniebegriff zu fassen (1978: 4 f). Den Orientalismus zeichnete er in zahlreichen Texten unterschiedlichster Gattungen nach. Dabei stellte er zum einen den »strategischen Ort« des Autors gegenüber dem orientalisierten Material fest und analysierte zum anderen die »strategische Formation« der Kultur, in der der Text zu verorten war (1978: 15 ff). Saids Buch ist zwar kein historisches Werk, hat aber die Geschichtsschreibung des globalen Südens nachhaltig beeinflusst und zum Entstehen einer Strömung beigetragen, die als Postkolonialismus bezeichnet wird.[5] Der Postkolonialismus zeichnet sich genau durch den Anspruch aus, das orientalistische Bild der außereuropäischen Welt zu überwinden.

Einen weiteren wichtigen Beitrag zum Einbezug der außereuropäischen Welt in die Weltgeschichtsschreibung leistete der Ethnologe Eric Wolf, der sich vor allem mit Bauern beschäftigte. 1982 veröffentlichte er das Werk *Europe and the People without History*, das die Integration des globalen Südens in das europäische System bis zum Beginn des 20. Jahrhunderts nachzeichnet. Dabei konzentriert es sich auf die Ausdehnung der europäischen Wirtschaft und ihrer Ausbeutung des Südens. Das Buch konnte zwar weder der theoretischen noch der empirischen Kritik standhalten, war aber ein wichtiger Meilenstein auf dem Weg zu einer nicht eurozentrischen Geschichtsschreibung. Es machte deutlich, dass die andere Seite der europäischen Expansion, nämlich die der Eroberten, eine eigene Geschichte hatte, die mit anderen Mitteln und aus einer anderen Perspektive erzählt werden musste (vgl. auch Scott 1976).

5 Ein weiterer einflussreicher Vertreter des Postkolonialismus ist Homi Bhaba – siehe Kapitel 1.4.2.

Trotz des großen Einflusses von Panikkar, Said, Wolf und anderen Theoretikern hat der Mainstream der Geschichtswissenschaften erst in der jüngsten Gegenwart erkannt, dass die eurozentrische Perspektive für ein vollständiges Bild der Geschichte nicht ausreicht. Wie in den anderen Humanwissenschaften setzt sich diese Erkenntnis erst durch, seit der Westen seine faktische Herrschaft über die Welt verliert oder zumindest teilen muss. Den Hintergrund bildet in erster Linie der Aufstieg Asiens, der mit der Asienkrise von 1997 von kurzer Dauer zu sein schien. Die Krise bestätigte, dass Asien eigentlich ein zurückgebliebenes Gebiet war, das sich nach europäischem Vorbild modernisieren musste. Asien zeichnet sich durch eine »asiatische Produktionsweise« und »orientalische Despotie« aus (Marx 1974) und verfügt nicht über einige der wichtigsten Eigenschaften von Kapitalismus und Moderne (Weber 1978). Daher braucht sich die Wissenschaft nur mit Asien zu beschäftigen, um herauszufinden, was dem Kontinent genau zur Modernisierung fehlt.

Auf den Aufstieg der Tigerstaaten folgte der Aufstieg Indiens und vor allem Chinas. Es wird nun bezweifelt, dass alle Welt dem Vorbild Europas folgt und folgen muss (siehe 2.1). Ferner wird zunehmend anerkannt, dass die zentrale Position Asiens in der Welt weder neu noch erstaunlich ist. Nach den vielfältigen Variationen des Themas von Adam Smith über Marshall Hodgson bis Edward Said hat André Gunder Frank (1998) vielleicht endgültig dafür gesorgt, dass der Westen die frühere Herrschaft des Ostens nicht mehr vergisst. In den 1960er Jahren entwickelte der aus Deutschland stammende Frank die so genannte Dependenztheorie (siehe 1.2.1) und führte Lateinamerika in die europäischen Humanwissenschaften ein (Frank 1969). Vor marxistischem und antikolonialem Hintergrund argumentierte er gegen die Ausbeutung des globalen Südens durch den Norden. Dann warf er das Bild des bösen, kapitalistischen Europas zugunsten einer Vielzahl von Zentren, Ausbeutern und Kapitalisten über Bord, die einander historisch in langen Wellen abwechselten (Frank/Gills 1993). Schließlich meinte er, die Welt sei stets multizentrisch gewesen, wobei Asien ein leichtes Übergewicht hatte, das ihm Europa nur für eine kurze Zeit streitig machen konnte (Frank 1998: 4 f).

Frank zufolge erlangt Asien nach dem Verlust der Vorherrschaft im 19. Jahrhundert sie jetzt wieder (1998: 7). Bisher schreibt man die Geschichte stets aus europäischer Perspektive, weil man daran glaubt, dass Europa sich unabhängig vom Rest habe entwickeln können und außerdem die Geschichtsschreibung erfunden habe – was Frank leugnet (1998: 2). Im 16. Jahrhundert war den Europäern die herrschende Stellung Asiens noch bewusst. Bis 1800 wurden mindestens 120 asiatische Bücher in europäische Sprachen übersetzt (1998: 11). Die Haltung änderte sich erst mit Industrialisierung und Kolonialismus, in einer Zeit, in der auch die Sozialwissenschaften entstanden. Man war nun der Meinung, dass es die

Merkmale der kapitalistischen Produktionsweise nur in Europa gäbe, dass sie in den anderen Erdteilen fehlten und von Europa aus exportiert werden müssten. Auch heute noch analysiert man den Rest der Welt als defizitär: historisch, ökonomisch, sozial, politisch, ideologisch oder kulturell (1998: 21). Nur wenige Forscher haben versucht, die eurozentrische Perspektive zu verlassen – meist Menschen, die selbst nicht aus dem Westen kamen (1998: 31 f).

Frank gibt sich mit dieser Diagnose nicht zufrieden. Er geht außerdem über die bloße Umkehrung der Vorzeichen und Perspektiven hinaus, indem er eine wirklich globale und holistische Perspektive fordert, die soziokulturelle, ökologische und ökonomische Faktoren berücksichtigt (1998: 4, 28 f). Die Welt war seiner Auffassung nach nie in völlig isolierte Einheiten aufgespalten, die jetzt erst zusammenwachsen, sondern Afro-Eurasien befindet sich schon seit Jahrtausenden auf dem Weg der Globalisierung (1998: 42). Die geforderte globale Perspektive muss die Geschichtsschreibung daher auch mit der Welt als ganzer beginnen (1998: 51). Tatsächlich aber untersucht Frank in erster Linie ökonomische Zusammenhänge, insbesondere die Geld- und Goldflüsse in der frühen Neuzeit. Dabei liefert er kein neues empirisches Material, sondern stützt sich auf Sekundärliteratur.

Das tut auch John Hobson, der Enkel des berühmten Imperialismustheoretikers, in einem Buch, das Franks Forderungen unterstützt. Hobson (2004) stellt eine Liste von Errungenschaften auf, über die Asien vor Europa verfügte. China produzierte schon im 6. Jahrhundert v. Chr. Gusseisen und im 2. Jahrhundert Stahl (2004: 51 f). Die Stahlproduktion stieg zwischen 806 und 1078 um das Zehnfache, 1078 produzierte China mehr Stahl als ganz Europa 1700. Gleichzeitig wurde der Stahl immer billiger. Ähnlich ökonomisch konnte England erst 1822 Stahl produzieren. Die Metalle dienten nicht, wie oft behauptet, nur für Spielereien, sondern auch für Werkzeuge. Im 11. Jahrhundert produzierte China mit Koks (2004: 53). 1161 druckte der chinesische Staat schon zehn Millionen Banknoten pro Jahr. Die Steuern wurden teilweise in Bargeld erhoben (2004: 54). Die Steuererhebungen in Bargeld und die geringen Sätze förderten die Wirtschaft – ganz anders, als es das Bild einer orientalischen Despotie vermuten lässt (2004: 55). China förderte Innovationen in der Landwirtschaft und war Europa hierin um Jahrhunderte voraus (2004: 56). Die Chinesen hatten schon im 13. Jahrhundert Feuerwaffen, selbst Bomben und Raketen. Besonders eindrucksvoll war ihre Marine, die es mit jeder europäischen hätte aufnehmen können (2004: 59). Bis 1750 hatte China ein höheres Pro-Kopf-Einkommen als England, bis 1850 ein höheres BSP und bis 1860 einen höheren Anteil an der Weltproduktion (2004: 73). 1750 betrug das Einkommen der späteren Dritten Welt noch 220 Prozent der späteren Ersten und Zweiten Welt. Gleichzeitig lag Chinas Anteil an der Weltproduktion bei 33 Prozent (2004: 76). Ähnliche Zahlen führt Hobson dann auch für Indien, Japan und Südostasien an. Er argumentiert, dass Asiens Regionen Europas spätere Position hätten erringen können, sich aber nicht dafür entschieden (2004: 70).

Wie Frank und Hobson argumentieren auch viele Spezialisten, die sich dabei auf ihre eigene empirische Arbeit stützen. Man kann sogar behaupten, dass das Wissen um die Bedeutung Chinas, Indiens und des Nahen Ostens in den so genannten Regionalwissenschaften nie ganz verloren gegangen ist. Aber erst heute wird dieses Wissen aktiv in den Mainstream der Geschichtswissenschaften exportiert. So zeichnet Warren Cohen (2000) nicht nur die Vernetzung Chinas mit der Welt nach, sondern auch die Geschichte einer »Großmacht«, die sich spätestens 225 v. Chr. neben Rom, Indien und Persien etablierte. Wissen, Handel und Politik dieser Großmacht seien dem Westen weit voraus gewesen.

1.1.3. Relationale und konfigurative Geschichte

Aus den Bemühungen um eine Weltgeschichte und um alternative Geschichten der Weltregionen resultierte eine langsame Umorientierung der Geschichtswissenschaften, die langsam auch auf benachbarte Disziplinen abfärbt. Geschichte kann weder als die einer isolierten Einheit noch als die eines einheitlich gerichteten Ganzen geschrieben werden. Wie dann? Der gegenwärtige Weg der Geschichtswissenschaften geht in die Richtung einer Beziehungsgeschichte zwischen unterschiedlichsten Einheiten und auf verschiedensten Ebenen. Ohne das Ganze aus dem Blick zu verlieren, beschränkt man sich auf die Erforschung von Relationen. Diese Arbeit wird vor allem von regional spezialisierten Historikern vorangetrieben, die über die Grenzen »ihrer« Region hinausblicken.

Philip D. Curtin war einer der Vorreiter der Geschichtsschreibung Afrikas, die er von Beginn an als Teil der Weltgeschichte konzipierte. Bereits in seinem ersten Buch (1964) untersuchte er die Interaktion von Afrika und Europa vor der Kolonialisierung. Sodann wandte er sich dem Sklavenhandel als einem weltgeschichtlichen Problem zu. Hierbei überschritt er die Grenzen der gewohnten Geschichtsschreibung, indem er sich mit der Epidemiologie beschäftigte. Er argumentierte, dass die afrikanischen Sklaven durch ihren Kontakt mit drei verschiedenen Zonen von Krankheitserregern (Afrika, Europa, Amerika) eine stärkere Immunisierung aufzuweisen hatten als Europäer und insbesondere amerikanische Völker. 1983 wurde Curtin Präsident der amerikanischen Historikervereinigung und machte es sich zur Aufgabe, gegen die übermäßige Spezialisierung der Historiker zu Felde zu ziehen. Anstatt nun zu Toynbee zurückzukehren, schlug Curtin einen dritten Weg vor: Historiker sollten »relevante Aggregate« von Variablen ermitteln (Manning

2003: 60). Damit ist eine Beziehungsgeschichte gemeint, deren Glieder nicht a priori feststehen.

Curtin hat die Früchte seiner Arbeit teilweise in einem Buch (2000) über die Ausdehnung Europas zusammengefasst. Als Gegenstand nennt er den »kulturellen Wandel«, den er in erster Linie auf Kulturkontakte zurückführt (2000: XII). Vor dem 19. Jahrhundert war Handel die wichtigste Form von Kulturkontakten, oft vermittelt durch Diasporen von Kaufleuten (2000: 3). Mit dem Eintritt der oberitalienischen Städte änderte sich jedoch die Natur des Handels, weil ihn die Europäer mit militärischer Gewalt verbanden. Die Europäer erlangten um 1500 die Oberherrschaft zur See, während sie gleichzeitig auf dem Land militärisch noch unterlegen waren. Der Vorteil zahlte sich zuerst in Amerika aus, wo die eingeführten europäischen Krankheiten ihr Übriges taten. Sodann erarbeitete sich Europa auch auf dem Land militärische Überlegenheit, auf die sich der Imperialismus stützte (2000: 27). Nur in dieser Phase (zwischen 1870 und 1910) strebten die europäischen Staaten bewusst und explizit nach Expansion (2000: 39). Im 20. Jahrhundert verschwand der Imperialismus, weil Kolonialkriege wegen der Ausbreitung der Rüstungstechnologie zu teuer wurden (2000: 208).

Neben Krieg und Krankheiten betrachtet Curtin auch soziale Strukturen. Die europäische Sozialstruktur zeichnete sich durch ein komplexes, hierarchisches System von korporativen Organen aus, die in anderen Gesellschaften so nicht ausgebildet waren (2000: 33). Aber auch die Kolonialgebiete darf man sich nicht zu einheitlich als ausgebeutete Opfer vorstellen. Sie waren nicht einfach unterdrückte Völker, die sich nach der Erlangung ihrer Unabhängigkeit modernisierten, sondern meist »plurale Gesellschaften« mit unterschiedlichsten Strukturen (2000: 57). Eine einfache Stufenfolge der Entwicklung wird der Strukturenvielfalt nicht gerecht. Curtin fordert außerdem, die unterschiedlichen Mischungsverhältnisse von Völkern und Kulturen (insbesondere in Amerika) zu betrachten, die ganz verschiedenartige Gesellschaften und Probleme zur Folge haben (2000: 10 ff). Das zeigt er am Beispiel seines Spezialgebiets, des Sklavenhandels.

Nach Curtins Arbeiten über das Verhältnis von Immunologie und Sklavenhandel (1969) nahmen sich immer mehr Historiker des Themas der Epidemiologie an. Sodann wurde das Thema um zusätzliche Dimensionen der Natur erweitert. Alfred Crosby (1972) untersuchte nicht nur die Bewegungen von Krankheitserregern, sondern auch die von Pflanzen und Tieren. Sein multidisziplinäres Werk beschäftigt sich mit den Folgen dieser Bewegungen nach der Ankunft von Columbus in Amerika. Auch wenn Crosby zugesteht, ein naturwissenschaftlicher Amateur zu sein, fordert er den Einbezug biologischer und insbesondere ökologischer Faktoren in die Weltgeschichtsschreibung (1972: XIV). Sein Werk über den »kolumbianischen Austausch« soll lediglich einen ersten Schritt in diese Richtung darstellen und die Rolle biologischer Faktoren für das materielle Leben der Menschen nach 1492 beleuchten. In Anschluss an dieses Werk dehnte Crosby seine Forschung in zeitlicher und geografischer Hinsicht aus.

Die Bedeutung von Umweltfaktoren, die teilweise kulturell geformt und teilweise außerhalb der Kultur angesiedelt sind, wird heute im Rahmen der Weltgeschichte nicht mehr geleugnet. Wegen der disziplinären Grenzen steckt das Gebiet jedoch immer noch in den Kinderschuhen. Entweder nehmen sich Historiker mit bescheidenen naturwissenschaftlichen Kenntnissen des Gebietes an und beleuchten letztlich wie Crosby nur die kulturelle Aneignung des Natürlichen, oder Naturwissenschaftler versuchen, die kulturellen Aspekte der Geschichte auf naturgesetzliche Zusammenhänge zu reduzieren. Einen großen Entwurf der menschlichen Naturgeschichte hat unlängst der Physiologe Jared Diamond (1999) vorgelegt. Er erklärt die Unterschiede in Technologie und Entwicklung aus ökologischen Faktoren (wie Klima, Krankheiten, Artenspektrum) heraus. Er beansprucht, auf diese Weise sogar Imperialismus, Rassismus und Armut erklären zu können.

Das Fehlen vergleichbarer Ansätze in den Humanwissenschaften beruht aber weniger auf deren Unterentwicklung, sondern eher auf ihrer fortgeschrittenen Spezialisierung. Entwürfe von der Reichweite Diamonds sind von Hegel und Ranke, Toynbee und McNeill verfasst worden, bevor man die Komplexität der Weltgeschichte erkannte und sie in einzelne Spezialdisziplinen unterteilte, meist nach geografischen, aber auch nach zeitlichen Kriterien. Der Zeitpunkt für die Zusammenfassung dieses Wissens ist noch nicht gekommen. Sie kann auch nur vorläufigen Charakter beanspruchen, bis die Geschichte der vormals ausgeschlossenen Gebiete aufgearbeitet und mit der Geschichte anderer Gebiete in Relation gesetzt wurde. Hieran arbeitet die gegenwärtige Weltgeschichtsschreibung.

Eine zentrale Rolle in diesem Prozess nimmt die Geschichte Asiens ein. Exemplarisch wollen wir zwei Werke herausgreifen, die sowohl zuvor unzugängliches Wissen als auch zuvor unbeachtete überregionale Beziehungen verarbeitet haben. Nachdem Anthony Reid (1993) die Geschichte Südostasiens in der frühen Neuzeit als Geschichte des Seehandels geschrieben hatte, wurde er von Victor Lieberman (2003) kritisiert, der den Überlandhandel und die politischen Entwicklungen stärker in den Vordergrund rückte. Das verwundert nicht, denn Reid ist auf das insulare Südostasien spezialisiert, während sich Lieberman vor allem mit Birma beschäftigt hat. Beide Autoren sind anerkannte Regionalwissenschaftler, setzen aber ihre originäre Forschung in Beziehung zu Entwicklungen im Rest der Welt, insbesondere in Europa.

Reid untersuchte in seinem Buch *The Age of Commerce* die Rolle Südostasiens im internationalen Handel. Bis zum 16. Jahrhundert war China der größte Markt für Waren aus Südostasien (1993: 12). Marco Polo zufolge kamen auf jedes italienische Schiff im Hafen von Alexandria 100 chinesische Schiffe in den Häfen von Südostasien. Die Mingdynastie erlebte 200 Jahre Wohlstand und Expansion. Die Binnennachfrage führte zur Entstehung vieler Gemeinden chinesischer Händler in der Region. Die chinesische Blüte ging mit einer Blüte in Europa einher, das sich wie China von der Pest erholte (1993: 13). Für den Boom des langen 16. Jahrhunderts, der die ganze Welt erfasste, spielte Südostasien eine wichtige Rolle.[6] Die wichtigsten Güter des Fernhandels (außer Silber und Gold), die nach Braudel die Entstehung des Kapitalismus ermöglichten, kamen aus dieser Region. In diesem Fernhandel nahmen Händler und Herrscher aus Südostasien eine zentrale Rolle ein. Das wichtigste Exportgut war Pfeffer, der speziell für den Fernhandel angebaut wurde, was eine beträchtliche Planung und Organisation erforderte (1993: 7, 35). Der Pfeffer stammte ursprünglich aus Kerala und wurde um 1400 in Sumatra eingeführt. Mit der Zeit lief Südostasien Indien den Rang als größter Pfefferexporteur ab.

Reid zufolge gab es ein relativ klar strukturiertes Austauschsystem, das im 16. Jahrhundert global wurde. Südostasien produzierte Rohstoffe und benötigte Textilien (1993: 32). Indien produzierte Rohstoffe und Tuch, China Seide und Fertigprodukte. Alle drei Regionen benötigten Edelmetalle. In diese Situation stieg Europa im 16. Jahrhundert ein. Es hatte keine Waren für den Tausch anzubieten, brauchte aber die meisten der in Asien produzierten Waren. Allerdings hatte Europa Zugang zu den enormen Edelmetallvorräten Amerikas, die es nun in riesigen Mengen nach Asien verschiffte. Ende des 16. Jahrhunderts waren es jährlich etwa 72 Tonnen Silber (1993: 25).[7] Hauptgegenstand von Reids Buch ist die Frage, warum dieses System im 17. Jahrhundert zusammenbrach. Er beantwortet sie mit dem gleichzeitigen Niedergang der asiatischen Nachfrage (insbesondere durch das Ende der Mingdynastie) und der Monopolisierung des Handels durch die Ostindischen Kompanien Europas.

Auch Liebermans Buch mit dem Titel *Strange Parallels* beschäftigt sich mit Zusammenbrüchen, allerdings eher mit denen politischer Gebilde. Er erhebt dabei den Anspruch, ein neues Paradigma der Forschung zu entwickeln. Zunächst unterscheidet er – wie wir es oben getan haben – zwischen einer »externalistischen«

6 Der Terminus des langen 16. Jahrhunderts verweist auf die Weltsystemtheorie Immanuel Wallersteins – siehe 1.2.2.

7 »The pattern of exchange in this age of commerce was for Southeast Asia to import cloth from India, silver from the Americas and Japan and copper cash, silk, ceramics and other manufactures from China, in exchange for its exports of pepper, spices, aromatic woods, resins, lacquer, tortoiseshell, pearls, deerskin, and the sugar exported by Vietnam and Cambodia.« (Reid 1993: 23)

(eurozentrischen) und einer auf sie reagierenden »autonomen« (antikolonialen) Geschichtsschreibung. Diese unfruchtbare Dichotomie habe Reid überwunden (Lieberman 2003: 15 ff). Er verknüpfte lokalen politischen Wandel mit der Weltökonomie, bezog die einfachen Leute und Kaufleute ein und berücksichtigte das Stadtleben und die Religion. Die These des Buches *The Age of Commerce* lautet, dass der Wohlstand Südostasiens ab etwa 1400 auf der Steigerung der Nachfrage in China und im Indischen Ozean beruhte. Der Aufschwung kam mit der Weltwirtschaftskrise im 17. Jahrhundert zum Erliegen. Hierzu kamen eine Klimaverschlechterung und das Vordringen der Europäer.

Lieberman kritisiert nun, dass Reid sich auf die Ökonomie der südostasiatischen Inselwelt konzentriert und Politik, Kultur und lokale Dynamiken des Festlands vernachlässigt. Reid ordne die Geschichte Südostasiens einem maritimen Weltsystem unter (2003: 21). Lieberman will in fünf Punkten über Reid hinausgehen: Ausdehnung des Gegenstands, Hinausgehen über den Seehandel, Eingliederung des langen 16. Jahrhunderts in die Geschichte vom 9. bis zum 19. Jahrhundert, Ersetzung der Ost-West-Dichotomie durch Parallelen und stärkere Differenzierung. Er ermittelt Parallelen der territorialen Integration und Desintegration zwischen Europa und Südostasien. In Europa gab es 1450 rund 500 politische Entitäten, Ende des 19. Jahrhunderts waren es etwa 30. In Südostasien wurden aus den rund 23 unabhängigen Entitäten um 1340 nur drei im Jahr 1820. Die Integration vollzog sich in drei Wellen: 1350–1570, 1600–1752, 1760–1840. Nach jeder Welle kam ein Zusammenbruch (2003: 28). Auch zur Entwicklung in China weist dieses Schema eine Parallelität auf (2003: 44 f).

Würde Lieberman Reids Weltsystem durch Parallelen ersetzen, wäre sein Buch nur von regionalwissenschaftlichem Interesse. Er verknüpft jedoch die Parallelen mit einer Vielzahl von »externen« und »internen« Faktoren (2003: 45). Erstere sind vor allem Krieg und Handel, letztere vor allem Demografie und Produktion. Hierzu gesellen sich Infrastruktur und Kommunikation. Externe und interne Faktoren waren immer bedeutsam, änderten aber ihr relatives Gewicht. »I therefore argue less for a single lock-step pattern than for a loose constellation of influences whose local contours must be determined empirically and without prejudice.« (2003: 45) Vor diesem Hintergrund erklärt Lieberman die Wellen der Integration: Politische Einheit senkte die Transaktionskosten, wirtschaftliche Einheit förderte den Markt, Befriedung steigerte das Bevölkerungswachstum (2003: 63). Die Störung positiver Faktoren an einem Ort wirkte als negativer Faktor an anderen Orten.

Liebermans Kritik an Reid markiert recht gut den Stand der gegenwärtigen Weltgeschichtsschreibung. Die einfachen Modelle des Eurozentrismus und Antikolonialismus wurden abgelöst durch die Weltsystemtheorie (siehe nächstes Kapitel), die wiederum der empirischen Kritik aus den Regionalwissenschaften nicht standhalten konnte. Auf dem Weg von der empirischen Forschung zur theoretischen Integration bedient man sich jetzt vorrangig des Vergleichs (zwischen Strukturen oder Mustern) und der Beziehungsgeschichte (Osterhammel 2001: 151 f). Der Vergleich ist letztlich unbefriedigend und wird einer Beziehungsgeschichte weichen müssen. Sie kann aber erst großflächig in Angriff genommen werden, wenn das Material hinreichend aufgearbeitet ist. So ist zwar Liebermans Kritik an Reid berechtigt, aber im Erklärungsanspruch fällt er doch hinter Reid zurück, weil er die Parallelen nur durch eine Liste von Faktoren erklärt, die er weder theoretisch noch empirisch in einen Zusammenhang bringt.

Auf dem Weg vom Vergleich zu einer Beziehungs- oder gar Weltgeschichte befindet sich Kenneth Pomeranz. In seinem Bahn brechenden Werk *The Great Divergence* (2000) fordert er zwar, den komparativen Ansatz zugunsten der Erforschung globaler Konjunkturen aufzugeben, kommt aber über den Vergleich zwischen Asien und Europa kaum hinaus. Dennoch handelt es sich um eines der ersten Werke, die wirklich jenseits von Eurozentrismus und Antikolonialismus stehen und gleichzeitig eine globale Perspektive einzunehmen vermögen. Eine wichtige Rolle spielt dabei die Definition der Glieder des Vergleichs. Was man als Europa bezeichnet, umfasst meist nur ein paar Länder im Nordwesten Europas – die man wiederum nicht mit China oder Indien vergleichen kann, sondern mit chinesischen Provinzen oder indischen Regionen (2000: 3).

Pomeranz untersucht nun, warum einige Regionen Europas Chinas entwickelte Regionen überflügeln konnten. Neben den Gliedern des Vergleichs sind die empirischen Grundlagen für die Beantwortung der Frage verbessert. Pomeranz antwortet, dass Europas Entwicklung bis etwa 1800 kaum von der anderer Weltregionen abwich. In vielen Gebieten war China sogar weiter entwickelt. Alle entwickelten Gebiete erreichten jedoch im 18. Jahrhundert eine Grenze des Wachstums, die auf Knappheit an Boden und Energie beruhte (2000: 19). In dieser Situation hatte Europa zwei Vorteile gegenüber den anderen Regionen: einen bewaffneten, durch den Staat unterstützten Handel und den Zugang zu Amerika. Der Handel allein konnte die Schwierigkeiten nicht lösen. Die Industrialisierung Europas wurde nur möglich durch die Gewalt des Kolonialsystems und später durch die großen Produktivitätsunterschiede zwischen Zentrum und Peripherie. Der Naturreichtum der neuen Welt und der Sklavenhandel eröffneten Europa eine ganz neue Art von Peripherie, die immer mehr Fertigprodukte abnahm und immer mehr landintensive Produkte lieferte. Pomeranz stellt fest, dass die Vorteile Europas gegenüber Asien auf Entwicklungen beruhten, die der Ideologie des freien Marktes genau widersprechen (siehe Kapitel 1.3.1): staatlich lizenzierte Monopole, bewaffneter Handel und Kolonialismus (2000: 24). Die Märkte von China und Japan kamen dem neoklassischen Ideal näher als Westeuropa (2000: 70). In China war möglicherweise sogar der Arbeitsmarkt freier als in Europa, weil der Staat keine Sklaven, sondern Steuern wollte (2000: 81). Ferner band im wichtigsten Industriezweig (der Textilproduktion) das europäische Verlagssystem die Arbeiter quasifeudal an die Arbeitgeber, während in China verschiedene Käufer um die Produkte der Arbeiterinnen konkurrierten (2000: 99 f).

Angus Maddison wirft Pomeranz mit Recht vor, er argumentiere mit Malthus, dass die Relation zwischen Bevölkerung und Ressourcen die Entwicklung bestimme. Entscheidender seien aber BSP und Produktivität, für die Pomeranz nur unbelegte Schätzungen anbringt, während zugängliche Daten Pomeranz widersprechen. Maddison zufolge hat Europa schon um 1400 Asien hinsichtlich BSP pro Kopf und Produktivität überholt (Maddison 2003: 248). Pomeranz wird auch von Johann Arnason kritisiert, der monokausale Erklärungen und klare Epochengrenzen ablehnt. Er unterscheidet innerhalb des westlichen Aufstiegs drei historische Entwicklungen: die Entwicklung Westeuropas zu einer distinkten Zivilisation, die globale Vorherrschaft dieser Zivilisation (und seiner Ableger) und die Verbreitung des westlichen Modells (Arnason 2006: 79). An jedem Wendepunkt fand eine Interaktion von Faktoren statt, die nicht aufeinander reduziert werden können. Auch die epochalen Ereignisse lassen sich am besten als Resultate multipler Tendenzen ohne systematische Koordination verstehen. Arnason schlägt vor, die Verbreitung der industriellen Revolution als Netzwerk von Entwicklungszentren zu verstehen, die keine Nationen oder gar Zivilisationen waren (2006: 88). Es entstand ein sozioökonomisches System, das Innovation und Akkumulation ins Zentrum stellte, was vorher nicht der Fall war. Das war ein kultureller Wandel, der nicht auf andere Faktoren reduziert werden kann.

Tabelle 1.1.2. Bevölkerung, BSP und Weltmarktanteile im historischen Vergleich

Bevölkerung	*Jahr 1*	*1300*	*1820*	*1950*
China	60 Mio.	100 Mio.	381 Mio.	567 Mio.
Indien	75 Mio.	110 Mio. (1500)	209 Mio.	359 Mio.
Westeuropa	25 Mio.	58 Mio.	133 Mio.	305 Mio.
BSP				
China	27 Mrd. $	60 Mrd. $	229 Mrd. $	240 Mrd. $
Indien	34 Mrd. $	60 Mrd. $ (1500)	111 Mrd. $	222 Mrd. $
Westeuropa	11 Mrd. $	35 Mrd. $	160 Mrd. $	1396 Mrd. $
Anteil am Welt-BSP				
China	26 %	25 % (1500)	33 %	4,5 %
Indien	33 %	24 % (1500)	16 %	4,2 %
Westeuropa	11 %	18 % (1500)	23 %	26 %

Quelle: Maddison (2003: 249–261); die Angabe $ bezieht sich auf internationale Dollar von 1990.

Trotz der möglichen und wirklichen Mängel in seinem Werk hat Pomeranz eine neue Runde in der Weltgeschichtsschreibung eingeläutet. Damit hängt die Messlatte sehr hoch, denn sie erfordert erstens sehr gute Regionalkenntnisse, zweitens sehr gute Kenntnis des sozialwissenschaftlichen Bestands und drittens eine globale Perspektive. In Zukunft werden auch die Ansprüche an das theoretische und methodologische Niveau steigen, das bei Pomeranz nicht den Stand der klassischen Soziologie erreicht. Diese Schwäche beruht teilweise darauf, dass Pomeranz der klassischen Wirtschaftswissenschaft und eben auch Malthus folgt, teilweise aber auch darauf, dass die Weltgeschichtsschreibung sehr stark in den USA institutionalisiert ist, wo Wissen sehr kurze Halbwertzeiten hat. Die Debatten spielen sich auf Englisch und vor allem in den amerikanischen Fachzeitschriften ab. Das bestimmt auch den Blickwinkel auf die Geschichte und das Erkenntnisinteresse. Bereits die Regionalwissenschaften des 20. Jahrhunderts hatten ihren Schwerpunkt in den Vereinigten Staaten, aber andere Kolonialmächte beherbergten ebenfalls bedeutende Gelehrte, die klassische Werke schrieben. Die gegenwärtige Weltgeschichtsschreibung ist eher eine Weltgeschichte aus amerikanischer Sicht.

Eine Ausnahme bildet der Konstanzer Historiker Jürgen Osterhammel – vermutlich weil er seine Geschichte der Globalisierung auch auf Englisch veröffentlicht hat.[8] Osterhammel repräsentiert unseres Erachtens die fortgeschrittenste Form der Beziehungsgeschichte, die eigene empirische Forschung mit dem Blick für Zusammenhänge verbindet. Er begründet explizit seinen Verzicht auf die großformatige Weltgeschichte im Sinne Hegels und McNeills und schwankt zwischen dem »transkulturellen Vergleich« und der Beziehungsgeschichte. Ein transkultureller Vergleich liegt vor, wo ein universalgeschichtliches Repertoire von Formen zugrunde gelegt wird (2001: 17). Damit positioniert sich Osterhammel eindeutig in der Tradition der Weltgeschichte. Expliziter als Pomeranz hält er die Geschichtsschreibung für ein Unterfangen mit europäischer Genese, aber universaler Geltung (2001: 41). Alle nicht-europäischen Traditionen haben sich die europäischen Begriffe angeeignet (2001: 72).[9]

8 Ein ähnliches Programm wie Osterhammel verfolgt auch Reinhard Wendt, der jetzt eine große Beziehungsgeschichte zwischen Ost und West vorgelegt hat (2007). Wendts langjährige Beschäftigung mit Asien bewahrt ihn vor dem vorherrschenden Eurozentrismus. International ist seine Asienforschung bekannt. Es bleibt zu hoffen, dass auch sein neuer, groß angelegter Versuch internationale Beachtung finden wird.

9 Wir haben oben argumentiert, dass der europäische Universalismus inzwischen vielleicht durch einen amerikanischen ersetzt wurde. Ein entscheidendes Merkmal der gegenwärtigen Phase der Globalisierung scheint uns jedoch zu sein, dass die multizentrische Welt auch in der Wissenschaft Einzug halten wird (siehe unten 2.1.2). Wir folgen Osterhammel daher nicht bis zu seiner Vorstellung einer universalen Geschichtswissenschaft.

Osterhammel widerspricht dem Universalismus durch eine komplexe Konzeption der historischen Forschung. Ausgangspunkt ist die Leugnung einer allgemeingültigen Perspektive. »Die Eigen- und Fremddefinitionen kultureller Identität unterliegen einem unablässigen Wandel. Mit ihm verändern sich auch die Konfigurationen des Vergleichs.« (2001: 16) Die Konfigurationen des Vergleichs müssen zumindest sechs Synthesen leisten können: wirtschaftliche, politische und ökologische Geschichtsschreibung; alte Sozialgeschichte der Institutionen und neue demografisch fundierte Sozialgeschichte; asiatische und europäische Geschichte; linearer und zyklischer Verlauf; Erklären und Verstehen; quantitativ und qualitativ (2001: 34). Vor diesem Hintergrund kann eine Weltgeschichtsschreibung angestrebt werden, die ohne Geschichtsphilosophie auskommt. Sie muss nicht unbedingt lange Zeiträume umfassen und ist kein Metadiskurs, sondern ihr Horizont ist die Welt, und ihre Großbausteine sind Zivilisationen (2001: 343).

Ein Beispiel für Osterhammels Konzeption der Weltgeschichte ist sein Lehrbuch über den Kolonialismus (1995), das einen kurzen Überblick über das Phänomen gibt. Im Kolonialismus herrscht eine Minderheit über eine Mehrheit im Namen externer Interessen (1995: 21). Die Idee des Kolonialreichs schließt eine sternförmige Konfiguration mehrerer Peripherien ein. Die frühneuzeitlichen Imperien Europas waren Kolonialreiche (1995: 23). Das änderte sich mit dem zunehmenden wirtschaftlichen Abstand, der Verdichtung der Weltwirtschaft, der Verbesserung militärischer Mittel und einem globalstrategischen Denken Ende des 18. Jahrhunderts. Von nun an waren Kolonialreiche zu teuer. Es ging nun eher um die »Öffnung« überseeischer Gebiete. Die Geschichte des Kolonialismus ist die Entwicklung der Kolonialreiche, nicht ihre Inbesitznahme. Nach der Eroberung mussten die Einheimischen entwaffnet und einer Struktur von Recht und Ordnung unterworfen werden. Allerdings gab es in diesen Ländern auch schon vorher Strukturen, die nicht unbedingt zu den neuen passten. Ferner wurden die neuen Ordnungen von den Eroberten oft gar nicht erkannt (1995: 65). »Wann immer das Interesse an einer Kolonie von Handel und Räuberei zur planvollen Ausbeutung ihrer Ressourcen überging, musste der koloniale Staat durch Infrastrukturprojekte (Eisenbahnen, Kanäle, Straßen, Telegrafennetze), durch Landerschließungsprogramme, durch Zoll- und Währungspolitik oder durch städtebauliche Initiativen privaten Geschäftsinteressen den Weg bahnen.« (1995: 67) Die Kolonialgesellschaften waren plural und multiethnisch, vor allem in den städtischen Zentren. Erstens wurden heterogene Gruppen in der Kolonialgesellschaft zusammengefasst, zweitens entstanden große Migrationsbewegungen. Die Mobilisierung von Menschen und Bewegungen sowie die Universalisierung des europäischen Staatskonzepts sind vermutlich die folgenschwersten Auswirkungen des Kolonialismus (1995: 76, 97).

Osterhammel situiert seine Theorie des Kolonialismus in einer ähnlichen Abfolge von Paradigmen wie Lieberman. Für die ältere Geschichtsschreibung war die Schaffung von Ordnung aus Chaos, von Kultur aus Natur das leitende Motiv (1995: 31). Die nationalistische Geschichtsschreibung der Kolonisierten übernahm diese Ordnung und drehte sie um. Auf der dritten Stufe näherten sich ›südliche‹ und ›nördliche‹ Historiker einander an: Der Kolonialismus war in längerer historischer Perspektive eher eine Fußnote der Geschichte Asiens, Afrikas und Amerikas, die koloniale Situation ein kontinuierlicher Kampf zwischen allen Beteiligten. Damit wird wiederum die Forderung nach einer konfigurativen Geschichte in globaler Absicht erhoben, wie wir sie schon bei Lieberman und Pomeranz fanden.

Eine sehr allgemeine Beziehungsgeschichte, die ein erster Schritt zu einem neuen Konzept von Weltgeschichte sein könnte, hat der amerikanische Historiker Jerry Bentley (1993) vorgelegt. Sein Werk ist zwar theoretisch und empirisch unbefriedigend, umgeht aber viele Gefahren der Reduktion und Abstraktion. Es schlägt den Bogen zurück zu McNeill und eröffnet eine Möglichkeit, die von Osterhammel geforderte Weltgeschichte als Beziehungsgeschichte ohne Geschichtsphilosophie zu schreiben. Gegenstand des Buches sind interkulturelle Kontakte, die Bentley zufolge so alt sind wie die Menschen (1993: 19 ff). Interkulturelle Kontakte haben einen beträchtlichen Anteil an soziokulturellem Wandel. Genau diesen Zusammenhang will Bentley untersuchen. Bentley erklärt, kein einzelner Faktor bestimme die Veränderung von Kulturen durch Kontakt. Es können lediglich drei allgemeine Muster unterschieden werden: Konversion durch freiwilligen Anschluss, Konversion durch Zwang und Konversion durch Assimilation (1993: 8 f). Der wichtigste Einzelfaktor des Kulturkontakts war der Handel, der wegen seiner Vorteile von den meisten Herrschern aktiv unterstützt wurde. Transkulturelle Begegnungen haben drei wichtige interkontinentale Entwicklungen zur Folge gehabt: die Entstehung von Stadtstaaten (Zivilisationen), den Begriff des Barbaren und die Kriegführung zu Pferd (1993: 22 ff).

Nach dem einleitenden Überblick schreibt Bentley eine kurze Geschichte des sich verändernden Kulturkontakts von der Antike bis zur frühen Neuzeit. Dabei bemüht er sich, ganz Afro-Eurasien zu berücksichtigen. Die Chinesen haben die Zone des Ackerbaus bis an die Grenzen vorangeschoben. Dadurch kam es zur Differenzierung von Ackerbauern und Nomaden, zwischen denen es kaum kulturelle Konversionen gab (1993: 23, 40). Ab der Mitte des 1. Jahrtausends war der Fernhandel nicht mehr so riskant, weil Großreiche ausgedehnte Gebiete sicher machten (1993: 29). In der Zeit der alten Seidenstraßen gab es drei kulturelle Entwicklungen: Glaubenssysteme, die den Zivilisationen eine gewisse Einheit verliehen; Ausstrahlung der Glaubenssysteme auf die benachbarten Völker; Einführung der

Glaubenssysteme in Diasporen durch die Händler (1993: 33 f). In diese Zeit fällt die Ausbreitung des Buddhismus nach dem Konzil von Pataliputra um 250 v. Chr., das Missionare bis nach China und Griechenland schickte. In China war der Buddhismus lange die Religion von Händlern, Gesandten, Flüchtlingen und Missionaren. Vom Mittelmeer bis ans Chinesische Meer erstreckte sich eine *oikumene*, die ab dem 2. Jahrhundert infolge von Seuchen in Rom und China zusammenbrach (1993: 65).

Ende des 6. Jahrhunderts entstanden erneut große politische Organisationen in China und Europa. Gleichzeitig kehrte der Fernhandel zurück, der zwischen 600 und 1000 umfänglicher als der der alten Seidenstraße war (1993: 69). Gleichzeitig verbreiteten sich neue Religionen. Aufstände und türkische Invasionen setzten die Tang Mitte des 9. Jahrhunderts unter Druck. Sie reagierten mit dem Verbot ausländischer Kultur, darunter auch des Buddhismus (1993: 83). Die Tang schufen jedoch ein reiches und mächtiges Imperium, das in ganz Eurasien zu einem anhaltenden Wirtschaftswachstum führte (1993: 87). »A double dynamic – long-distance trade and imperial expansion – drove the process of cross-cultural encounter during the period 600 to 1000.« (1993: 109) Die Zeit war ganz und gar nicht dunkel, sondern stärker von Austausch geprägt als jede frühere Zeit; sie war globalisiert. In diese Zeit fällt auch die Ausbreitung des Islam, bei der Händler und Lokalherrscher eine entscheidende Rolle spielten (1993: 128 ff). Diese Periode kam durch die Expansion der Mongolen an ein Ende, wobei der Fernhandel allerdings weiter florierte. Mit dem Niedergang der Mongolen war die Pest verknüpft, die in Asien und Europa wütete (1993: 163). Einige Folgen der Seuche waren Mangel an Arbeitskräften, Aufstände, Rückgang der Produktion und Finanzkrisen, aber auch der Rückgang interkultureller Kontakte für mehrere Jahrhunderte.

Bentley zeichnet ein größeres und zugleich gröberes Bild der Geschichte als beispielsweise Pomeranz. Sein Werk zeigt auch, dass man ohne grundsätzliche theoretische Überlegungen nicht auskommt. Obwohl Bentley nur beschreiben will, erklärt er die langen Wellen der Geschichte doch letztlich durch das Wechselspiel der Allianzen von Handel und Herrschaft mit verheerenden Seuchen. Vor diesem Hintergrund meinen Michael Geyer und Charles Bright in einem einflussreichen Aufsatz mit Recht, eine umfassende Weltgeschichte könne heute nicht mehr das Ziel der Weltgeschichtsschreibung sein (1995: 1042). Vielmehr muss sie im globalen Zeitalter die verschiedenen Vergangenheiten der Welt in ihrer Interaktion und Mischung (Collage gegenwärtiger Geschichten) herausarbeiten. Während McNeill noch stark materialistisch und evolutionistisch war, neigte Hodgson einer essenzialistischen Geschichte der Zivilisationen zu. Heute konzentriert man sich eher auf den historischen Vergleich, der den Mainstream der Weltgeschichtsschreibung bildet (1995: 1038). Abseits des Mainstreams beschäftigt man sich mit Entdeckungen, Nomaden, Migration, Diaspora, Handel, Kommunikation und Strömen (siehe 1.5.2).

Geyer und Bright gehen über die Weltgeschichtsschreibung hinaus, indem sie sie als Vorgeschichte der globalisierten Welt deuten. Diese Deutung führt sie zur Konzeption eines langen 20. Jahrhunderts – im Gegensatz zu Hobsbawms kurzem 20. Jahrhundert (1995: 1044). Wenn wir von einer Teleologie in Richtung Homogenisierung und Verwestlichung ausgehen, interessieren Regionalgeschichten nur als Vorgeschichten der Modernisierung. Wenn wir hingegen davon ausgehen, dass die Welt nicht zu einer Einheit nach westlichem Vorbild wird, müssen die Geschichten aller Weltregionen als Teile der Weltgeschichte erforscht werden. Dabei betrachten Geyer und Bright die Geschichte nicht als Ausdehnung eines Systems, sondern als Dialektik von freiwilliger und erzwungener Integration und als Konfiguration unterschiedlicher Motive und Kräfteverhältnisse, ähnlich wie Lieberman und Pomeranz.

Die (Vor-)Geschichte der Globalisierung hat sich mittlerweile zu einem eigenen Feld der Forschung entwickelt. In einem viel beachteten, aber wenig gehaltvollen Aufsatz machte sich Bruce Mazlish (1998) die Stimmung zunutze und forderte eine neue historische Disziplin, die »Globalgeschichte«, die sich von der Weltgeschichte eben als Vorgeschichte der Globalisierung unterscheiden sollte. Einige Historiker haben sich der Forderung angeschlossen und schreiben die Geschichte der Globalisierung (beispielsweise Menzel 2004; vgl. auch Grandner et al. 2005). Ein gutes Beispiel ist die Arbeit von Anthony Hopkins (2002). Hopkins ist von Haus aus Spezialist für die Wirtschaftsgeschichte Westafrikas, die er aus der liberalen Tradition heraus betrachtet. Hopkins unterteilt die Geschichte der Globalisierung in vier Phasen. Die erste dauerte bis ins 16. Jahrhundert, die zweite bis rund 1850, die dritte bis 1950–70 und die vierte erleben wir gegenwärtig (2002: 33 ff). Hopkins fordert, diese Epochen nicht nur ökonomisch und quantitativ zu betrachten, sondern auch Kultur und Politik zu erforschen (2002: 36). Ferner sieht er die von uns oben erwähnte Gefahr, die Globalisierung nur aus der Perspektive der einzigen heutigen Supermacht zu betrachten (2002: 44).

Im Vordergrund von Universal- und Weltgeschichte stand der Aufstieg Europas und seiner Ableger in Übersee – als Erfüllung der Menschheitsgeschichte, Aufklärung, Modernisierung, Durchsetzung des Kapitalismus, Ausnahmeerscheinung, Kolonialismus oder Imperialismus. Die Fixierung auf »Europa« oder den »Westen« ging einher mit der realen Vorherrschaft europäischer und amerikanischer Mächte. Nachdem der Aufstieg Japans noch als Sonderfall oder Übernahme des europäischen Modells erklärt werden konnte, setzt sich heute mit dem Wiederaufstieg Chinas und Indiens ein eher multizentrisches Bild der Welt durch. Gleichzeitig verschiebt sich die Fragestellung vom Aufstieg Europas auf Relationen zwischen unterschiedlichsten historischen Akteuren.

Die neue Fragestellung findet eine Grundlage und einen Ausdruck im Projekt einer Geschichte der Globalisierung, die keine einzelne Vorherrschaft erforscht, sondern die Zunahme von Beziehungen. Mit der neuen Fragestellung geht ein erweiterter zeitlicher und räumlicher Horizont einher. Bentley setzt Vorformen der Globalisierung – in Gestalt interkultureller Beziehungen – mit dem Beginn der Menschheitsgeschichte an, während Archäologen die Globalisierung in längst untergegangenen Zivilisationen untersuchen (siehe nächstes Kapitel). Bereits die Erforschung des europäischen Aufstiegs hatte höchst unterschiedliche zeitliche Kategorien ergeben. Der Schwerpunkt auf dem bewaffneten Handel führt zum Beginn des Aufstiegs mit den oberitalienischen Städten (Curtin); der Schwerpunkt auf dem Kolonialismus zum Beginn mit der Expansion Portugals (Panikkar); der Schwerpunkt auf dem kapitalistischen Weltsystem zum Beginn im langen 16. Jahrhundert (Wallerstein); der Schwerpunkt auf der relativen Schwäche Asiens zum Beginn im 17. Jahrhundert (Reid); der Schwerpunkt auf einem faktischen ökonomischen Sieg über China zum Beginn um 1850 (Hobson). Die Liste ließe sich beträchtlich verlängern, wenn man alle Nuancen und theoretischen Ansätze einbezieht. Der Streit um Periodisierungen ist Ausdruck des jeweiligen Ansatzes und letztlich der Fragestellung. Daher wird er erbittert geführt und ist durchaus nicht bedeutungslos. Der Horizont der Weltgeschichte als Geschichte der Menschheit oder gar der Welt trifft zumindest keine universale Vorentscheidung über die Fragestellung.

Diese Offenheit erlaubt womöglich wieder eine Annäherung von Gesellschaftsgeschichte und historischer Soziologie im Rahmen von Theorien der Globalisierung, so wie vor vier Jahrzehnten Gesellschaftsgeschichte und aufblühende historische Soziologie eine Nähe gefunden hatten. Das Projekt verband sich vor allem mit dem Werk von Barrington Moore (1969). Es wurde erfolgreich von Charles Tilly (1990; 1998), Theda Skocpol (1987; 1994) und anderen fortgeführt, fand aber nur eine begrenzte Rezeption in den Sozialwissenschaften. Heute sollte Osterhammel zufolge der Begriff der Globalisierung an die Stelle des Modernisierungsbegriffs treten, um den gegenwärtigen Strukturwandel in den Begriff zu bekommen. Osterhammel unterscheidet zwischen einer Gesellschaftsgeschichte vom Typ I als gesamtgesellschaftlich-nationaler Synthese und Matrix und Gesellschaftsgeschichte vom Typ II als »einer Geschichte des Sozialen in seinen weltweit realisierten Erscheinungsformen unter Einschluss transnationaler Wirkungen und Wechselwirkungen« (Osterhammel 2006: 85), um sich natürlich für den zweiten Typ als Zukunftsform zu entscheiden. Im Vordergrund wird dabei stehen, was Osterhammel die Verfeinerung von Prozessbegriffen nennt (2006: 98 ff). Zyklen globaler Verflechtung, wachsende oder abnehmende Pfadabhängigkeiten, Wiederholungs- und Innovationsstrukturen und die innere Mechanik von Gesellschaftsbildung sind nicht von Anfang an schon auf Realisierung von *Gesamtgesellschaft* festgelegt. Dem entspricht in der sozialwissenschaftlichen Globalisierungsforschung, die hier sehr viel von kritischen Wirtschafts- wie Medienwissenschaften gelernt hat, die Hervorhebung spezifischer Modi der Herstellung von Zusammenhängen, die erkenntnisleitende Metaphern wie Wertschöpfungsketten, Knoten in globalen Netzwerken, Orte in flexiblen Raumvorstellungen und Stärkung des Sozialen in eher schwachen Vergesellschaftungsprozessen vorstellbar macht. In dieser Perspektive ist für Theorien der Globalisierung eher die Feld- und Machttheorie Pierre Bourdieus anschlussfähig als ein systemtheoretischer, ein strukturalistischer oder ein kosmopolitisch-kritischer Ansatz (siehe unten 2.6.3). Aber auch hier sind neue Anschlüsse möglich, wenn der grundlegende Sprung aus der ethno- und eurozentristischen Perspektive gelingt. Diesen Sprung zuerst gewagt zu haben, ist das Verdienst Immanuel Wallersteins, was in der Soziologie inzwischen weitgehend anerkannt worden ist (Heintz et al. 2006).

1.2. Weltsysteme

Schon früh ist dem Begründer der Weltsystemtheorie, Immanuel Wallerstein, die Skepsis entgegengeschlagen, mit der jeder Ansatz rechnen muss, der aufs Ganze geht. Die Frage drängte sich auf, ob Warenketten der kapitalistischen Welt des 16. Jahrhunderts tatsächlich systematisch in derselben Art und Weise angesehen werden können wie die des 20. Jahrhunderts (Hack 2005). Allerdings eröffnete Wallersteins Herstellung von Vergleichbarkeit auch den Blick auf theoretische Konzepte wie *commodity chains,* die die ganze Welt umfassen, *trick nodes* in kulturellen Netzwerken, sozialökonomische *Cluster* in Städtesystemen und Momente der Stärkung des Sozialen unter- und oberhalb konventioneller politischer Niveaus der Regulierung. Da die Weltsystemtheorie am Schnittpunkt von Geschichtswissenschaft, Ökonomie und Sozialwissenschaften operiert und da sie eine Ausstrahlungskraft in alle humanwissenschaftlichen Disziplinen entwickelt und die Globalisierungsdebatte vermutlich mehr beeinflusst hat als jede andere Theorie, ist sie auch von dieser Ambivalenz geprägt: Sie öffnet eine Reihe von Türen, um Verbindungen zwischen verschiedenen Argumentationsniveaus herzustellen, führt aber zu durchaus begründeten Abwehrreaktionen bei den empirisch operierenden Disziplinen.

Dass von der Weltsystemtheorie die Weltgeschichtsschreibung ebenso beeinflusst ist wie die heutige Archäologie oder die Soziologie der europäischen Welt, hängt mit der Einfachheit ihrer Grundthese zusammen, nämlich soziale Phänomene nur – und nur – in einem übergreifenden Zusammenhang zu verstehen. Das ist Glanz und Elend eines Weltsystems, das nichts als Weltsystem ist, auch wenn es nicht den ganzen Globus umfassen muss. Gemeint sind mit dem Terminus des Weltsystems nämlich Strukturen, die verschiedene Gesellschaften, Staaten und Kulturen einschließen, aber ihren jeweiligen theoretischen Status allein in der relationalen Beziehung zum Ganzen erhalten. Wenn wir heute die Phänomene der Globalisierung als Gesamtheit fassen, entsteht auch ein ganzheitlicher Blick, aber dieser ist in sich nicht relational durchstrukturiert, sondern arbeitet eher mit der Metapher der *varieties of globalization,* die ihr Vorbild in den *varieties of capitalism* hat, ohne die Ganzheitlichkeit der Weltsystemtheorie anzustreben (siehe 2.3). Allgemein anerkannt wird heute, dass der Weltsystemtheorie der symbolische Durchbruch durch die Phalanx der nationalen Geschichtsschreibung geglückt ist, aber jede folgende globale Gesellschaftsgeschichte wird wohl so etwas wie Äquidistanz zu National- wie Weltgeschichtsschreibung halten müssen.

An die Grundthese der Weltsystemtheorie kann vermutlich jede Erforschung überregionaler sozialer Phänomene anknüpfen. Wer über den Rahmen des Nationalstaats hinausgehen will oder muss, wird geradezu automatisch auf die Weltsystemtheorie stoßen und der Grundthese zustimmen können. Alle weiteren Bestandteile der Weltsystemtheorie sind jedoch kontrovers. Die Theorie entwickelte sich aus der marxistisch begründeten »Dependenztheorie« und behielt deren Grundgerüst bei. Ferner konzentrierte sie sich auf den Aufstieg Europas, den sie im »langen 16. Jahrhundert« (1450–1650) verortete. Die Entstehung des europäischen Kapitalismus aus der Feudalgesellschaft heraus war für die Weltsystemtheorie wie für den Marxismus die historische und systematische Grundlage der heutigen Welt und damit der vorrangige Gegenstand der Theorie.

Systematische, historische und theoretische Orientierung der Weltsystemtheorie sind unzählige Male kritisiert worden. Wer ihrer Grundthese zustimmt, wird versucht sein, einen oder mehrere ihrer Bestandteile zu kritisieren. Einigen wichtigen Kritikpunkten, die zu einer Reformulierung der Weltsystemtheorie geführt haben, ist der letzte Abschnitt dieses Kapitels gewidmet. Den Einstieg in das Kapitel, dessen Kern natürlich die klassische Formulierung der Weltsystemtheorie darstellt, bildet hingegen ihre Vorgeschichte, also die Herausarbeitung der Dependenztheorie.

1.2.1. Modernisierung oder Dependenz?

Parallel zu Marshall Hodgsons Forschung veränderte sich die reale Welt in seinem Sinne (siehe 1.1.2). Die Zeit nach dem Zweiten Weltkrieg stellte Europa vor vollendete Tatsachen. Die Vereinigten Staaten und die Sowjetunion hatten Großbritannien, Deutschland, Frankreich und Italien als Großmächte abgelöst. Gleichzeitig verschwanden die Reste der europäischen Kolonialreiche. Die Kritik am Kolonialismus – und Eurozentrismus – war global gesehen die einflussreichste Strömung nach dem Zweiten Weltkrieg. Sie reichte von Sartre und Foucault in Frankreich über Nkrumah und Fanon in Afrika und über Mao Tse-tung und Ho Chi Minh in Asien bis hin zu Sahlins und Said in den USA. Der Herrschaftsanspruch Europas – und sodann der Vereinigten Staaten und letztlich auch der Sowjetunion – wurde in unzähliger Hinsicht und auf unzähligen Gebieten in Frage gestellt. Der Anti- oder Postkolonialismus hat in vielen ehemaligen Kolonialgebieten seinen Höhepunkt noch nicht erreicht. Der globale Süden macht Front gegen den globalen Norden.[10]

Die vielleicht bedeutendste Theorie, die diesen Gegensatz in den Mittelpunkt stellte, war die so genannte Dependenztheorie. Sie entstand in Lateinamerika, wo große Theoretiker an ihrer Entwicklung beteiligt waren (z. B. Furtado 1973, Cardoso/Faletto 1979). Ihre klassische Formulierung gab ihr 1966 André Gunder Frank in einem Aufsatz, der in abgewandelter Form auch auf Deutsch zugänglich ist (in 1969). »Entgegen der weitverbreiteten Meinung ist die Unterentwicklung in Chile und andernorts weder ein ursprünglicher oder traditioneller Zustand, noch ist die Unterentwicklung ein historisches Stadium des wirtschaftlichen Wachstums, das die heute entwickelten kapitalistischen Länder durchlaufen hätten.« (1969: 22) Vielmehr ist sie das Produkt der kapitalistischen Entwicklung. »Wirtschaftliche Entwicklung und Unterentwicklung sind zwei Seiten einer Medaille.« (1969: 27) Denn die Länder, in denen sich der Kapitalismus zuerst entwickelt hat, schöpfen den Mehrwert der weniger entwickelten Länder ab. Marx hat Frank zufolge die Aneignung des vom Arbeiter erzeugten Mehrwerts durch den Kapitalisten erkannt. In globaler Perspektive sind die beherrschenden Kapitalisten in entwickelten Ländern ansässig und die Arbeiter in weniger entwickelten. Diese Struktur wiederholt sich auf regionaler, nationaler und lokaler Ebene. Stets produziert eine Mehrheit Tauschwerte, deren Mehrwert von einer Minderheit angeeignet und teils investiert, teils konsumiert wird (1969: 21, 27). Diese Struktur bezeichnet Frank als ein »Weltsystem« (1969: 25), das sich in Metropolen und Satelliten gliedert. Sie charakterisiert den Kapitalismus von Anbeginn bis heute. Den Beginn des Kapitalismus setzt Frank mit dem Handelsnetz der oberitalienischen Stadtstaaten an, das im 15. Jahrhundert von Spanien und Nordwesteuropa über den Atlantik nach Asien und Afrika ausgedehnt wurde. »In den fol-

10 Das zeigt sich auch in der deutschen Diskussion, in die immer mehr übersetzte Bücher und Aufsätze Eingang finden. Siehe z. B. Matthes (1992; insbesondere Kaviraj 1992); Randeria, Fuchs, Linkenbach (2004); Rehbein (2006b).

genden Jahrhunderten dehnte sich das Handelsnetz über das restliche Afrika, Asien, Ozeanien und Osteuropa aus, bis der gesamte Globus in ein einziges organisches merkantilistisches oder handeltreibendes kapitalistisches System inkorporiert war.« (1969: 32)

Frank argumentierte in erster Linie gegen die Modernisierungstheorie. Ihre klassische Formulierung erhielt diese in der Schule des amerikanischen Soziologen Talcott Parsons (insbesondere Lerner, Coleman, Dore 1968). Die Modernisierungstheorie (manchmal auch Entwicklungstheorie genannt) geht davon aus, dass die Entwicklung aller Gesellschaften sich in Stufen vom Primitiven zum Entwickelten vollzieht. Ähnlich hatten es auch Smith, Comte und Marx gesehen. Alle unterentwickelten Nationalstaaten müssten im Wesentlichen die Entwicklung der westlichen Industrienationen wiederholen. Der Unterschied zwischen der Modernisierungstheorie und der älteren Soziologie besteht zunächst in der Deutung der Stufen. Während für die ältere Soziologie die vollkommene Stufe der Gesellschaftsentwicklung noch in der fernen Zukunft lag, war sie für die Modernisierungstheorie in der amerikanischen Moderne im Wesentlichen erreicht (besonders deutlich Rostow 1960; später Fukuyama 1992).

Ein weiterer Unterschied zwischen Evolutions- und Modernisierungstheorie war die Verbindung von Stufenfolge und Differenzierungstheorie (Lerner, Coleman, Dore 1968). Während die Stufenfolge im 19. Jahrhundert in engem Zusammenhang mit einer moralischen Verbesserung stand, sprach die Modernisierungstheorie im Anschluss an Parsons nur noch von der Leistungsfähigkeit der Gesellschaft, die durch funktionale Differenzierung erreicht wird und durch die Interaktion (oder Konkurrenz) von Gesellschaften zwangsläufig eintritt (Parsons 1951). Selbstverständlich ist Leistungsfähigkeit auch ein normatives Konzept, was sich in den Kriterien zeigt, die zur »Messung« des Modernisierungsgrades herangezogen werden: Wirtschaftswachstum, Alphabetisierung, Sicherheit, Demokratisierung, Technologie, kulturelle Werte und die Entwicklung der Massenmedien. Bildung und Technologie sollten aus den entwickelten Ländern in die unterentwickelten exportiert werden, um eine Entwicklung anzuregen. Es ist unschwer zu erkennen und wurde von Rostow und Fukuyama auch explizit eingestanden, dass die Gesellschaft der USA das Maß aller Dinge sein sollte (siehe auch Huntington 1996).

Die Modernisierungstheorie steht in engem Zusammenhang mit dem Konzept der Mittelstandsgesellschaft. Danach gewinnen durch den Prozess der Modernisierung letztlich alle Mitglieder einer Gesellschaft, und zwar gewissermaßen von oben nach unten. Am Ende steht eine Gesellschaft, in der alle zum Mittelstand gehören. Genau so stellte man sich auch die Entwicklung der (ehemaligen) Kolonien vor. Nach dem vorangehenden Abschnitt zur Weltgeschichte dürfte klar sein, dass die Modernisierungstheorie ein Erbe des 19. Jahrhunderts ist. Eine unabhängige, eigenständige Entwicklung eines Nationalstaats hat es nie gegeben. Einen Hauch von Wirklichkeit hatte sie nur im nordwestlichen Europa des 19. Jahrhunderts.

Im Vergleich zur Modernisierungstheorie wirkt die Dependenztheorie etwas moderner, indem sie den Blick räumlich und zeitlich über den Nationalstaat hinaus ausdehnt. Sie beruft sich auf Marx, kann aber nur sehr eingeschränkt als orthodox marxistisch gelten. Auch Marx hatte ein Stufenmodell der gesellschaftlichen Entwicklung konzipiert, das der Modernisierungstheorie nur insofern widerspricht, als der Kapitalismus nicht die letzte Stufe sein soll. Gleichzeitig aber reichte sein Horizont über den Nationalstaat hinaus. Er betrachtete die Welt durchaus als einen organischen Zusammenhang, wie Frank es forderte. Diese Ambivalenz im marxschen Denken hat die Geschichte sozialistischer Bewegungen bis zum heutigen Tag geprägt. Während um die Wende zum 19. Jahrhundert die Befreiung vom Kapitalismus nur als Weltrevolution möglich sein sollte, kreisten die Diskussionen nach der Russischen Revolution zunehmend um die Frage, ob die Entwicklungsstufe des Kapitalismus auch übersprungen werden könne. Noch heute halten die sozialistischen Regierungen von China, Vietnam und Laos an der Konzeption einer Stufenfolge fest und erklären ihre Einführung der Marktwirtschaft zur Etappe auf dem Weg zum Sozialismus.

Die großen sozialistischen Führer des 20. Jahrhunderts waren Nationalisten. Hingegen waren viele der bedeutendsten Theoretiker Internationalisten – oder Globalisten. Frank konnte auf die weltwirtschaftliche Theorie von Paul Baran und Paul Sweezy (1973) sowie auf die Akkumulationstheorie von Rosa Luxemburg (1921) zurückgreifen. Luxemburg fragt auf der Basis der marxschen Theorie, wie eine Akkumulation von Kapital überhaupt möglich sei. Sie setzt voraus, dass Kapitalisten nach Profit streben, der auf der Produktion durch Lohnarbeiter und allgemeinem Warentausch beruht. Von der Gesamtproduktion erhalten die Arbeiter ihre Lebensmittel in Geldform. Auch die Kapitalisten erhalten ihre Lebensmittel und Luxusgüter aus der Gesamtproduktion. Beides gehört den Kapitalisten aber schon vor dem Verkauf, und nach dem Verkauf kommt nur ihr eigenes Geld in ihre Taschen zurück (1921: 12). Die Arbeiter müssen also neben ihren eigenen Lebensmitteln, dem investierten und dem angeeigneten Mehrwert noch etwas produzieren, das eine Profitsteigerung ermöglicht. Dieses Etwas muss an Konsumenten verkauft werden, die nicht durch die Produktion derselben Arbeiter bezahlt werden (1921: 72). Rosa Luxemburg findet diese Konsumenten in den noch nicht kapitalistischen Gebieten der Welt, die in das kapitalistische System einbezogen werden müssen. Die Ausdehnung des Kapitalismus über die ganze Welt ist Zielpunkt der Entwicklung (1921: 107). Sie findet ihre Grenze an der endlichen Verfügbarkeit von Rohstoffen und Absatzmärkten (1921: 102). Letztere Grenze wird erreicht, wenn die ganze Welt kapitalistisch geworden ist. Je mehr die unterentwickelten Länder kapitalistisch werden, desto erbitterter wird der Konkurrenzkampf des Kapitals um die Akkumulationsgebiete (1921: 20).

Während Frank seine Theorie aus der gleichsam ethnologischen Perspektive der Dritten Welt heraus entwickelte, entstand im Anschluss an den Marxismus eine ähnliche Theorie aus eher ökonomischer Perspektive. Diese, vor allem Samir Amin zugeschriebene Theorie ist ebenso eine Dependenztheorie wie eine Weltsystemtheorie. Mehr als Frank stützte sich Amin auf die Theorie des Monopolkapitals von Baran und Sweezy (1973). Rosa Luxemburg hat Amin zufolge erkannt, dass die Beziehungen zwischen Zentrum und Peripherie (zwischen der kapitalistischen Produktionsweise und anderen Formationen) für die ursprüngliche Akkumulation von Kapital erforderlich sind (1975: 118). Jedoch habe sie die Rolle des Geldes beim Wachstum nicht berücksichtigt (1975: 68). Neben der Entstehung eines Proletariats sei jedoch das Geldkapital die wichtigste Bedingung für den Kapitalismus (1975: 25). Seine Rolle werde von Baran und Sweezy im Anschluss an Marx untersucht.

Amin wiederholt die Grundlagen der marxschen Lehre. »Zur Analyse einer konkreten Gesellschaftsformation muss … die Frage nach der Art der Dominanz einer Produktionsweise über die anderen und der Art ihrer Verknüpfungen geklärt werden.« (1975: 15) Jede Produktionsweise ist durch ein Paar antagonistischer Klassen bestimmt, während die mögliche Produktionsweise durch den Stand der Produktivkräfte bestimmt wird (1975: 19 f). Amin unterscheidet fünf historische Produktionsweisen: Urgemeinschaft, Tributpflicht, Sklavenarbeit, kleine Warenproduktion, Kapitalismus. Wichtig ist, dass sie nicht in Reinform, sondern nur als Kombinationen existieren und über den Fernhandel Beziehungen zu anderen Gesellschaften (die Amin »Formationen« nennt) haben (1975: 13). Der Fernhandel beschränkt sich dabei auf seltene Güter (1975: 14).

Die kapitalistische Produktionsweise setzt sich im Zentrum durch und verdrängt alle früheren Produktionsweisen – während die früheren Produktionsweisen Kombinationen waren (1975: 61). Denn der Kapitalismus hat eine höhere Produktivität als jede frühere Produktionsweise. Dadurch kann er billiger produzieren und verkaufen (1975: 108). Durch die autozentrierte Akkumulation fällt die Profitrate. Gemeinsam mit der imperialistischen Ausdehnung wächst das Kapital dadurch immer mehr an. Darauf antwortet der Kapitalismus mit dem Staatsmonopolismus, der das Surplus organisiert. Der Kapitalismus definiert sich durch die Aneignung der Produktionsmittel, die das Produkt sozialer Arbeit sind, durch eine Klasse, nämlich die Bourgeoisie (1975: 47). Bauern und traditionelle Handwerker stellen ihre Arbeitsgeräte selbst her. »In der kapitalistischen Wirtschaft erweitert sich der Markt unaufhörlich, weil die Suche nach Profit zur Konkurrenz führt und die Konkurrenz jede Firma« zur weiteren Expansion zwingt (1975: 137). Zunächst dehnt sich der Kapitalismus nur im Innern einer Gesellschaft aus und wird alleinige Produktionsweise. Er ist nicht auf äußere, nichtkapitalistische Märkte angewiesen. Die Kapitalkonzentration führt dann zum Monopolkapitalismus.

Einerseits setzt sich der Kapitalismus überall auf der Welt durch und verwandelt die Produktion(sweise) in eine kapitalistische und die Sozialstruktur in die Dichotomie von Arbeiterschaft und Bourgeoisie (1975: 150, 235). Andererseits macht er die Peripherie zu einem Hort der Unterentwicklung, der billige Arbeitskräfte und große Absatzmärkte bereitstellen soll (1975: 186). An der Peripherie wächst der tertiäre Sektor übermäßig. Die Industrialisierung ist unzureichend, städtische Arbeitslosigkeit und die Ausdehnung unproduktiver Sektoren bremsen das Wachstum und führen zu hohen Staatsausgaben (1975: 161). Amin ermittelt vier allgemeine Eigenschaften peripherer Gesellschaftsformationen: 1. Vorherrschaft des Agrarkapitalismus, 2. Bildung einer lokalen, von ausländischem Kapital abhängigen Bourgeoisie, 3. Tendenz zur Entwicklung einer spezifischen Bürokratie, 4. Unvollständigkeit der Proletarisierung.

Die Peripherie ist also zugleich kapitalistische Gesellschaft, globales Proletariat und mangelhaft entwickelter Kapitalismus. Ähnlich argumentiert auch Frank, aber weniger aus der theoretischen Perspektive der Ökonomie, sondern eher aus der empirischen Perspektive betroffener Länder. Die Ergänzung von Theorie und Empirie zum Zeitpunkt der großen Befreiungsbewegungen und antikolonialen Bestrebungen auf der ganzen Welt verhalf der Dependenztheorie zu einem raschen Siegeszug. Die Theorie profitierte auch von ihrem Ausbau durch etablierte amerikanische Professoren inmitten des globalen Zentrums.

1.2.2. Die klassische Weltsystemtheorie

Ganz ähnlich wie Luxemburg, Frank und Amin argumentiert auch der amerikanische Soziologie Immanuel Wallerstein – aus einer eher historischen Perspektive. Er griff den Terminus des »Weltsystems« von Frank auf und entwickelte dessen Dependenztheorie in den 1970er Jahren zu einer Lehre weiter, die als »Weltsystemtheorie« bekannt wurde. Im Gegensatz zur Geschichtswissenschaft erhebt Wallerstein den Anspruch, die gesamte Weltgeschichte nach einem Prinzip erklären zu können. In Anspruch, Methode und Begrifflichkeit stützte er sich auf die marxistische Tradition und stand damit in Opposition nicht nur zur empirischen Geschichtswissenschaft, sondern auch zur liberalen Wirtschaftswissenschaft. Wallerstein hatte sich 1968 an den Studentenprotesten beteiligt und die USA dann verlassen. In Montreal schrieb er den ersten der drei Bände seines Hauptwerks, *Das moderne Weltsystem* (1974), das er später in einem Buch und einem Aufsatz (1983) zusammenfasste. Der große Einfluss Wallersteins erklärt sich nicht zuletzt aus seinem organisatorischen Talent. Ein Freund, Terence Hopkins, holte Wallerstein an die New York University in Binghamton, wo sie gemeinsam das Fernand Braudel Center aufbauten. Das Zentrum war zugleich lange Zeit der einzige Ort, an dem systematisch Weltgeschichte unterrichtet wurde, und eine Forschungsstätte, die beträchtliche Gelder und damit viele MitarbeiterInnen anzuziehen vermochte (Manning 2003: 63).

Ausgangspunkt von Wallersteins Theorie ist seine Kritik an der Konzentration auf einzelne Gesellschaften. Er argumentiert, dass auch die so genannte Modernisierungstheorie nur durch die Orientierung am Nationalstaat als Grundeinheit der Analyse möglich gewesen sei. Sie betrachtet nicht die Vernetzung der ganzen Welt, sondern bleibt der isolierten Analyse verhaftet. Demgegenüber sollte jedes gesellschaftliche Phänomen nach seiner Rolle im Weltsystem untersucht werden. »Die Weltsystemperspektive nimmt … an, dass alles soziale Handeln in *einem* übergreifenden Rahmen stattfindet, in dem es eine fortschreitende Arbeitsteilung gibt.« (1983: 303) Der Begriff der Arbeitsteilung steht also im Zentrum der Theorie. »Wir gehen davon aus, dass das konstituierende Merkmal eines sozialen Systems die Existenz einer Arbeitsteilung ist.« (1983: 304) Im Gegensatz zu Emile Durkheim und im Anschluss an Adam Smith meint Wallerstein jedoch nur die *ökonomische* Arbeitsteilung. Konstitutiv für ein soziales System seien nur die ökonomischen Prozesse.

Ein arbeitsteiliges System, das mehrere Regionen umfasst und größer ist als die größte politische Einheit der Region, bezeichnet Wallerstein als »Welt«. Historisch hat es entweder begrenzte ökonomische Systeme gegeben oder es gab eine Weltökonomie. Begrenzte ökonomische Systeme nennt Wallerstein »Minisysteme« (2000: 75). Minisysteme verfügen über eine Arbeitsteilung und eine gemeinsame Kultur. Sie sind in der Vorgeschichte zu verorten. Weltsysteme entstanden erst in der Antike. Eine eigentliche Weltökonomie hat jedoch erst der Kapitalismus geschaffen. Davor war das Weltsystem politisch integriert, beispielsweise im Römischen Reich. Das politische Weltsystem bezeichnet Wallerstein als »Weltreich« (1983: 305). Das Weltreich wurde mit dem Kapitalismus durch die Weltökonomie abgelöst. Und dieser Prozess steht im Zentrum von Wallersteins Interesse.

Die kapitalistische Weltökonomie entstand durch die Expansion des nordwestlichen Europas, indem finanzstarke und mächtige Gruppen gemeinsame Interessen verfolgten und einen starken Staat hervorbrachten, der ihre Interessen militärisch unterstützte (2000: 86). Die Expansion geschah durch den Fernhandel, der bis ins 15. Jahrhundert fast ausschließlich aus Luxusgütern bestand und keine

Integration einzelner ökonomischer Systeme bewirkte (2000: 87). Damit ist der europäische Kapitalismus von Anfang an ein globales Projekt. Die Kombination von bewaffnetem Fernhandel, Kapitalismus und europäischer Expansion im »langen 16. Jahrhundert« liest sich bei Wallerstein genauso wie bei Fernand Braudel (siehe 1.1.1).

Für Wallerstein zeichnet sich die kapitalistische Weltökonomie durch drei Haupteigenschaften aus: Sie bildet einen einzigen Markt, der vom Prinzip der Gewinnmaximierung beherrscht wird. Sie ist mit staatlichen Strukturen verknüpft, die nach innen und außen unterschiedlich stark sind. Und sie ist durch eine Ausbeutung von Mehrarbeit gekennzeichnet. Der einheitliche Markt ist natürlich das, was wir als Weltwirtschaft bezeichnen. Die Existenz staatlicher Strukturen ist zunächst unstrittig. Aber Wallersteins Erklärung ist interessant. Er beobachtet, dass die Grenzen der politischen Strukturen nicht mit denen der ökonomischen identisch sind (1983: 311). Eine Weltökonomie bestimmt sich durch globale Arbeitsteilung. Die inneren Grenzen bestimmen sich durch die Struktur dieser Arbeitsteilung. Weltpolitik dagegen ist kein Weltreich mehr, sondern durch eine Vielzahl von Staaten mit unterschiedlicher Macht gekennzeichnet (1983: 311). Wirtschaftliches Handeln wird durch die Position am Weltmarkt bestimmt, politisches Handeln in erster Linie durch den Staat.

Das klingt unverfänglich, aber im Grunde ist damit schon alles gesagt. Denn Wallerstein betrachtet das heutige Weltsystem ja als Welt*ökonomie*. Auf diese Weltökonomie haben die Staaten geringen Einfluss, denn ihre Handlungssphäre ist die Politik. Und in ihr sind sie auf ihren jeweiligen territorialen Herrschaftsbereich beschränkt. Damit fällt ihnen in der Weltökonomie als einzige Aufgabe zu, die Marktvorteile der ökonomischen Akteure, die sich in ihrem Herrschaftsbereich befinden, zu vergrößern (1983: 319). Das bedeutet, dass die Nationalstaaten nicht durch funktionale Differenzierung entstanden sind, sondern durch die Konkurrenz auf dem Weltmarkt. Tatsächlich spricht einiges für diese These. Wenn wir uns die Geschichte der Nationalstaaten anschauen, so stellen wir fest, dass ihre Entstehung durch den so genannten Merkantilismus geprägt ist. Merkantilismus bedeutet letztlich nichts anderes als Handelspolitik. Die Regierung erhebt Steuern auf ausländische Produkte und setzt günstige Exportbedingungen für inländische Produkte durch. Vor dem Zeitalter des europäischen Kapitalismus hat es so etwas nicht gegeben. Wenn es Steuern gab, wurden sie erhoben, um dem jeweiligen Herrscherhaus ein Leben in Luxus zu ermöglichen, nicht um Warenflüsse zu regulieren. Dass diese frühen Steuern oft auf Handelsgüter erhoben wurden, liegt nur daran, dass die Kaufleute nahezu die einzigen Menschen waren, die überhaupt Steuern bezahlen konnten. Ferner gab es früher auch keine klaren Grenzen zwischen In- und Ausland.

Die Peripherie spezialisiert sich auf Produktionszweige, die eine geringere Produktivität aufweisen als die Produktionszweige, auf die sich der Kern spezialisiert (1974: 302).[11] Die Größe eines Weltsystems ist durch die Transport- und Kommunikationstechnologie begrenzt (1974: 349). Der Kern beherrscht die Peripherie durch Kontrolle über die Handelsbedingungen. Die Expansion des Kerns beruht auf seinem Bedarf an Nahrungsmitteln und Rohmaterial. Dadurch spezialisiert sich die zuvor autarke Peripherie übermäßig auf die Produktion von Rohmaterial für den Kern. In der Dependenztheorie sind Metropole und Satelliten unabhängig und werden nur durch die Abschöpfung von Mehrwert miteinander verknüpft. In der Weltsystemtheorie sind Kern und Peripherie funktional und geografisch spezialisierte Teile eines integrierten Systems. Der Kern schöpft nicht nur Mehrwert ab, sondern organisiert auch die Arbeit und die politische Struktur der Peripherie.

Der neuzeitliche Staat entstand Wallerstein zufolge als Handelsregulator. Und er trat im Namen einer Gruppe von Händlern auf. Um den Handel zu regulieren, mussten die Grenzen genauer und strenger gezogen werden als zuvor. Dennoch waren sie relativ willkürlich. Sie wurden ethnisch begründet und gerechtfertigt. Wallerstein spricht nicht von Nationalstaaten, sondern von »Ethnonationen«, um dieses Phänomen zu kennzeichnen (1983: 310). Es scheint, als folge die Funktion des Nationalstaats allein aus seiner Relation zum Weltmarkt. In Wahrheit leitet sie sich für Wallerstein aus einer anderen Argumentationsfigur ab. Als drittes Charakteristikum der Weltökonomie nennt Wallerstein die Ausbeutung von Mehrarbeit. Dieser Gedanke bildet den Kern der marxschen Theorie des Kapitalismus (siehe 1.3.1). In liberalen Theorien des Kapitalismus bekommen alle Verkäufer von Waren am Markt den gängigen Preis, der sich aus dem Verhältnis von Angebot und Nachfrage ergibt. Das gilt auch für die Ware Arbeit. Marx hat dagegen argumentiert, dass die Arbeit keine Ware wie alle anderen ist. Vielmehr müsse jemand, der Arbeit kauft, dem Arbeiter nur die Summe bezahlen, die für dessen Lebensunterhalt notwendig ist. Meist aber produziert der Arbeiter in seiner Arbeitszeit Waren mit einem Wert, der diese Summe und den Wert der Produktionsmittel übersteigt. Diese Differenz zwischen dem Produkt der Arbeit und den Kosten der Arbeit kann der Arbeitgeber einstecken, wenn er das Produkt verkauft: Das ist sein Gewinn.

Nur dieses Ausbeutungsverhältnis ist für Wallerstein sozialwissenschaftlich relevant. »Wenn man die Bourgeoisie als die Gruppe definiert, die Mehrwert, den sie nicht selbst hergestellt hat, aneignet und einen Teil zum Zweck der Kapitalakku-

11 Jones (1988: 88) schreibt dazu, die Weltsystemtheorie sei wenigstens falsifizierbar. Man könne prüfen, ob ein Arbeiter in der Peripherie wirklich mehr Stunden arbeiten muss, um denselben Warenkorb zu kaufen. Die Falsifizierbarkeit unterscheidet die Weltsystemtheorie von den meisten soziologischen Theorien der Globalisierung (siehe 1.5).

mulation verwendet, so folgt daraus, dass das Proletariat jene Gruppe ist, die einen Teil des von ihr selbst hergestellten Werts an andere abgibt. So gesehen gibt es in der kapitalistischen Produktionsweise nur Bourgeois und Proletarier.« (1983: 317) Wie Marx betrachtet Wallerstein Bourgeois und Proletarier nicht als autonome Marktakteure, sondern als austauschbare Verkörperungen einer historischen Funktion. Die Funktion besteht im Aufbau des Kapitalismus, dessen historische Aufgabe wiederum die Akkumulation von Produktionsmitteln bzw. Kapital ist. Die maximale Akkumulation von Kapital ist nur durch die Ausbeutung von Proletariern durch Bourgeois möglich.[12]

So ähnlich hat es auch Marx gesehen. Im Kapitalismus gibt es für Marx nur diese beiden Klassen, die eine ist die herrschende, die andere die beherrschte. Und da kapitalistische Herrschaft innerhalb eines Nationalstaats stattfindet, ist klar, dass ein Staat die Interessen seiner Bourgeois vertritt. Diese Argumentationsfigur liegt letztlich Wallersteins These zugrunde, der Nationalstaat diene vor allem dazu, die Marktvorteile seiner Kapitalisten auf dem Weltmarkt zu vergrößern. Wenn die These und die Argumentation richtig sind, so müsste der Nationalstaat diese Funktion teilweise verlieren. Denn die Großunternehmen sind heute nicht mehr in einem Staat beheimatet. Und tatsächlich sehen wir zunehmend regionale Zusammenschlüsse, die nur zu einem geringen Teil eine politische Einheit bilden, aber sehr stark eine ökonomische Einheit. Die nationalen Grenzen, die Exporte von Waren erleichtern und Importe verteuern, verschwinden in diesen Einheiten. *Zwischen* den Einheiten dagegen werden sie verstärkt.

Bis hierher sagt Wallerstein nichts grundlegend anderes als Marx, auch wenn er sich auf Phänomene und Theorien bezieht, von denen Marx noch nichts wissen konnte. Neu ist die Weltsystemperspektive, aber nur zum Teil. Für Marx war der Nationalstaat die grundlegende Analyseeinheit, letztlich aber hat er den Kapitalismus ebenso als weltumspannendes System gesehen wie Wallerstein. Wirklich neu an Wallersteins Konzeption ist seine Einführung einer Mittelschicht. Im oben angeführten Zitat schreibt er, ökonomisch betrachtet gebe es nur Bourgeoisie und Proletariat. Er meint aber, dass es zusätzlich noch eine Mittelschicht gebe, und zwar vor allem zur Aufrechterhaltung politischer Stabilität. Er unterscheidet innerhalb des Weltsystems das Zentrum oder den Kern von der mittleren Semiperipherie und von der unteren Peripherie (1983: 306). Die Dependenztheorie habe

12 »The endless accumulation of capital is the defining characteristic and *raison d'être* of this system. Over time, this endless accumulation pushes towards the commodification of everything, the absolute increase of world production, and a complex and sophisticated social division of labor.« (Wallerstein 1984: 17)

dagegen nur Zentrum und Peripherie unterschieden und deshalb die relative Verbesserung der Situation in der Dritten Welt nicht erklären können.

Die Unterscheidung Zentrum-Semiperipherie-Peripherie wendet Wallerstein auf alle gesellschaftlichen Einheiten an. Innerhalb eines Nationalstaats dient die Mittelschicht dazu, die Spannung zwischen herrschender Bourgeoisie und beherrschtem Proletariat abzufedern. Innerhalb der Staatenordnung dienen die Schwellenländer dazu, die Spannung zwischen Industrienationen und Dritter Welt abzufedern. Und in der Weltökonomie dienen die herrschenden Klassen der Dritten Welt und die unteren Schichten der Industrienationen einer Abfederung der Spannungen zwischen Superreichen und Hungernden. Die Mitte ist sozusagen die Hoffnung der Unteren – was sich soziologisch und psychologisch tatsächlich nachweisen lässt.

Wie Frank hat Wallerstein seine Theorie bei der Beschäftigung mit der Dritten Welt erarbeitet, da er von Haus aus Afrikanist war. Allerdings nahm er dabei eine theoretische oder gar eurozentrische Perspektive ein. Er betrachtete Afrika als einen Bestandteil des europäischen Weltsystems und nicht als eine Region mit einer eigenen Geschichte (2000: 55). Afrika befand sich bereits auf dem Weg zum Merkantilismus, wurde aber an der Entwicklung des Kapitalismus gehindert, weil es durch die Sklaverei als Peripherie in das europäische Weltsystem integriert wurde (2000: 57 f). Vor der Versklavung afrikanischer Einwohner durch die Kolonialmächte gab es nur sporadischen Handel zwischen Europa und Afrika, der sich auf Luxusgüter beschränkte (2000: 60). Mit der Inwertsetzung Amerikas und der Industrialisierung wuchs in Nordwesteuropa der Bedarf an Arbeitskräften. Das kapitalistische Europa habe sich aber der afrikanischen Sklaven nur bedient, weil die Beschaffungskosten externalisiert wurden und Afrika noch außerhalb des Weltsystems blieb (2000: 56 f). Mit zunehmender Industrialisierung der Kolonien wurde die Sklaverei zu teuer. Sklaven wurden durch Lohnarbeiter ersetzt und Afrika wurde als peripherer Bestandteil der Arbeitsteilung in das europäische Weltsystem integriert.

Von der Dependenztheorie übernahm die Weltsystemtheorie die Interpretation wirtschaftlicher Zusammenhänge als prinzipiell ungleich. Stets gibt es ein dominantes Zentrum und eine dominierte Peripherie. Des Weiteren sind die wirtschaftlichen Zusammenhänge für Wallerstein in erster Linie ungleiche Tauschbeziehungen. Diese Konzeption beruht auf einer Verallgemeinerung der eurozentrischen Geschichte des »langen 16. Jahrhunderts«. Dass Wallerstein gerade diese Epoche verallgemeinert und als Grundlage für die Ermittlung historischer Gesetze herangezogen hat, ist seinem marxistischen Ansatz geschuldet. Zwei Momente zeichnen diesen Ansatz für Wallerstein aus: Erstens gibt es eine historische Stufenentwicklung, zweitens kann die Entwicklung nur als Totalität interpretiert werden (2000:

71 ff). Daher kann es für Wallerstein – wie für Sweezy, Baran und Mao Tse-tung – auch nur eine Weltrevolution geben, keinen graduellen Übergang und keine Verbesserung innerhalb eines Nationalstaats (2000: 77 ff). Die Geschichte ist ein Individuum, das sich als eine in sich widersprüchliche Totalität weiterentwickelt (1984: 17). Ähnlich argumentiert auch Hegel (siehe 1.1.1).

Weitere einflussreiche Formulierungen der Weltsystemtheorie haben Wallersteins Freunde Samir Amin und Giovanni Arrighi vorgelegt, die an der marxistischen Grundlage festhielten. Etwas offenere Varianten der Theorie stammen von Wallersteins Schülern am Fernand Braudel Center. Schließlich hat Fernand Braudel selbst Stellung zu Wallersteins Weltsystemtheorie bezogen. Die Theorie bleibt jedoch in ihrer klassischen Form stark vom Marxismus beeinflusst. In mehreren Büchern hat Amin für die Aktualität der Weltsystemtheorie argumentiert und dabei die klassische Formulierung gegen andere marxistische Strömungen sowie gegen André Gunder Frank verteidigt. Gegen Wallerstein dehnte Frank das Weltsystem zeitlich über den Kapitalismus aus. Er behauptete, ein integriertes Weltsystem habe es nicht erst seit Wallersteins langem 16. Jahrhundert, sondern schon seit 5.000 Jahren gegeben (Frank/Gills 1993). Es habe sich in langen, zyklischen Wellen entwickelt. Auch wenn die Behauptungen Franks etwas übertrieben wirken, haben sie doch das Resultat gehabt, frühere Epochen der Weltgeschichte und weitere Regionen in die Weltsystemtheorie einzubeziehen. Frank selbst hat seine eigenen Forschungen zum Weltsystem vor allem nach Asien ausgedehnt (1998) und den Rahmen der Weltsystemtheorie zu Gunsten einer komplexeren Geschichtsschreibung verlassen (siehe 1.1.3).

Dagegen beharrten Amin, Arrighi und Wallerstein auf der Einzigartigkeit und Neuartigkeit des europäischen Kapitalismus. Amin zufolge stellt die moderne Welt einen qualitativen Bruch mit allen vorangegangenen Systemen dar, indem das Wertgesetz nicht nur das Wirtschaftsleben, sondern die ganze Gesellschaft bestimmt (Amin 1997: 11). Das kapitalistische ist das erste wirklich globale System, das alle Teile in eine gemeinsame Arbeitsteilung integriert. Erst der europäische Kapitalismus ergänzt den Fernhandel mit Luxusgütern durch wesentliche Güter. Alle früheren Staaten waren tributär, finanzierten sich also durch Tributzahlungen (1997: 32). Erst der europäische Staat beruht nicht mehr auf Tributen, sondern auf dem Merkantilismus und sodann auf Ausbeutung (1997: 37). Allerdings ist das kapitalistische Weltsystem nicht vollkommen integriert, weil es einen ungleichen Tausch und segmentierte Arbeitsmärkte beinhaltet (1997: 17). Es expandiert ständig, begleitet von einer kontinuierlichen Krise, vermag aber nicht alle sozialen Phänomene zu integrierten. Nur im Zentrum ist der Kapitalismus vollkommen entwickelt. Er beruht auf fünf Monopolen: Technologie, Finanzen, Zugang zu Ressourcen, Kommunikation und Medien, Massenvernichtungswaffen (1997: 43 f).

Für Fernand Braudel stellt sich die historische Entwicklung differenzierter dar. Im Gegensatz zu Amin und Wallerstein sieht er auch im Altertum und Mittelalter die Existenz von Weltwirtschaften, die teilweise nebeneinander bestanden (1986: 76). Er stimmt jedoch zu, dass die kapitalistische europäische Weltwirtschaft die treibende Kraft seit dem »langen 16. Jahrhundert« ist. Ihr Sieg beruhe auf der Allianz mit dem bewaffneten, im Namen der Wirtschaft agierenden Staat (1986: 60). Dieser sei schon in den oberitalienischen Stadtstaaten des 12. Jahrhunderts aufgetreten. Daher müsse man die Entfaltung des Kapitalismus eher als einen langwierigen Prozess begreifen. Der alte Stadtstaat verschwand erst im England des 18. Jahrhunderts (1986: 85). Gleichzeitig zerstörte England die alten asiatischen Weltwirtschaften. Von den Weltwirtschaften unterscheidet Braudel die Wirtschaft der gesamten Welt. Die Weltwirtschaft sei ein Ganzes, nehme einen bestimmten geografischen Raum ein, habe einen Pol oder ein Zentrum und gliedere sich in Kern, Zwischenregionen und Peripherie (1986: 74 f). Die Wirtschaft der Welt kann aus mehreren Weltwirtschaften bestehen. Dagegen ist die »Welt-Gesellschaft« so strukturiert wie die Gesellschaft jedes beliebigen Staates, nämlich in Privilegierte und Nicht-Privilegierte.

Damit ist es durchaus angemessen, Braudels Konzeption der Weltgeschichte ebenfalls als eine Weltsystemtheorie zu bezeichnen, auch wenn sie eher empirisch und weniger maoistisch angelegt ist. Eine weitere abgeschwächte Variante der Weltsystemtheorie hat Wallersteins Schüler Christopher Chase-Dunn (1989) vorgelegt. Er wiederholt, dass die wichtigsten Komponenten des kapitalistischen Weltsystems die Klassengesellschaft, das Verhältnis von Kern und Peripherie[13], das Staatensystem und der Weltmarkt seien (1989: 4). Die Gesellschaft wird durch Nationalstaaten vertreten (1989: 36). Es gibt keinen Weltstaat, der dem Weltsystem entspräche. Die politische Struktur des Kapitalismus ist kein Staat, sondern das Staatensystem. Staaten, die von Kapitalisten beherrscht werden, suchen ihre Kapitalisten zu beschützen und nach Möglichkeit Monopole zu schaffen. Kapitalisten, Handwerker und Arbeiter bemühen sich alle gleichermaßen um Schutz vor Marktkräften. Das Staatensystem ist für sein Überleben von Institutionen und Chancen des Weltmarkts abhängig. Zwei Eigenschaften müssen erhalten werden: die Herrschaftsteilung im Zentrum und ein Tauschnetzwerk zwischen den Staaten (1989: 150). Der Kern ist dort, wo sich die Warenströme verdichten. Hier gibt es kapitalintensive Technologie, gut ausgebildete Arbeitskräfte und die höchste Profitrate (1989: 39).

13 Allerdings konzipiert Chase-Dunn das Verhältnis zwischen Kern und Peripherie nicht als Dichotomie, sondern als Kontinuum. Der jeweilige Status bestimmt sich durch »constellations of economic activity« (1989: 207).

Wer mit neuer Technologie neue Produkte herstellen kann, die potenziell existierende Märkte bedienen, kann für seine Investitionen ordentliche Profite erhalten. Es entstehen Monopole und Oligopole, die Preise zu kontrollieren vermögen.

Monopole sind eher auf politische Unterstützung und auf Größe als auf Innovationen angewiesen (1989: 206). Die relative Kapitalintensität der Warenproduktion ist ein Indikator für die Macht eines Staates in der kapitalistischen Weltwirtschaft. Militär und Politik spielen jedoch auch eine Rolle: Die Kern-Peripherie-Hierarchie kann mehrdimensional sein (1989: 214). Aus diesem Grund ist das Kapital jedoch auf einen starken Staat angewiesen (1989: 246). Die Peripherie muss in allen Dimensionen abhängig gehalten werden, während das Monopol auch politisch gestützt werden muss. Chase-Dunn diagnostiziert allerdings einen gegenwärtigen Aufstieg von Ländern der Peripherie und Semiperipherie ins Zentrum (1989: 256). Wie dieser Aufstieg mit der Weltsystemtheorie zu erklären ist, bleibt unklar.

Der Aufstieg von *emerging powers* (siehe 2.1) ist ein wichtiges empirisches Argument gegen die Weltsystemtheorie. Die Theorie ist vielfach empirisch und theoretisch kritisiert, aber nicht verabschiedet worden. Sie birgt die typischen Gefahren jeder guten Theorie: Sie wirkt sehr plausibel und kann alles erklären. Und wenn ein Phänomen nicht erklärt werden kann, lassen sich entweder Zusatzannahmen zu seiner Erklärung finden oder das Phänomen kann als Schein abgetan werden. Eine konsistente Theorie kann man nicht wirklich widerlegen. Man kann nur auf ihre Schwächen hinweisen oder sie in Hegels Sinne aufheben.

Aus der Perspektive von Marx muss man sagen, dass Wallersteins Theorie übermäßig vereinfacht. Wallerstein beruft sich stets auf Marx, aber wenn er von einem einzigen und einheitlichen Weltsystem ausgeht, ist das eine übermäßige Vereinfachung der marxschen Theorie. Marx kennt zwar im Kapitalismus auch nur den Gegensatz zwischen Bourgeoisie und Proletariat, aber er versucht nicht, die Unterschiede in ein einziges System einzuordnen. Sowohl für das Weltreich wie auch für die Weltökonomie nimmt Wallerstein eine zu große Einheitlichkeit an. In der Weltökonomie sind nicht alle wirtschaftlichen Strukturen gleich, und in den Weltreichen waren nicht alle politischen Strukturen identisch und allumfassend. Wallerstein würde nun entgegnen, dass Phänomene wie unterschiedliche Wirtschaftskulturen für die Weltsystemtheorie unerheblich sind (siehe 1.3.3), da die Weltsystemtheorie nur sehr langfristige historische Entwicklungen betrachtet (1983: 303). Dieser Typ von Erwiderung ist allerdings ein Totschlagargument. Denn sehr langfristige Entwicklungen erstrecken sich auch in die Zukunft. Und wenn sich ein Theorem nicht in der Gegenwart oder Vergangenheit nachweisen lässt, verlegt man es einfach in die Zukunft. So wird in der marxistischen Tradition – wie auch von Wallerstein – immer argumentiert, die sozialistische Weltrevolution werde schon irgendwann kommen.

Diese Argumentationsfigur deutet auf eine tieferliegende Schwäche der Weltsystemtheorie hin. Denn wie *Das Kapital* von Marx reduziert sie die soziale Welt auf die Ökonomie. Das ist plausibel, weil der Kapitalismus sich über die ganze Welt ausgebreitet hat und zunehmend alle sozialen Phänomene durchdringt. Für die vorkapitalistische Welt ist jedoch nach der historischen und ethnologischen Forschung, die seit Marx geleistet wurde, die Reduktion auf Wirtschaft nicht mehr plausibel. Daher weicht Wallerstein in der Geschichtsdeutung von Marx ab. Er deutet die Vorgeschichte des Kapitalismus nicht mehr so ökonomistisch, wie Marx das getan hat. Aber die Geschichte des Kapitalismus selbst ist für ihn weiterhin allein durch die Ökonomie zu erklären. Alles Nichtökonomische gehört zum Überbau, der keine selbständige Existenz hat und durch die Ökonomie erklärt werden kann, letztlich also durch die Aneignung von Mehrarbeit durch Kapitalisten. Die Reduktion zwingt Wallerstein auch zu einer klaren historischen Periodisierung. Er lässt die Weltökonomie zwischen 1450 und 1650 beginnen, denn in dieser Zeit errang das Modell kapitalistischer Produktion in Nordwesteuropa einen zentralen Stellenwert. Dass es einerseits schon früher nahezu weltumspannende Handelsnetze gegeben und kapitalistische Produktion in Norditalien existiert hatte, und dass andererseits die meisten Teile der so genannten Weltökonomie erst jüngst eine kapitalistische Produktion einzuführen begannen, muss Wallerstein vernachlässigen – im Gegensatz zu Marx übrigens.[14]

Wallersteins Theorie wurde in den 1970er Jahren entwickelt. Heute leuchtet sie vielleicht noch mehr ein als seinerzeit. Denn Wallerstein geht ja von einer kapitalistischen Arbeitsteilung aus, die die ganze Welt umfasst und gleichbedeutend mit einer globalen Sozialstruktur ist. Zu solch einer Konzeption ringt sich die europäische Soziologie erst jetzt langsam durch. Entscheidend ist jedoch, dass die Welt keine Einheit ist, sondern langsam und unvollkommen eine wird. Der europäische Kapitalismus wird auch die Welt nie vollständig durchdringen, wie das Amin (1997:17) angemerkt hat.

Die Aktualität der Weltsystemtheorie beruht auf ihrer Globalität. Sie fordert, die Welt im Zusammenhang zu betrachten. Dabei vermag sie politische, kulturelle und soziale Phänomene kaum mit den analysierten ökonomischen Zusammen-

---

14 Die Weltwirtschaft ist für Wallerstein ein »Nullsummenspiel« (2000: 83). Diese Annahme ist nicht plausibel und mündet in unzählige Imperialismus-, Krisen- und Zusammenbruchstheorien hinsichtlich der Grenzen von Ausdehnung und Ausbeutung durch die Kapitalistenklasse. Wallerstein bietet aber auch den Ansatz für eine alternative Theorie, indem er die Ausdehnung des Kapitalismus als »Kommodifizierung« (oder auch Inwertsetzung; vgl. Rehbein 2004) erklärt, also die Verwandlung eines Gegenstands in einen auf dem Markt tauschbaren Gegenstand mit einem Preis (1984: 21). Leider erlauben es Wallersteins Voraussetzungen ihm nicht, diesen Ansatz unabhängig von der Vorstellung des Nullsummenspiels weiterzuverfolgen.

hängen in Verbindung zu bringen. Aus der Makroperspektive des Weltsystems sind die lokalen, nationalen und transnationalen Details der Welt nicht zu sehen. Die Makroperspektive ordnet die Welt nach Handelsbeziehungen in Kern, Semiperipherie und Peripherie. Letztlich präsentiert Wallerstein damit nur eine Wirtschaftsgeografie der Welt (Nederveen Pieterse 1989: 42). Genau das dürfte ihn für die Gegenwart so attraktiv machen. Unsere heutige Konzeption der Globalisierung ist sehr viel mehr eine geografische Theorie als eine soziologische, politologische, historische oder ethnologische. Das werden auch die folgenden Kapitel immer wieder erweisen.

1.2.3. Jenseits der Weltsystemtheorie

Die Weltsystemtheorie bildet nicht nur einen der wichtigsten Ausgangspunkte der Globalisierungsdebatten, sie hat auch die empirische Forschung in den unterschiedlichsten Disziplinen inspiriert. Einige Forschungsrichtungen stellen sich ausdrücklich in die Tradition Wallersteins, während andere sich ebenso ausdrücklich von ihm absetzen. Besonderen Einfluss übte die Weltsystemtheorie in den historisch orientierten Disziplinen aus. Daher beschäftigt sich dieses auf die Weltgeschichtsschreibung folgende Kapitel mit ihr. Forschung, die einen Zusammenhang zwischen Orten, Kulturen und Gesellschaften herzustellen sucht, kommt an der Weltsystemtheorie kaum vorbei.

Die intensive Beschäftigung mit der Weltsystemtheorie, insbesondere mit Wallerstein, hat dazu geführt, dass die empirische Forschung fast alle empirischen Behauptungen Wallersteins widerlegt hat. Die erste bedeutende empirische Kritik an Wallersteins großem Werk veröffentlichte nach dem Erscheinen seines ersten Bandes Jane Schneider 1977. Sie fragt, ob es auch vor dem europäischen Kapitalismus Weltsysteme gegeben haben könne, und antwortet (wie später Frank), dass China zweifellos das Zentrum früherer Weltsysteme gewesen sei (1977: 21). Sodann unterzieht sie Wallersteins Argumentation einer präzisen Kritik. Er grenze den Handel mit Luxusgütern aus der Definition des Weltsystems aus, um eine theoretische Vorentscheidung stützen zu können (1977: 22 ff). Um den kapitalistischen Handel als einen Handel mit Notwendigem und den vorkapitalistischen Handel als einen Handel mit Luxusgütern bestimmen zu können, erkläre er beispielsweise Zucker und Wein zu Gebrauchsgütern und Pfeffer zu einem Luxusgut. Dann behaupte er, Luxusgüter dienten nur dem Konsum von Herrschern. Damit verkennt Wallerstein laut Jane Schneider die präkapitalistische Geschichte.

Schneider zufolge haben präkapitalistische Herrscher auch Luxusgüter benutzt, um die Semiperipherie durch Patronage und Geschenke manipulieren zu können. China hat über Jahrtausende Geschenke an die Semiperipherie gegeben – um zu expandieren. Das Tributsystem hat das chinesische Empire und die Expansion möglich gemacht. Daher waren die Luxusgüter ebenso notwendige Güter (1977: 24). So missdeutet Wallerstein auch die Rolle des Goldes lediglich als Zirkulationsmittel. Es war aber auch wesentliches Mittel der Diplomatie. In einem präkapitalistischen Weltsystem akkumulierte das Zentrum Gold im Tausch gegen den Abfluss von Fertigprodukten. In diesem Sinne stand das frühneuzeitliche Europa nicht außerhalb eines vorkapitalistischen Weltsystems (wie Wallerstein behauptet), sondern war seine Peripherie. Die europäische Strategie gegen die östliche Dominanz stützte sich auf die Herstellung von Stoffen. Am erfolgreichsten war Wolle, denn der Osten war auf Seide und Baumwolle spezialisiert, während Schafe im Norden gezüchtet werden konnten (1977: 27).

Jane Schneider demontierte zentrale empirische Argumente Wallersteins und zeichnete die Umrisse präkapitalistischer Weltsysteme von der Antike bis zum Aufstieg Europas. In einem bedeutenden Werk erforschte Janet Abu-Lughod (1989) das Weltsystem unmittelbar vor dem europäischen Aufstieg.[15] Sie schreibt, dass im 11. Jahrhundert ein integriertes Weltsystem entstand, das von Europa bis China reichte und seine Blüte im 13. Jahrhundert erlebte. Ein Großteil des Handels, vor allem über kürzere Distanzen, bestand aus landwirtschaftlichen Produkten. Aber Fertiggüter spielten ebenfalls eine zentrale Rolle im Weltsystem (1989: 9 f). Ohne sie hätte das Austauschsystem nicht über große Distanzen bestehen können. Alle Einheiten des Systems produzierten einen Überschuss, was ohne fortgeschrittene Methoden, Arbeit zu mobilisieren und zu organisieren, nicht möglich gewesen wäre. Der Austausch wurde durch überall ansässige Händlergemeinden organisiert, die verschiedene Sprachen hatten. Die einzelnen Regionen wiesen im 13. Jahrhundert mehr Ähnlichkeiten auf als Unterschiede in ihrer Entwicklung. Im Zweifelsfall hinkte Europa hinterher. Geld, Kredite, Kapitalmobilisierung und reiche Kaufleute gab es überall.

Abu-Lughod charakterisiert das Weltsystem des 13. Jahrhunderts im Gegensatz zu Wallersteins Weltsystem als multizentrisch. Sie unterscheidet acht Subsysteme (Westeuropa, östliches Mittelmeer, Zentralasien, Rotes Meer, Mesopotamien, Indien und Südostasien, Ostasien). Sie zerfallen in drei größere Systeme: Europa, Naher Osten, Ferner Osten (1989: 33 ff). Man kann vielleicht sagen, dass das 16. Jahrhundert weniger Neuerungen hervorbrachte als das 13. – es gab keine großen Fortschritte im Schiffswesen oder in sozialer Organisation (Produktion und

15 Patrick Manning (2003: 73) zufolge ist es großenteils das Verdienst Abu-Lughods, die Welt so umfassend wie Wallerstein betrachten zu können, ohne seinem Fokus auf das neuzeitliche Europa folgen zu müssen.

Finanzen) und keine kulturelle Vorherrschaft. Im 13. Jahrhundert gab es viele verschiedene ökonomische Systeme, vom Fast-Privatkapitalismus zur Fast-Staatswirtschaft (1989: 355). Die (eher private) Textilproduktion war in Kanchipuram so organisiert wie in Flandern und in China wie in Ägypten (eher staatlich). Auch die Grundlagen der Produktion waren unterschiedlich: große Agrargesellschaften wie Indien und China, kleine Stadtstaaten am Meer wie Venedig und Malakka, gemischte Gegenden wie Südindien und die Champagne und Gebiete mit Rohstoffen wie England (Wolle) und Ceylon (Edelsteine). Die Rohstoffe produzierten allerdings nicht das Weltsystem, sondern das Weltsystem produzierte sie. Freie Lohnarbeit und Geld sind viel älter als die moderne Industrialisierung, und Sklavenarbeit besteht auch in dieser fort (1989: 10). Auch zwischen kommerzieller und industrieller Revolution kann man keine klare Grenze ziehen, ebenso wenig wie zwischen verschiedenen Formen der Industrialisierung und zwischen dem 13. und 16. Jahrhundert.

Nordwesteuropa war eine Peripherie des Weltsystems im 13. Jahrhundert. Es trat im 16. Jahrhundert in ein funktionierendes System ein, als es aufgrund einer Verkettung günstiger Umstände einen temporären Vorteil hatte. Die Ming stellten den Seehandel ein, den Araber und Inder übernahmen, die aber nicht durch Militär geschützt waren. In dieses Vakuum stießen die Portugiesen vor. Ihr gewalttätiger Handel veränderte das alte multizentrische System mehr als alles andere (1989: 361). Gleichzeitig hatte Nordwesteuropa weniger unter der Pest zu leiden gehabt und beherrschte den Atlantischen Ozean (1989: 18 f). Hätte Wallerstein seine Forschung früher angesetzt, hätte er diese Zusammenhänge wahrscheinlich erkannt.

Abu-Lughod diagnostiziert, dass die meisten Historiker von der Gegenwart – der westlichen Hegemonie – ausgingen und sie als notwendig zu erklären versuchten. Sie fordert, sich Gegenwart und Geschichte einmal ganz anders vorzustellen (1989: 12). Wegen der unzureichenden Quellen sei das jedoch schwierig. Man tendiere dazu, sich auf verzerrende Quellen wie den Bericht Marco Polos zu stützen und die außereuropäischen Quellen zu vernachlässigen (1989: 28 ff). Ferner stütze man sich wie der Marxismus auf mythologische Universalerklärungen wie den Kondratiew-Zyklus, der jedoch selbst der Erklärung bedarf (1989: 356 ff). Im 13. Jahrhundert lassen sich überall Zyklen erkennen, die jedoch höchst unterschiedliche Erklärungen haben. Europas Entwicklung passt am besten auf den Zyklus; die Erklärung seines Endes ist die Pest. Der Nahostzyklus unterscheidet sich sehr davon; Kairo erlebte seinen Niedergang erst nach der portugiesischen Umrundung Afrikas. Westindiens Zyklus war dem des Nahen Ostens parallel, während der Ostindiens mit Srivijaya endete (wegen der chinesischen Expansion). In Nordasien hing der Zyklus mit der Expansion der »Mongolen« zusammen. All diese Zyklen weisen nur deshalb eine Ähnlichkeit auf, weil alle Regionen miteinander verknüpft waren (im Aufschwung wie im Abschwung).

Schließlich wagt Abu-Lughod einen Blick zurück und nach vorn (1989: 366 ff). Schon zu Zeiten der Römer habe es ein Weltsystem gegeben, das fast genauso aussah wie das des 13. Jahrhunderts. Südostasien (Seeweg) und Zentralasien (Landweg) spielten damals wie später eine wichtige Rolle. Die Struktur jedoch war anders: Das System zur Zeit um Christi Geburt wurde von zwei Großreichen an den äußersten Enden der bekannten Welt beherrscht. Nach ihrem Niedergang brach das System zusammen und wurde dann durch den Islam restrukturiert. Heute geht eine ähnliche Restrukturierung vom Pazifischen Ozean aus. Mit dieser Erklärung eröffnet Abu-Lughod den Weg zu einer differenzierteren und stärker empirisch orientierten Anwendung der Konzeption des Weltsystems.

Eine noch größere Tiefe gewinnt die Konzeption durch ihre Anwendung in der Archäologie (siehe vor allem Maran et al. 2006). Gil Stein (1999) zufolge ist sie das am meisten benutzte Erklärungsmodell für die archäologische Erklärung sekundärer Staatsbildung. Stein prüft die Weltsystemtheorie am Beispiel des alten Mesopotamiens und kommt zu dem Schluss, dass externe Dynamik und ungleiche Beziehungen in der Weltsystemtheorie überbetont würden (1999: 3). Von einem Kern dominierte Tauschnetzwerke sind nur *eine* Möglichkeit politischer und ökonomischer Relationen zwischen zwei Regionen. Wir brauchen eine flexiblere Perspektive, die die interne Dynamik der Peripherie und die externen Beziehungen gleichermaßen betrachtet und mehrere Arten und Ebenen der Interaktion unterscheidet. Der größte Fehler der Weltsystemtheorie besteht darin, dass sie der Peripherie keine Handlungsmacht zuschreibt, was auf dem Ökonomismus beruht (1999: 19). Stein zufolge muss ein angemessenes Modell der Interaktion zwischen Gesellschaften den Wandel innerhalb der Gesellschaften *und* auf interregionaler Ebene erklären können (1999: 45). Es darf interregionaler Interaktion nicht automatisch den Primat zuschreiben, muss Lokales und Interaktion gleichermaßen betrachten, darf keine integrierte Einheit postulieren und muss gleichzeitig den Zusammenhang und das Kulturspezifische erforschen.

Stein untersucht zunächst den Handel zwischen Uruk und seiner Peripherie im 4. Jahrtausend v. Chr. Uruk war das erste »Weltsystem« (1999: 5). Der Handel wurde teilweise von Diasporen der Händler aus Uruk in der Peripherie betrieben, die sich archäologisch nachweisen lassen. Eine Händler-Diaspora entsteht, wenn kulturell verschiedene Gruppen unter schwierigen Bedingungen Tausch betreiben und die Staaten keine Sicherheit des Handels garantieren können (1999: 47). Eine Strategie der Händler besteht dann darin, alle Etappen des Handels mit einer bestimmten Ware zu kontrollieren. Eine Händler-Diaspora ist meist eine Minderheit und hängt daher stark vom Wohlwollen des Herrschers ab. Sie kann aber auch nach sozialer Autonomie streben oder gar die Herrschaft ergreifen. Die Ergreifung der Herrschaft durch eine Händler-Diaspora ist die Option, die der Weltsystemtheorie zugrunde liegt und von den Europäern in der Neuzeit ergriffen wurde (1999: 51).

Die anatolischen Fundorte (an der Peripherie von Uruk) weisen eine Entwicklung zu größerer sozialer Komplexität auf. Im Hinblick auf die Weltsystemtheorie fragt Stein nun, ob diese auf dem Handel mit Uruk beruht (1999: 106). Da es kaum Hinweise auf direkte Interaktion gibt, verneint er die Frage jedoch. Neuere Grabungen zeigen, dass es Ende des 4. Jahrtausends keine übermäßigen Asymmetrien in Technologie, Wirtschaft und Macht zwischen Mesopotamien und seinen Nachbarn gab. Auch in Produktivität und Austausch lassen sich kaum Asymmetrien feststellen (1999: 113). Die Kupferquellen in Anatolien sind 1.300 km von Uruk entfernt. Die Anwendung von Gewalt oder auch nur indirekter Verwaltung war daher kaum möglich. Das Beispiel Hacinebi in Anatolien (1.000 km von Uruk entfernt) war ein eigenes Handelszentrum mit interner Spezialisierung, die vor allem auf den eigenen Bedarf und nicht auf den Fernhandel abzielte (1999: 135 ff). Aus den spärlichen Funden geht hervor, dass einige Spezialisten in Hacinebi die Kupferproduktion und den Fernhandel mit Kupfer betrieben. Daraus lässt sich schließen, dass die Spezialisten keine von der Elite abhängige Gruppe waren. Uruk etablierte eine kleine Händler-Diaspora in Hacinebi. Die Beziehungen zur Lokalbevölkerung waren über Jahrhunderte friedlich; die Kolonie konnte schon zahlenmäßig die einheimische Bevölkerung nicht dominieren. Es scheint ein anatolisches Austauschsystem gegeben zu haben, das neben dem Austausch mit Uruk bestand. Denn dieselben Produkte finden sich in den Schichten vor und nach dem Kontakt mit Uruk, darunter auch Kupferreste. Ferner benutzten die Einheimischen auch nach dem Kontakt mit Uruk Handelsquellen außerhalb von Mesopotamien. Schließlich gab es an der Fundstelle auch nach der Etablierung des Handels mit Mesopotamien einheimische Siegel (neben den neuen Siegeln aus Uruk). Dass in Hacinebi die frühere soziale Komplexität und die Lebensweise der Eliten fortbestanden, nachdem Uruk eine Kolonie einrichtete, widerspricht Stein zufolge der Weltsystemtheorie.

Nach der vielfältigen Kritik haben Chase-Dunn und Hall (1993) die Konzeption des Weltsystems so weit gefasst, dass sie nur noch wenig mit ihrem marxistischen Kern und Wallersteins historischer Fixierung zu tun hat. Diese weite Konzeption ist zweifellos anschlussfähig. Letztlich reduziert sich die Konzeption auf die Forderung, Phänomene nicht nationalstaatlich, sondern im Zusammenhang des Weltsystems zu untersuchen (1993: 851). Ferner schlagen Chase-Dunn und Hall vor, zur Gewinnung weiterer Einsichten Weltsysteme miteinander zu vergleichen. Um Grundstrukturen zu erkennen, sollte man Chase-Dunn und Hall zufolge Netzwerke vergleichen, die strukturell verschieden sind. Und um Wandel zu erkennen, muss man ihre Geschichte untersuchen (1993: 853). Zu diesem Zweck muss man Wallersteins Theorie stark modifizieren (1993: 854). Nach Wallerstein definiert sich ein Weltsystem durch den Austausch von Notwendigem (wozu er später auch Gold und Schutz zählte). Aber viele staatenlose Gesellschaften tauschen in hohem Maße über ihre Grenzen hinweg (einschließlich Notwendigem), was ihre Eigenschaften verändert. Ferner können sie gar nicht abgegrenzt werden (1993: 855 ff). Ein Weltsystem muss nicht in Kern und Peripherie gegliedert werden. Das Weltsystem besteht eher aus den Netzwerken, in denen die Menschen tatsächlich leben. Ausbeutung, Herrschaft und ungleicher Tausch können nicht vorausgesetzt werden. Die frühen Interaktionen haben sehr lange gebraucht, um Grenzen zu überschreiten und Effekte aufzulösen. Das zentrale theoretische Gerüst für den Vergleich von Weltsystemen sind die historischen Formen der Akkumulation: Verwandtschaft, Tributsystem, Kapitalismus und Sozialismus (1993: 857, 866).

In einem wichtigen Aufsatz hat Lothar Hack die Problemlagen der Weltsystemtheorie sortiert, ohne deren Verdienste beim Durchbruch weltsoziologischer Fragestellungen zu bestreiten (Hack 2005). Die Kritik konzentriert sich darauf, dass die Binnendifferenzierung des Weltsystems zu mehrdeutig ist, dass die Geltung von orientierenden Metaphern wie Ebenen, Zonen und Mustern nicht zuletzt deshalb so schwankt, weil das Weltsystem selbst so starr ausgelegt ist. Obwohl Wallerstein häufig auf die Arbeiten Karl Polanyis (1944) zurückgreift, bleibt ihm die Figur der Einbettung ökonomischer Verhältnisse in jeweils neue gesellschaftliche Rahmen fremd. Allerdings hat die weltsystemische Zentralperspektive den Vorteil, mit dem Übersehen mancher differenzierten Gliederung den Blick freizusetzen: Zwar bietet Wallersteins Analyse weniger Einsicht in die Arbeitsweise von Organisationen, zumal globaler Organisationen, aber sie eröffnet den Zugang zu globalen Konstellationen, in denen der Auf- und Abstieg politischer, wirtschaftlicher und gesellschaftlicher Macht in seinen Jahrzehnte übergreifenden Dimensionen verständlich gemacht wird. So ist die Rolle der Vereinigten Staaten mit einer Theorie der *Konstellationen*, wie sie Wallerstein zuletzt verfolgt hat, sicher besser zu verstehen als mit manchen realistischen oder liberalen politikwissenschaftlichen Modellen.

Gewiss hat die Kritik an Wallerstein Recht, dass extreme Ungleichheiten und Heterogenitäten für seinen Ansatz geradezu konstitutiv sind und so die feinen Unterschiede nicht in den Blick kommen (Rehbein 2007b). Wahr ist aber auch, dass mit dem Blick auf Felder globaler Ungleichheit die Sicht auf die Interdependenz von Ungleichheitsstrukturen in und zwischen zentralen, semiperipheren und peripheren Kontexten geschärft wird. Die Nutzung etwa der Feldtheorie Pierre

Bourdieus in globalen Kontexten wird erleichtert, wenn die weltsystemischen Bedingungen dafür beleuchtet werden. Es gehört zwar zu den konstitutiven Schwächen des Ansatzes Wallersteins, mit dem Reichtum des Gesellschaftsbegriffes nichts anfangen zu können und Gesellschaft durch ein historisches System zu ersetzen (vgl. Hack 2005: 139 ff), aber damit wird auch die Gesellschaft aus der Selbstverständlichkeit ihres nationalen Gehäuses gerissen. Es wird dann zu einer empirischen Frage, ob so etwas wie Gesellschaft, wie wir sie seit den Zeiten der klassischen Soziologie um 1900 verstanden haben, noch zustande kommen kann.

Die Weltsystemtheorie wird so noch auf absehbare Zeit ein wichtiger Bezugspunkt für die Globalisierungsdebatte bleiben. Dort, wo sich, wie in Deutschland, noch kein souveräner, aufmerksamer und gelassener Globalisierungsdiskurs etabliert hat, mag ihre große Zeit sogar noch bevorstehen. Anknüpfen kann sie an Volker Bornschiers (1980) quantitative Untersuchungen zur Struktur des Weltsystems, an Hans-Dieter Evers' (1980) Arbeiten zu Südostasien und an Hans-Heinrich Noltes (1993, 2005) Verknüpfung von Weltgeschichte und Weltsystemtheorie. Wie jede gute Theorie tritt sie zurück und nimmt in den Beständen Platz, wenn sie erfolgreich ist, das heißt in diesem Falle, wenn das Modell der Gesellschaft als Container (Beck 1997) verabschiedet ist.

1.3. Politische Ökonomie

Der Weltsystemtheorie begegnete schon früh die Kritik, die ökonomische Formbestimmung der Differenzierung des Weltsystems sei zu sehr in den klassischen ideologischen Differenzen des 19. Jahrhunderts befangen. Die politische Ökonomie hat das Verhältnis von Wirtschaft und Politik zum Gegenstand, das seit der Entstehung der Disziplin hauptsächlich das Verhältnis von Volkswirtschaft und Nationalstaat war. Seit den 1970er Jahren aber hat sich eine politische Ökonomie im Rahmen der Wirtschaftswissenschaften herausgebildet, die sich vor allem dafür interessierte, wie gesellschaftliche Institutionen geschnitten sein müssen, damit sie das, was Märkte können, zur Entfaltung kommen lassen. Im Gegensatz zur langen Reihe politisch-ökonomischen Denkens, das sich seit den 1930er Jahren in Auseinandersetzung mit Weltwirtschaftskrise, Marktschwäche und politischer Instabilität herausgebildet hatte, wird hier nach dem Design von Institutionen gefragt, die lange Handlungsketten zu stiften vermögen, dem Wettbewerb die richtige Form geben oder ihn zu erfinden vermögen. Die »neue Institutionenökonomik« hat eine Fülle sozialwissenschaftlich interessanter Perspektiven hervorgebracht, die weit in die Theorien der Globalisierung hineinragen und auf dem Feld internationaler Politikkoordination unverzichtbar sind.

Dennoch wird eine Perspektive, die auch die zerstörerischen Konsequenzen von Globalisierungsprozessen in Betracht zieht, nicht auf dem Weg der Institutionenökonomik bleiben können. Kulturkonflikte und antagonistische Dynamik, Auseinanderbrechen von Arbeitsmärkten und Ungleichheit, begrenzter Kapital- und Technologietransfer und finanzwirtschaftliche Turbulenzen legen nahe, im Angesicht reeller und nicht nur formeller Globalisierung einen Schritt zurückzutreten und ältere Fragestellungen wieder aufzunehmen. Die Sprache jedenfalls, derer sich Untersuchungen der Globalisierung aus der Perspektive des globalen Südens bedienen, weist in diese Richtung. Wenn transnationale Unternehmen eine größere Reichweite und einen größeren Umsatz haben als die meisten Nationalstaaten und sich viele Aspekte der wirtschaftlichen Entwicklung und Regulierung der nationalstaatlichen Kontrolle entziehen, dann wird es nicht allein um Verfeinerung der institutionenökonomischen Werkzeuge gehen.

Ideologische Konjunkturen überschneiden sich: Während der IWF gerade anzuerkennen beginnt, dass er zu wenig auf institutionenökonomische Überlegungen gehört hat und einer vermeintlich sicheren Marktlogik gefolgt ist, werden sich die *emerging powers* und deren ideenpolitische Repräsentationen nicht damit begnügen, die Verfeinerung des institutionellen Designs zu betreiben, sondern eine gröbere, die Welt umfassende Konzeptualisierung verfolgen. Überhaupt wird man sich klarmachen müssen, dass die Verfeinerung der kulturwissenschaftlichen Debatte im Okzident und in den globalen kulturellen Szenen, die den Erfolg moderner Entwicklung – nämlich überall Möglichkeitsüberschüsse, neue Optionen und Wahlmöglichkeiten zu entdecken – auf die Vergröberung von Konflikten um Ressourcen, Zugang und Mitbestimmung der globalen wirtschaftlichen Entwicklung treffen (Schwengel 2008b).

Aus diesen Gründen ist es sinnvoll, zur Wurzel der politischen Ökonomie, nämlich zum Gegensatz zwischen Liberalismus und Marxismus, in der wissenschaftlichen Darstellung zurückzukehren. Dieser ideenpolitische Gegensatz besteht fort, auch wenn der Marxismus an Einfluss verloren hat. Die Positionen und Argumente der Gegenwart sind nicht verständlich, ohne eine Vorstellung von dem Antagonismus der klassischen Nationalökonomie Adam Smiths und des orthodoxen Marxismus von Karl Marx zu haben. Auch die referierte Weltsystemtheorie kann nur vor diesem Hintergrund begriffen werden. Damit ist nicht gesagt, dass der Durchgang durch die Prozesse der Globalisierung, die Untersuchung ihrer Voraussetzungen, ihrer Zusammenhänge und Konsequenzen wieder zu diesem Gegensatz zurückkehren muss. Aber Fragestellungen behalten ihren das Verstehen ermöglichenden Charakter, wenn nicht nur ihre Bedingungen sich qualitativ verändert haben, sondern auch die ideenpolitischen Fragen und Antworten ganz andere Räume erschließen müssen. Den Lehren von Smith und Marx sowie vor allem ihrer Erneuerung in Bezug auf die Globalisierung ist der erste Abschnitt des Kapitels gewidmet. Der zweite Abschnitt liefert eine genauere Betrachtung des Verhältnisses von Wirtschaft und Politik unter den Bedingungen der Globalisierung. Im dritten Abschnitt schließlich werden Theorien vorgestellt, die über die klassischen hinausweisen, indem sie kulturelle, soziologische, ethnologische und historische Aspekte in Betracht ziehen.

1.3.1. Liberalismus und Marxismus

Die beiden vermutlich einflussreichsten Traditionen in der Wirtschaftstheorie sind der Liberalismus und der Marxismus. In beiden haben sich zahlreiche konkurrierende Schulen herausgebildet. So zerfällt der Liberalismus derzeit grundsätzlich in Neoklassik und Neoliberalismus, darüber hinaus aber in zahlreiche weitere Schulen wie den Institutionalismus und den Mainstream. Wenn zwischen den Schulen überhaupt ein Dialog besteht, so wird er von schärfster Polemik beherrscht. Das gilt auch für das Verhältnis zwischen den beiden großen Traditionen. Eine genaue Analyse der unterschiedlichen Schulen und ihrer wichtigsten Lehrmeinungen würde den Rahmen des Buches sprengen, obwohl sie für ein echtes Verständnis der Debatten um die wirtschaftliche Globalisierung notwendig wäre. Wir müssen uns auf einen Holzschnitt der beiden Traditionen konzentrieren, um dann einige wichtige Positionen zu erläutern, die über sie hinausgehen.

Immerhin ein Faktum ist in der Wirtschaftstheorie unstrittig: Marxismus und Liberalismus berufen sich auf Karl Marx und Adam Smith. Smith (1983; 1776) versuchte, den Erfolg des Kapitalismus – deskriptiv wie normativ – dadurch zu erklären, dass durch Arbeitsteilung die Produktion effizienter werde und ein Markt für Produzenten und Konsumenten entstehe, der durch Konkurrenz auf beiden Seiten zu weiterer Effizienzsteigerung und letztlich zu einem Wohlstand für alle führt. Smith ging dabei direkt von den Vorteilen der innerbetrieblichen Arbeitsteilung zu Arbeitsteilung und Handel zwischen Nationalstaaten über, deren Existenz er als gegeben voraussetzte. Arbeitsteilung und Handel gereichten allen Beteiligten zum Vorteil, weil kein Individuum und kein Nationalstaat alles hat, produziert oder kann. Die These über die Vorteile der Arbeitsteilung begründete nicht nur die Wirtschaftswissenschaften und die Marktwirtschaft, sondern bildete auch den Keim für die Soziologie, da Marx und Durkheim sich an Smiths Theorie abarbeiteten. Smith kann als vielleicht wichtigster Ahnherr aller Sozialwissenschaften gelten.

Marx kritisierte an Smiths Theorie, dass sie den Wert von Produkten in einer kapitalistischen Wirtschaft nicht erklären könne, weil sie nicht zwischen Tausch-

und Gebrauchswert und damit auch nicht zwischen Produktion und Zirkulation unterscheide (Marx 1953; 1867). Marx führte den Unterschied zwischen Tausch- und Gebrauchswert auf Eigentumsverhältnisse zurück. Der Tauschwert ist der Marktpreis, während der Gebrauchswert der Konsumentennutzen ist. Das Produkt gehört nicht dem Produzenten (dem Arbeiter), sondern dem Eigentümer der Produktionsmittel (dem Kapitalisten). Der Produzent erhält für seine Arbeit nicht den vollen, am Markt gängigen Tauschwert, sondern nur die Mittel, die zum Erwerb aller für sein Überleben notwendigen Gebrauchswerte hinreichen. Den Rest investiert der Kapitalist teilweise in weitere Produktionsmittel, einen weiteren Teil streicht er als Profit ein.

Eine Ungleichheit zwischen den Marktteilnehmern setzten alle Theoretiker voraus. Für den Marxismus und andere Spielarten des Sozialismus ist die Ungleichheit das Problem und der Gegenstand der Theorie. Für den Liberalismus ist sie kein Problem und wird bei der Theoriebildung vernachlässigt. Daher konstruieren beide Traditionen höchst unterschiedliche Theorien, die kaum miteinander kompatibel sind. Beide Traditionen beginnen jedoch mit der Tatsache fortschreitender Arbeitsteilung und der Verschiedenheit der durch die Arbeitsteilung entstehenden Produkte. Je nach Haltung zur Ungleichheit werden daraus unterschiedliche Folgerungen gezogen. Der aus den Unterschieden in der Produktion entstehende Tausch nutzt den Liberalen zufolge allen Teilnehmern des Tausches, während er dem Marxismus zufolge nur den Mächtigen nutzt. Somit nutzt auch das Wirtschaftswachstum entweder allen oder nur den Privilegierten. Eine objektive Entscheidung zwischen beiden Positionen ist schwierig, aber vielleicht auch nicht mehr notwendig (siehe 1.3.2 und 1.3.3). Allerdings hat die Entscheidung unterschiedliche Bilder der Wirklichkeit zur Folge.

Die ökonomische Globalisierung wird von Vertretern des freien Weltmarkts vorangetrieben. Nicht alle Nachfahren von Adam Smith sind Anhänger dieser Position, während die Vertreter des freien Weltmarkts nur noch wenige Lehrmeinungen mit Smith teilen. Eine der Kernforderungen von Smith war jedoch der Abbau von Handelsschranken und staatlichen Eingriffen in den Markt. Ein besonders einflussreicher und extremer Vertreter des freien Weltmarkts ist der ehemalige japanische Unternehmensberater Kenichi Ohmae. Viele Gegner der Globalisierung setzen seine Auffassung der liberalen Weltwirtschaft mit dem Begriff der Globalisierung schlechthin gleich.

Ohmaes Welt besteht im Wesentlichen aus Unternehmen, Kunden und Staaten. Staaten sollten sich nicht mit Wirtschaft beschäftigen, sondern mit Aufgaben wie Umweltschutz, Ausbildung und Infrastruktur (1992: 11). Mit Wirtschaft befassen sich Unternehmen, die den »Kundennutzen« bedienen sollen. Das Ziel eines Unternehmens ist es, »gute Produkte zu entwickeln und zu geringeren Kosten mehr zu verkaufen« (1992: 7). Über das Erreichen des Ziels stimmen die Kunden »mit dem Portemonnaie« ab (1992: 299). Damit zeichnet Ohmae das gleiche Bild wie jede liberale Wirtschaftstheorie: Auf dem Markt konkurrieren Unternehmen um den größten Gewinn, wodurch der größte Nutzen für die Konsumenten in Form von Preis und Leistung erzielt wird, während der Staat die Bedingungen für den Markt herzustellen hat.

Ohmae geht jedoch über Smith hinaus. Der Markt ist heute nur noch der Weltmarkt, nicht mehr die Nationalökonomie der letzten 200 Jahre. Das Haus der Makroökonomie, wie Ohmae das Container-Modell bezeichnet, ist »baufällig« (1992: 229). Die Begriffe In- und Ausland verlieren ihre Bedeutung. Boston konkurriert mit Silicon Valley, nicht mit Japan. Der Wettbewerb findet zwischen Regionen, nicht zwischen Nationen statt (1992: 284). Die drei Großräume Tokio, Osaka und Nagoya stellen fast 85 Prozent der japanischen Wirtschaftskraft (1992: 297). Daher ist die Unterscheidung, die Statistiken der Weltwirtschaft zwischen In- und Ausland machen, unsinnig (1992: 221). Ausländische Unternehmen in Japan setzten 1987 rund 10,9 Prozent des japanischen BSP um. Diese Umsätze erscheinen allerdings in keinem der anderen Länder als Exporte. So werden Handelsbilanzen unbrauchbar. Offiziell exportierte Japan 1985 Waren im Wert von 95 Milliarden Dollar in die USA und importierte Waren im Wert von 45 Milliarden. Gleichzeitig aber nahmen amerikanische Firmen in Japan 55 Milliarden und japanische Firmen in den USA 20 Milliarden ein. Vor diesem Hintergrund war die Handelsbilanz fast ausgeglichen (1992: 225).

Ohmaes letzte Analyseeinheit ist wie für Adam Smith die betriebswirtschaftliche Bilanz. Daher schreibt er auch, die Unternehmen interessiere die »Wirtschaftsolympiade« zwischen den Nationalstaaten nicht – sie wollen einfach Geld machen (1992: 240 f). Der Freihandel ist sein Ideal; gleichzeitig kann er sich nicht vom Container des Nationalstaats lösen. Er empfiehlt, dass ein Nationalstaat versuchen solle, die profitablen Teile eines Unternehmens auf seinem Territorium anzusiedeln, also Forschung & Entwicklung, Finanzen und Marketing (1992: 42). Taiwans Regierung habe eine erfolgreiche Politik betrieben und einen großen Handelsüberschuss mit den USA erzielt. In der »Wirtschaftsolympiade« belegt Taiwan Ohmae zufolge bei den Devisenreserven den zweiten Platz (1992: 278). Dieser Widerspruch zwischen Wirtschaftsolympiade und globaler Konkurrenz zwischen Unternehmen ist keineswegs nur Ohmaes mangelhafter Beherrschung der Logik geschuldet, sondern ein Problem, das unsere gegenwärtige Wirtschaftspolitik beherrscht (siehe 1.3.2).

Ohmae widmet sich nun genauer der Frage, wie Unternehmen in der globalisierten Wirtschaft ihre Gewinne steigern können. Da der Kundennutzen über den Markterfolg entscheidet, muss ein Unternehmen bessere Produkte billiger anbieten können als die Konkurrenz. Das gelingt vor allem durch technologische Entwicklung. Je schneller sich moderne Technologien verbreiten, desto mehr wird Zeit zu einem kritischen Faktor. Global werden zeitliche Abstände immer geringer.[16] Ein Unternehmen muss also gleichzeitig die lokalen Bedürfnisse optimal bedienen und global präsent sein. Das gelingt durch Glokalisierung (siehe 1.4). Ohmae führt den Autohersteller Nissan an, der 80 Prozent des Marktes mit ausgestaltbaren Basismodellen und nur 20 Prozent mit spezifisch hergestellten Produkten bestreite (1992: 52).

Die Unternehmenspolitik von Globalisierung und Lokalisierung ist auch wegen der steigenden technologischen Investitionen und wegen der regionalen Unterschiede erforderlich. Durch die Streuung kann ein Unternehmen negative Entwicklungen in einer Region durch positive in einer anderen ausgleichen (1992: 30). Die Senkung von Produktionskosten spielt dabei eine relativ geringe Rolle, da sie in vielen Bereichen nur 25 Prozent des Verkaufspreises ausmachen (1992: 41). Aus diesem Grund sind auch Unterschiede in Wechselkursen und Handelsbilanzen Ohmae zufolge weit weniger wichtig, als sie von Politik und Medien dargestellt werden (1992: 250). Ziel eines Unternehmens ist weniger die Senkung der Herstellungskosten als die Entwicklung eines konkurrenzlosen Produkts, gegebenenfalls durch Absprachen und strategische Allianzen. Dabei streichen alle beteiligten Unternehmen große Gewinne ein, ohne zu konkurrieren (1992: 68). Konkurrenz sollte ein Unternehmen möglichst vermeiden (1992: 69). Damit widerspricht Ohmae explizit und eklatant seinen eigenen Voraussetzungen, nach denen der Kundennutzen Zweck des Marktes sei und nur durch Konkurrenz erreicht werde (1992: 9, 299). Den Widerspruch drückt bereits die oben angeführte Forderung aus, zugleich bessere Produkte zu machen und mehr zu verkaufen. Der liberalen Theorie zufolge sind beide Ziele identisch und werden durch Konkurrenz erreicht. Letztlich aber zählt der Unternehmensgewinn, der gerade durch Ausschaltung von Konkurrenz am meisten gesteigert werden kann – wie jeder Unternehmer weiß.

Die Unternehmer haben Ohmae Gehör geschenkt und ihn dadurch zu einem reichen Mann gemacht. Was aber macht man mit all den Gewinnen? Pro Tag generieren allein in Japan Unternehmen und Privatpersonen eine Milliarde Dollar Überschusskapital (1992: 251). Früher führte Überschussliquidität zu Inflation, weil damit Rohstoffe und Güter gekauft wurden. Heute steht auch von diesen ein Überschuss zur Verfügung. Man investiert also anderswo (1992: 254). »Auf dem

16 Fernsehen gab es in den USA schon zehn Jahre, bevor es den japanischen und europäischen Markt eroberte (1992: 48). Bei Farbfernsehern betrug der Abstand nur noch fünf Jahre. Heute erreichen Musik- und Modetrends alle jungen Leute in der Triade zur selben Zeit.

weltweiten Finanzmarkt von heute findet Geld immer den besten und bequemsten Aufenthaltsort.« (1992: 240) Das Geld findet einen eigenen Markt, der mit der Produktion von Gütern nichts zu tun haben muss. »Es gibt keine erkennbaren Grenzen für die Aufnahmefähigkeit.« (1992: 255) Die Inflation kann stabil bleiben, während Aktienkurse und Immobilienpreise explodieren. Hier besteht ein entscheidender Unterschied zwischen den neueren Varianten der liberalen Theorie und dem Marxismus. Dem Marxismus zufolge beruht aller Gewinn auf der Ausbeutung von Mehrarbeit. Jedem Gewinn in Geld muss daher ein reales Gut zugrunde liegen. Die Steigerung der Produktion führt zur Steigerung von Gewinnen, aber gleichzeitig zur Verringerung der Aufnahmefähigkeit und damit zur Verringerung der Gewinnspanne. Daher argumentieren Lenin, Luxemburg und Wallerstein, der Kapitalismus müsse sich ständig ausdehnen und stoße dabei zwangsläufig an seine Schranken (siehe 1.2).

Tabelle 1.3.1. Die Aufteilung des globalen BSP 2005

Entwicklungsgrad	**Bevölkerung**	**BSP in Mrd. US$**	**BSP/Kopf in US$**
Ärmste Länder	2,5 Mrd.	1363	580
Schwellenländer	3,1 Mrd.	8113	2640
Reiche Länder	1,0 Mrd.	35529	35131

Quelle: Der Fischer Weltalmanach (2007: 624).

Der neuere Marxismus behält diese Argumentationsfigur bei, ergänzt sie aber um neue empirische Erkenntnisse und um eine ökologische Perspektive. Im deutschsprachigen Raum hat das Werk des Berliner Politologen Elmar Altvater besonderen Einfluss erlangt. Er hat die Entwicklung des Marxismus von der »Speerspitze der proletarischen Revolution« in den 1960er Jahren über die Dependenztheorie bis zu einer Kritik an den globalen Ausbeutungsstrukturen im Sinne der Weltsystemtheorie geradezu verkörpert. In seinen jüngsten Werken beschäftigt er sich zunehmend mit dem Problem, dass die Ausdehnung der Märkte ihre Grenze nicht nur in der Ausbeutung der Menschen, sondern auch der Natur fände.

Diese Gedankenfigur wird im gemeinsam mit Birgit Mahnkopf verfassten Buch über die *Grenzen der Globalisierung* (1999; 1. Auflage 1996) ausgeführt. Es geht von der gleichen Diagnose aus, die auch Ohmae gestellt hat: Geschwindigkeit und Reichweite des Warentauschs nehmen zu. Dabei expandiert das Kapital nicht mehr so sehr mit Unterstützung des Nationalstaats, sondern übt Druck auf die Staaten zur Deregulierung und Beseitigung von Grenzen aus (1999: 67). Altvater und Mahnkopf schreiben nun einerseits, das historisch Neue an der Globalisierung sei ihre Integration aller Räume in die Weltwirtschaft, andererseits meinen sie, die Weltwirtschaft beschränke sich fast ausschließlich auf die »Triade« (1999: 46, 89 f). Die Triade ist ein Begriff, den Ohmae in Umlauf gebracht hat. Er umfasst Nordamerika, Europa und Ostasien. Hier konzentriert sich empirisch das Geschehen der Weltwirtschaft (siehe Tabelle 1.3.1 und Karte 1.3.2).

Karte 1.3.2. Anteile der Weltregionen am Welthandel (Warenhandel in Mrd. Dollar)

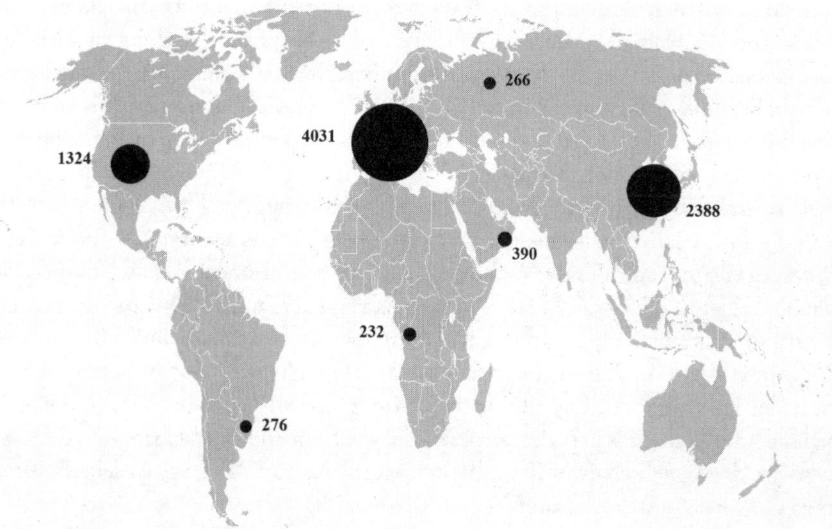

Quelle: Le Monde diplomatique (2006: 91).

Wenn Altvater und Mahnkopf dieser empirischen Diagnose folgen und gleichzeitig behaupten, alle Teile der Welt würden in den Markt integriert, so handelt es sich nicht um einen Widerspruch. Sie folgen vielmehr Wallersteins Argumentation, dass die Peripherie in das Weltsystem integriert werde, davon aber kaum profitiere. Die Integration geschieht durch die Verwandlung von Gegenständen und Handlungen in Waren. Wie Wallerstein nennt Altvater diesen Prozess »Inwertsetzung« (1999: 128). Der Prozess lässt sich an der globalen Peripherie tatsächlich empirisch beobachten (Rehbein 2004). Altvater und Mahnkopf unterscheiden mehrere Stufen der Inwertsetzung: Definition der inwertzusetzenden Ressource, Exploration, Identifikation, Isolation, Beseitigung aller Hindernisse, Extraktion, Verarbeitung, Kommodifizierung, Monetarisierung auf dem regionalen und dann globalen Markt. Endzweck des Prozesses ist nicht die Kommodifizierung, sondern die Verwandlung in Geld, und zwar in eine überall akzeptierte, stabile Währung (Altvater/Mahnkopf 1999: 131).

Damit schließt sich der Kreis der marxistischen Argumentation. Die Ausbeutung von Mehrarbeit durch Kapitalisten ist erst vollständig, wenn die Produkte der Arbeit in Geld – und damit in Arbeitskosten+Investitionen+Profit – verwandelt werden. Der Wert der Produkte wird dem Marxismus zufolge immer durch die enthaltene Arbeitszeit bestimmt. Damit ist der Geldkreislauf ein »Nullsummenspiel« (1999: 47; siehe oben 1.2.2). Altvater und Mahnkopf zufolge ist die Relation zwischen Arbeitszeit und Wert jedoch nicht mehr so einfach wie für Marx und Wallerstein. »Die Wertfundierung des Geldes in der globalen Zirkulation ist also ein im Vergleich zum Goldstandard höchst komplexer sozialer, ökonomischer und politischer Prozess.« (1999: 175) Der Geldwert entspricht nicht mehr der Arbeit, sondern resultiert aus ökonomischer Effizienz in der globalen Konkurrenz, politischer Aushandlung und sozialen Verteilungskonflikten. Die Finanzmärkte wurden von nationalen Märkten zu einem globalen System (1999: 179 ff) und wuchsen außerdem extrem an.[17] Das ist aus mehreren Gründen ein Problem. Erstens sind immer mehr riesige Privatinstitutionen entstanden, die global operieren und kaum noch mit Banken zu vergleichen sind. Zweitens entstehen auch immer mehr Derivate, die sehr riskant aber profitträchtig sind. Drittens treten immer mehr institutionelle Investoren auf. Das globale Finanzsystem ist kaum noch zu kontrollieren. Das gilt auch für die großen Finanzjongleure. Sie haben sich aus der Gemeinschaft der Steuerzahler verabschiedet und leben auf der Sonnenseite der Gesellschaft, während Ghettos zunehmend die Schattenseite bestimmen (1999: 194; siehe 2.2 und 2.6).

Altvater und Mahnkopf diagnostizieren neben der klassischen marxistischen Krise der Überproduktion, durch die der Kapitalismus untergehen soll, zwei weitere Krisen, die spezifisch für den globalen Kapitalismus sind. Erstens haben die Finanzmärkte keine Verankerung mehr in der Produktion und müssen daher irgendwann platzen. Ohmae teilt den Befund, aber nicht ihre Voraussage der Folgen, da er keine Grenze der Aufnahmefähigkeit von Märkten sieht. Zweitens findet der globale Kapitalismus Altvater und Mahnkopf zufolge eine Grenze in der Natur. Die Natur wird immer stärker inwertgesetzt und beansprucht (1999: 58 f) und irgendwann erschöpft. Dieses Problem findet bei Ohmae keine Erwähnung.

Etwas klassischer marxistisch argumentiert Robert Kurz, dessen Werke ebenfalls großen Einfluss ausgeübt haben. Kurz ist einer der führenden Köpfe einer Gruppe,

17 Die Devisenumsätze betrugen 1986 täglich 188 Milliarden Dollar, 1995 waren es 1190 Milliarden. Täglich würden 27 Milliarden Dollar für die Abwicklung des Welthandels an Gütern und Dienstleistungen ausreichen (Altvater/Mahnkopf 1999: 185).

die hinter der Zeitschrift *KRISIS* stand und den Zusammenbruch des Kapitalismus vorhersagte. Im Gegensatz zu vielen anderen Gruppen wurde die *KRISIS*-Gruppe durch den Zusammenbruch der Sowjetunion jedoch nicht vorübergehend kampfunfähig, sondern betrachtete das Ereignis als Beleg der eigenen Theorie. Kurz (1991) unterscheidet die staatlich organisierte Entwicklung des Kapitalismus (»Etatismus«) vom radikalen Liberalismus (»Monetarismus«). Der »Etatismus« entsprach dem Merkantilismus und dem Entwicklungsstaat, während der Monetarismus erst im entwickelten Kapitalismus möglich war. Die Modernisierung müsse vom Staat vorangetrieben werden, erfordere aber letztlich (wie auch Ohmae glaubt) dessen Abschaffung (1991: 25 ff). Der Bürger ist gespalten in ein Marktsubjekt und einen Staatsbürger. Der Staat hat die gleiche Doppelnatur (1991: 40). Die Sowjetunion war ein kriegswirtschaftliches Modernisierungsregime (1991: 54 f), das durch Etatismus einen entfalteten Kapitalismus hervorbrachte. In den westlichen Gesellschaften wich der Etatismus nach dem Ersten Weltkrieg zunehmend dem Monetarismus bzw. Neoliberalismus (1991: 65), eine Stufe, die in der Sowjetunion erst sehr viel später erreicht wurde.

Dieser ungewohnten Argumentationsfigur liegt die klassische marxistische Theorie zugrunde. Der abstrakte Reichtum hat die Form von Geld und ist immer schon gesellschaftlicher Mehrwert (1992: 42 f). In Form von Produkten ist er noch unvollkommen. Aus der Spannung zwischen den verschiedenen Formen des Mehrwerts erwächst die Konkurrenz zwischen betriebswirtschaftlichen Einheiten um die Realisierung des Mehrwerts in Geldform. Diese Einheiten müssen einen Anteil an der gesamtgesellschaftlichen Geldform des Mehrwerts erkämpfen, der weder gleich bleibend noch garantiert ist. Heute gibt es nur noch einen globalen Weltmarkt, auf dem Staaten und Unternehmen konkurrieren. Ein Land, das auf dem Weltmarkt nicht konkurrenzfähig ist, geht unter, ganz gleich wie seine Binnenstruktur beschaffen ist (1991: 185). Die Konkurrenzfähigkeit bemisst sich nach der »betriebswirtschaftlichen Vernutzung menschlicher Arbeitskraft auf der Höhe des Weltstandards der Produktivität« (1991: 190). Der Austausch auf dem Markt dient nicht der Vermittlung von Gebrauchswerten, sondern der Verwandlung von toter Arbeit in Geld, also der Realisierung des Profits (1991: 19).

Es folgt die im vorangehenden Kapitel erläuterte Argumentationsfigur: Auf der Suche nach Absatzmärkten und billigen Arbeitskräften wird der globale Süden in den Weltmarkt integriert. Die Erhöhung der Kapitalintensität wegen technologischer Konkurrenz macht die billigen Arbeitskräfte im globalen Süden jedoch wertlos (1991: 195). Damit kann der produktive Westen/Norden aber auch keine neuen Absatzmärkte mehr erschließen. »Können aber schon in ökonomischer Hinsicht Massenarbeitslosigkeit und Kapitalvernichtung kaum mehr ›exportiert‹

und externalisiert werden – sie schlagen als Massenflucht und Terror auf den Westen zurück –, so gilt dies erst recht für die Externalisierung der ökologischen Kosten.« (1991: 235) Die Krise geht mit einem neuerlichen Umschwung vom Monetarismus zum Etatismus einher (1991: 236). Sie zeigt sich darin, dass die Gewinne der Kapitalisten von den Märkten nicht mehr absorbiert werden können und daher in Finanzmärkte und Spekulation fließen (1991: 250).

Die Argumentationsfigur ist nicht mehr auf den Marxismus beschränkt. Ähnlich wie Altvater und Mahnkopf argumentiert auch William Greider. Er schreibt, dass die Welt zu einem einzigen Wirtschaftssystem zusammenwachse, das durch wechselseitige Abhängigkeit und globale Finanzmärkte geprägt sei (1998: 22). Keine Regierung der Welt könne die Wirtschaft mehr kontrollieren, vor allem nicht die Finanzmärkte. Durch Deregulierung und technologische Entwicklung entstehe einerseits ein ungeheurer, ungleich verteilter Reichtum, andererseits aber auch ein Überangebot an Produkten, das von keinem Markt mehr absorbiert werden könne (1998: 66). Eine keynesianische Lösung des Problems in Form einer staatlichen Ankurbelung der Nachfrage sei gegenwärtig nicht mehr möglich, weil dadurch die ökologischen Grenzen des Planeten gesprengt werden (1998: 73). Dem neueren Liberalismus zufolge kann man allerdings auch mit Geld selbst handeln (Ohmae 1992). Die überschüssigen Gewinne müssen nicht investiert, also gegen Güter eingetauscht werden. Sie bilden heute gigantische Finanzmärkte. Dem dort gehandelten Geld entspricht kein Gegenstand. Das ist auch nicht nötig, denn das Geld *ist* der gehandelte Gegenstand. Man kann mit allem handeln, auch mit Kleidern aus Gras oder Schallplatten aus Grütze. Man kann vermutlich sogar die Gesetze der Logik und Physik aushebeln, indem man mit Nichts handelt.

1.3.2. Weltwirtschaft

Auch wenn die Argumentationsfiguren von Ohmae, Altvater und Kurz Extrempositionen darstellen, benennen sie die Gegenstände der Debatten um die ökonomische Globalisierung: Staat gegen Markt, Aufstieg der Finanzmärkte, Steigerung von Produktivität und Geschwindigkeit, neue Strukturen der Weltwirtschaft. Wir wollen in der Debatte zwischen Liberalismus und Marxismus keine Position beziehen, sondern im Folgenden empirische und theoretische Beobachtungen skizzieren, die Einblick in die Komplexität der gegenwärtigen Weltwirtschaft geben. Unserer Auffassung nach kann die Komplexität allerdings weder vollständig auf Ausbeutung von Arbeitszeit noch auf Konkurrenz zwischen Produzenten und Konsumenten auf Märkten zurückgeführt werden.

Tabelle 1.3.3. Wirtschaftliche Entwicklungen

	Mitte des 20. Jhs.	Um 2000
Einfuhrsteuern	40 % (1930)	4 %
FDI	66 Mrd. $ (1960)	4 Billionen $
Globale Exporte	430 Mrd. $ (1950)	6 Billionen $
Umsatz an Währungsmärkten	100 Mrd. $ (1979)	1,5 Billionen $
Ausländische Bankeinladen	20 Mrd. $ (1960)	8 Billionen $
Transnationale Großunternehmen	3500 (1960)	60 0000

Quelle: Scholte 2001.

Zwei Überblicksartikel fassen einige der wichtigsten empirisch feststellbaren Tendenzen der gegenwärtigen ökonomischen Globalisierung zusammen (Kelly/Prokhovnik 2000; Scholte 2001). Zunächst wächst der internationale Handel stark an, was mit einem Sinken der Einfuhrsteuern einhergeht (siehe Tabelle). Der Welthandel ist weit schneller gewachsen als die Weltproduktion (Kelly/Prokhovnik 2000: 91). Besonders spektakulär ist das Anwachsen der Finanzmärkte. Über das Bankensystem SWIFT, das 168 Länder umfasst, wurden 2000 täglich mehr als fünf Milliarden US-Dollar überwiesen (Scholte 2001: 532). Außerhalb der USA zirkulieren so viele Dollar wie innerhalb. 1995 hatte der tägliche Handel mit Derivaten einen Wert von 1,2 Billionen Dollar. Die Weltwirtschaft wird immer mehr von transnationalen Unternehmen (TNC) gestaltet, die zunehmend global operieren. Sie lagern Teile der Entwicklungs- und Produktionsprozesse sowie des Marketings und Verkaufs aus. Der Umsatz der 500 größten Multis ist zwischen 1971 und 1991 um das Siebenfache auf 5,2 Billionen Dollar gestiegen, die Mitarbeiterzahl ist aber bei etwa 26 Millionen konstant geblieben (Greider 1998: 28 f). Firmen akquirieren ihre Ressourcen heute weltweit.[18] Daher macht der Handel zwischen Firmen einen beträchtlichen Teil des internationalen Handels aus, und zwar zwischen 25 und 40 Prozent (Scholte 2001: 526). Allerdings werden von den Globalisierungstendenzen vor allem städtische Gebiete, reiche Schichten und die Länder der Triade erfasst (Scholte 2001: 534; Kelly/Prokhovnik 2000: 107). Gleichzeitig ist der Arbeitsmarkt weit weniger globalisiert als jeder andere Markt (Kelly/Prokhovnik 2000: 101).

Wie analysiert man nun diese Befunde? Eine einflussreiche Analyse der Weltwirtschaft hat Joseph Stiglitz vorgelegt, ein anerkannter Wirtschaftswissenschaftler

18 »Supraterritorial coordination links research centres, design units, procurement offices, materials processing installations, fabrication plants, finishing points, assembly lines, quality control operations, advertising and marketing bureaux, data-processing offices, after-sales service, and so on.« (Scholte 2001: 526)

und ehemaliger Chefvolkswirt der Weltbank. Stiglitz rückt die wirtschaftliche Globalisierung und den Kapitalismus in ein sehr positives Licht, übt aber zugleich auch Kritik an ihrer Lenkung durch internationale Organisationen. Er schreibt, dass die Volkswirtschaft vieler Länder dank der Öffnung ihrer Märkte sehr schnell gewachsen sei. Insbesondere Ostasien sei ein Musterbeispiel für die Wohltaten des Kapitalismus (2002: 111 ff). Dank der Globalisierung seien die Lebenserwartung und der Lebensstandard vieler Menschen gestiegen. Die Globalisierung führe ferner dazu, dass die Weltöffentlichkeit Druck auf autoritäre Regime ausüben könne. Uneins ist sich Stiglitz mit der Mehrheit der Liberalen nur über die Rolle des Staates. Diese Uneinigkeit reicht jedoch tiefer, weil für die Wirtschaftstheorie von Stiglitz Transparenz und Informationen eine entscheidende Rolle spielen. Die heutigen globalen Wirtschaftsakteure zeichnen sich demgegenüber durch die Konzentration von Macht und Informationen aus, die jegliche Transparenz verhindert. Daraus folgen laut Stiglitz zahlreiche problematische Aspekte der heutigen Wirtschaftsordnung: Obwohl das Welteinkommen im letzten Jahrzehnt angestiegen ist, ist die Zahl der in Armut lebenden Menschen gewachsen. Afrika ist von der Entwicklung abgekoppelt. Die Marktwirtschaft in Asien, Lateinamerika und Russland ist verzerrt und/oder instabil. Die westlichen Staaten und Gesellschaften halten an Handelsschranken gegenüber den armen Ländern fest und üben gleichzeitig massiven Druck auf sie aus, ihre Märkte für Geld, Waren und Dienstleistungen zu öffnen. Stiglitz' Kritik gilt vor allem den Institutionen, die in der Globalisierung eine führende Rolle spielen: dem Internationalen Währungsfonds (IWF) und der Welthandelsorganisation (WTO). Diese Institutionen weisen *nicht mehr* die Kraft großer Staaten und Gesellschaften auf, die in eigener Regie den Märkten einen Rahmen geben konnten. Auf der anderen Seite sind sie *noch nicht* wirkliche Weltinstitutionen, weil sie fragmentiert bleiben, von mächtigen Regierungen abhängig und ohne politische Leitidee. Stiglitz ist also weit vom robusten Globalismus eines Ohmae entfernt, meint aber auch, dass keine moralische Instanz die Errichtung zentraler globaler Institutionen ersetzen kann.

Tabelle 1.3.4. Der Anteil des Warenhandels am BSP in Prozent

Region	**2000**	**2004**
Ostasien/Pazifik	60	70
Europa/Zentralasien	62	68
Lateinamerika	38	43
Naher Osten/Nordafrika	50	57
Subsahara-Afrika	53	55
Südasien	22	27

Quelle: World Bank (2007: 78).

Der IWF wurde noch unter dem Eindruck der Weltwirtschaftskrise im Rahmen des Treffens und Abkommens von Bretton Woods (1944) gegründet und sollte die Stabilität der Weltwirtschaft sichern. Eine beherrschende Rolle spielte dabei der große Wirtschaftswissenschaftler John Maynard Keynes mit seinem Vorschlag, Rezessionen durch eine expansive Politik zu bekämpfen. Der Staat solle dann investieren, wenn der private Sektor dazu nicht in der Lage oder nicht willens ist. Seither ist sein Vorschlag zwar modifiziert worden, bleibt aber in Grundzügen immer noch gültig. Der IWF soll Druck auf Länder ausüben, die bei einer wirtschaftlichen Talfahrt die Nachfrage nicht fördern. »Die ursprüngliche Aufgabenzuweisung des IWF basierte somit auf der Einsicht, dass die Selbstregulierungskräfte des Marktes oft nicht störungsfrei funktionieren« (2002: 26). Die Weltbank wurde nach dem Zweiten Weltkrieg als »Internationale Bank für Wiederaufbau und Entwicklung« gegründet. Nachdem viele Länder der Dritten Welt unabhängig geworden waren, wurde das Ziel der Weltbank neu definiert. Ihre vorrangige Aufgabe war nun die Abschaffung der Armut. Unter der Regierung Ronald Reagans wurde die Verringerung der Armut zugunsten des Abbaus staatlicher Regulierungen in den Hintergrund gedrängt. Weltbank und IWF, die ihren Sitz in Washington haben, arbeiten seither eng zusammen. Der IWF ist dabei eher für die Politik zuständig, deren Mittel von der Weltbank zur Verfügung gestellt werden. In dieser Funktion kann der IWF die Geschicke der Entwicklungsländer entscheidend mit gestalten. Denn erstens brauchen Entwicklungsländer eigentlich immer finanzielle Hilfe, und zweitens kann jedes Problem auf globaler Ebene so definiert werden, dass es weltwirtschaftliche Auswirkungen hat, für die wiederum der IWF zuständig ist.

Nun haben IWF und Weltbank nicht nur ihren Sitz in Washington, sondern werden von Washington auch stark gesteuert. Denn sie werden von den Industrienationen finanziert, die entsprechend ihren Einzahlungen auch die Entscheidungen beeinflussen dürfen. Der größte Einzahler sind natürlich die USA, sie haben eine Art Vetorecht. Stiglitz schreibt, IWF und Weltbank seien letztlich Organe der G7, also der führenden Industrienationen (2002: 28 f). Die Beratungen finden hinter verschlossenen Türen statt und orientieren sich an den Maßgaben der jeweiligen Finanzminister (2002: 34). Die wichtigste Rahmenbedingung für den IWF ist eine geringe Inflationsrate, die sich vor allem aus einem ausgeglichenen Staatshaushalt ergeben soll (2002: 42). Es ist klar, dass der Staat die Inflation fördert, wenn er mehr Geld ausgibt, als er einnimmt, was nur durch Schuldenmachen oder Gelddrucken möglich ist. Zuwendungen an Entwicklungsländer macht der IWF vor allem von diesem Kriterium abhängig (2002: 42 ff). Das Geld für Entwicklung muss aber irgendwoher kommen. Die meisten Entwicklungsländer brauchen Auslandskredite oder Entwicklungshilfe, die meist über den Staat investiert werden. Dieses Geld kann man als Schulden deuten oder als Einnahmen.

Und Willkürentscheidungen in dieser Hinsicht lassen sich beim IWF leicht nachweisen.

Neben der geringen Inflationsrate als Bedingung orientiert sich der IWF an der wirtschaftlichen Liberalisierung als Ziel. Liberalisierung heißt in Entwicklungsländern Öffnung für ausländisches Kapital, das in der Regel sehr viel mächtiger ist als das lokale. Das führt dazu, dass beispielsweise mächtige internationale Finanzinstitutionen die lokalen Banken völlig verdrängen (2002: 46). Damit ist das Kreditwesen eines Landes dann von ausländischen Unternehmen abhängig, die natürlich im Interesse ihres eigenen Profits und ihrer Anteilseigner handeln und handeln müssen. Entscheidungen, die für das betreffende Unternehmen relativ unbedeutend sind, können die Bevölkerung eines Landes in eine massive Wirtschaftskrise stürzen.

Ähnliche Effekte können auch vom IWF selbst ausgelöst werden. Wenn der IWF mit der Politik eines Landes nicht zufrieden ist und die Kredite einfriert, kann dessen Wirtschaft zusammenbrechen. Es kann aber auch dadurch zu wirtschaftlichen Krisen kommen, dass der IWF Signale aussendet, von denen die Finanz- und Wirtschaftswelt beeinflusst wird. Stiglitz führt die Asienkrise als ein Beispiel dafür an (2002: 114 ff). Ostasien hatte eine überdurchschnittliche Sparquote und brauchte daher kein ausländisches Geld, wurde aber trotzdem zur Liberalisierung genötigt. »Meines Erachtens war die Liberalisierung des Kapitalverkehrs *der wichtigste Einzelfaktor, der zu der Krise führte*.« (2002: 119)

Am Ende des Koreakriegs war Südkorea ärmer als Indien. In den 30 Jahren danach wurde das Pro-Kopf-Einkommen um 800 Prozent gesteigert, die Armut stark reduziert und der Analphabetismus beseitigt. In dieser Zeit wurden die Finanzmärkte staatlich stark kontrolliert. Die Kontrolle musste unter dem Druck der USA gelockert werden, und koreanische Firmen nahmen an der Wall Street Kredite auf. Dort kam 1997 das Gerücht auf, Südkorea könne die Kredite nicht mehr bedienen, so dass sie abgezogen wurden und das Land tatsächlich in die prophezeiten Schwierigkeiten kam. In Südkorea wurde die Krise ausgelöst, weil ausländische Banken ihre Kredite kündigten. Stiglitz argumentiert nun, dass gerade die Länder schnell aus der Krise kamen, die sich nicht an die Auflagen des IWF hielten. Der IWF empfahl Südkorea, Kredite noch teurer zu machen. Dadurch stieg die Zahl der Konkurse noch, denn die einheimischen Banken waren ohnehin zu schwach. »Südkorea … setzte sich über den Rat ausländischer Experten hinweg und stattete seine beiden größten Banken mit neuem Eigenkapital aus. Aus diesem Grund hat sich das Land relativ schnell erholt.« (2002: 139) Stiglitz behauptet sogar, dass das wirtschaftliche Wachstum in Ostasien auf einer Politik beruhte, die dem IWF grundlegend widersprach. Es seien nämlich gleichzeitig hohe Sparquoten und sinnvolle Investitionen erreicht worden, die wiederum auf staatliche Eingriffe zurückzuführen seien (2002: 111). Der Kontrast zwischen China und Russland ist für Stiglitz das Paradebeispiel (siehe auch 1.3.3). 1990 habe Chinas BSP nur 60 Prozent des russischen betragen, 1999 habe sich das Verhältnis umgekehrt (2002: 21). Stiglitz kritisiert vor allem, dass der IWF die kulturellen, sozialen und politischen Bedingungen außer Acht ließe (2002: 51). Er selbst aber interessiert sich letztlich nur für wirtschaftliches Wachstum. »Wir brauchen Wachstum. Wirtschaftliche Entwicklung ist entscheidend für die Zukunft des Planeten, und anhaltende weltwirtschaftliche Instabilität verursacht enorme Kosten.« (2002: 36)

Ohmae und Stiglitz plädieren beide für Information und Deregulierung. Aber Stiglitz sieht nicht nur die Betriebswirtschaftslehre und das Unternehmen, sondern auch politische und soziale Bedingungen. Andererseits ist Stiglitz wie die meisten Volkswirtschaftler sehr stark auf den Nationalstaat und die internationale Ordnung fixiert. Wenn wir die Darstellung Ohmaes mit der von Stiglitz kombinieren, kommen immer noch mindestens drei Aspekte der ökonomischen Globalisierung zu kurz. Erstens bleibt das Verhältnis zwischen Wirtschaft und Nationalstaat unklar, auch wenn es beide Autoren für sehr bedeutsam halten. Zweitens werden die globalen Finanzmärkte so gut wie gar nicht analysiert. Drittens findet das Verhältnis zwischen transnationalen Unternehmen und den sozialen und kulturellen Gegebenheiten keine Beachtung. Diesen drei Themen widmet sich der Rest dieses Unterkapitels.

Genau parallel zu Stiglitz hat Howard Wachtel die Genese der internationalen Finanzinstitutionen untersucht. Er fragt allerdings nicht nach IWF und Weltbank, sondern nach den gegenwärtigen Finanzmärkten. Wie Stiglitz führt er sie auf das System von Bretton Woods zurück. Nach dem Zweiten Weltkrieg waren die USA die einzige noch intakte große Wirtschaftsmacht (1990: 38). Europa und Japan brauchten amerikanische Dollar, die sie nicht durch Exporte bekommen konnten. Daher lieh die Internationale Bank für Wiederaufbau und Entwicklung diesen Ländern Geld. Die Unterstützung der USA machte die Bank kreditwürdig, so dass sie auch an den freien Märkten Geld mobilisieren konnte. Alle Währungen wurden an den Dollar gebunden, dessen Wert relativ stabil blieb, weil rund 70 Prozent des Goldes der Welt in den USA lagerten (1990: 51). Mit dem amerikanischen Kapital konnten Japan und Europa nach dem Weltkrieg die neueste Technologie erwerben und modernste Produktionsstätten errichten. Bereits Ende der 1950er Jahre hatte die Welt mehr Dollar, als sie für amerikanische Produkte ausgeben wollte und konnte, und das Vertrauen in den Dollar begann zu sinken (1990: 80). 1971 wurden die Währungen Japans und Europas gegenüber dem Dollar aufgewertet. Danach hörten die Währungen zunehmend auf, ihren festen Wechselkurs zum Dollar zu stabilisieren. Im März 1973 war der feste Wechselkurs faktisch am Ende (1990: 85 f). Die Dollarschwäche ging mit einem ständig steigenden Ölpreis einher. Immer mehr Dollar flossen in die OPEC. Diese außerhalb der USA gelagerten Dollar wurden als »Eurodollar« bezeichnet.

Ende der 1970er Jahre hatte die OPEC einen Überschuss von 350 Milliarden Dollar, die »Dritte Welt« Schulden von 400 Milliarden, und dazwischen schwebten 425 Milliarden unkontrollierte Eurodollar (1990: 108). Das überschüssige Geld ist durch keine öffentliche Institution mehr kontrollierbar, während die Schulden der »Dritten Welt« durch den IWF kontrolliert werden, den Wachtel wie Stiglitz für eine kontraproduktive Instanz hält (1990: 125 ff). Die Eigentümer des überschüssigen Geldes steuern Wachtel zufolge die heutige Weltwirtschaft. Auch innerhalb von Unternehmen herrschen die Finanzen über die Produktion (1990: 3). Ein Manager arbeitet heute in den Bereichen Recht oder Finanzen. Hier sind Geld und Anerkennung zu machen, nicht in der Produktion. Der Aufstieg der Finanzen erfordert profitable Geschäfte, die durch Fusionen und Spekulationen zu holen sind (1990: 155). Das führt zu kurzfristigem Denken, das auf dem Weltmarkt nach finanziellen Vorteilen sucht. Diese sind in Aktienspekulation, Finanzgeschäften und Übernahmen zu finden, aber kaum in der Produktion, die nur noch minimale Gewinnspannen zulässt (1990: 163).[19] Diese Entwicklung wird dadurch gefördert, dass Manager ihre Gehälter vor allem in (gering besteuerten) Aktien beziehen.

Vor dem Hintergrund der riesigen Geldströme und Finanzmärkte wird die These verständlich, dass der Nationalstaat seine beherrschende Rolle verliert. Diese These wurde besonders eindrucksvoll von Susan Strange vertreten und belegt. Strange führt die Veränderung des Verhältnisses von Staat und Wirtschaft vor allem auf Technologie zurück (1996: 15 ff). Die Kapitalkosten für Technologie sind in den meisten Sektoren explodiert. Der relative Input von Arbeitskraft ist dabei gefallen. Dadurch wird Geld in der internationalen politischen Ökonomie immer wichtiger. Das wiederum führt zu neuen Methoden der Kreditschöpfung und zu größerer Mobilität von Kapital. Gleichzeitig wird die Wirtschaft von immer weniger Großunternehmen kontrolliert. Ein klassisches Beispiel für diese Entwicklung ist die Telekommunikation, deren Aufstieg in erster Linie auf Veränderungen in der Technologie beruht (1996: 100 ff). Der technologische Wandel wird immer schneller und teurer. Wegen der Kosten und der Konkurrenz sind die staatlichen Telekom-Gesellschaften zu Allianzen mit Privatunternehmen gezwungen. Das Volumen des Telekom-Markts wurde 1992 auf 530 Milliarden Dollar geschätzt. 15 Großkonzerne nahmen jeweils mehr als zehn Milliarden Dollar ein. (Diese Zahlen haben sich inzwischen vervielfacht.)

Das zweite Beispiel für den Machtverlust des Staates sind kriminelle Organisationen. Mafia-Organisationen und Staaten besitzen Unternehmen, aber für beide

19 Zwischen 1979 und 1984 wurden in den USA fast 450 Milliarden Dollar für die 14.000 Übernahmen von Unternehmen ausgegeben. Dabei erhielten die Aktionäre durchschnittlich 40 Prozent mehr, als der Kurs am Markt betrug (Wachtel 1990: 170 f).

ist das Überleben der eigenen Organisation wichtiger als der Profit (1996: 110). Die illegalen Märkte haben sich immer weiter ausgedehnt und daher zu verstärkter Interaktion zwischen den einzelnen Organisationen geführt. »Drugs, arms or illegal immigrants often pass through the hands of up to ten or twelve different operators attached to various national gangs.« (1996: 111) Dadurch können auch die Ursprünge der Profite besser versteckt werden. Im Bereich der Kriminalität ist eine ähnliche Konzentration wie im Bereich der sichtbaren Wirtschaft zu beobachten (1996: 112 ff). 1980 kontrollierte das Syndikat Yamaguchi-gumi 11 Prozent der Yakuza-Gruppen, 1992 fast 40 Prozent. Die russische Mafia ist neu, aber mächtig. Einer italienischen Schätzung zufolge kontrolliert das organisierte Verbrechen in Russland 35 Prozent der Geschäftsbanken, 40 Prozent der früheren Staatsbetriebe, 35 Prozent der Privatunternehmen und bis zu 60 Prozent des Handels und 80 Prozent der Joint Ventures mit ausländischen Firmen. In den letzten 50 Jahren hat sich das organisierte Verbrechen eindeutig von einer lokalen zu einer globalen Basis verwandelt.

In diesem Zusammenhang verdient es sicher Erwähnung, dass die Vorgänge, die in den Wirtschaftsstatistiken erfasst werden und den Wirtschaftstheorien zugrunde liegen, Kriminalität nicht erfassen (siehe Tabelle). Zweifellos aber bildet die Kriminalität ein System, das an Bedeutung der offiziellen Wirtschaft kaum nachsteht. Ferner ist für den größeren Teil der Menschheit die offizielle Wirtschaft für den Alltag und das Überleben unerheblich, weil sie sich außerhalb der monetär organisierten und formalisierten Zusammenhänge bewegen. Außerdem arbeiten viele Menschen zwar in monetär organisierten Zusammenhängen, haben aber keine gültigen Arbeitsverträge. Schließlich wird sogar in höchst formal organisierten und monetarisierten Gesellschaften ein beträchtlicher Anteil an Tätigkeiten ehrenamtlich ausgeführt, die für das Funktionieren der Gesellschaften unerlässlich sind – von Hausarbeit über Pflegetätigkeit bis zu kirchlicher Beratung und Feuerwehr (siehe auch 2.6.3).

Tabelle 1.3.5. Die inoffizielle Wirtschaft

Branche	**Umsatz (um 2000)**
Illegaler Waffenhandel	1 Mrd. US$ (Gewinn)
Drogenhandel	400 Mrd. US$
Wildtierhandel	12 Mrd. US$
Remittances in Entwicklungsländer	150 Mrd. US$
Illegaler Handel mit Arbeitskräften	7,5 Mrd. US$ (Gewinn)
Vergleichsgröße: BSP Südafrika/Umsatz GM	200 Mrd. US$

Quellen: McGrew 2000; Le monde diplomatique 2005; World Bank 2007.

Weitere Beispiele, die Susan Strange anführt, sind Versicherungen und Buchhaltungsfirmen. Die Versicherungen spielen eine immer wichtigere Rolle in der Weltwirtschaft und weisen eine immer größere globale Konzentration auf. Dennoch werden sie in der Wissenschaft meist vernachlässigt (1996: 122 ff). Sechs Großunternehmen dominieren die weltweite Buchhaltung: Price Waterhouse, Peat Marwick McClintock, Coopers & Lybrand, Ernst and Young, Deloitte Touche Tohmatsu und Arthur Andersen (1996: 135). Zusammen teilen sie sich 494 der Fortune 500. Ihre gemeinsamen Gebühren betragen jährlich insgesamt 30 Milliarden Dollar (mit einem Wachstum von 25 Prozent jährlich). Sie verschaffen Möglichkeiten der Steuerflucht und nehmen eine wachsende Bedeutung in der Finanzstruktur der Welt ein. Ferner regulieren sie – wie Ärzte und Anwälte – ihren Markt selbst, auf den der Staat nur einen geringen Einfluss hat. Ein Teil der buchhalterischen Arbeit besteht Strange zufolge darin, die Bücher gegenüber dem Staat und den Aktionären zu schönen. Das führt zu immer mehr Anzeigen. Heute geben die Buchhaltungen ein Zehntel ihrer Gewinne für Rechtsstreite aus. Tendenziell entsteht eine Symbiose von Buchhaltern, Banken, Versicherungen und Anwälten, die das Risiko von Inkompetenz, Nachlässigkeit und Fälschung von sich auf die Allgemeinheit abwälzen (1996: 140).

Schließlich startet Strange einen Frontalangriff sowohl gegen den Marxismus wie gegen den Liberalismus. Die Konzentration des Kapitals geht ihr zufolge mit Absprachen und Kartellen einher, die in der Wissenschaft kaum behandelt werden. Sie seien streng geheim und gut getarnt, würden aber oft durch strategische Allianzen verdeckt oder ersetzt (1996: 148, 158). Ähnlich haben wir das bereits bei Ohmae gelesen, der den Unternehmen strategische Allianzen empfiehlt (1992: 68). Strange kritisiert jedoch auch den Marxismus: Ihm zufolge brächen Kartelle wegen der widersprüchlichen Interessen und der unterschiedlichen Produktionskosten der beteiligten Unternehmen irgendwann zusammen. Historisch ließe sich das nicht bestätigen. Im 20. Jahrhundert habe es nur zwei Ursachen für den Zusammenbruch von Kartellen gegeben: Kriege und große Wirtschaftskrisen (1996: 153 f). Die beteiligten Unternehmen sind nicht am Nutzen für die Konsumenten interessiert, wie Ohmae schreibt, sondern suchen den größtmöglichen Gewinn. Daher suchen sie den Staat Strange zufolge zu ihren Gunsten zu manipulieren. Unternehmen sind beispielsweise an den flexibelsten und laschesten Steuergesetzen interessiert und siedeln sich in den entsprechenden Ländern an (1996: 141). Sie können sicher sein, dass die Staatengemeinschaft sich dem laschesten Niveau angleicht, wenn sie überhaupt eine Einigung erzielt.

Die scharfe Analyse von Susan Strange teilen viele Globalisierungstheoretiker. Andere äußern sich jedoch vorsichtiger. Anthony McGrew geht von der Beobachtung aus, dass das Bruttosozialprodukt der USA (1995) immer noch deutlich größer ist als das Gesamtvolumen der globalen Exporte und das Dreißigfache der globalen FDI beträgt (2000: 129). Ferner weist er auf das Entstehen einer »transnationalen Zivilgesellschaft« hin, die sich im enormen Anstieg der Zahl internationaler Konferenzen und Nichtregierungsorganisationen (NGOs) zeigt (2000: 138 ff). In der globalen Arena treten immer mehr lokale Regierungen, Netzwerke, Bürgervereinigungen und subnationale Einheiten als Akteure auf. McGrew kommt zu dem Ergebnis, dass der Staat nicht verschwindet, sondern in einem mehrschichtigen System von *global governance* neu organisiert wird (2000: 142, 162).

Geoffrey Garrett (1998) hat darauf hingewiesen, dass gleichzeitig mit der wachsenden Mobilität des Kapitals auch die Staatsausgaben gestiegen seien. Daher könne man nicht unbedingt behaupten, dass der Staat an Bedeutung verliere. Yergin und Stanislaw (1999) unterstützen Garretts Diagnose und ergänzen sie um eine genauere Analyse. Die wachsende Globalisierung bedeutet weder das Ende des Nationalstaats noch das Ende nationaler Politik (1999: 499 ff), denn ohne Regierung gibt es keinen Markt. In den Industrienationen stiegen die Staatsausgaben von 28 Prozent des BSP 1960 auf 46 Prozent 1996. Ein Großteil des Geldes sind Subventionen, Transferleistungen, Sozialausgaben und Investitionen in die »menschliche Infrastruktur«. Yergin und Stanislaw analysieren das Verhältnis zwischen Staat und Wirtschaft als Kampf um die »Kommandohöhen« der Wirtschaft. Nach dem Zweiten Weltkrieg habe der Staat gewonnen und sei seither auf dem Rückzug (1999: 9). Parallel dazu sei die herrschende Wirtschaftstheorie von Keynes durch die von Hayek verdrängt worden, was sich in der Verleihung des Nobelpreises an Hayek (1974) widerspiegele (1999: 131). Der Staat verlagerte ab den 1970er Jahren das Schwergewicht seiner Wirtschaftspolitik von Vollbeschäftigung auf Inflationskontrolle. Diese Entwicklung zeichnen Yergin und Stanislaw in allen Weltregionen nach.

Die Bedeutung des Verhältnisses von Wirtschaft und Staat sowie seine Veränderung werden in den Globalisierungsdebatten kaum bestritten. Diagnosen und Vorschläge variieren jedoch sehr stark entsprechend ideologischer Vorlieben. Eine besonders einfache Betrachtung im Sinne der ökonomischen Klassik hat der Ökonom Dani Rodrik vorgelegt. Er sieht die Gefahr, dass wirtschaftliche Integration zur sozialen und politischen Desintegration führen könnte (2000: 8). Rodrik unterscheidet drei Arten von Spannungen zwischen Globalisierung und nationaler Stabilität, die er in einem einflussreichen Buch untersucht: die Divergenz zwischen Gruppen, die Grenzen überschreiten können, und Gruppen, die es nicht können; Konflikte um Normen und Institutionen; die Schwierigkeit für Regierungen, soziale Sicherheit zu gewährleisten.

Die wichtigste Gruppe, die Grenzen nicht zu überschreiten vermag, ist die Arbeiterschaft. Arbeitskraft ohne besondere Qualifikationen wird durch die Globalisierung entwertet; außerdem wird der Arbeitsmarkt flexibler, instabiler und damit elastischer (2000: 19). In den USA führte das zu einer Verbilligung niedriger Arbeitskräfte, in Europa zu mehr Arbeitslosigkeit. Je elastischer der Arbeitsmarkt ist, desto mehr Kosten der Arbeit müssen die Arbeiter selbst tragen, weil es für die Arbeiter schwerer wird, die Kosten auf andere Gruppen abzuwälzen. In der ökonomischen Theorie gibt es Ausgleich und Umverteilung. »In der Praxis dagegen findet ein Ausgleich selten und ein vollständiger Ausgleich nie statt. Dafür gibt es gute theoretische Gründe, die mit unvollständiger Information, der Unmöglichkeit, pauschale Transfers einzuführen, und dem Fehlen eines umfassenden Steuer- und Subventionsinstrumentariums zu tun haben.« (2000: 42)

Die zweite Spannung betrifft Normen und Institutionen (Arbeitsstandards, Sozialpolitik, Umweltauflagen), während die dritte und vielleicht wichtigste Spannung die Fähigkeit von Staaten betrifft, soziale Sicherheit zu gewährleisten. Gleichzeitig mit der wirtschaftlichen Integration erhöhte sich nach dem Zweiten Weltkrieg die Größe der Regierungsapparate (siehe Tabelle). Diese Beziehung hat man im Gegensatz zu den Politikwissenschaften in den Wirtschaftswissenschaften kaum bemerkt und untersucht, zumal sie der Ideologie freier Märkte widerspricht (2000: 66). Mittlerweile führt die zunehmende Öffnung und Deregulierung der Wirtschaft in den Industrieländern jedoch zu einer Verringerung der Regierungsausgaben, tendenziell auch zu mehr Steuern auf Arbeit und weniger Steuern auf Kapital (2000: 81). Die Staaten können weder Umverteilung noch soziale Sicherheit mehr gewährleisten. Rodrik schlägt zur Abhilfe eine Steuer auf physisches Kapital vor, um die Mobilitätsvorteile des Kapitals gegenüber der Arbeit auszugleichen (2000: 91; siehe 1.5.3). Ferner fordert er eine internationale Vereinbarung gegen Steuerflucht von Unternehmen (2000: 101). Grundsätzlich begrüßt er jedoch den Welthandel und die wirtschaftliche Öffnung, die allen Beteiligten zum Vorteil gereichen können. Er kritisiert ausdrücklich die von Greider (und dem Marxismus) vertretene Position, dass der Kapitalismus Überkapazitäten schaffe und notwendig auf Ausbeutung beruhe (2000: 92 f).

Tabelle 1.3.6. Staatsausgaben in Industrieländern (in Prozent des BSP)

Land	**Um 1870**	**Um 1920**	**1980**	**1994**
Deutschland	10,0	25,0	47,9	49,0
Frankreich	12,6	27,6	46,1	54,9
Schweden	5,7	8,1	60,1	68,8
Japan	8,8	14,8	32,0	35,8
USA	3,9	7,0	31,8	33,5
Durchschnitt	8,3	15,4	42,6	47,2

Quelle: Rodrik (2000: 67).

Die neue, transnationale Struktur der Weltwirtschaft ist unter dem Stichwort einer »neuen internationalen Arbeitsteilung« zuerst von Fröbel et al. (1986) in die Diskussion eingeführt worden. Hieraus entwickelte sich eine Diskussion, die vom Container-Modell und vom Weltsystem Abschied nahm und die Welt eher als ein Gewebe von Netzwerken und Strömen betrachtete (siehe auch 2.2). Peter Dicken (2003) schreibt über die »neue globale Arbeitsteilung«, der klare Austausch zwischen Zentrum und Peripherie werde durch eine komplexe, kaleidoskopische Struktur ersetzt. Sie besteht aus geografisch ungleich verteilten, komplexen und dynamischen Netzen ökonomischer Ketten, Orte und Ströme. So untersucht auch die neuere Literatur zu »Wertschöpfungsketten« die Strukturen der Weltwirtschaft. Besonders einflussreich ist dabei das Sammelwerk von Gary Gereffi und Miguel Korzeniewicz (1994) geworden. Hierin untersucht Korzeniewicz beispielsweise die internationalen Produktionsketten von Sportschuhen und weist darauf hin, dass auch Design und Marketing in derartigen Ketten organisiert werden.

Detailliert beschäftigen sich Faust, Voskamp und Wittke (2004) mit den Unterschieden zwischen Wertschöpfungsketten in unterschiedlichen Industrien. Sie gehen von der Diagnose aus, dass die fordistische Massenproduktion in eine Krise geraten ist. Manager versuchen daher, die Produktion zunehmend außerhalb der Unternehmensgrenzen anzusiedeln, um externe Ressourcen und Kapazitäten zu nutzen. In der Autoindustrie sucht man durch Outsourcing die Kapitalinvestitionen und die damit verbundenen Risiken sowie die Koordinationskosten zu verringern (2004: 37). In der Elektronik liefert das Unternehmen sehr oft das Design, und die Zulieferer stellen es nur her, während in der Autoindustrie auch von den Zulieferern Innovationen in ihrem Bereich erwartet werden. Die Autoproduktion ist weit weniger in Module zerlegt als die Elektronikbranche. Eine noch größere Bedeutung haben Zulieferer in der Bekleidungsindustrie, wo sie für eine Reihe von Produktionsschritten und oft sogar Dienstleistungen (wie Design) verantwortlich sind (2004: 43). Vor dem Hintergrund der empirischen Betrachtung fordern Faust et al., Netzwerktypen nach mehreren Dimensionen zu unterscheiden: Macht (von Marktmacht hin zu Kompetenzmacht oder Ressourcenkontrolle), Verteilung von Kompetenzen und Funktionen, Standardisierung von Informationsflüssen (2004: 49). Darüber hinaus gelte es zu berücksichtigen, dass viele europäische Industrien einen starken Anteil an Mittelstand hätten und daher dem Netzwerkmodell widerständen (beispielsweise die Medizin- und Luftfahrtelektronik). Diese gut ausgebildeten Spezialunternehmen ständen heute im Zentrum des Interesses und müssten daher eingehender erforscht werden (2004: 36). Eine Analyse mit den Mitteln einer liberalen oder marxistischen Theorie dürfte dabei kaum einen Erkenntnisgewinn bringen.

1.3.3. Kapitalismen

Bislang haben wir die Wirtschaft als einen eigenständigen Bereich betrachtet, als das losgelöste Universum besonderer Gesetzmäßigkeiten, als das sie in den Wirtschaftswissenschaften untersucht wird. Nun wollen wir die Wirtschaft mit der gesellschaftlichen Umgebung in Relation setzen. Die so genannte Einbettung der Wirtschaft in Kultur und Gesellschaft geht auf Max Weber zurück, wurde im Werk von Karl Polanyi im Zweiten Weltkrieg wieder aufgegriffen und durch einen Aufsatz von Mark Granovetter (1985) erneut in die Diskussion eingebracht. Heute orientiert sich die Diskussion teilweise an Francis Fukuyamas Buch über *Konfuzius und Marktwirtschaft* (1995), das auf Englisch »Trust«, also Vertrauen, heißt.

Fukuyama versucht zu zeigen, dass die Fähigkeit zur Bildung »intermediärer Organisationen« ein wichtiges Element der Wirtschaftskultur ist, insbesondere der kapitalistischen (1995: 28, 57). Intermediäre Organisationen zeichnen sich Fukuyama zufolge durch eine freiwillige Zusammenarbeit aus, die durch ein hohes Maß an sozialem Vertrauen gefördert und durch eine überragende Rolle der Familie gehemmt wird (1995: 46 f). Das Vertrauen hält er wie Granovetter für das »Schmiermittel« der Wirtschaft, wenn es gering ausgeprägt sei, erhöhe das die Transaktionskosten und behindere die wirtschaftlichen Prozesse (1995: 187 f). Im Verein mit der Vorherrschaft der Familie führe geringes Vertrauen zu patriarchalen Unternehmensstrukturen und behindere die Entstehung funktionierender Großunternehmen und fruchtbarer Kooperation (1995: 90). Wohlstand und Wettbewerbsfähigkeit einer Nation beruhten auf einem »kulturellen Merkmal«, das er als *Vertrauen* bezeichnet (1995: 21 f; vgl. 1.5). »Obwohl wirtschaftliches Handeln unentwirrbar mit dem sozialen und politischen Leben verbunden ist, fördert die gegenwärtige wirtschaftswissenschaftliche Debatte die irrige Neigung, die Wirtschaft als einen vom Rest der Gesellschaft abgetrennten Bereich mit eigenen Gesetzen zu betrachten. Dieser Auffassung zufolge ist die Wirtschaft ein Sektor, innerhalb dessen Individuen nur interagieren, um ihre eigennützigen Ziele und Bedürfnisse zu befriedigen, bevor sie sich wieder in ihr ›eigentliches‹ gesellschaftliches Leben zurückziehen. Doch in modernen Gesellschaften ist die Wirtschaft eine zentrale, dynamische Arena, in der die Soziabilität des Menschen eine entscheidende Rolle spielt.« (1995: 20)

Fukuyama stellt dem Egoismus, den Adam Smith und die Wirtschaftswissenschaften für die eigentliche und einzige Natur des Menschen halten, nicht einfach einen Altruismus entgegen oder zur Seite – obgleich es diese Tendenz in seinem Werk gibt.[20] Fukuyama meint, dass Menschen in erster Linie »rationale, nutzen-

20 Die Tendenz zeigt sich etwa in dem unterhaltsamen Beispiel, in dem an einer amerikanischen Universität getestet wurde, inwieweit Studierende bereit waren, ein Geschenk mit ihren

maximierende Individuen« seien und der Altruismus nur eine geringer zu bewertende menschliche Seite sei. Das belegt er beispielsweise mit der Behauptung, dass Bauern ihre Produktion von Mais auf Weizen umstellen, wenn der Preis von Weizen im Verhältnis zu dem von Mais steigt. Das allerdings ist ethnologisch falsch.

Fukuyama bestätigt die Falschheit gleichsam im selben Atemzug. Zunächst erweist er die Absurdität des wirtschaftswissenschaftlichen Nutzenbegriffs. Wie alle mechanisch angewandten Begriffe wurde er längst überdehnt und hat im Grunde ausgedient. Menschen maximieren demnach das, »was sie sich zu maximieren entscheiden, und diese Tautologie raubt dem Modell jegliche Erklärungskraft« (1995: 36 f). Wenn man dagegen den Nutzen enger definiert und nur auf materielle Vorteile beschränkt, können die meisten gesellschaftlichen Handlungen nicht erklärt werden. Und Fukuyama will zeigen, dass gerade wirtschaftliches Handeln so nicht erklärbar ist. Erklärbar werde es erst durch »Vertrauen«. Als Vertrauen bezeichnet er »die innerhalb einer Gesellschaft entstehende Erwartung eines ehrlichen und den Regeln entsprechenden Verhaltens, basierend auf gemeinsamen Normen, die von allen Mitgliedern der Gemeinschaft respektiert werden« (1995: 43). Den Ertrag des Vertrauens nennt Fukuyama »soziales Kapital«.

Die entscheidende Wendung der Argumentation besteht nun darin, dass Fukuyama das Vertrauen und das soziale Kapital nicht auf individuelle Motive reduziert. Plötzlich spielt das Thema Egoismus und Altruismus keine Rolle mehr. Sondern es wird nur noch zwischen individuellen und sozialen Tugenden unterschieden. Eigenschaften wie Sparsamkeit, Fleiß und Risikofreude könne auch ein Robinson Crusoe haben, Aufrichtigkeit, Verlässlichkeit, Kooperationsbereitschaft und Pflichtgefühl könne es dagegen nur innerhalb einer Gesellschaft geben. Das leuchtet unmittelbar ein, wird aber in den Wirtschaftswissenschaften gerne übersehen oder ausgeblendet. Fukuyama schreibt: »Soziales Kapital kann nicht durch das unabhängige Handeln einzelner Menschen erworben werden« (1995: 44). Es sei von der Kultur eines Landes abhängig. Kultur definiert er als »ererbte ethische Gewohnheiten« (1995: 53). Mit ethischen Gewohnheiten meint er letztlich Handlungen, die nicht auf Überlegung beruhen, aber nach gesellschaftlichen Normen und Werten beurteilbar sind. Ererbt sind sie nicht im Sinne einer biologischen Weitergabe, sondern im Sinne einer unbewussten Einübung während der Sozialisation. Die Gewohnheiten können aus rationalen Überlegungen (etwa durch Regierungserlasse oder Revolutionen) entstehen, und sie können rationale Überlegungen veranlassen. In sich sind sie aber »arational«, da sie eben Gewohnheiten sind (1995: 62).

Kommilitonen zu teilen. Das Experiment ergab, dass 40 bis 60 Prozent zu teilen bereit waren, also sich altruistisch verhielten. Lediglich die fortgeschrittenen Studierenden der Wirtschaftswissenschaften verhielten sich signifikant egoistisch (1995: 35).

Nun will Fukuyama zeigen, dass die Volkswirtschaften durch Kultur auf eine Weise bestimmt werden, die weder rational noch quantifizierbar noch auf Nutzenkalküle zurückführbar ist. Aus ethnologischer Perspektive ist dieser Gedanke uralt und selbstverständlich. Fukuyama wendet ihn jedoch auf entwickelte kapitalistische Wirtschaften an. Sein voluminöses Buch beschäftigt sich mit dem Einfluss einer bestimmten sozialen Tugend auf die Ausgestaltung der Wirtschaft, nämlich der »spontanen Soziabilität« bzw. der »Fähigkeit zur Assoziation« oder zur »Bildung intermediärer Institutionen«. Den Hintergrund bildet das Wirtschaftswachstum in Ostasien. Das asiatische Wachstum passt nicht so recht zu der herrschenden Wirtschaftslehre, dass staatliche Interventionen schädlich seien. Denn in Russland, wo der Staat sich mehr oder weniger verabschiedet hat, stagniert die Wirtschaft, während sie gerade in den sozialistischen Diktaturen von China und Vietnam boomt. Fukuyama zeigt, dass staatliche Interventionen je nach wirtschaftskulturellen Bedingungen höchst unterschiedliche Wirkungen haben können. »In familistischen Gesellschaften wie China oder Italien stellt die staatliche Intervention oft die einzige Möglichkeit zum Aufbau großer Unternehmen dar und ist damit unerlässlich, will das Land in den von Großunternehmen beherrschten globalen Wirtschaftssektoren eine Rolle spielen.« (1995: 33) Von den familistischen Kulturen unterscheidet Fukuyama Gesellschaften, in denen sowohl Familienstrukturen als auch Formen freiwilliger Assoziation schwach ausgeprägt sind. Als Beispiel führt er eben Russland an. In diesen Gesellschaften gibt es keine Basis für Vertrauen und daher auch nicht für erfolgreiche Großunternehmen und wirtschaftliche Netze. Ein Wirtschaftswachstum ist in diesen Gesellschaften schwer zu erreichen, ganz gleich welche Politik man wählt. Das andere Extrem bilden Fukuyama zufolge Gesellschaften »mit einem hohen Grad an generalisiertem Vertrauen und folglich einer starken Neigung zu spontaner Soziabilität« (1995: 47). Als Paradebeispiele dienen hier Deutschland und Japan.

Die Fähigkeit zur freiwilligen Assoziation, also das Maß an sozialem Vertrauen, ermöglicht die Bildung großer Unternehmen, Netzwerke und Verflechtungen. Fukuyama zufolge sind nur Großunternehmen auf dem Weltmarkt langfristig konkurrenzfähig. Die Tendenz zur wirtschaftlichen Konzentration lässt sich in der Tat empirisch beobachten. Damit stellt Fukuyama jedoch kein allgemeines Gesetz auf. Fukuyama argumentiert, dass weder die Struktur der Wirtschaft noch die Kultur eines Landes allein ausschlaggebend ist, sondern dass die Konstellation von Faktoren betrachtet werden muss, und zwar auch die zwischen verschiedenen Wirtschaften.

Die Unterschiede zwischen asiatischem und amerikanischem Kapitalismus hat auch Ohmae bemerkt, der in beiden Ländern als Berater tätig war. Er verweist allerdings nur auf zufällige Beobachtungen. Beispielsweise betrage die Gesamtvergütung eines japanischen Vorstandsvorsitzenden das Sechs- bis Zehnfache der niedrigsten Lohnstufe, während der Chrysler-Chef etwa das Tausendfache der niedrigsten Lohnstufe verdient (Ohmae 1992: 99). Ferner seien Absprachen zwischen Konkurrenten in Japan normal, in den USA hingegen verboten (1992: 171). Fukuyama führt diese Unterschiede auf verschiedene Wirtschaftskulturen zurück, die den einen globalen Kapitalismus je national unterschiedlich ausgestalten. Die Asienwissenschaft hat Fukuyamas Argumentation zugleich bestätigt und widerlegt. Einerseits unterscheiden sich Wirtschaftskulturen stark voneinander, andererseits sind sie nicht national einheitlich. Vor allem aber wird Fukuyamas These bestritten, dass es nur einen Kapitalismus gebe.

Empirisch begründete Zweifel hat beispielsweise Robert Hefner angemeldet. Er weist zunächst darauf hin, dass ein Kapitalismus ganz offensichtlich nicht nur innerhalb der westlichen Zivilisation entstehen kann (1998a: 1). Wenn man jedoch behaupte, dass ein außerhalb des Westens entstehender Kapitalismus auf den gleichen universalen Gesetzmäßigkeiten beruhe, bleibe unverständlich, warum der Kapitalismus faktisch nicht überall genau gleich funktioniert. Hefner verweist wie Fukuyama auf Polanyis Einbettung der Wirtschaft in Kultur und Gesellschaft (1998a: 9 f). Im Gegensatz zu Polanyi meint er aber, dass der moderne Kapitalismus nicht entbettet werde, sondern wieder in Kultur und Gesellschaft eingebettet werde, wenn auch in einen neuen Rahmen. Dieser Rahmen muss nun als Gesamtheit von Normen und Institutionen, sozialen Beziehungen, kulturellem Sinn und sozialem Vertrauen (nach Fukuyama) interpretiert werden (1998a: 12). Der Kapitalismus hängt nicht nur von moralischen, rechtlich-politischen und institutionellen Strukturen ab, sondern kann ohne sie nicht funktionieren. Aber die Art der Strukturen variiert von Kultur zu Kultur (1998a: 38). In Taiwan etwa spielen Staat und Recht eine sehr viel geringere Rolle als in den USA und Westeuropa; dort wird ein Millionen-Dollar-Geschäft per Handschlag besiegelt, hier mit einem Heer von Anwälten. In London bekommt man großes Kapital nur über eine Bürgschaft bei einer Großbank, in Taipeh durch ein informelles Netz. Empirisch zeigt sich, dass es nicht *eine* asiatische Kultur und nicht *einen* asiatischen Kapitalismus gibt (1998a: 3).

Ähnlich wie Hefner argumentieren auch Robison und Goodman (1996), die Hefners Ansatz allerdings noch soziologisch differenzieren. Sie gehen von der Diagnose aus, dass Asiens Aufschwung nicht mit freien Märkten einherging. »Protectionism, tariffs, dumping, corruption and cartels have been central elements in this process« (1996: 2). Er vollzog sich außerdem in einer sehr viel kürzeren Zeit als die europäische Industrialisierung und war notwendig mit höheren Investitionen, komplexer Technologie, Internationalisierung und Finanzkapital verknüpft, die in sich schon eine andere Struktur des Kapitalismus darstellen als der europäische

Kapitalismus des 19. Jahrhunderts. Ferner geht der asiatische Kapitalismus mit anderen politischen Strukturen einher. Überall in Asien sind die Strukturen unterschiedlich: Auf den Philippinen gibt es eine gut organisierte herrschende Bourgeoisie, in Korea und Taiwan dominiert eine Allianz von Staat und Kapital, in Indonesien wird die Bourgeoisie von Chinesen dominiert (1996: 15). Die Strukturen sind auch innerhalb der Staaten unterschiedlich und in sich widersprüchlich. Die neuen Reichen in Asien beispielsweise scheinen gleichzeitig autoritäre Herrschaft, Nationalismus, Fundamentalismus und staatliche Lenkung wie auch Demokratie, Internationalismus, Säkularismus und freie Märkte zu unterstützen (1996: 3). Viele asiatische Staaten sind zugleich westlich und antiwestlich, antikommunistisch wie antiliberal (1996: 7). Schließlich bestehen asiatische Gesellschaften aus verschiedenen soziokulturellen Gruppen, die aus unterschiedlichen Gründen eher Oligarchie, Korporatismus oder liberale Demokratie unterstützen (1996: 3). Die Gruppen unterscheiden sich auch hinsichtlich Wirtschaftskulturen und sozialem Status. Sie zerfallen nicht einfach in Ober-, Mittel- und Unterschicht, sondern in unzählige Fraktionen. Robison und Goodman führen als beispielhafte Fraktionen der Mittelklasse unter anderem Kleinhändler, Handelsmonopolisten, Kleinproduzenten, Bänker, Bergbauunternehmer an. Ihre Untersuchung wird inzwischen durch eine Vielzahl ähnlicher Arbeiten zum asiatischen, insbesondere chinesischen Kapitalismus ergänzt (siehe etwa Crawford 2000).

Die These multipler asiatischer Kapitalismen wird auch durch rein ökonomische Untersuchungen gestützt. Große Beachtung fand die Studie von Robert Wade (1990), die sich vor allem mit dem Aufstieg Taiwans beschäftigte. Er beginnt sein Buch mit der Forderung, dass jede ökonomische Theorie in der Lage sein müsse, das Wachstum Asiens zu erklären, weil es das schnellste Wachstum ist (1990: 4). Bisher erkläre man es entweder durch wirtschaftliche Offenheit und einen kleinen Staat oder durch einen ökonomisch orientierten, steuernden Staat.[21] Beide – die Mainstream-Erklärung und die kritisch oder marxistisch beeinflusste Erklärung – verfehlen den Aufstieg Taiwans. Taiwan ist eine der größten wirtschaftlichen Erfolgsgeschichten. Innerhalb von 25 Jahren wurde es von einem Entwicklungsland zu einer Spitzenwirtschaft auf der Suche nach billigen Arbeitskräften im Ausland. Es verband dabei staatliche Interventionen mit neoklassischer Ressourcenallokation durch den Markt.

Taiwan wies – wie jedes Land – einige Besonderheiten auf. Noch in den 1950er Jahren war es kein typisches unterentwickeltes Land. Es hatte schon in den

21 Wade bezieht sich hier wie in seinem ganzen Buch auf den von Chalmers Johnson geprägten Begriff des Entwicklungsstaats: In Ostasien habe der Staat die wirtschaftliche Entwicklung geplant, organisiert und durchgeführt (Johnson 1987).

1930ern eine schnell wachsende Industrie. Die Landwirtschaft war von produktiven Kleinproduzenten bestimmt, die Alphabetisierung war hoch, die Wirtschaftshilfe der USA war stark, die Politik stabil, die Regierung legte Wert auf Wachstum, und die Sozialstruktur war flexibel. Wade stellt nun fest, dass das Wachstum in Taiwan mit ungewöhnlich gleicher Einkommensverteilung einherging (1990: 38). Das ist sowohl für die liberale wie für die marxistische Tradition eigentlich nicht möglich, vor allem weil Taiwan gleichzeitig ein Textbuchmodell für einen neoklassischen Markt bot und eine aggressiv entwickelnde Regierung hatte (1990: 72).[22] Vielfach wird der wirtschaftliche Erfolg durch diese Kombination erklärt. Wade führt aber mehrere Beispiele an, in denen diese Kombination keine Entwicklung hervorbrachte (1990: 256). Das Paradebeispiel war Ende des 20. Jahrhunderts Mexiko, das ähnliche politische und wirtschaftliche Bedingungen gehabt hatte wie Taiwan. Wade schließt daraus, dass weitere Faktoren für die Analyse des wirtschaftlichen Aufstiegs betrachtet werden müssen. Der leichtere Zugang zu internationalen Finanzen und die Auslagerung von Produktion schufen in den 1960ern gute Gelegenheiten für Länder der Dritten Welt – aber interne Faktoren bestimmten, welche Länder diese externen Gelegenheiten ergriffen (1990: 346).

Diese Faktoren führen uns zurück zur Geschichte und verweisen voraus auf Kultur und Gesellschaft. Die Wirtschaftsgeschichte hat bereits viele wichtige Werke hervorgebracht, die den Stellenwert des europäischen Kapitalismus und der wirtschaftlichen Globalisierung relativieren. Wie immer war die historische Relativierung zunächst übertrieben, indem sie konstatierte, dass alles schon einmal dagewesen sei. Es wurde in Frage gestellt, ob es überhaupt eine ökonomische Globalisierung gibt.

Besonderen internationalen Einfluss haben die Zweifel erlangt, die von Hirst und Thompson an der ökonomischen Globalisierung angemeldet wurden. Auch wenn beide wie einige Historiker etwas über das Ziel hinausschossen, hatten ihre Arbeiten den unschätzbaren Wert, die historische Dimension in die Debatten, insbesondere über die ökonomische Globalisierung, einzuführen. Sie greifen extreme Verfechter der wirtschaftlichen Globalisierung wie Ohmae an, die den Staat gegenüber der Wirtschaft in die Defensive drängen wollen (1996: 1). Die These der beschleunigten wirtschaftlichen Globalisierung sei eine Ideologie, die nach

22 Staatsbetriebe waren in vielen Sektoren das Instrument zur Entwicklung, v. a. im Bereich von Chemie, Bergbau, Metall, Dünger und Lebensmittel. Außerdem war Taiwan eine besonders offene Wirtschaft: Importe plus Exporte stellten 1976–86 über 80 Prozent des BSP. Aber die Offenheit beruhte nicht auf Freihandel, sondern auf klaren politischen Interventionen (Wade 1990: 110 ff).

1973 an die Stelle des Mythos von Vollbeschäftigung und sozialer Gerechtigkeit trat (1996: 5 ff).

Hirst und Thompson vergleichen zwei Idealtypen miteinander, eine globale und eine internationale Weltwirtschaft. Es sei nicht klar, wie man die heutige globalisierte Wirtschaft von einer bloß internationalisierten Wirtschaft unterscheide, in der Staaten miteinander vernetzt sind. Ferner sei die heutige Weltwirtschaft weniger integriert und offen als um 1900. Die entwickelten Nationalstaaten könnten die Weltwirtschaft, die sich auf die Triade beschränkt, immer noch kontrollieren und regulieren. Lediglich durch den Freihandel (GATT), die Ströme der FDI, das Finanzsystem und die Einschränkung der Arbeitsmigration unterscheide sich die heutige Epoche von der um 1900 (1996: 9). Eine wirklich globale Wirtschaft würde von transnationalen Unternehmen geführt. Sie würden jeweils lokal produzieren – während heutige Großunternehmen immer noch von einem nationalen Kern aus operieren. Das politische System in einer globalen Wirtschaft wäre multipolar und weniger militärisch orientiert. Kriege würden lokale Probleme. Weltwirtschaft war nie reine Wirtschaft, sondern immer eine Interaktion von Politik und Wirtschaft, die durch die Großmächte gestaltet wurde und heute von den USA angeleitet wird (1996: 14) Es gebe keine Verschmelzung globaler und internationaler Aspekte, denn die transnationalen Unternehmen sind immer noch unbedeutend und die entwickelten Länder dominieren weiterhin.

Zweifel wurden auch vom deutschen Historiker Knut Borchardt angemeldet. Wie Hirst und Thompson argumentiert er, dass die internationale Vernetzung vor dem Ersten Weltkrieg in vieler Hinsicht so stark war wie heute oder gar noch stärker. Lediglich innerhalb der Europäischen Union sei sie sehr angewachsen (2000: 7). Der Arbeitsmarkt und ausländische Direktinvestitionen seien Ende des 19. Jahrhunderts vielleicht sogar noch internationaler als heute gewesen, weil es nicht so ausgeprägte Beschränkungen und Kontrollen gegeben habe (2000: 14). Die im historischen Vergleich hochgradig integrierte kapitalistische Weltwirtschaft am Ende des 19. Jahrhunderts führt Borchardt auf drei unumstrittene und ein sehr umstrittenes Faktorenbündel zurück. Unumstritten sind die industrielle Produktivität, die Erschließung landwirtschaftlicher Produktionsflächen und industrieller Rohstoffe und die Revolution im Verkehrs- und Transportwesen, das die Modernisierung der Fernkommunikation einschließt. Ob und in welchem Maße aber die Liberalisierung, das vierte Faktorbündel, zur Entstehung der integrierten Weltwirtschaft beigetragen hat, ist umstritten. Da in England der Einfluss der Landwirtschaft schon geringer war, blieb Großbritannien beim Freihandel, während eine protektionistische Welle um die Welt ging. Die Verlierer der damaligen Globalisierung waren stark genug, um den Beginn des modernen Wohlfahrtsstaates zu erzwingen. Staatsgrenzen wurden wichtiger, weil die Staatsbürgerschaft für das Einkommen und die Sicherheit eine Rolle spielte. Ferner hatten sie eine ökonomische Bedeutung. Während die ökonomische Globalisierung bis zum Jahre 1913 an Fahrt gewann, beschränkte sich der Abbau von politischen Barrieren des Wettbewerbs nur auf die Zeit zwischen 1860 und 1880 (2000: 24 ff). Der relative Protektionismus und der Aufbau von nationalen Wohlfahrtsstaaten hat also die Globalisierung nicht nur nicht behindert, sondern am Ende sogar gefördert, weil die Abfederung der Risiken die weitere Dynamik ermöglichte. Im ausgehenden 19. Jahrhundert konnten Globalisierung und wachsender Nationalismus sich noch wechselseitig stabilisieren.

Die Zweifel an der Einzigartigkeit der gegenwärtigen ökonomischen Globalisierung sind durch einen Vergleich der heutigen Epoche mit der jüngsten Vergangenheit aufgekommen. Sie erhalten ihr volles Gewicht aber erst, wenn man sie mit einer empirisch fundierten Wirtschaftsgeschichte verbindet, wie es Braudel und Hobsbawm versucht haben (siehe oben 1.2). Kontrastiert man liberale und marxistische Tradition mit dem empirischen Material, wirken sie eigentümlich abstrakt und kurzsichtig. Paul Bairoch hat einige Kernsätze beider Traditionen mit Daten der Periode zwischen 1800 und 1990 verglichen, um ihren Gehalt zu überprüfen. Zunächst zeigt er, dass es historisch sehr selten Freihandel, sondern meist Protektionismus gab. Die längsten Perioden des Freihandels bestanden außerhalb Europas, unter den Sung in China (960–1279) und unter den Osmanen (ab 1536) (Bairoch 1993: 31 f). Der Protektionismus wurde als Doktrin in den USA nach der Unabhängigkeit entwickelt und setzte sich auch im aufstrebenden Europa durch (1993: 33). Nur die Phase zwischen 1860 und 1879 war im Westen vom Freihandel geprägt. In England begannen die reale Phase und die Herrschaft der Doktrin des Freihandels früher, weil es im Bereich der Industrie führend war. Der Protektionismus in der Landwirtschaft wurde allerdings erst 1846 beseitigt (1993: 20). Von hier aus breitete sich der Freihandel über Europa und den Rest der Welt aus. Er setzte sich schnell und nachhaltig im globalen Süden fort, allerdings erzwungen durch die europäischen Kolonialmächte und mit verheerenden Wirkungen für das Wachstum der südlichen Wirtschaften (1993: 53). Auch in Europa entspricht der Freihandel nicht dem Wachstumszyklus. Die große europäische Depression begann um 1870 auf dem Höhepunkt des Freihandels, während rasches Wachstum um 1890 bei starkem Protektionismus begann (1993: 46).[23]

Nach der Demontage des Liberalismus wendet sich Bairoch den Spielarten des Marxismus zu, allerdings ohne ihn zu nennen. Er zeigt, dass die Industrialisierung Europas nicht von Rohstoffen aus den Kolonien abhängig war. Bis zum Zweiten

23 Bairoch ermittelt das Wachstum des BSP wie folgt: 1842–1868 2,0 %; 1868–93 1,1 %; 1891–1913 2,4 % (1993: 46).

Weltkrieg versorgte sich der Westen fast vollständig selbst mit Energie. Noch 1913 exportierte England 27 Prozent seiner Kohleproduktion (1993: 59). Eine Abhängigkeit von Energie aus dem Süden entstand erst mit dem Öl, aber das auch sehr spät. Bis 1957 exportierten die USA Öl (1993: 61). Umgekehrt aber waren die Länder des Südens von Rohstoffexporten in den Norden abhängig. »Primary goods represented more than 90 % of Third World exports, and, furthermore, in most of the Third World countries almost 100 % of the raw materials produced were exported to the developed countries.« (1993: 68) Die Dritte Welt erreichte erst 1938 wieder den Industrialisierungsgrad von 1830 (der allerdings von 1750 bis 1830 leicht angestiegen war) (1993: 91). Von den neun reichsten Ländern 1914 exportierten fünf Primärgüter, darunter die USA. Im 19. Jahrhundert stellten Primärgüter zwei Drittel der Exporte der USA. Der Export von Rohmaterialien muss nicht zu Unterentwicklung führen. Aber der beste Weg zur Entwicklung ist immer die Industrialisierung (1993: 141).

Als Markt spielte der Süden auch keine wichtige Rolle (1993: 72). Zwischen 1800 und 1938 gingen nur 17 Prozent der Exporte in die spätere Dritte Welt, davon die Hälfte in Kolonien. Exporte hatten eine geringe Bedeutung für die Gesamtwirtschaft. Damit machten Exporte in die Dritte Welt höchstens 1,7 Prozent der Gesamtproduktion der entwickelten Länder aus. Ein Sonderfall war England, insbesondere hinsichtlich Textilien. 35 Prozent der britischen Textilien wurden in die Dritte Welt exportiert. Der Anstieg kam aber erst 50 bis 60 Jahre nach dem Beginn der Industrialisierung.[24] Das Wachstum war viel schneller in europäischen Ländern, die keine Kolonien hatten, auch in Japan und den USA. Schließlich konnte auch der Sklavenhandel keine entscheidende Bedeutung für die Industrialisierung in Europa haben, weil die islamische Welt bis 1890 der größte Händler und Importeur von Sklaven war (1993: 147).

Diese Befunde Bairochs widersprechen nicht so sehr der orthodoxen Theorie von Marx als den Varianten der Imperialismus- und Dependenztheorie. Ferner widersprechen sie der Weltsystemtheorie (1.2.2) und der Darstellung von Pomeranz (1.1.3). Pomeranz hat argumentiert, Europa habe gegenüber Asien einen Vorteil erringen können, als es Energie- und Landknappheit durch die Eroberung Amerikas lösen und seine folgende Überproduktion nach Amerika verkaufen konnte. Offenbar lässt sich keines dieser Argumente empirisch stützen. Angus Maddison hat dementsprechend den Mangel an quantitativen, verifizierbaren

24 Der Export von Baumwolltuch aus England nach Indien stieg zwischen 1814 (Ende des Monopols der East India Company) und 1890 um das 2000fache. Europa und die USA schlossen ihre Grenzen fast vollständig für englische Baumwolle, aber nach Indien konnte sie quasi zollfrei exportiert werden (Bairoch 1993: 89).

Daten bei Pomeranz bemängelt (2003: 249). Maddison kritisiert Pomeranz aber auch auf theoretischer Ebene: Er argumentiere letztlich mit Malthus, dass die Relation zwischen Bevölkerung und Ressourcen die Entwicklung bestimme. Genau diese Auffassung kritisiert auch Bairoch. Man könne kaum eine Relation zwischen Bevölkerungs- und Wirtschaftswachstum erkennen (1993: 129). Lediglich im 20. Jahrhundert sei das Bevölkerungswachstum zu einem Haupthindernis der Entwicklung in der Dritten Welt sowie zu einem Problem in sich geworden (1993: 94, 132). Er stimmt jedoch Pomeranz zu, dass Europa erst im 18. Jahrhundert Asien überholt habe, während Maddison den Zeitpunkt schon um 1400 ansetzt (Bairoch 1993: 106; Maddison 2003: 248). Beide stützen sich auf einen komplexen Datensatz, gestehen aber ein, dass alle Daten vor dem 19. Jahrhundert grobe Schätzungen darstellten. Für 1700 schätzt Maddison das BSP pro Kopf in Westeuropa 1,9 mal höher als in Asien (2003: 262), während Bairoch das Verhältnis für 1750 mit 1,1 zu 1 ansetzt (1993: 106). Wir haben in den vorangehenden Kapiteln gesehen, dass für die Interpretation der Geschichte viel von diesen Daten abhängt, weil Periodisierung und Kausalerklärung unmittelbar miteinander verknüpft sind.

Bairoch führt einen weiteren Faktor in die ökonomische Globalisierung ein. Er stellt die These auf, dass die Steigerung der industriellen Produktivität eine geringere Bedeutung habe als die landwirtschaftliche Produktivität (1993: 151). Zwischen 1850 und 1950 stieg die Produktivität in der Industrie jährlich um 1,8 bis 2 Prozent, in der Landwirtschaft 1,1 bis 1,3 Prozent. Zwischen 1950 und 1990 stieg sie in der Industrie um 3,4 bis 3,6 Prozent, in der Landwirtschaft um 5,4 bis 5,6 Prozent. In diesen 40 Jahren wuchs die landwirtschaftliche Produktivität mehr als in den 900 Jahren zuvor. Die Wende wurde in den USA früher erreicht als in Europa. Bis etwa 1965 musste Westeuropa 30 Millionen Tonnen Getreide einführen, während es 1986–90 einen jährlichen Überschuss von 22 Millionen Tonnen produzierte. Seit den 1970er Jahren sind die Produktionskosten in der Dritten Welt im Bereich der Landwirtschaft 1,2 bis 1,6 Mal höher als im Westen.

Aus seinen empirischen Betrachtungen zieht Bairoch eine Folgerung, die wir nur unterschreiben können. Er stellt die Gültigkeit allgemeiner Wirtschaftstheorien prinzipiell in Frage. »If I had to summarize the essence of what economic history can bring to economic science it would be that there is no ›law‹ or rule in economics that is valid for every period or for every economic structure.« (1993: 164) Man muss dabei bedenken, dass sich Bairoch in seinem Buch nur auf die Periode westlicher Vorherrschaft zwischen 1800 und 1990 beschränkt. Erst später hat er den Blick ernsthaft auf Asien ausgeweitet, aber (noch) kein hinreichendes empirisches Material herangezogen. Erst die Verbindung empirischer Daten mit wirtschaftskulturellen Untersuchungen kann eine Wirtschaftstheorie begründen, die globalisierten Bedingungen angemessen ist.

Einen großen Wurf in diese Richtung hat Eric Jones gewagt. Er dürfte sich aber grundsätzlich auf der falschen Fährte bewegen, weil er die Geschichte nur unter dem Aspekt des Wachstums betrachtet (1988: 161), ähnlich wie es Bairoch, Maddison und Pomeranz auch tun. Sie tragen damit eine nationalökonomische Obsession an das historische Material heran, das in ihm keinesfalls enthalten ist. Außer der zerstörerischen Kultur des modernen Westens scheint kaum eine Kultur je an Wirtschaftswachstum interessiert gewesen zu sein. Dass Wachstum das einzige Ziel wirtschaftlicher Tätigkeit sein müsse, wurde auch von vielen einflussreichen Wirtschaftswissenschaftlern bezweifelt (Galbraith, Myrdal).

Jones geht von der These aus, dass Wirtschaftswachstum immer und überall möglich war, aber fast immer durch bestimmte Umstände behindert wurde (1988: 55). Signifikant wurde es erst durch die Industrialisierung erreicht, obwohl das Wirtschaftswachstum in den meisten Perioden der Geschichte das Bevölkerungswachstum übertraf (1998: 13, 34). Jones hält den Zusammenhang zwischen Bevölkerung und Wachstum allerdings für fast ebenso schwach wie Bairoch. Ähnlich unbedeutend sei der Einfluss von Technik, Unternehmergeist, Konkurrenz und Erfindungen auf das Wirtschaftswachstum, weil sie oft existierten, ohne Wachstum zu erzeugen (1988: 23, 40, 54). Auch die Industrialisierung kann nicht die einzige Wachstumsursache gewesen sein. Schon um 1800 war das Pro-Kopf-Einkommen in den USA höher als in Großbritannien, obwohl sie noch nicht industrialisiert waren (1988: 18). All diese Faktoren sind Jones zufolge notwendige, aber nicht hinreichende Bedingungen des Wachstums. Sie können erst fruchtbar werden, wenn die sozialen und politischen Faktoren günstig sind. Technische Verbesserungen kamen da zum Einsatz, wo sich die gesellschaftlichen und politischen Eliten dafür interessierten (1988: 62). Aber der Marktpreis der Technik und ihrer Produkte wurde nie niedrig genug, um ein echtes Wachstum zu bewirken. Daran hatten die Eliten auch kein Interesse. Auf diese Weise wurde das Wachstum behindert. Allerdings gibt es kein bestimmtes politisches System, das garantiert wachstumsförderlich wäre. Märkte haben auch unabhängig von staatlicher Förderung, Rechtssicherheit und Schutz erfolgreich funktioniert (1988: 131 ff), also unter Bedingungen, die Smith und Ohmae zufolge keine wirtschaftliche Entwicklung zulassen.

Auch wenn der Rückgriff auf die klassische politische Ökonomie und ihre Kritik im Zeitalter der Globalisierung außerordentlich nützlich ist, erwächst daraus noch keine angemessene Beschreibung von Orientierungen und ideenpolitischen Horizonten (siehe 3.3). Vor allem wird auch der Reichtum der institutionenökonomischen Analyse nicht genutzt, selbst wenn man deren ideologische Vorherrschaft im

Zeichen des Neoliberalismus nicht schätzt. In diese Lücke ist gewissermaßen die inzwischen hoch differenzierte Literatur zur *governance* gestoßen, die von den Zonen gefährdeter oder zerbrechlicher Staatlichkeit bis zu den raffinierten Methoden transnationalen Managements in internationalen Organisationen reicht (siehe 2.5). Auch hier werden die alten kapitalistischen Imperative wiederentdeckt, die Krisenprozesse humanitärer bis zu finanzwirtschaftlicher Art verfolgt und die Färbungen des *governance*-Konzeptes zwischen *good governance*, *global governance* und der demokratischen und konstitutionalistischen Verfassung des Regierens unterschieden. Es ist aber kein Zufall, dass die *global-governance*-Konzepte sehr häufig bei der Zivilgesellschaft als einer eröffnenden, zusammenfassenden und orientierenden Kategorie landen (Scholte 2000). Je mehr sich die *governance*-Perspektive differenziert und erweitert, desto mehr wird ihre kulturelle Schwäche offenbar, die in den Mentalitäten verankerten kulturellen Bestände von Gruppen, Gesellschaften und Szenen und die in globalen Netzwerken entstehenden kulturellen Sachverhalte zu entdecken. So ist die einfache These vom Ende des Nationalstaats in der Globalisierung zwar weitgehend überwunden, aber um den Preis, dass in den Konzepten der globalen oder regionalen *governance* die Strukturprobleme, die zur These vom Verschwinden des Nationalstaats geführt haben, wiederkehren. Ethnologie und Politikwissenschaft sind nicht so leicht auf einen Nenner zu bringen. Historisch war die Soziologie vielfach der gemeinsame Rahmen dafür, aber mit der hochgradigen methodischen und inhaltlichen Professionalisierung und Differenzierung ist diese Fähigkeit ein Stück weit verloren gegangen. An die alte Fähigkeit wieder anzuknüpfen, verlangt, zunächst die Phänomene kultureller Globalisierung besser zu verstehen. Sie verlangt dann den im letzten Jahrzehnt etwas verpönten Begriff des Lernprozesses, unter den Bedingungen globaler Interaktion von Gesellschaften, sozialen Gruppen und ethno-religiösen Gemeinschaften das Soziale zu reformulieren. Auch hierin mag wiederum ein Anschluss an die welt- und gesellschaftsgeschichtliche Debatte zu finden sein.

Die Erforschung der ökonomischen Globalisierung führt, wie gesehen, in die Geschichte. Ihr Verständnis erzwingt auch eine Verknüpfung des scheinbar unabhängigen Systems ökonomischer Gesetze mit kulturellen und sozialen Bedingungen. Mit diesen beschäftigen sich die beiden folgenden Kapitel. Es wird kein Weg daran vorbeiführen, die Intensität der Beziehungen zwischen Wirtschafts- und Sozialwissenschaften wieder zu erhöhen und zugleich die für zwei Jahrzehnte herrschenden wirtschaftstheoretischen Dogmen aufzubrechen. Es gilt, scheinbar feste Prämissen mit einer historischen und interkulturellen Empirie zu konfrontieren, die zu Resultaten führt, von denen die Traditionen des 19. Jahrhunderts vermutlich nicht einmal geträumt haben.

1.4. Kulturelle Globalisierung

In der Diskussion um die Reichweite der Globalisierung muss der Begriff der kulturellen Globalisierung eine große Last tragen. Auf der einen Seite wird die Verflechtung von Information, Wissen und Glauben als tatsächlich weltumspannend verstanden, auf der anderen Seite wird die Ambivalenz dieses Prozesses umso stärker deutlich. Kulturelle Globalisierung problematisiert auch den Kulturbegriff. Es lässt sich ein engerer von einem weiteren Kulturbegriff unterscheiden. Der engere Begriff bezieht sich auf den Bereich der Künste und ist in erster Linie Gegenstand der Ästhetik. Der weitere umfasst unter anderem Traditionen, Bräuche, Technologien, materielle Güter und Ideen und entspricht etwa Wittgensteins Begriff der Lebensform. Er wird vor allem in der Ethnologie gebraucht und hat sich aus dieser in die benachbarten Disziplinen ausgebreitet. Beide Begriffe lassen sich nicht klar voneinander abgrenzen, weil unzählige Zwischenformen möglich sind, angefangen von der Populärkultur über eine nationale Kultur bis hin zu einem Kulturraum. In den Diskussionen um kulturelle Globalisierung wird eher selten versucht, den jeweils vorausgesetzten Kulturbegriff deutlich zu bestimmen. Das führt nicht nur zu allerlei Unklarheiten, sondern auch zu der Möglichkeit, die Mehrdeutigkeit des Begriffs auszunutzen, um die eigene Argumentation unangreifbarer zu machen. Spricht man von kultureller Globalisierung im weitesten Sinne, lassen sich die meisten Aspekte der Globalisierung unter diesen Begriff subsumieren und im Rahmen der Weltgeschichte behandeln.

Im Folgenden wollen wir die Diskussion nach und nach auf den weiteren Kulturbegriff ausdehnen, der zu Weltgeschichte, Weltsystemtheorie und Wirtschaft zurückführt, aber auch auf die Soziologie der Globalisierung (1.5) vorausweist. Die Diskussionen um die kulturelle Globalisierung drehten sich in den 1980er und 1990er Jahren um die Frage der Vereinheitlichung der Welt. Während einige Theorien aus der Übermacht von Hollywood auf eine Homogenisierung der Weltkultur (im engeren Sinne) schlossen, verwiesen andere auf Bollywood. Strömungen, die Hollywood Widerstand leisten, wurden entweder als einheitlicher Angriff oder als Vielzahl lokaler Phänomene gedeutet. Die Diskussionen führten zu einer differenzierteren Untersuchung kultureller Globalisierung und zu Theorien der Hybridisierung und Glokalisierung. Zunehmend bettet man die Kultur im engeren Sinne nun in einen übergreifenden sozialen, kulturellen und auch ökonomischen Zusammenhang ein. Diese Entwicklung versucht dieses Kapitel nachzuzeichnen.

1.4.1. Homogenisierung und Kämpfe der Kulturen

Man könnte vermuten, dass die ökonomische Globalisierung in Gestalt der Ausbreitung des Kapitalismus (siehe 1.3) zu einer Vereinheitlichung der Welt führt. Das ist in der Tat behauptet worden. Sehr einflussreich in der Globalisierungsdebatte war der Begriff der McDonaldisierung der Welt. Damit ist die kulturelle Vereinheitlichung gemeint, letztlich die Angleichung aller Kulturen an die amerikanische. Der Begriff geht auf einen Aufsatz des amerikanischen Soziologen George Ritzer (1983) zurück, der seine These in einem einflussreichen, auch ins Deutsche übersetzten Buch (1995) genauer erläutert hat.[25]

Ritzer bezeichnet mit McDonaldisierung einen Prozess, der alle Bereiche der Gesellschaft erfasst, »durch den die Prinzipien der Fast-Food-Restaurants immer mehr Gesellschaftsbereiche in Amerika und auf der ganzen Welt beherrschen« (1995: 15). Er nennt den Prozess McDonaldisierung, weil McDonald's ein weltweites Symbol geworden ist, das bestimmte Prinzipien verkörpert und Emotionen auf sich zieht.[26] Das Image von McDonald's ist blitzsauber, frisch, nahrhaft, jung, aufgeweckt und spaßvoll. Ritzer kommt es aber weniger auf das Image als auf die Prinzipien an, die McDonald's verkörpert: Effizienz, Quantifizierbarkeit/Berechenbarkeit, Vorhersehbarkeit und Kontrolle. Der Reihe nach erkundet er diese vier Prinzipien im Rahmen des Unternehmens McDonald's und der restlichen Gesellschaft. Er subsumiert die Prinzipien in erster Linie unter den Prozess der Rationalisierung, den Max Weber untersucht hat und führt ihre Ursprünge auf die Industrialisierung zurück. Wie Weber diagnostiziert er allerdings viele irrationale Folgen der Rationalisierung.

Die eigentliche McDonaldisierung hat Ritzer zufolge erst nach der Verbreitung des Autos stattfinden können (1995: 54 ff).[27] Schlafstädte ohne Restaurants und Geschäfte auf der einen Seite und Mobilität sowie Infrastruktur auf der anderen Seite waren Bedingung für die Entstehung von Einkaufszentren, Hotel- und Restaurantketten. Weitere Bedingungen waren die rationale Betriebsorganisation nach Taylor und Ford und die Quantifizierung. Dennoch war die Entwicklung von McDonald's eher ein Zufall. Sie hat ihren Ursprung im 1937 in Pasadena

25 Das Buch ist 2006 in einer deutlich aktualisierten Auflage im UVK erschienen.

26 Ritzer (1995: 22) nennt eine Umfrage von 1986, der zufolge 96 Prozent der amerikanischen Schulkinder Ronald McDonald kannten. Dieser Bekanntheitsgrad wurde nur noch vom Weihnachtsmann übertroffen.

27 Wie Ritzer auf die barbarischen Folgen der mcdonaldisierten Fleischproduktion hinweist, so entgehen ihm auch nicht die zerstörerischen Folgen des Autos. Die Rationalisierung der Autoproduktion habe besonders irrationale Folgen: Abhängigkeit von Benzin, Umweltverschmutzung, Zerstörung der Landschaft, Unfallopfer (1995: 194).

eröffneten Schnellrestaurant der Brüder McDonald. »Zur Grundlage machten sie dabei die quantitativ erfassbaren Prinzipien Geschwindigkeit, Umfang und niedrige Preise.« (1995: 59) Zu diesem Zweck begrenzten sie die Speisekarte, zerlegten die Produktion nach dem Fließbandprinzip und entwickelten Verhaltens- und Sprachregeln für die Angestellten. Der Kleinunternehmer Ray Kroc entdeckte das Restaurant 1955 und schloss mit den Brüdern einen Vertrag. Am 15.4.1955 eröffnete er die erste Filiale in Illinois. Weitere Unternehmen folgten nach dem Franchise-Prinzip. Alle Abläufe, Gegenstände und Verhaltensweisen sind in einem verbindlichen Handbuch geregelt. Im Handbuch werden Garzeiten, Gewichte und Qualitäten genau beschrieben. Es ist sogar beschrieben, wie viele Hamburger in welcher Anordnung gleichzeitig zu grillen und wann und wie sie zu wenden sind (1995: 63).

Das Handbuch sorgt nicht nur für Einheitlichkeit, sondern auch für das erste von Ritzers Prinzipien, nämlich Effizienz. Bei der Effizienz geht es normalerweise darum, das bestmögliche Mittel zu finden, in diesem Fall die Fließbandproduktion. Allerdings wirkt sich die Effizienz der Produktion nicht unbedingt als Effizienz der Konsumtion aus. Die Warteschlangen werden länger, und die Kundschaft übernimmt immer mehr Aufgaben, die früher das Restaurant ausgeführt hat, insbesondere die nicht rationalisierbaren Abläufe. Die McDonaldisierung verschafft nur die Illusion, effizient und preiswert zu sein. Der Kunde spart weder Zeit noch Geld (1995: 212 f). De facto ist Fastfood gar nicht billig. Bei Burger King beträgt der Verkaufspreis von Pommes frites 400 Prozent der Herstellungskosten; bei Getränken sind es 600 Prozent (1995: 113 f). Ritzer erklärt sich den Erfolg von McDonald's trotz großer Nachteile für den Konsumenten durch den Spaßfaktor, der McDonald's zugeschrieben wird.

Das zweite Prinzip der McDonaldisierung ist die Quantifizierung. Medien, Sport, Politik und viele andere Bereiche richten sich nur noch nach Quantität (1995: 120 ff). Es geht um Mengen und Kalkulation. Ritzer zufolge hat auch der Computer zu dieser Entwicklung beigetragen. Das dritte Prinzip ist die Vorhersehbarkeit. Selbst die zu erwartende Freundlichkeit des Personals ist bei McDonald's standardisiert (1995: 146). Vorhersehbar sind auch die Medienproduktion, die Bürokratie, das Gesundheitswesen und viele andere Bereiche der Gesellschaft. Schließlich werden die Menschen, und zwar Kunden wie Angestellte gleichermaßen, durch Bürokratien und Unternehmen kontrolliert (1995: 199).

Ritzer bewertet die McDonaldisierung hauptsächlich negativ. Zunächst bedeutet sie eine Verringerung der Produktivität pro Angestelltem und damit die Notwendigkeit, niedrigere Löhne zu bezahlen (1995: 210). Wegen geringer Ausnutzung ihres Potenzials und des Kreativitätsverbots wechseln Angestellte im Fast-Food-Bereich sehr häufig ihren Arbeitsplatz. Durchschnittlich bleiben sie in den USA nur vier Monate beim selben Arbeitgeber (1995: 222). Ferner ist die McDonaldisierung für Kunden wie für Angestellte »unmenschlich«: Menschlicher Kontakt wird auf ein Minimum reduziert. Schließlich zieht die McDonaldisierung eine Homogenisierung der Kultur nach sich: »Ein weiterer Gesichtspunkt der Entmenschlichung, die durch die Fast-Food-Restaurants eintritt, ist die Vereinheitlichung im ganzen Land und zunehmend auf der ganzen Welt.« (1995: 231)

Ritzer hält die McDonaldisierung nicht für unausweichlich, sondern für eine Folge ökonomischer Orientierung. Kritiker könnten Alternativen zu McDonald's schaffen (1995: 283). McDonald's habe beispielsweise bereits auf die Kritik von Ernährungswissenschaftlern und Umweltschützern reagieren müssen (1995: 272 f). Allerdings stehen den Alternativen mächtige Hindernisse entgegen. Erstens kann ein Unternehmen nicht freiwillig auf Ausdehnung (und damit auf Rationalisierung) verzichten, zweitens hat sich die Bevölkerung an McDonald's gewöhnt, und drittens werden erfolgreiche Alternativen von der McDonaldisierung gekapert und ins eigene Konzept integriert (1995: 285).

Mit dem Phänomen McDonald's beschäftigen sich auch zahlreiche andere Theoretiker, ohne allerdings eine Vereinheitlichung zu konstatieren. James Watson (1997a: 7) unterscheidet zwischen Globalismus und Transnationalismus. Ersterer bezeichne den unmöglichen Zustand der McDonaldisierung, in dem alle Menschen der Welt eine homogene, wechselseitig verständliche Kultur teilen. Am Beispiel von McDonald's zeigt er die Vielfalt von Kulturen und die Uneinheitlichkeit einer vermeintlich globalen Kultur auf. McDonald's eignet sich wegen seiner globalen Reichweite, seiner symbolischen Kraft und seiner schieren Größe dafür. 1955 hat in den Vereinigten Staaten der Verkauf des Namens begonnen, zehn Jahre später in Kanada, Anfang der 1970er Jahre in Japan, Australien und Westeuropa, zum Beginn der 1980er Jahre kamen Hongkong, Neuseeland, Brasilien, Singapur, die Philippinen und Malaysia hinzu. Anfang der 90er Jahre schließlich expandierte das Unternehmen auch nach China, Russland, Indonesien, Polen, Israel, Saudi-Arabien sowie Südafrika und Kroatien (Watson 1997a: 15). 1990 machte McDonald's einen Umsatz von 6,8 Milliarden und einen Gewinn von über 800 Millionen Dollar (Watson 1997a: 16). Am 22.3.1991 wurde die 12.000. Filiale eröffnet. Insgesamt kommt auf 2.250 Amerikaner ein Kettenrestaurant.

Einerseits stimmt Watson den Diagnosen Ritzers zu, der die Prinzipien von Standardisierung, Quantifizierung, Effizienz und Kontrolle als grundlegend für die McDonaldisierung betrachtet. Die Standardisierung, die mit dem Prinzip McDonald verbunden ist, reicht bis in das Lächeln der Beschäftigten, das regelmäßig trainiert wird. Aber so einfach ist die Standardisierung nicht. In Russland musste die Kundschaft vor der Öffnung des ersten McDonald's darauf vorbereitet werden, dass die Bedienung freundlich sein werde, damit man das Lächeln vor dem kulturellen Hintergrund des sozialistischen Russlands nicht als Verspottung deutete (Watson 1997a: 33). Lediglich die Sauberkeit ist Watson zufolge ein Merkmal, das in keiner Kultur einer lokalen Modifikation bedarf, sondern als universales Markenzeichen von McDonald's akzeptiert und gepriesen wird (Watson 1997a: 33).

So geht bei McDonald's Standardisierung – von Geschmack, Arbeits- und Produktionsweise, Training und Verkauf – mit starker lokaler Einbindung einher. Man weiß, was einen erwartet und verknüpft diese Erwartung dennoch mit dem Gefühl, zu Hause zu sein. Nicht zufällig war 1996 McDonald's offizieller Partner der Olympischen Spiele in Atlanta. Bewusst wurde darauf gesetzt, dass die Heimaterfahrung der Athleten und ihre »Globalisierungserfahrung« bei einem solchen Ereignis zusammenfließen könnten und der Welt mitgeteilt werden sollten. Überall wird versucht, globalen und lokalen Genuss zu vermitteln, was zugleich den Widerstand und die Verachtung globaler kultureller Eliten (McDonald's als Symbol einer verrohten Esskultur) wie lokaler einheimischer kultureller Bewegungen (McDonald's als Symbol fremder, auferlegter Esskultur) provoziert. Die Variationsmöglichkeiten sind allerdings ungewöhnlich hoch. Da in Rio de Janeiro die höhere Esskultur mehr Formalität verlangt, werden dort Big Macs mit Champagner in Restaurants mit Kerzenlicht angeboten, in Caracas führen Hostessen Gäste an ihren Platz, um sie dort zu bedienen, während in Peking und Hongkong es gerade der gewöhnliche, egalitäre Charakter ist, der die Gäste zu McDonald's zieht. In der Türkei wird Trinkjoghurt serviert, in Italien Espresso, in Holland ein vegetarischer Burger und in Japan ein Teriyaki-Burger (Watson 1997a: 24). In Indien gibt es nicht einmal einen Hamburger und neben der Kasse ist sogar stets ein großes Schild angebracht, das verkündet: »No beef sold here.«[28]

Diese lokalen Variationen untersucht Watson unter dem Schlagwort der »Lokalisierung«. In seinem Sammelband (1997) werden die lokalen Anpassungen von McDonald's an die kulturelle Umgebung verschiedener ostasiatischer Staaten erforscht. In Ostasien hält McDonald's nur die Hälfte des Eigentums an den Unternehmen, während die andere Hälfte bei lokalen Betreibern liegt. McDonald's war immer damit konfrontiert, dass sein Angebot geradezu als Verrat an der jeweiligen lokalen Tradition empfunden wird – und reagiert darauf mit der Lokalisierung seiner Globalisierungsstrategie. In Ostasien war McDonald's mit einer Familienrevolution verbunden. Wenn eine junge Familie in ein Restaurant geht und mit ihren Kindern dort isst, demonstriert sie eine Entscheidung im Konflikt verschiedener Familienmodelle: Sollen verheiratete Paare unabhängig von den

28 Der Eckpfeiler der Speisekarte von McDonald's ist nicht der Hamburger, sondern es sind die Pommes Frites (Watson 1997a: 24).

Kosten die Wohlfahrt der größeren Verwandtschaftsgruppe stützen, ihren Eltern helfen und dem traditionellen Familienmodell folgen? Oder sollen sie sich darauf konzentrieren, ein besseres Leben für sich selbst aufzubauen, und ihre unmittelbaren Verwandten – ihre Kinder – emotional und materiell in den Mittelpunkt stellen? In der Regel verschiebt sich die Balance zugunsten der Kinder und entfernt sich von den Familiennormen früherer Generationen. Das alles wird ein Stück weit durch einen Besuch bei McDonald's inszeniert, sichtbar für alle anderen und mit Folgen für die Sozialstruktur.

Die Einbettung von McDonald's in nationale Strukturen und Kulturen lässt sich in China verfolgen. McDonald's steht dort für Moderne, Gleichheit und Demokratie. Außerdem zeigt man mit dem Konsum bei McDonald's, dass man es sich leisten kann (Yunxiang 1997). Das Angebot von McDonald's wird jedoch gerade nicht so wahrgenommen, wie es gemeint ist: weder als Fastfood (denn die Menschen halten sich lange in den Restaurants auf und unterhalten sich dort) noch als echte Mahlzeit (sondern als Snack, weil es keinen Reis umfasst und nicht satt macht). Genauso wird McDonald's in Hongkong aufgenommen. Allerdings ist das Essen dort im Vergleich eher billig, während Freundlichkeit keine Rolle spielt (Watson 1997b). Es ist noch nicht einmal gelungen, die Gäste dazu zu erziehen, ihre Tabletts zu entsorgen (Watson 1997b: 89 ff). China und Hongkong haben McDonald's angenommen, aber ihre früheren Esskulturen nicht verloren. Ferner lässt sich keines der einzelnen Merkmale, die man als typisch für McDonald's ansehen würde, in allen Filialen der Welt finden, wenn man von der Sauberkeit einmal absieht. Die empirische Betrachtung kann also die großartige Theorie Ritzers nicht belegen.

Ritzer zufolge stützt sich der Widerstand gegen die McDonaldisierung auf kleine, lokale emanzipatorische Bestrebungen. Andere Autoren haben den Widerstand zu einer einheitlichen Kraft erklärt. In einem einflussreichen Aufsatz, den er wie Ritzer zu einem noch einflussreicheren Buch ausgestaltet hat, argumentierte Samuel Huntington (1996), dass die Welt in mehrere Zivilisationen bzw. Kulturen zerfalle, die sich grundlegend voneinander unterscheiden. Durch die Globalisierung würden wirtschaftliche und kulturelle Konkurrenz gefördert, vor allem in Gestalt einer Opposition zu den USA. Es komme zu einem »Kampf der Kulturen« (im Original: »Clash of Civilizations«). Huntington zeichnet die Kulturen allerdings so holzschnittartig und abstrakt, dass seine These letztlich keinen empirischen Gehalt hat.

Eine Zwischenposition zwischen Ritzer und Huntington nimmt Benjamin Barber mit seiner Behauptung ein, die Prinzipien Rasse und Geist lägen in einem ewigen Widerstreit und hätten heute die Gestalt von »Jihad« und »McWorld« angenommen (Barber 2001: 7). Die These seines Buches besteht darin, dass beide

Tendenzen gleichzeitig die Entwicklung bestimmen. Sie zielen in entgegengesetzte Richtungen: entweder separatistischer Hass oder universelle Märkte. Allerdings haben sie eines gemeinsam: Sie bekämpfen den souveränen Nationalstaat und unterminieren damit seine demokratischen Institutionen. Die Menschheit droht, ins Mittelalter zurückzufallen, in dem lokale Stämme und der Kaiser die Welt gemeinsam regierten und die Menschen gleichzeitig isoliert lebten und durch das Christentum vereint wurden. Der Nationalstaat ist für Barber der bislang sicherste Hort der Demokratie und wird durch die Tendenzen des Kapitalismus aufgelöst (siehe 1.3.2).

»McWorld ist vor allem und ausschließlich Markt« (Barber 2001: 35). Nicht zufällig wählt Barber die Bezeichnung McWorld, denn er sieht das Prinzip des Marktes am vollkommensten in McDonald's verkörpert. Märkte wirken vereinheitlichend. Das zeigt sich an den Beispielen von Währung, Recht, Sprache und Verhaltensweisen. Wie Ritzer spricht er von einer Homogenisierung, die sich gegen die separatistischen Tendenzen von Jihad und die Demokratie durchsetzen werde (2001: 25). Die Homogenisierung werde einen übergreifenden Frieden im Dienst der Märkte erzwingen.

Die Homogenisierung erfasst in erster Linie die Kultur (im engeren Sinne). Kultur ist heute nur noch Kommerz und überall einheitliche Allerweltskultur (2001: 87). Das beruht auf der enormen Konzentration wirtschaftlicher Macht durch die transnationalen Unternehmen. Sie interessieren sich zwar nur für Umsätze und Gewinne, müssen zu diesem Zweck aber aktiv in gesellschaftliche, politische und kulturelle Zusammenhänge eingreifen. »Ihre politischen Ziele sind vielleicht unpolitisch motiviert und ihre kulturellen kein Ergebnis von Kulturbeflissenheit, aber dadurch wird ihr Handeln nur noch unverantwortlicher und kulturschändender.« (2001: 80) Besonders wirkungsmächtig sind Unternehmen, die für die Kulturproduktion und die Alltagskultur verantwortlich sind. Barber erblickt diese Zentren in den Medien, in der Unterhaltung, der IT-Branche und der Werbung. Direkt nach dem Zweiten Weltkrieg waren 80 Prozent der amerikanischen Zeitungen unabhängig, 1989 waren 80 Prozent im Besitz von Großunternehmen. 1988 beherrschten drei Konzerne die Hälfte der amerikanischen Zeitschriften (2001: 135).

Der Aufstieg von McWorld ist auch der Aufstieg der Werbebranche. Die Werbebranche ist in der jüngsten Vergangenheit dreimal schneller gewachsen als die Weltbevölkerung (2001: 70). Von den 25 größten Werbeagenturen sind 15 amerikanisch (2001: 69).

Hollywood ist das Zentrum von McWorld (2001: 91). Es sendet Bilder und Fantasien an den Rest der Welt. Damit ist Globalisierung Amerikanisierung, weil die Bilder amerikanisch sind. Außerdem spricht die Weltkultur amerikanisch.

Und wenn jemand kein Amerikanisch kann, so versteht er doch Madonna, Coca-Cola oder MTV (2001: 94). 1993 erreichte MTV 250 Millionen Haushalte und 500 Millionen Zuschauer in 71 Ländern (2001: 114). MTV bietet Autoritätsverachtung, Konsum, Identität und eine Mischung aus Sex und Gewalt. Es feiert die Jugend und fördert Bewusstseinsarmut.

Das McWorld bekämpfende Prinzip bezeichnet Barber als Jihad. Der Jihad ist jedoch nur *eine* Reaktion auf McWorld und die Homogenisierung, die ihre Wurzeln im Prinzip der »Rasse« hat und Nationalismus und Religion gegen die Amerikanisierung und die Märkte mobilisiert (2001: 169 ff). Barber meint jedoch, dass McWorld den Sieg davontragen werde, weil globale Information und Kultur Teilidentitäten entweder aufsaugen oder auslöschen (2001: 92). Religion und Kultur können ohne die Technologien und Märkte von McWorld nicht überleben (2001: 167). Islamismus, neonazistische Rockmusik und Pfingstbewegungen sind alle gleichermaßen Äußerungen von Angst auf der Basis modernster Technik, die von McWorld zur Verfügung gestellt wird. Barber zeichnet ein sicher interessanteres Bild als Huntington, bleibt aber ebenso fern von der Empirie wie er. Sein Buch birgt keine Detailanalysen, keine historische Tiefe und keine Komplexität. Letztlich wiederholt er Adornos und Horkheimers (1981) Gedanken zur Kulturindustrie, ohne sie allerdings zu zitieren. In dieser Hinsicht ist sein Buch selbst der beste Ausdruck von Amerikanisierung, die alten Wein in neue Schläuche füllt und mit lautem Geschrei zu Markte trägt.

1.4.2. Hybridisierung

Zweifellos stellt McDonald's eine kulturelle Vereinheitlichung dar, die aber nicht ohne Ambivalenzen ist. Wir haben gesehen, dass zwar viele Elemente der McDonald's-Restaurants weltweit gleich sind – allen voran natürlich das gelbe M – aber eben nicht alle. Vielmehr werden die Elemente nach Marketing-Gesichtspunkten an die jeweiligen kulturellen Bedingungen angepasst. Die Anpassung globaler Prozesse an lokale Bedingungen hat seit Roland Robertson auch in der Soziologie einen Namen, nämlich *Glokalisierung*. Genauer gesagt will Robertson mit dem Begriff die Dichotomie von Lokalem und Globalem überwinden und ihre wechselseitige Abhängigkeit voneinander bezeichnen. Robertson kritisiert, dass man den Begriff der Globalisierung nur auf Makrophänomene und auf Prozesse bezieht, nicht aber auf räumliche und mikrologische Aspekte (1998: 192 ff). Er kritisiert auch die wertende Gegenüberstellung von gutem Lokalen und schlechtem Globalen (1998: 199). Dem setzt er die Diagnose entgegen, dass das Lokale zunehmend auf globaler Ebene konstruiert und organisiert wird (1998: 193) und lokale Vielfalt die Bedingung von Globalität ist (1998: 208). McDonald's wäre durchaus ein Beispiel dafür, Robertson wählt aber CNN und Hollywood (1998: 213). Er erkennt die hegemoniale Position von Hollywoodfilmen und von CNN-Nachrichten durchaus an, fügt aber hinzu, dass sie an allen Orten der Erde je unterschiedlich aufgenommen und verarbeitet werden. Ferner würden sie – wie McDonald's – zunehmend an lokale Bedingungen angepasst. Und umgekehrt gingen immer mehr Elemente lokaler Kulturen in sie ein. Auch das kann man bei McDonald's wiederfinden, wo es Chinawochen, Thaigewürze und mexikanische Gerichte gibt – während zu den Anfangszeiten allein der Hamburger die Speisekarte regierte.

Diese Durchdringung von Globalem und Lokalem, die nicht nur in eine Richtung wirkt und überhaupt nicht als Ursachenverhältnis aufzufassen ist (1998: 195), bezeichnet Robertson als »Glokalisierung«. Er führt den Ursprung des Begriffs auf die japanische Landwirtschaft zurück, wo er die Anpassung von Techniken an die jeweiligen örtlichen Bedingungen bezeichnete (1998: 197). Von hier sei er in die japanische Wirtschaftswelt eingedrungen, wo er die Anpassung globaler Phänomene an japanische Verhältnisse benennen sollte. In den 1980er Jahren habe sich der Begriff dann in der globalen Wirtschaft ausgebreitet. Er wäre demnach selbst ein Beleg für Robertsons These.

Die Geschichte des Begriffs passt auch gut zur Geschichte von McDonald's. Die Vielfalt der Speisekarten und Erscheinungsformen von McDonald's erwuchs aus Marketing-Gesichtspunkten. Genau das wiederholt Robertson: Glokalisierung habe zuerst die unter Marketing-Gesichtspunkten konstruierte Anpassung an lokale Verbraucher bedeutet. Im Zuge dieser Anpassung seien auch differenzierte Verbraucher konstruiert und Verbrauchertraditionen erfunden worden (1998: 198). Wenn Robertson nun fragt, wie homogenisierende und heterogenisierende Tendenzen einander durchdringen, und hinzufügt, die Frage könne nicht von einem archimedischen Punkt aus beantwortet werden, so würde man gerne erwidern, der archimedische Punkt sei die Ausbreitung des Kapitalismus.

Für die genannten Beispiele ist die Erwiderung sicher zutreffend. CNN, Hollywood und McDonald's sind wirtschaftliche Akteure, die sich nicht aus kulturellen Gründen oder zum Spaß über die ganze Welt ausdehnen, sondern um neue Märkte zu erobern. Robertson bringt jedoch weitere Beispiele, die nicht auf ökonomische Motive zu reduzieren sind. Beispielsweise führt er die Geschichte des Nationalismus an. Er referiert, dass der Nationalismus in dem Maße entstand, in dem die Nationen in die Weltordnung integriert wurden, wobei England eine Ausnahme darstellte (1998: 200). Man kann jedoch mit Wallerstein argumentieren, dass auch hierbei ökonomische Motive die treibende Rolle spielten, weil die Entstehung der Nationalstaaten parallel zur Ausbreitung des Kapitalismus geschah.

Aber *Nationalismus* ist kein einheitliches Phänomen. Viele ethnische Gruppen auf der Welt agieren nationalistisch, obwohl sie keinen Staat und keine Kapitalisten in ihren Reihen haben, während viele Kapitalisten keine Nationalisten sind. Kapitalisten wollen Sicherheit, Rechtstaatlichkeit und geringe staatliche Regulierung. Sie werden dann nationalistisch agieren, wenn der Nationalstaat ihnen das bieten kann, und antinationalistisch, wenn das nicht der Fall ist. Robertson schreibt, der Nationalstaat sei vor allem eine kulturelle Idee – und belegt das mit dem Hinweis darauf, dass er trotz aller zeitlichen und räumlichen Unterschiede im Wesentlichen immer gleich sei (1998: 207). Noch problematischer schließlich ist die Reduktion auf die Ökonomie bei einem anderen Beispiel Robertsons, nämlich der globalen Produktion von Heimat, Gemeinschaft und Lokalität (1998: 200). Auch dieses Phänomen kann zwar ökonomisch genutzt werden, hat aber in der Ökonomie sicher nicht seinen Ursprung.

Besonders wirkungsmächtig wurde Robertsons These, die Globalisierung sei eine Verdichtung der Welt, die großenteils in einer Verknüpfung von Lokalitäten bestehe (1998: 216). In dieser Hinsicht sei das Lokale konstitutiver Bestandteil des Globalen. Dazu gehöre auch seine Rekonstruktion und Erfindung. In gewisser Weise ist die Erfindung, Rekonstruktion und Verknüpfung von Lokalitäten im überlokalen Maßstab nichts anderes als eine überlokale Arbeitsteilung. Entscheidend ist dabei, die Arbeitsteilung nicht auf den ökonomischen Bereich zu beschränken. Vielmehr findet die gleichzeitige Integration und Differenzierung auf vielen Ebenen statt, von denen die Wirtschaft nur eine ist. In einigen Fällen ist die Wirtschaft Motor anderer Ebenen, in anderen Fällen hat sie nichts damit zu tun oder kommt später hinzu. Die Konstruktion von Heimat oder die Entstehung globaler, subkultureller Musikszenen wären Beispiele hierfür.

Was Robertson als Glokalisierung beschrieben und benannt hat, ist für andere Autoren Hybridisierung oder Kreolisierung. Mit diesen und ähnlichen Termini ist gemeint, dass kulturelle Phänomene immer weniger in Reinform vorkommen, sondern nur noch als Kreuzungen oder eben unreine Formen. Es wird behauptet, dass die Hybridisierung immer mehr zunimmt oder unsere gegenwärtige Phase der Globalisierung sogar auszeichnet.

Ein Autor, der die Hybridisierungsthese vertritt, ist Jan Nederveen Pieterse. In seinem Buch über *Globalization and Culture* (2004b) erörtert er zunächst noch einmal den Globalisierungsbegriff ganz allgemein. Er stellt fest, dass es mittlerweile einen Konsens über einige Punkte der Globalisierungsdiskussion gibt:

1. Globalisierung wird durch technologischen Wandel gestaltet. Allerdings ist Technologie selbst sozial verankert und geformt, sie determiniert nicht den Prozess.
2. Staaten werden rekonfiguriert. Ein wichtiger Aspekt dabei ist die Regionalisierung. Und Souveränität wird einerseits oberhalb von Staaten gesammelt (Inter-

nationalisierung), andererseits sickert sie nach unten durch (Dezentralisierung). Eine Grundtatsache sind die fiskalischen Probleme der Staaten. Vor diesem Hintergrund werden Staaten gleichzeitig zu Komplizen (gegen das Kapital) und zu Wettbewerbern (um Kapital). Außerdem kommt es verstärkt zu einer transnationalen Zivilgesellschaft.

3. Regionale Blöcke entstehen.
4. Globalisierung ist ungleich. Sie ist auf die Triade Nordamerika, Europa, Ostasien konzentriert. Sie beruht auf hierarchischer oder asymmetrischer Integration. Diesen vier Feststellungen können wir uns auf der Basis unserer bisherigen Diskussionen anschließen.

Globalisierung sollte Nederveen Pieterse zufolge als langfristige, dialektische Entwicklung der Integration gesehen werden, bei der Macht eine wichtige Rolle spielt. Globalisierung ist multidimensional und spielt sich auf unterschiedlichen Feldern unterschiedlich ab. Integration ist uralt; wenn sie als Phänomen der Moderne gesehen wird, reduziert man sie auf das Ergebnis der europäischen Entdeckungsreisen. »Contemporary globalization … may be termed accelerated globalization.« (2004b: 26) Der globale Süden wird in die Globalisierung einbezogen. Migration und Diaspora haben immer eine wichtige Rolle bei der Globalisierung gespielt. Heute betrachten wir sie aus der Perspektive des Nationalstaats – als politisches Problem, als Problem von Identität und Multikulturalismus oder als Kosten-Nutzen-Rechnung. Man interpretiert sie als ein Problem der Ethnizität und tendiert dazu, diese zu verdinglichen. Viele Leistungen, die man dem Nationalstaat zuschreibt, waren die von Migranten und Reisenden. Die Nationalstaaten formen eher ein Raster, das über viel tiefere Zusammenhänge von Migration und Diaspora gelegt wurde. Der transnationale informelle Sektor beruht auf Netzwerken von Migranten, die unsichtbar an den Nahtstellen der formellen Wirtschaft fungieren.

Nun behauptet Nederveen Pieterse, dass die Wirkungen von Migration, Mobilität, Multikulturalismus, Diasporen und politisch-ökonomischer Interdependenz als Hybridisierung charakterisiert werden können. Wie er meint, unsere Globalisierung sei kein völlig neues Phänomen, sondern eine beschleunigte Globalisierung, so schreibt er in Bezug auf die Hybridisierung, es habe sie schon immer gegeben, aber heute beschleunige sie sich (Nederveen Pieterse 2006: 20). All unsere ethnischen Kochtraditionen sind Hybride, wie Ethnologen seit langem aufgezeigt haben. Zutaten und Zubereitungsweisen sind ganz und gar nicht original und authentisch, sondern stammen aus allen Teilen der Welt, ganz gleich ob wir von der thailändischen oder der französischen Küche reden – und bei McDonald's sowieso. Und wenn man heute Kochbücher mit typischen Gerichten verschiedener Länder oder Kulturen kauft, so bildet man damit nur einen bestimmten historischen Stand ab.

Der Angriff auf Authentizität und damit auf Identitätspolitik ist der Kern des Begriffs der Hybridisierung. Zum einen soll der ideologische Charakter jeglicher Identitätskonstruktion gezeigt werden. Zum anderen soll die These der McDonaldisierung und Amerikanisierung widerlegt werden, ähnlich wie bei Robertson. Man will gewissermaßen den Amerikanern nicht das Feld der Kultur überlassen. Die lokale Aneignung und Veränderung alles Globalen und vor allem alles Westlichen und Herrschenden wird in den Vordergrund gerückt. Eine reine französische Sprache gibt es nicht mehr, nur noch verschiedene Formen von Kreolisch. Einen reinen Lateinamerikaner gibt es nicht mehr, nur noch Mestizen. Diese Kritik, die bei der Hybridisierungsthese weit schärfer vorgebracht wird als im Begriff der Glokalisierung, der ja aus dem Marketing stammt, ist wichtig, aber auch etwas trivial. Nederveen Pieterse bemerkt mit Recht, die größte Schwäche des Begriffs liege darin, dass er Probleme von Macht und Ungleichheit nicht lösen könne (2006: 23). Er behauptet jedoch, der Begriff der Hybridisierung werfe wenigstens die Frage nach den Bedingungen der Hybridisierung auf. Gerade diese Behauptung kann man bezweifeln (Saalmann 2006).

Mit dem Begriff der Hybridisierung ist der Begriff der Kreolisierung verwandt, den Ulf Hannerz auf der Basis seiner Forschungen in Nigeria geprägt hat. Hannerz kontrastiert zwei theoretische Ansätze zur Erforschung Nigerias (Hannerz 1987: 548 ff). Eine Interpretation betrachtet Nigeria als Staat mit einem Mosaik von Kulturen und Ethnien, eine andere als Teil des Weltsystems. Beide sind Hannerz zufolge richtig, aber einseitig, und sollten daher miteinander verschmolzen werden. Innerhalb des Weltsystems und einer Nation kann man Kulturen nach Zentrum und Peripherie unterscheiden. Aber zwischen beiden gibt es ein breites Spektrum von Kreolisierung, die man auch als Konversation zwischen Kulturen charakterisieren könnte (1987: 554 f). Genauer definiert Hannerz eine kreolische Kultur als eine Kultur, die auf mehr als einer historischen Quelle beruht (1987: 552) – was heute für praktisch alle Kulturen gilt. In Nigeria erfinden alle Menschen, mit denen Hannerz zu tun hatte, unentwegt neue kulturelle Muster, beispielsweise im Zusammenhang mit Import-Export-Geschäften, Buchläden, Schulen und Nachtklubs (1987: 546).

Die Konzepte der Glokalisierung, Kreolisierung und Hybridisierung sind von Anthony Smith (1990) kritisiert worden, der sie mit einer postmodernen, quantifizierenden und standardisierenden Kultur des Kommerzes assoziiert. Er sieht also keinen wesentlichen Unterschied zwischen McDonaldisierung und Glokalisierung. Wenn wir die McDonaldisierung mit Watson als Lokalisierungsstrategie interpretieren, ist das auch keinesfalls abwegig. Smith schreibt, nationale Kulturen seien im Zusammenhang mit den Staatsapparaten durch Eliten und Kapitalisten konstruiert worden (1990: 177). Dabei hätten sich die Konstruktionen allerdings auf lokal erfahrbare, bereits vorhandene kulturelle Traditionen stützen und sie in ebenso erfahrbare nationale Kulturen transformieren müssen. Eine globale, hybridisierte Kultur ermangele dieser Erfahrbarkeit. Sie stifte keine Identität und könne sich nicht auf historisch gewachsene Traditionen stützen, sondern sei ein blutleeres Konstrukt (1990: 180). Es wäre die Frage an Smith zu stellen, ob Erfahrung und Identität nicht in Schichten organisiert werden können, so dass lokale, nationale und globale Prozesse einander nicht ausschließen, sondern ergänzen. Man könnte sagen, dass Smith eine globale Kultur exakt nach dem Muster einer nationalen Kultur konzipiert (Tomlinson 1999: 103).

Ein anspruchsvolleres Konzept der Hybridisierung hat Homi Bhabha entwickelt. Bhabha geht nicht vom deskriptiven Sachverhalt der Vermischung von Kulturen aus, sondern von einer kritischen und normativen Perspektive, die auf eine Überwindung von kolonialen und antikolonialen Denkmustern abzielt. Edward Saids »Orientalismus« bildet für ihn die Folie des zu überwindenden Gegensatzes. Said betrachtet den Diskurs des Orientalismus laut Bhabha zu einheitlich (Bhabha 2000: 106). Damit muss er ihn auch als entweder unbewusst überdeterminiert oder strategisch angelegt interpretieren. Jeder Diskurs setzt jedoch mittlere Kategorien und Zwischenräume voraus. Ein Antikolonialismus ist nur der Spiegel des Kolonialismus und durch ihn determiniert. Daher kann ein fruchtbarer Postkolonialismus auch nicht einfach ein Antikolonialismus oder eine Ablehnung des Orientalismus sein, sondern muss sich mit den Zwischenformen und Zwischenräumen beschäftigen. Die Zwischenräume analysiert Bhabha auf der Grundlage von Derridas Begriff der différance, der den Unterschied zwischen Äußerung und Urheber der Äußerung bezeichnet. Dieser Unterschied markiert Bhabha zufolge die Hybridität, die jenseits von Kolonialismus und Antikolonialismus steht (2000: 54 f).

Bhabha situiert sich in der Tradition des Postkolonialismus. Die postkoloniale Theorie verweist auf Kulturen der Gegen-Moderne, die in einem diskontinuierlichen Verhältnis zur kolonialen Moderne stehen und sich assimilierenden Techniken widersetzen können (2000: 9). Aber sie können auch ihre kulturelle Hybridität, die aus ihrer Grenzposition erwächst, dazu einsetzen, die koloniale Moderne anders zu interpretieren. Derzeit greifen Strömungen des Antikolonialismus Theorie insgesamt als ein Herrschaftsprojekt von privilegierten Gruppen und Gesellschaften an. Die Angreifer übersehen Bhabha zufolge, dass auch die kämpferischsten Flugblätter und Streikaufrufe Theorie enthalten (2000: 33). Sowohl die akademische Theorie wie die Antitheorie sind Diskurse, die ihre eigenen Gegenstände produzieren. Der Unterschied besteht allein in ihrer Wirkungsweise. Die Sprache der Kritik muss weder das eine noch das andere sein, sondern sollte einen Ort der Hybridität wählen (2000: 38).

1.4.3. Kulturproduktion und kulturelle Praxis

Die Begriffe der Homogenisierung oder McDonaldisierung und der Glokalisierung oder Hybridisierung spiegeln die frühe Phase der Globalisierungsdebatten wider, in der einerseits die Verbindung zum sozialwissenschaftlichen Bestand zerrissen war, andererseits noch keine Empirie zum neuen Begriff der Globalisierung verfügbar war. Leider hat die Diskussion zur kulturellen Globalisierung diese Mängel bis heute nur in Ansätzen überwunden. Wir sehen drei Erfolg versprechende Wege aus der Sackgasse: Erstens wird die Kultur im engeren Sinne konkreter mit der »Kulturindustrie« und der ökonomischen Globalisierung verknüpft. Zweitens werden empirische Forschungen zur lokalen Produktion und Konsumtion globaler Kultur vorangetrieben. Drittens wird der Kulturbegriff im engeren Sinne in den ethnologischen Kulturbegriff im weiteren Sinne eingebettet.

Robertson hat den Begriff der Glokalisierung aus dem Marketing übernommen und ihn auf die Kultur im engeren Sinne übertragen. Nun gilt es, diese Kultur wieder mit dem Marketing zu verknüpfen. Das hat Naomi Klein unter dem Begriff des »Branding« getan. Ihr Buch mit dem Titel *No Logo* (2000) war sicher eines der Kultbücher der Bewegung gegen die Globalisierung. Zunächst beschäftigt sich Naomi Klein nur mit der Vermarktung großer Marken. Diese konzentriert sich auf ein einfaches Image, das sich im Allgemeinen mit einfachen und einprägsamen Symbolen verbindet. Ein gutes Beispiel ist das Marketing von McDonald's mit dem großen M. Heute müssen jedoch auch Staaten, Organisationen und Bewegungen ihr Image vermarkten. Branding bezieht sich nicht länger auf die Konsum- oder gar nur gastronomische Globalisierung, sondern auf eine Markenpolitik, die sich neben Unternehmen und Verbrauch auch Politik und Kultur unterwirft. Im Zusammenhang mit der Olympiade hat beispielsweise Griechenland immer im deutschen Fernsehen geworben. Das Land soll dabei als Produkt an Touristen verkauft werden.

Claus Leggewie (2000: 28 ff) weist auf die zahlreichen Rankings hin, die ein Branding erforderlich machen. Auch Staaten werden in allen möglichen Dimensionen geordnet. In den Rankings werden wichtige Randbedingungen wie kulturelle Faktoren, Korruption oder Rechtssicherheit allerdings selten berücksichtigt. Modernes Branding soll zur Identifikation mit einem Lebensstil führen. Daher sind auch Nationalstaaten sinnvoller Gegenstand eines Branding. Die Rankings führen jedoch auch dazu, dass sich die klassifizierten Einheiten an bestimmten Standards messen lassen müssen, die auch kritischer Einflussnahme durch eine Öffentlichkeit zugänglich sind (Leggewie 2000: 31).

Branding bedeutet die Standardisierung von globalen Deutungsmustern, also der Erwartungen, die Konsumenten in der ganzen Welt an die Inszenierung von

Produkten und Dienstleistungen haben, an die globalen Unternehmen und deren Methoden, die von der Beschaffung der Rohstoffe über die Produktion zu den billigsten Bedingungen und die Verletzung von Umwelt- und sozialen Standards bis zum Stil der Präsentation und Verbreitung reichen. Die Ambivalenz dieses Prozesses war und ist an Wahlkämpfen zu beobachten, von denen man eigentlich erwarten sollte, dass sie das Für und Wider von globalem Marketing als Gegenstand politischer Auseinandersetzungen wählen. Tatsächlich aber unterwerfen sie sich selbst der Markenpolitik. Heute erfasst das Branding selbst die (deutschen) Hochschulen: Man spricht zunehmend von Wissenschaftsstandorten, Wissensproduktion, Bildungswettbewerb. Bald werden wir Phänomene nicht mehr verstehen können, die nicht nach den Mustern der kapitalistischen Kultur funktionieren.

Hierbei spielt die von Adorno und Horkheimer (1981) so genannte Kulturindustrie eine wichtige Rolle. Daher entwickeln sich interessante Theorien der kulturellen Globalisierung aus empirischen wie theoretischen Betrachtungen der Kulturproduktion. Es zeigt sich zwar, dass die Kulturproduktion sehr stark in den USA und in wenigen globalen Konglomeraten konzentriert ist, aber ohne eine differenzierte Lokalisierung nicht funktioniert. Sie bildet eher ein komplexes System von Schichten und Elementen als eine homogene oder glokalisierte Struktur. Im Gegensatz zu Horkheimer und Adorno bewertete Marshall McLuhan (1964) die Kulturindustrie positiv. McLuhan war einer der ersten Theoretiker, die vom Schrumpfen der Welt und einer globalen Vernetzung sprachen. Er bezeichnete das Resultat als »globales Dorf«. Der technische Fortschritt ermögliche die Entstehung neuer, revolutionärer Medien. Die Medien seien Verlängerungen und Ergänzungen der menschlichen Sinne und machten ganz neue Dimensionen von Erfahrung möglich. Kennzeichnend für diese Erfahrung sei die Überwindung der alten Grenzen von Raum und Zeit. Entgegen der positiven Einschätzung des globalen Dorfes deutete Herbert Schiller die neuen Medien im Sinne von Horkheimers und Adornos kapitalistischer Kulturindustrie und diagnostizierte gleichzeitig die amerikanische Hegemonie im Bereich der Kultur und die Macht transnationaler Konzerne. Die transnationalen Konzerne lieferten die Bilder, Topoi, Überzeugungen und Perspektiven für das gesamte Weltsystem (Schiller 1979: 30 f; siehe auch Schiller 1991). Alle Länder und Individuen würden zunehmend an das mediale System dieser Konzerne angeschlossen, die sich des kulturellen Vorrats der USA bedienten.

Schillers These wurde von Thompson (1995) sowie Herman und McChesney (1997) empirisch unterfüttert. Empirisch lässt sich ein enormer Aufstieg der Unterhaltungsbranche feststellen, insbesondere ein rasches Wachstum der Fernsehzuschauer. Die Zahl der globalen Fernsehzuschauer stieg von 192 Millionen im Jahr 1965 auf 1,4 Milliarden 1997 (Mackay 2000: 50). Jugendliche sehen in vielen Ländern durchschnittlich sechs Stunden täglich oder mehr fern. Gleichzeitig sind Produktion und Konsumtion global sehr ungleich verteilt. In den USA sind über 80 Prozent der Bevölkerung regelmäßige Fernsehkonsumenten, in Burkina Faso weniger als 1 Prozent (Mackay 2000: 50). Die Produktion wird von Unternehmen beherrscht, die in der Triade angesiedelt sind. Die USA sind weiterhin der beherrschende Produzent (Thompson 1995). Ihr Handelsüberschuss mit Europa verdreifachte sich im Bereich der Medien zwischen 1988 und 1995. Das beruht Herman und McChesney zufolge auf dem Firmensitz der Medienkonglomerate, der meist in den USA liegt.

Tabelle 1.4.1. Ungleichheit im Zugang zu Medien im Jahr 2000

Region	**Fernseher pro 1000 Menschen**	**Festnetztelefone pro 1000 Menschen**	**PC's pro 1000 Menschen**
USA	847	644	407
Deutschland	570	550	256
Lateinamerika	263	110	32
Südasien	69	18	2
Südliches Afrika	44	16	7

Quelle: Dicken (2004: 103).

Die globalsten (und oligopolistischsten) Märkte sind Buch, Musik und Film. Fünf Unternehmen beherrschten 1995 den Weltmarkt für musikalische Produkte: PolyGram (19 Prozent Marktanteil), Time Warner (18), Sony (17), EMI (15) und Bertelsmann (15) (Herman/McChesney 1997). Außer EMI waren alle wiederum Teil von größeren Medienkonglomeraten. Der Filmmarkt der 1990er Jahre wurde beherrscht von Disney, Time Warner, Viacom, Universal (das Seagram gehörte), Sony, PolyGram (das Philips gehörte), MGM und der News Corporation. Die News Corporation (Murdoch) besaß 132 Zeitungen, Twentieth Century Fox, Fox Fernsehen sowie 22 weitere amerikanische Fernsehstationen, Verlage, Zeitschriften und Anteile an unzähligen weiteren Medien (Mackay 2000: 58 f). Außer MGM sind alle diese Filmunternehmen Teil größerer Konglomerate. 50 Prozent der Filmeinnahmen gehen in die USA. Ein entscheidender Vorteil der amerikanischen Unternehmen ist die Verbreitung der englischen Sprache. Fünf Nachrichtenagenturen liefern 80 Prozent der weltweiten Nachrichten (Mackay 2000: 61). Die meisten Nachrichtensendungen werden in den USA produziert. Schließlich ist in den 1980er Jahren fast die Hälfte aller weltweit übersetzten Bücher ursprünglich auf Englisch erschienen (Mackay 2000: 63).

Tabelle 1.4.2. Sprachen und Internet

Sprache	Muttersprachler	Sprache von Websites
Englisch	322 Mio.	72 %
Deutsch	98 Mio.	7 %
Spanisch	358 Mio.	3 %
Chinesisch	885 Mio.	2 %
Arabisch	200 Mio.	Weniger als 1 %

Quellen: Le monde diplomatique (2007: 107); Der Fischer Weltalmanach (2007: 32 f).

Hugh Mackay zeigt auf, dass trotz dieser Konzentration die amerikanischen Produzenten die Weltkultur nicht zu homogenisieren vermögen. Die globale Kultur sei zu unspezifisch, um lokal erfolgreich zu sein. Das veranschaulichen die wenigen wirklich globalen Produkte. Globale Fernsehsender haben winzige Marktanteile. Außerhalb Europas hat die *Financial Times* nur eine Auflage von 130.000 (Mackay 2000: 67), und ihre Leser haben ein durchschnittliches Einkommen von 120.000 Dollar. In Europa kommt das *Wall Street Journal* auf eine Auflage von 64.000, während die Leser ein durchschnittliches Einkommen von 196.000 Dollar haben. Schließlich können nur 113 Millionen Menschen weltweit CNN empfangen, von denen wenige den Kanal regelmäßig einschalten.

Der globale Medienmarkt wird zunehmend in Schichten organisiert (Herman/McChesney 1997). Die erste Schicht bildeten 1995 zehn vertikal integrierte Konglomerate: News Corporation, Time Warner, Disney, Bertelsmann, Viacom, TCI, PolyGram (Philips), NBC (General Electric), Universal (Seagram) und Sony. Sie setzen jährlich 10 bis 25 Milliarden Dollar um. Die zweite Schicht besteht aus Unternehmen, die regionale Märkte bedienen. Die 30 bis 40 Unternehmen setzten 1995 zwischen zwei und zehn Milliarden Dollar um und gehören dem Marktwert nach zu den weltweit tausend größten Firmen. Tausende weiterer Firmen bedienen nationale und lokale Märkte. Viele der kleineren Firmen werden allerdings in die Konglomerate integriert. Die horizontale und vertikale Integration steigert das Gewinnpotenzial enorm. Zum einen können dadurch Kosten (Arbeitsplätze) eingespart werden; zum anderen können die einzelnen Segmente einander gegenseitig stützen. Es entstehen gigantische Zusammenhänge, die alle Kulturen der Welt durchdringen und zunehmend bestimmen. Diesen Prozess bezeichnen Herman und McChesney als »Neo-Imperialismus« (1997: 154).

Eine Neuordnung der Medienlandschaft und globalen Kommunikation wurde durch das Internet ausgelöst. Zwar ist auch die Zahl der Internetprovider und -nutzer auf die Triade und hier vor allem auf die USA konzentriert, aber *emerging powers* (siehe 2.1) holen auf.[29] In autoritär regierten Ländern wird das Internet sehr stark dazu genutzt, Informationen aus dem Ausland zu erreichen und mit dem Ausland zu kommunizieren (Rehbein 2007b). Menschen mit einem Bedarf nach bestimmten Formen von Kommunikation nutzen das Internet weit häufiger als ansonsten privilegierte Gruppen. Eine ganz neue Art von Alphabetisierung entsteht, die der Kulturindustrie und den hinter ihr agierenden Machtstrukturen zuwiderläuft, auch wenn das Internet aus dem amerikanischen Verteidigungsapparat hervorging und von ihm immer noch zu einem beträchtlichen Teil kontrolliert wird (vgl. Mackay 2000: 55 ff).

Vor dem Hintergrund neuer Medien wie dem Internet muss die These der Kulturindustrie modifiziert werden. John Tomlinson hat das versucht. Er geht von Schillers These aus, dass es zu einer Kommodifizierung der Kultur kommt, bezweifelt aber, dass dadurch eine einzige Kultur die Vorherrschaft erringt (1999: 83). Er meint, dass Globalisierung in erster Linie steigende komplexe Konnektivität bedeutet (1999: 3). Die Konnektivität wird durch neue Technologien möglich. Sie zeichnet sich durch die Schrumpfung von Raum und Zeit, Deterritorialisierung und die Vermittlung durch Medien aus. Prämoderne Kulturen waren keinesfalls rein territorial, statisch und bewegungslos, aber sie waren viel stärker an die physische Umwelt, das Klima, die Landschaft, sprachliche Dialekte, Esskulturen und Religionen gebunden, als es die modernen Kulturen sind (1999: 129 f). Man muss jedoch anerkennen, dass sich die Deterritorialisierung sozial und geografisch sehr ungleich vollzieht: Sie erreicht Privilegierte in Industrienationen weit mehr als den Rest der Weltbevölkerung. Durch die Medien werden Raum und Zeit kommunikativ überbrückt. Die Menschen werden immer mehr an und durch eine »mediatisierte« Erfahrung verbunden. Tatsächlich ist es ohnehin problematisch, ursprüngliche und abgeleitete, unmittelbare und vermittelte Kommunikation zu unterscheiden. Es ist schwer zu sagen, ob ein Telefonat, ein Brief, eine Videokonferenz oder ein Chat unmittelbarer ist. In jedem Fall aber führt die durch Medien vermittelte Kommunikation zu einer wachsenden Vernetzung und zu einer Deterritorialisierung.

Tomlinson legt seiner Analyse einen weiten Kulturbegriff zugrunde. Er behauptet, Globalisierung sei in erster Linie ein kulturelles Phänomen und moderne Kultur lasse sich unabhängig von der Globalisierung nicht verstehen (1999: 1). Die

29 *Hindustan Times*, 12.3.2007, S. 12 (»India leads war on digital divide«): Zwischen 2000 und 2007 ist die Zahl der indischen Internetnutzer um 700 Prozent gestiegen (in China um rund 490 Prozent). Dennoch liegt sie bei nur 3,5 Prozent der Bevölkerung. Man erwartet in den nächsten Jahren jedoch einen raschen Anstieg auf fast die Hälfte der Bevölkerung.

Multidimensionalität der Globalisierung hätte aber auch zur Folge, dass man die Gesellschaft nicht mehr so leicht in getrennte Bereiche wie Politik, Wirtschaft und Kultur einteilen kann, wie es beispielsweise die Systemtheorie tut (siehe unten). Menschen tun nicht im einen Moment etwas rein Ökonomisches, im nächsten etwas Kulturelles (1999: 13). Vielmehr sind alle Tätigkeiten von Kultur durchdrungen, die Tomlinson als Sinnhaftigkeit definiert (1999: 19). Es gibt sehr viele verschiedene Kulturen und Aspekte der Kultur, aber mit der Moderne erhalten sie allesamt eine neue Qualität, die eben in der Globalisierung und deren oben genannten Merkmalen besteht (1999: 65).

Die lokale Differenzierung medialer Produkte wird erst ganz verständlich, wenn man sich die beträchtliche Variation lokaler Kulturen – einschließlich Sprache, Lebensweise, Familienstruktur, Klima usw. – verdeutlicht. Tamar Liebes und Elihu Katz haben am Beispiel der ihrerzeit weltweit erfolgreichsten Fernsehserie, *Dallas*, in den 1980er Jahren untersucht, wie Menschen in verschiedenen Kulturen das globale, in den USA hergestellte Produkt wahrnehmen. Sie führten Gruppendiskussionen mit Vertretern verschiedener Ethnien und Kulturen und kamen zu dem Ergebnis, dass Araber und Marokkaner die Geschichte einer Folge eher linear (nach-)erzählten (Liebes/Katz 1990: 80 f). Für sie sei attraktiv, dass es in der Serie um eine Großfamilie geht, aber sie lehnten die moralischen Prinzipien der Serie ab. Russen hätten gar kein Interesse an der Wiedergabe der Handlung, sondern konzentrieren sich vielmehr auf die Botschaft, die Prinzipien und die Ideologie. Amerikaner schließlich deuteten die Geschichte psychoanalytisch, ohne sie nachzuerzählen. In Japan dagegen war die Serie ein völliger Misserfolg (1990: 130 ff). Auch wenn die Untersuchung von Liebes und Katz theoretisch wenig fruchtbar ist und auf einer sehr schematischen Einteilung der Ethnien basiert, lässt sie die große Bandbreite an kulturellen Variationen erahnen.

Noch weniger als das lokale Konsumverhalten passt Religion in das Schema der Homogenisierung, obgleich Barber den Widerstand gegen Homogenisierung pauschal als Jihad bezeichnet. Eine Theorie der kulturellen Globalisierung muss auch erklären können, warum lokale und »irrationale« Religionen nicht verschwinden, sondern teilweise verstärkt Zulauf erhalten. Max Weber zufolge geht die Rationalisierung der Gesellschaft, die Ritzer diagnostiziert, mit einer Säkularisierung einher. Damit ist die verringerte Bedeutung der Religion für das soziale Leben gemeint. Religion ist nur noch eine Privatangelegenheit des Individuums, spielt aber keine öffentliche Rolle mehr. An Webers These schlossen sich die einflussreichsten Theorien der Religion im 20. Jahrhundert an. Religion werde zu einer Privatangelegenheit – und müsse zu einer werden. Für Peter L. Berger (1967) bedeutet Privatisierung, dass Religion immer mehr eine Angelegenheit individueller Disposition ist. Die Ausdifferenzierung der Gesellschaft lässt der Religion nur einen kleinen Raum innerhalb eines Subsystems der Gesellschaft. Die ganze Gesellschaft wird säkularisiert und rationalisiert, wodurch Religion ins Private verschwindet. Dieser Theorie zufolge können Phänomene wie Islamismus und Pfingstbewegungen nur das letzte Aufbäumen einer längst dem Untergang geweihten Gesellschaftsform sein. In den Globalisierungsdebatten befindet sich diese Theorie allerdings auf dem Rückzug.

Eine anspruchsvolle Theorie der Religion im Rahmen der Globalisierung hat Peter Beyer (1994) vorgelegt. Zunächst diskutiert er vier einflussreiche Theorien der Globalisierung, nämlich die von Wallerstein, Meyer, Robertson und Luhmann (siehe 1.5). Auch wenn Robertson als Einziger der Religion überhaupt Beachtung schenkte, stützt sich Beyer auf die Soziologie Niklas Luhmanns. Mit Luhmann definiert er Religion als einen Modus der Kommunikation (1994: 4). Jeder Kommunikationsmodus funktioniert auf der Grundlage einer bestimmten Dichotomie: Im Falle der Religion ist das die Dichotomie Immanenz-Transzendenz.

Seit dem 15. Jahrhundert hat sich die europäische Sozialstruktur von einer hierarchischen Gesellschaft zu einer funktional ausdifferenzierten Gesellschaft entwickelt, in der die Kommunikation sehr viel effizienter verläuft. Jede Form von Kommunikation definiert ein eigenes Subsystem (1994: 54). Jedes Phänomen kann aus der Perspektive des Subsystems betrachtet und kommuniziert werden, aber kein Individuum ist mehr vollständig Bestandteil eines Systems. Funktionale Kommunikation ist vom Individuum abstrahiert. Es spielt keine Rolle, wer sie ausführt – aber umgekehrt ist kein Individuum von vornherein aus einer Kommunikation (oder einem System) ausgeschlossen. Systeme schließen aus, aber an sich nur auf der Basis von Funktion. Die Inklusivität von Systemen führt zu einer größeren Exklusivität individueller Lebensläufe, da Individuen eine wachsende Wahlmöglichkeit haben.

Luhmann unterscheidet drei Typen sozialer Systeme: Interaktion, Organisation und Gesellschaft (Beyer 1994: 64 ff). Je komplexer die Gesellschaft wird, desto mehr differenzieren sich die drei Systemtypen gegeneinander aus. Die Gesellschaft wird immer weniger eine Organisation, und in Gesellschaft und Organisation wird immer weniger durch Interaktion kommuniziert. Interaktionen laufen nach Gruppenkulturen ab, die immer weniger für Organisationen und Gesellschaften gelten. Sie sind immer weniger selbstverständlich, werden aber gegen Globalisierung und Funktionalisierung revitalisiert. Genau das geschieht auch mit der Religion. In der Vergangenheit war das Individuum Mitglied einer Statusgruppe und darin sozial definiert. Heute ist das Individuum nur noch in professioneller Hinsicht Mitglied einer solchen Gruppe, kann aber ansonsten zahlreiche »Komplementärrollen« in den verschiedenen Subsystemen einnehmen. Die Privatisierung der Religion besteht darin, dass sie nicht mehr die ganze Gesellschaft durchdringt, sondern allen Individuen als Möglichkeit einer Komplementärrolle offen steht (1994: 78).

Das Verhältnis eines Subsystems zur ganzen Gesellschaft ist seine Funktion, das Verhältnis zu anderen Subsystemen ist seine Performanz. Durch diese bezieht es sich auf Phänomene innerhalb anderer Subsysteme (1994: 79). Die Religion unterscheidet sich dadurch von anderen Subsystemen, dass sie nicht nur totalisierend, sondern auch allumfassend ist. Sie verhält sich performativ zu allen Phänomenen, in erster Linie dadurch, dass sie alle Phänomene moralisch zu deuten beansprucht. Moralität ist allerdings auf Interaktion angewiesen, die heute von Organisation und Gesellschaft zunehmend getrennt ist. Sie funktioniert nur in nicht funktional ausdifferenzierten Gesellschaften. Progressive und konservative Varianten der Religion sind beide eine Reaktion auf die Privatisierung der Religion (1994: 88 ff). Sie versuchen, die Religion in Organisation und Gesellschaft wieder geltend zu machen. Die konservative Lösung unterscheidet sich von der progressiven vor allem dadurch, dass sie die öffentliche Rolle der Religion durch das Recht untermauert wissen will. Das gelingt oft nur durch die Kontrolle eines Territoriums und innerhalb der dort herrschenden Kultur. Die Ausbreitung des europäischen Gesellschaftsmodells schloss die Verbreitung westlicher Werte wie Gleichheit und Fortschritt mit ein. Funktionale Differenzierung beinhaltet aber Ungleichheiten, die diesen Werten widersprechen und die Betroffenen zur Opposition gegen das Gesellschaftsmodell bewegen, wobei die Religion als Motivation fungieren kann (1994: 101).

Beyer hat seine Theorie in einem späteren Buch (2006) wiederholt und dabei leicht modifiziert. Ausdrücklicher beschränkt er seine Theorie auf die gegenwärtige »Weltgesellschaft« (siehe auch 1.5.1). Der Aufbau des Buches ist jedoch ähnlich: In der ersten Hälfte werden Globalisierungstheorien diskutiert und auf Luhmanns Theorie ausgerichtet, während die zweite Hälfte sich konkret mit bestimmten Religionen beschäftigt. Erneut fasst Beyer Religion als Kommunikation (2006: 35), um sie dann ähnlich wie im ersten Buch zu interpretieren. In die Unterscheidung zwischen Interaktion, Organisation und Gesellschaft fügt er allerdings eine vierte Kategorie ein, deren Status im ersten Buch noch nicht ganz klar war: die der sozialen Bewegung (2006: 43). Er untersucht Religionen in einer funktional ausdifferenzierten Weltgesellschaft nun nach diesen vier Kategorien. Sie könnten die Form eines sozialen Netzwerks, einer Organisation, eines sozialen Systems oder einer sozialen Bewegung annehmen (2006: 108).

Kritisch von Webers Säkularisierungsthese setzt sich auch Robert Hefner ab. Der wachsende Einfluss religiöser Institutionen auf Politik und Kultur ist eine der wichtigsten Entwicklungen des späten 20. Jahrhunderts und widerspricht den Thesen der säkularen Natur der Modernisierung (1998b: 85). Die starke Säkularisierungsthese Max Webers sieht Religion als ein Instrument der Rationalisierung, das besseren Instrumenten weichen muss. Nach der schwachen These kommt es zu einer Ausdifferenzierung der Gesellschaft, in der Religion zu einem Bereich neben anderen wird. Das grundsätzliche Phänomen der Säkularisierung kann kaum bestritten werden, aber sie verläuft weder einheitlich noch geradlinig. Die gegenwärtige Rekonfiguration von Islam, Christentum und Hinduismus vollzieht sich im Rahmen von Nationalstaaten, Urbanisierung, ökonomischer Globalisierung und transkulturellen Strömen (1998b: 98 f). Traditionen, die letzten Sinn definieren wollen, können dabei entweder einen globalen Kampf beginnen, als Sektierer nur ein Feld bestimmen oder Vielfalt akzeptieren, wobei diese beiden Extremformen nur eine kleine Minderheit darstellen (vgl. Joas 2004).

Schließlich setzt sich auch die ethnologische Theorie kritisch von Webers These ab. Arjun Appadurai fordert, die Religion als Bestandteil der Kultur im weiteren Sinne aufzufassen (1996: 6 ff). Das Gleiche gelte für die Medien, die für die Gegenwart eine entscheidende Rolle spielen (1996: 22). Heute könne die Kultur nicht mehr als Eigenschaft einer Rasse, Ethnie oder Nation begriffen werden, da sich kulturelle Zusammenhänge wie Medienproduktion, Diasporen und Handel über alle Trennlinien dieser Art hinweg erstrecken. Vereinheitlichung und wirtschaftliche Expansion gehen von den Metropolen aus. Allerdings werden sie vor Ort stets indigenisiert. Die neue globale Kultur kann nicht mehr nach dem Muster Zentrum-Peripherie verstanden werden, auch nicht nach Push- und Pull-Faktoren, Handelsbilanzen oder Dependenzen. Vielmehr ist sie eine komplexe, disjunktive Ordnung (1996: 32). Appadurai versucht, die transnationalen Zusammenhänge als Strukturen zu fassen, die er mit Landschaften vergleicht und daher »Scapes« nennt.

Die globalen kulturellen Ströme können im Rahmen von fünf Dimensionen betrachtet werden: ethnoscapes, mediascapes, technoscapes, financescapes und ideoscapes. »The suffix *-scape* allows us to point to the fluid, irregular shapes of these landscapes, shapes that characterize international capital as deeply as they do international clothing styles. These terms with the common suffix also indicate … that they are deeply perspectival constructs« (1996: 33). Ethnoscape bezeichnet den Raum der Menschen, die die veränderliche Welt bilden, beispielsweise Touristen, Migranten, Flüchtlinge und Gastarbeiter. Technoscape ist die globale Konfiguration von Technologie, die sich heute mechanisch und elektronisch schnell über den Globus bewegt. Financescape ist die Disposition des globalen Kapitals. Das Verhältnis zwischen den dreien ist disjunktiv und unverhersehbar, weil alle ihren je eigenen Zwängen und Zielen unterliegen und gleichzeitig als Zwänge für die anderen wirken. Mediascapes umschreiben die Fähigkeit zur Produktion und Verteilung von Bildern sowie diese Bilder selbst. Und Ideoscapes sind ebenfalls

Bilder, aber verknüpft mit den Ideologien von Staaten und Gegenideologien von Bewegungen. Die fünf Scapes sind heute immer stärker disjunkt, weil die Flüsse immer weniger isomorph sind. Kulturen sind immer weniger implizit und geschlossen, immer flüssiger und politischer; Menschen, Orte und Traditionen sind nicht mehr isomorph; Kulturen werden fraktal, polythetisch und überlappend. Das alles verlangt nach einer Art Chaostheorie (1996: 46).

Wie Appadurai hat der Ethnologe James Clifford versucht, den weiten Kulturbegriff von lokalisierten, »kleinen« Völkern zu lösen, die früher den Gegenstand der Ethnologie bildeten. Er argumentiert, dass Kulturen heute immer weniger lokalisiert seien und sich in der Welt bewegen (Clifford 1997: 20). Die Kultur wird zunehmend deterritorialisiert. Genau diese Diagnose hat auch Appadurai zu seinem Begriff der Scape veranlasst, der bei Clifford »Feld« heißt. Globalisierung zeichnet sich beiden Ethnologen zufolge dadurch aus, dass sie die Verankerung an einem räumlichen Ort um Bewegungen und enträumlichte Prozesse ergänzt, wenn auch nicht zerstört. Appadurai hat eine der ersten Theorien dieser Enträumlichung vorgelegt, die sicher weiter führt als die geografische Veranschaulichung von Globalisierungsprozessen auf Weltkarten, aber eben ohne diese auch nicht auskommen wird.

Ein weiter Kulturbegriff liegt auch dem Sammelband von Joachim Matthes (1992) zugrunde, dessen Beiträge aus unterschiedlichen Perspektiven einen Kulturvergleich fordern und problematisieren. Es wird deutlich, dass die Beschränkung auf eine »Kultur« im weitesten Sinne für eine Theoriebildung nicht mehr ausreicht, aber auch in empirischer Hinsicht nur sehr eingeschränkt gültige Ergebnisse liefern kann. Damit führt die Diskussion der kulturellen Globalisierung zurück zu den Folgerungen aus der Weltgeschichtsschreibung und verlangt eine Verknüpfung mit den Regionalwissenschaften wie auch mit der Soziologie. Wissenschaftsgeschichtlich hat die Soziologie immer zu den zwei Welten von Staats- und Wirtschaftswissenschaften einerseits und Geistes- und Kulturwissenschaften andererseits gehört. Daher bildet die Soziologie nicht nur den Schlussstein dieses Kapitels, sondern auch das Bindeglied zu den folgenden, die gegenwärtigen Prozesse der Globalisierung betrachtenden Kapiteln.

1.5. Soziologie der Globalisierung

Die Soziologie hat das Phänomen der Globalisierung erst relativ spät theoretisch zu verarbeiten begonnen (Urry 2003: 30). In Ökonomie, Politik, Medien, Geografie und Regionalwissenschaften hatte man längst das Zusammenwachsen der

Welt bemerkt, bevor es von der Soziologie zur Kenntnis genommen wurde. Erst in den 1990er Jahren begann die härtere begriffliche Diskussion. Dabei spielten ältere Theorie- und Kulturräume eine Rolle, weil die Debatte zuerst in der angelsächsischen Welt eine Heimat fand, im Skandinavischen und Niederländischen frühe Ausbreitungen erfuhr und dort Prägungen bewirkte. In Frankreich löste die Globalisierungsdebatte zuerst vorwiegend negative Reaktionen aus und hat die Theoriebildung lange kaum beeinflusst. Vor der Globalisierungsdebatte formatierte theoretische Orientierungen haben lange fortgewirkt und sind noch heute zu spüren. Dabei kommt es zu eigentümlichen Verschiebungen: Während die Systemtheorie ihr Interesse an der Globalisierung im Kontext eines systematischen Gesellschaftsbegriffs entwickelt, folgt die angelsächsische Debatte eher dem Vorrang von Gesellschaftung vor Gesellschaft, die auf dem Kontinent eher dazu verleitet hat, sich nur zögerlich mit dem Phänomen der Globalisierung auseinanderzusetzen. Deshalb ist die Interaktion von Gesellschaften und Weltgesellschaft, die Spanne zwischen Singular und Plural der Gesellschaftlichkeit, zu einer zentralen Drehscheibe geworden (Tyrell 2005). Es ist allerdings zu erwarten, dass die Ungleichzeitigkeit der Debatten in naher Zukunft stärker aufgehoben wird.

Einige der angelsächsischen Schulen und die deutsche, auf Niklas Luhmann zurückgehende Systemtheorie gründen sich in einem beträchtlichen Maß auf den Strukturfunktionalismus des amerikanischen Soziologen Talcott Parsons. Er deutet die Geschichte als fortschreitende funktionale Differenzierung verschiedener Bereiche, Ebenen und Strukturen der Gesellschaft (Parsons 1951). Die wichtigste Funktion der Gesellschaft besteht für ihn unter dem Strich in der Herstellung von Ordnung, die schon für Hobbes das Grundproblem dargestellt hat. In der modernen Gesellschaft wird Ordnung durch eine möglichst allen funktionalen Kriterien genügende Differenzierung und deren rationale Institutionalisierung erreicht. Der inzwischen klassischen Modernisierungstheorie, die von Parsons ausgeht, zufolge setzt sich die Differenzierung innerhalb eines jeden Nationalstaates früher oder später vor allem aus endogenen Gründen durch (siehe oben 1.2.1). Die heutigen Globalisierungstheoretiker, die sich auf Parsons stützen, widersprechen dieser Vorstellung und halten ihr entgegen, dass die funktionale Differenzierung notwendig und systematisch die Grenzen des Nationalstaates überschreite und damit auf übergreifende Globalisierung angelegt sei. Der Prozess wird von jeder Schule differenziert interpretiert, aber die langen Linien wirken fort. Für die deutsche Diskussion hat Richard Münch (2005; vgl. ders. 2004; 2008) hier die entscheidende Übersetzung geleistet, wenn er die Bildung einer legitimen Welthandelsordnung, die einerseits die Nationalstaaten bindet, andererseits in ihre innere Ordnung hineinwirkt, mit einer national- und weltgesellschaftlichen Ordnung zu verknüpfen sucht.

Der erste Abschnitt ist der systemtheoretischen Einführung in die Idee der Weltgesellschaft gewidmet, die in der frühen Systemtheorie Niklas Luhmanns geschieht. Es ist zweifelhaft, ob von der reifen Systemtheorie der Rückgriff auf den weltgesellschaftlichen Anfang noch zu leisten ist, aber die Spannung zwischen dem weltgesellschaftlichen Frühwerk und dem Spätwerk Luhmanns wird die Debatte weiterhin anstacheln. Aus der Perspektive der angelsächsischen Globalisierungstheorie wirkt dieser Anfang manchmal überholt, weil die Beschleunigung und Intensivierung der Globalisierung seit den 1970er Jahren noch nicht erfasst werden konnte. Deshalb werden im zweiten Abschnitt dieses Kapitels einige der angelsächsischen Theorien referiert. Aus der Perspektive des französischen Poststrukturalismus, die im dritten Abschnitt behandelt wird, ist wiederum die empirische Vernetzungstheorie angelsächsischen Charakters naiv, weil in ihr der Begriff der Macht und ihre Differentiale kaum ausgearbeitet sind.

1.5.1. Weltgesellschaft

Den Begriff der Weltgesellschaft hat Niklas Luhmann in einem Aufsatz von 1971 eingeführt (Luhmann 1975). Er forderte, dass man wie im ausgehenden 19. Jahrhundert die Frage nach der Einheit der Welt stellen müsse. Allerdings solle diese Frage nicht mehr auf die abstrakte Einheit und Gleichheit aller Menschen zielen, sondern auf die sie verbindende Gesellschaft. Die Soziologie unterscheide eine Vielzahl menschlicher Gesellschaften, könne aber kein befriedigendes Kriterium für ihre Grenzen angeben. Das ist ein Problem, weil Gesellschaft Luhmann zufolge der Grundbegriff und der Gegenstand der Soziologie ist (1975: 53). Wenn die Soziologie überhaupt einen Begriff zu klären hat, dann muss es der Begriff der Gesellschaft sein. Dass die Soziologie heute die Grenzen von Gesellschaften nicht mehr befriedigend bestimmen kann, liegt Luhmann zufolge daran, dass sich faktisch ein sozialer Zusammenhang entwickelt hat, der sich über die ganze Welt erstreckt. Diesen Zusammenhang sieht Luhmann in mehreren Bereichen entstehen (1975: 53 f). Erstens nehmen die Kenntnisse über andere Menschen und die Möglichkeiten der Interaktion zu. Zweitens ist das wissenschaftliche Wissen weltweit verbreitet. Drittens gibt es eine weltweite öffentliche Meinung. Viertens sind weltweite wirtschaftliche Verflechtungen entstanden. Fünftens gibt es eine durchgehende Verkehrszivilisation.

Luhmann zufolge entstehen ein weltweiter kommunikativer Zusammenhang und ein gemeinsamer Welthorizont. Inwieweit er das konkrete Handeln beeinflusst, lässt sich kaum angeben, aber er ist zumindest als Möglichkeit stets gegeben. Dabei ändert sich die Art und Weise der Menschen, einander zu begegnen. Normative Erwartungen treten zugunsten kognitiver und lernbereiter Erwartungen zurück. »Kognitives Erwarten sucht sich selbst, normatives Erwarten sucht sein Objekt zu ändern. Lernen oder Nichtlernen – das ist der Unterschied.« (1975: 55) Die kognitive Einstellung ist erforderlich, weil man zwar einen Welthorizont teilt, aber kein gemeinsames symbolisches System.

Die Welt differenziert sich in unzählige Bereiche aus, die Luhmann als »Systeme« bezeichnet. Damit ist gemeint, dass sich selbst regelnde Bereiche der Gesellschaft entstehen, innerhalb deren das Handeln jeweils durch ein Medium vermittelt und integriert wird. Jedes System, jeder Bereich, ist mit den anderen funktional verknüpft, weshalb die Ausdifferenzierung oft auch als funktionale Differenzierung bezeichnet wird. Man kann sich das zunächst vorstellen wie die Verknüpfung verschiedener Systeme im Körper, beispielsweise Atmung, Blutkreislauf und Zellstoffwechsel. Jedes System funktioniert scheinbar autonom nach eigenen Gesetzen, aber nur wenn die anderen Systeme auch funktionieren und bestimmte Bedingungen erfüllen. Die gegenwärtige Gesellschaft wird nicht mehr hierarchisch geordnet, sondern funktional, indem alle Systeme so miteinander verkoppelt sind, dass sie ihre jeweilige Funktion optimal erfüllen. Grenzen sind immer weniger räumlich und statisch definiert, sondern systemisch. Das bedeutet aber auch, dass es kein übergreifendes System und keinen von allen Menschen geteilten Alltag mehr gibt (1975: 63). Diese Unsicherheit können Menschen nur bewältigen, wenn Verständigungsmuster klar und konkret sind. Das ist heute nur noch *innerhalb* der Subsysteme der Fall. Funktionale Differenzierung führt zu einer Überproduktion von Möglichkeiten. Daraus folgen mehr Chancen, aber auch mehr Unwahrscheinlichkeit und Risiko sowie Enttäuschung von normativen Projektionen der Subsysteme (1975: 60).

Später hat Luhmann die kognitiven Erwartungen in der Weltgesellschaft um den Begriff des Vertrauens ergänzt (Luhmann 1989). Er fragte: Kann es ein Medium des Vertrauens geben, in dem ganz verschiedene Gesellschaften, Gruppen und Individuen global handeln? Die Antwort lautete, dass nur ein Systemvertrauen diese Funktion erfüllen könne. Damit scheint Luhmann eine Intuition ausgesprochen zu haben, die in der Soziologie des 20. Jahrhunderts eine zentrale, aber selten bemerkte Rolle spielt. Im Rest dieses Kapitels wird uns der Begriff des Vertrauens bei fast allen Autoren erneut begegnen (siehe auch 1.3.3 zu Fukuyama). Seine zentrale Rolle für das Funktionieren großer, von Anonymität geprägter Gesellschaften scheint zuerst Georg Simmel im Jahr 1900 mit Bezug auf das Geld herausgestellt zu haben (Simmel 1989: 216).

Luhmanns Theorie der Gesellschaft prägt die deutsche Globalisierungsdebatte nicht nur, weil systemtheoretisch gebildete Soziologen wichtige Stimmen im Konzert abgeben, sondern weil sie eine Verbindung stiftet zwischen einer reflexiven Theorie der Gesellschaft, die von Globalisierung noch wenig Wissen hatte, und einer Theorie der Weltgesellschaft, die das Leben in den einzelnen Gesellschaften leicht aus dem Blick verliert. Die Zahl der Veröffentlichungen zum Thema ist mittlerweile nicht mehr zu überschauen. Einen guten Überblick über den Beginn dieser Debatte bieten die Monographie von Theresa Wobbe (2000) und der Sammelband von Bettina Heinz et al. (2005). Im Sammelband bemüht sich Hartmann Tyrell darum, den Begriff der Globalisierung in die Theorie der Weltgesellschaft zu integrieren. Er stellt die Frage, ob der Begriff der Weltgesellschaft dadurch herausgefordert wird, dass es eine Vielzahl von Globalisierungsprojekten gibt, die noch keine Einheit bilden (Tyrell 2005: 8). Zunächst unterscheidet er mit dem späten Luhmann zwei Ebenen von Weltgesellschaft: die reale Gesellschaft und die kommunikative (2005: 40). Für jene ist jede Umwelt eine nichtsoziale, für diese immer eine soziale im Sinne einer anderen Gesellschaft. Systemtheoretisch ist die reale Gesellschaft eine Weltgesellschaft, während die kommunikative erst langsam zu einer Weltgesellschaft wird. Die Vielheit der Globalisierungsprojekte beruht auf der Vielheit der sozialen Subsysteme, aber die Weltgesellschaft ist immer schon der Zusammenhang aller sozialen Systeme (2005: 17). Weltgesellschaft kann es also nur im Singular geben. Die heutige Weltgesellschaft ist in zweierlei Hinsicht einzigartig. Sie ist einerseits das sich über die ganze Welt erstreckende soziale System, andererseits ist sie die erste Gesellschaft, in der funktionale Differenzierung die vorherrschende Form sozialer Differenzierung ist (2005: 40).

Rudolf Stichweh hat im Anschluss an Luhmann Ansätze einer echten Theorie der Weltgesellschaft skizziert. Für Luhmann und Stichweh ist Gesellschaft der übergreifende Begriff. »Alle Strukturen und Prozesse, die für die Analyse sozialer Systeme wichtig sind, müssen innerhalb der Gesellschaft ihren Platz finden.« (2000: 12) Innerhalb der Gesellschaft lassen sich verschiedene soziale Systeme unterscheiden, die jeweils einer eigenen Logik folgen, weil sie durch unterschiedliche Medien vermittelt sind. Beispielsweise ist das Medium des ökonomischen Systems Geld und das des politischen Systems ist Macht. Aus dieser Perspektive sind Nationalstaaten nicht die vorrangigen Einheiten der Weltgesellschaft. So schreibt Stichweh, dass Gruppen oder Individuen, die in unterschiedlichen Nationalstaaten leben, in vieler Hinsicht mehr gemeinsam haben können als Gruppen innerhalb eines Nationalstaats (2000: 13). Statt der Nationalstaaten stößt man aus der Perspektive der Systemtheorie Luhmanns und Stichwehs auf die verschiedenen sozialen Systeme, die ihrerseits in drei Ebenen zu gliedern sind, die der Interaktion, der Organisationen und der Gesellschaft (2000: 16). Eine soziale Handlung kann gleichzeitig allen drei Ebenen zugehören, aber analytisch lassen sich die Ebenen voneinander unterscheiden.

Es ist klar, dass Globalisierung und Nationalstaat für die Systemtheorie keine Widersprüche sind, sondern sich sogar gegenseitig ergänzen und verstärken können. Je besser und klarer die einzelnen Elemente ausgebildet sind, desto besser funktioniert auch das System und umgekehrt. Stichweh begreift den Nationalstaat als Instrument einer globalen Standardisierung. Jeder Staat sei umso mehr Bestandteil des internationalen Systems und international umso akzeptierter, je mehr er dem allgemeinen Standard entspreche (2000: 41). »Auf jeden einzelnen Nationalstaat wird von der Ebene der Weltpolitik aus ein struktureller Druck ausgeübt, ein anderen Staaten vergleichbares institutionelles Geflecht zu schaffen: Schulen und Hochschulen, Wissenschaftspolitik und Kunstförderung oder Sprachpolitik« (2000: 26). Wenn nun ein Staat diesen Standards genügt, habe er in internationalen Netzwerken das gleiche Gewicht wie jeder andere Staat, die Schweiz also das gleiche wie die USA. Die reine Bevölkerungszahl spiele keine große Rolle mehr (2000: 70).

Diese letzten Behauptungen sind zwar übertrieben, aber sie deuten auf einen wichtigen Aspekt internationaler Beziehungen hin. Denn hier sind die Nationalstaaten die Akteure – zwar mit individuellen Unterschieden, aber letztlich doch so etwas wie Personen. So lange es internationale Beziehungen gibt, sind darin die Nationen als Akteure vorausgesetzt. Und globales politisches Handeln bedeutet heute tatsächlich immer noch vor allem nationalstaatliches internationales Handeln. Die Ausbildung des Nationalstaats wurde in den Industrieländern vor allem im 19. und in den anderen Ländern im 20. Jahrhundert geleistet. Im globalen Süden hält sie noch an. Diese Ausbildung ist ebenso wie die Internationalisierung jedoch nicht mehr charakteristisch für die gegenwärtige Phase der Globalisierung. Kennzeichnend für die Gegenwart sind vielmehr transnationale Prozesse, die eine Dialektik von Globalisierung und Glokalisierung bedeuten. Diese Prozesse üben Druck auf den Nationalstaat aus und überfordern ihn zumeist, wirken aber nicht unbedingt auf seine Abschaffung hin – zumindest so lange nicht, wie er den Druck durch die Aneignung neuer Aufgaben abfedern kann. Diese Aufgaben dienen politischen und ökonomischen Zwecken, sind aber selbst gerade nicht politisch oder ökonomisch, sondern werden gewöhnlich der Kultur zugerechnet.

Stichweh zufolge sind innerhalb der Weltgesellschaft alle Staaten nationale Wohlfahrtsstaaten (2000: 67). Zumindest ist ihnen diese Rolle historisch zugewachsen. Heute können die Staaten diese Rolle nicht mehr durch direkte Umverteilung erfüllen. Der Wohlfahrtsstaat ist nicht mehr für aktuellen Ausgleich zuständig, sondern für die Standardisierung des Lebenslaufs (2000: 73). Damit ist sicher gemeint, dass bestimmte Ansprüche in bestimmten Lebensabschnitten geltend gemacht werden können, und zwar in abgestuften Graden, je nach Niveau des Lebenslaufs, man könnte auch sagen, je nach Klassenlage. Ferner schreibt Stichweh, dass Nationalstaaten nicht mehr die vollständige Integration ihrer Mitglieder leisten müssten. »Individuen werden in der modernen Gesellschaft nicht mehr mit der Gesamtheit ihrer Lebensführung in ein soziales System eingeschlossen, wie dies noch für die Stände und Schichten des alten Europa gelten konnte. Funktionssysteme inkludieren Individuen nur in einzelnen Kommunikationen.« (2000: 88) Gleichzeitig meint Stichweh jedoch, der Nationalstaat habe Einheit und Wohlfahrt zu gewährleisten. Das muss kein Selbstwiderspruch sein, denn Stichweh schreibt auch: »Eine Nation ist immer prononciert eine kulturelle Entität.« (2000: 53) Und je älter eine Nation sei, desto mehr sei sie kulturell festgelegt und desto schwieriger sei es für Migranten, sich zu integrieren. Die vom Nationalstaat geleistete kulturelle Standardisierung gewährleistet also eine beträchtliche Einheit seiner Mitglieder. In Verbindung mit der Garantie der Wohlfahrt wirkt dadurch eine starke integrative Kraft. Sie ermöglicht es, dass Menschen in einzelnen Bereichen der Gesellschaft miteinander handeln und in anderen gar keinen Kontakt mehr haben. Der Staat wirkt auf die Standardisierung der Lebensläufe hin, um den fehlenden sozialstaatlichen Ausgleich abzufedern. Das kann und muss man als Regulierung so genannter kultureller Funktionssysteme durch das politische Funktionssystem deuten.

Die früheren Reiche griffen nicht in demselben Maße ins Leben der Menschen ein wie später die Nationalstaaten. Sie kannten keine festen Grenzen, keine kulturelle Einheit, keine Standardisierung – aber auch keine allgemeine Wohlfahrt, keine Sicherheit und keine Freiheit vom Gruppendruck, mit Stichwehs Worten: keine Differenzierung der Systeme. »Für einen dynastischen Fürstenstaat … konnten Grenzen noch etwas Beliebiges besitzen. Sie konnten je nach Interessenlage der Dynastie frei ausgehandelt werden, und es war im übrigen jederzeit möglich, die Grenzen eines Staates militärisch zu attackieren, da der Multikulturalismus des Staates sowieso eine nicht in Frage gestellte Selbstverständlichkeit war.« (2000: 53)

Stichweh verortet die Wurzeln des modernen Wohlfahrtsstaats in Europa. »Die Weltgesellschaft ist eine Idee des europäischen 18. Jahrhunderts. Als gedankliche Innovation reflektiert sie auf die Herausbildung eines europäischen Staatensystems in der frühen Neuzeit.« (2000: 7 f) Dem Eurozentrismus ist ein Teil der Plausibilität geschuldet, den die Konzeption der Weltgesellschaft für uns hat. Die politischen Grenzen verlieren innerhalb der Europäischen Union an Gewicht, aber ob damit auch soziale Grenzen fallen, ist eine ganz andere Frage. Und inwiefern in verschiedenen globalen Regionen lokalisierte Gesellschaften wie die Indonesiens, Kameruns und Deutschlands je eine gemeinsame soziale Struktur bilden können, ist systemtheoretisch im Augenblick kaum angemessen zu erläutern. Die Annahme, dass Indien und China und die anderen *emerging powers* das europäische Gesellschaftsmodell tatsächlich übernehmen werden, wie es Stichweh offenbar annimmt, hängt mehr an Prämissen als an empirisch plausiblen Untersuchungen (siehe unten 2.1).

Eine andere Theorie der Weltgesellschaft hat John Meyer entwickelt. Auch er verortet den Ursprung der Weltgesellschaft in Europa, da hier die sich überall in identischen Institutionen verkörpernde Kultur ihre Wurzeln hat. Der kulturelle Kern Europas hat sich über die Welt ausgebreitet und ist heute konkurrenzlos. »Die westliche Gesellschaft ist im wesentlichen ein kulturelles Projekt zur Organisation menschlichen Handelns, durch das die richtigen Verknüpfungen zwischen der moralischen und der natürlichen Welt hergestellt werden sollen.« (Meyer et al. 2005: 17) Die Gesamtheit institutioneller Regeln kann man als Kultur bezeichnen (2005: 28 f). Diese Regeln nähern sich in allen Staaten zunehmend an. Die Strukturähnlichkeiten zwischen den verschiedenen Staaten sind nicht durch eine rein immanente Entwicklung zu erklären. Sie müssen im Rahmen einer globalen Ordnung untersucht werden, die Meyer als »World Polity« bezeichnet. Die World Polity ist die kulturelle Ordnung, die sich von Europa aus über die Welt ausgebreitet hat. Sie objektiviert sich in Institutionen wie Bildungssystem oder Rechtsprechung. Daher wird Meyers Ansatz auch als Neoinstitutionalismus bezeichnet.

Meyer argumentiert ähnlich wie Wallerstein, auf den er sich auch häufig beruft. Wallerstein hatte einigen Varianten des Marxismus und der Modernisierungstheorie entgegengehalten, dass moderne Gesellschaften nur im Rahmen ihrer ökonomischen Rolle im Weltsystem zu verstehen seien (siehe 1.2.2). Meyers World Polity ist ein System, das parallel zum ökonomisch definierten Weltsystem funktioniert, aber von diesem zu unterscheiden ist (Meyer 1980: 109). Das politische System wird nicht nur vom Weltsystem strukturiert, sondern strukturiert dieses auch. Die Welt entspricht nicht Wallersteins Theorie, weil Staaten dann nur im Zentrum Bestand haben könnten, während die Peripherie traditional bleiben müsste. Die Wirtschaft generiert Werte durch Kommodifizierung, während die Politik Werte durch kollektive Autorität schafft. Viele Bereiche im tertiären Sektor sind keine Märkte und beziehen sich nicht auf Produkte, sondern werden durch politische Akteure reguliert. Empirisch lässt sich das vor allem am Beispiel des Bildungssystems erkennen (Meyer 1980: 131 f). Staaten stellen Bildung zur Verfügung, die Wert hat und ein knappes Gut ist, aber nicht nach ökonomischen Gesetzen funktioniert. Sie ist Teil einer Weltkultur.

Die Theorien der Weltgesellschaft haben einen sehr hohen Abstraktionsgrad gemeinsam, der bislang noch kaum durch Empirie unterfüttert ist. Jens Greve und Bettina Heintz (2005) zufolge ist das kein Zufall, sondern beruht auf der Struktur der Theorien. Die Weltgesellschaftstheorien hätten die Soziologie auf einen makrosoziologischen Bezugsrahmen reduziert (Greve/Heintz 2005: 111). Der mikrosoziologische Blick würde den unterschiedlichen »Kristallisationsgrad« globaler Strukturen aufzeigen. Die globalen Regeln würden neu interpretiert und an die jeweilige Situation angepasst. Diesen Prozess müsse eine Soziologie auch erhellen können.

1.5.2. Ein globales Zeitalter

Der Begriff der Globalisierung wird in der Soziologie auch als Gegenbegriff zu den Konzeptionen des Weltsystems und der Weltgesellschaft aufgefasst. Demzufolge ist Globalisierung ein vielschichtiges Projekt, das Gesellschaften auflöst und ihre Bestandteile global miteinander verknüpft. Wenn es überhaupt eine Weltgesellschaft geben kann, so ist sie in der Zukunft anzusiedeln. Diese Argumentation beherrscht die angelsächsischen Diskussionen und hat zum Gebrauch des Begriffs der Globalisierung im Plural geführt (siehe 1.4.2 und 2.1.2).

Einer der ersten Soziologen, die das Phänomen der Globalisierung für wichtig gehalten und systematisch untersucht haben, ist Roland Robertson (1990; siehe auch 1.4.2). Nach explorativen Aufsätzen legte er 1992 eine umfassende Theorie der Globalisierung vor, die das geografisch verstandene Zusammenwachsen der Welt im weiteren Sinne kulturell zu interpretieren sucht. Robertson definiert Globalisierung als reales Zusammenwachsen der Welt und als gleichzeitiges Bewusstsein dieses Zusammenwachsens (1992: 8). Er unterscheidet vier Ebenen von Gesellschaft, die sich im Zusammenwachsen der Welt komplementär und differenzierend zueinander verhalten: Selbst, Nationalstaat, Weltsystem der Gesellschaften und Menschheit (1992: 26). Das Ziel der Globalisierung besteht in der Herstellung einer vereinten Menschheit. Die Einigung bedeutet keine Homogenisierung, sondern eine Integration der verschiedenen Ebenen ohne ihre Auslöschung oder Reduktion (1992: 173 f). Diesen Prozess hat Robertson dann weiter mittels des Begriffs der Glokalisierung untersucht (siehe 1.4.2).

Eine bedeutende Strömung in der Soziologie betrachtet die Globalisierung als Fortsetzung oder Konsequenz der Modernisierung. Die Strömung umfasst neben angelsächsischen Theoretikern auch deutsche wie Jürgen Habermas und Ulrich Beck (siehe auch 3.1). Der Ansatz der »reflexiven Modernisierung« verbindet sich vor allem mit dem Werk des englischen Denkers Anthony Giddens. Er bezeichnet Moderne als das soziale Leben und soziale Organisationen, die in Europa während des 17. Jh. entstanden (1995: 9). Heute heißt es, dieses Zeitalter ginge zu Ende. Tatsächlich aber wirken Giddens zufolge die Konsequenzen der Moderne heute stärker als je zuvor. Gleichzeitig zeichnet sich am Horizont ein Jenseits der Moderne ab, das man vielleicht als Postmoderne bezeichnen kann. Wie für Stichweh und Meyer ist die Moderne für Giddens ein abendländisches Projekt, das globalisiert wurde und seither nicht mehr nur vom Abendland getragen wird (1995: 214 ff). Heute lässt die Herrschaft des Abendlands zwar nach – aber nur weil sich die abendländische Moderne über den Globus ausgebreitet hat (1995: 70 f). Diese Ausbreitung der abendländischen Moderne bezeichnet Giddens als Globalisierung. Er meint, dass Moderne und Globalisierung den Begriff der Gesellschaft in Frage stellen (1995: 23 f), da mit Gesellschaft meist der moderne Nationalstaat gemeint ist. Statt im Anschluss an Parsons die Ordnung der Gesellschaft zu untersuchen, sollte man fragen, wie Gesellschaften Zeit und Raum so strukturieren, dass Anwesenheit und Abwesenheit bewältigt werden (1995: 24).

Giddens zufolge hat die Dynamik der Moderne drei Wurzeln: die Trennung von Raum und Zeit, die Entbettung der sozialen Systeme und die reflexive Ordnung sozialer Beziehungen (1995: 28). Deren Erläuterung ist ein Gutteil des Buches über die *Konsequenzen der Moderne* gewidmet (vgl. auch Beck 1986). Während in vormodernen Gesellschaften Zeit und Raum an einen Ort gebunden waren, wurden Zeit und Raum in der Moderne entleert und vom Ort getrennt. Dadurch wird eine Ordnung von Abwesenheit und die rationale Organisation sozialer Beziehungen möglich. Zwei Prozesse sind dabei besonders wichtig: die Schaffung symbolischer Zeichen (z. B. Geld) und die Installierung von Expertensystemen (1995: 34). Alle Entbettungsmechanismen beruhen auf Vertrauen. Wie Luhmann spricht Giddens hier vom Systemvertrauen (1995: 45 ff). Es ist mit zeitlicher und räumlicher Abwesenheit sowie mit Kontingenz verknüpft, bezieht sich auf das richtige Funktionieren und basiert auf der Überzeugung, dass Handeln weder von Gott noch vom Menschen frei gesteuert wird, sondern von sozialen Zusammenhängen. Mit der reflexiven Ordnung schließlich ist der Aufstieg der Vernunft gemeint. Für die Aufklärung schien Vernunft mehr Sicherheit zu bieten als der Glaube. Aber die Vernunft hat alle Gewissheiten untergraben, ohne neue an ihre Stelle setzen zu können (1995: 55). Alles Wissen wird fallibel, die Grundlagen schwinden, immer mehr Unbekanntes tritt in den Alltag ein. Man muss darauf vertrauen, dass das Unbekannte von Experten vernünftig organisiert wird, gleichzeitig aber entstehen unkalkulierbare Risikoumwelten, die eine Begrenztheit des Expertenwissens bewusst machen (1995: 156). Damit wird die Welt nicht nur – wie bei Weber – entzaubert, sondern auch undurchsichtiger für alle Akteure (1995: 180).

Die drei Wurzeln der Moderne stoßen laut Giddens Prozesse an, die sich in vier Dimensionen kategorisieren lassen. Neben Kapitalismus und Industrialisierung zeichnet sich die Moderne durch Überwachung und militärische Macht aus. Gemeinsam bilden sie die vier Dimensionen der Moderne, in denen sich Globalisierung abspielt (1995: 80). Es zeichnet sich jedoch ein Ende der Moderne ab: Eine postmoderne Ordnung setzt dem Kapitalismus ein Nachknappheitssystem entgegen, der Industrialisierung eine Humanisierung der Technik, der nationalstaatlichen Überwachung eine vielschichtige demokratische Beteiligung und der militärischen Weltordnung eine Entmilitarisierung (1995: 202).

In einer vergleichbaren Spur wie Giddens argumentiert Martin Albrow. Hier kehrt die Fragestellung wieder, dass die nationalstaatliche Ordnung von Funktionssystemen auf Globalisierungsprozesse trifft, die Globalität und neue Formen sozialer Ordnung hervorbringen (Albrow 1998: 412), die den Horizont Modernität gegenüber der Globalisierung in den Hintergrund rücken. »In der globalen Gesellschaft bildet Globalität den Rahmen aller sozialen Beziehungen.« (1998: 432) Die Grenzen zwischen den Funktionssystemen verschwimmen. »Wenn wir nicht mehr angeben können, wo die Trennungslinien zwischen Wirtschaft, Kultur und Politik verlaufen, müssen wir fragen, welche anderen Ordnungsprinzipien gelten.« (1998: 419) Albrow kritisiert nun mit Luhmann an Giddens, dass durch die Globalisierung der gesellschaftliche Zusammenhang wieder in den Vordergrund rücke, den man zugunsten des Sozialen vernachlässigt hatte (1998: 421 ff). Giddens beschäftigte sich aber mit der Moderne, nicht mit der Gesellschaft. Die Moderne gilt als Kombination von wissenschaftlichem Fortschritt und Kapitalismus und betont die Zeit, während die Globalisierung die Bedeutung des Raumes wieder zur Diskussion stellt. Mit der Globalisierung entsteht eine neue Form der Reflexivität, die das eigene Verhalten in globale Zusammenhänge eingliedert und den Zustand des Globus systematisch in Betracht zieht (1995: 431). Natürlich haben Raum und Zeit nur eine Bedeutung im Rahmen sozialer Beziehungen, die auf sozialen Handlungen beruhen, aber ob Modernität oder Globalität den Horizont der Betrachtung bildet, macht einen Unterschied. Für die Eliten, die diesen Prozess dirigieren, ist der Unterschied von Modernität und Globalität weniger deutlich sichtbar, denn die globalen Eliten scheinen in etwa das zu tun, was früher eine Elite innerhalb von Nationalstaaten tat (1995: 433). Aber es zeichnet sich schon ab, dass die national- und weltgesellschaftlichen Eliten nicht immer dieselbe Sprache sprechen, sondern dass der Populismus von unten und der Elitismus von oben unterschiedlichen Druck ausübt.

Eine begriffliche Durchdringung der globalisierten Welt hat Manuel Castells (1996–98) in einem monumentalen dreibändigen Werk über *Das Informationszeitalter* vorgelegt. Er lehnt die Vorstellungen von Weltsystem und Weltgesellschaft ab. Die Welt sei keine Totalität, sondern wachse allenfalls auf verschiedenen Ebenen zusammen. Das Zusammenwachsen versucht er mit dem Begriff des Netzwerks zu erfassen. Netzwerke organisieren sich selbst, haben oft eine kurze Lebensdauer und verfügen selten über eine klare hierarchische Organisation, sind also dem Chaos nahe (1997: 259). Die Netzwerke entziehen sich der staatlichen Macht und Regulierung, und bilden stattdessen eigene Scapes (1998: 201 ff; vgl. oben 1.4.3). Castells zufolge bewegen wir uns auf eine Netzwerkgesellschaft zu. Diese ist kein Produkt von Planung oder historischer Notwendigkeit – eine kleine Verschiebung (von der Industrie zur Information) hat den Kapitalismus und unsere

Welt nachhaltig verändert. Die Verschiebung begann mit der Entwicklung des PC (1996: 36), der zu einem beträchtlichen Grad für den Zusammenbruch der Sowjetunion verantwortlich war und globale Nachrichten, Finanzmärkte in Echtzeit und das Internet möglich machte. Im dritten Band seines Werks (1998) argumentiert Castells etwas differenzierter, die derzeitigen großen Transformationen würden durch das *Zusammenspiel* der Prozesse bestimmt, die das Informationszeitalter charakterisieren: Informationalisierung, Vernetzung, Identitätsaufbau, die Krise des Patriarchalismus und die Krise des Nationalstaats.

An den Begriff des Netzwerks knüpft die Theorie des englischen Soziologen John Urry an. Er verbindet ihn mit Appadurais Begriff der Scapes (siehe 1.4.3) und ergänzt ihn um eine Analyse globaler Mobilität und Ströme. Zentral für Urry ist die Überwindung der Trennung zwischen Natur- und Sozialwissenschaften. Er hält sie nicht nur für theoretisch unfruchtbar, sondern auch für empirisch unangemessen, da Globalisierung viele Phänomene umfasst, die nicht menschlich sind: Miniaturtechnologie, Genetik, Mobilität von Abfällen und Viren, Möglichkeiten der Simulation von Natur und Kultur, schnelle körperliche Mobilität, Informationsflüsse. Daher schreibt Urry, Gesellschaften seien Hybride aus menschlicher und nicht-menschlicher Welt (2000: 15).

Wie Albrow und Castells kritisiert Urry die Beschränkung der Soziologie auf abgeschlossene Gesellschaften. Albrow und Castells gehen in der Kritik jedoch nicht weit genug, weil sie den Aspekt der Bewegung vernachlässigen. Soziale Phänomene sind heute zunehmend mobil. Urry führt dafür einige Beispiele an (2000: 50). Über den USA fliegen zu jedem beliebigen Zeitpunkt 300.000 Fluggäste. Jedes Jahr werden weltweit 500.000 neue Hotelzimmer gebaut. Auf 8,6 Personen kommt weltweit ein Auto. Internationale Reisen machen ein Zwölftel des Welthandels aus. Der Tourismus insgesamt stellt zehn Prozent der globalen Arbeitskräfte und des globalen BSP. Nach einer Untersuchung aus den 1970er Jahren zeigten Angestellte bei ihrer An- und Heimfahrt eine bessere Leistung als an ihrem Arbeitsplatz (2000: 191). Ein Viertel der Fläche von London und fast die Hälfte der Fläche von Los Angeles sind der Mobilität mit dem Kraftfahrzeug gewidmet (2000: 193). Die Soziologie kann diese Phänomene Urry zufolge nicht mit ihren herkömmlichen Mitteln analysieren. Sie verabschiedet den Begriff der Gesellschaft und organisiert sich zunehmend um Netzwerke, Mobilität und horizontale Fluidität. Den Begriff der Gesellschaft verwenden nur noch Kräfte, die Ströme und Netzwerke ordnen wollen (2000: 1), aber dieser Versuch ist antiquiert. Die neuen globalen Ströme nötigen Staaten dazu, die Folgen der Ströme und der Mobilität zu regulieren. Dadurch wandelt sich der Staat von einem endogenen Regulator von Menschen (Foucault) zu einem exogenen Regulator von Mobilitäten.

Ströme können nach Flussraten, Viskosität, Dichte, Konsistenz und Begrenzung betrachtet werden (2000: 32). Auch die Macht von Nationen und Regionen, sie zu begrenzen, spielt eine Rolle. Am stärksten werden Ströme durch Scapes kanalisiert (2000: 35 f). Scapes sind Netzwerke von Maschinen, Technologien, Organisationen, Texten und Akteuren, die miteinander verbundene Knoten bilden. Durch diese Netzwerke fließen Ströme von Menschen, Bildern, Information, Geld und Müll. Einige Eigenschaften globaler Ströme sind Deterritorialisierung, Bewegung über Scapes, Relationalität, Richtungen ohne Ziel und Zweck, bestimmte Viskosität, Temporalität, feine Machtbeziehungen und leere Treffpunkte der Moderne (2000: 38 f).

Urry zeigt auf, was die wachsende Mobilität für unsere staatliche Ordnung bedeutet. Gerade jetzt, da alle Menschen Bürgerrechte zu erlangen suchen, unterminieren globale Netzwerke und Ströme das Konzept des Bürgers (2000: 162). Das Bürgerrecht ist wie die Klasse Produkt kapitalistischer Sozialbeziehungen. Im 20. Jahrhundert haben Klasse und Bürgerrecht im Widerstreit gelegen. Nationalismus und Staat haben die Ungleichheiten der Klassengesellschaft verringert. Allerdings kann man diese Tendenz nicht in die Zukunft verlängern. Heute muss man neben Gesellschaft, Politik und Zivilität auch ein kulturelles, minoritäres, ökologisches, kosmopolitisches, Konsumenten- und Mobilitätsbürgerrecht unterscheiden. Ferner dringt zunehmend Nicht-Menschliches in die Sphäre der Rechte ein (2000: 169).

Nach dem Befund der zunehmenden Mobilität bemühte sich Urry um einen begrifflichen Rahmen für die neuen Phänomene. Er findet ihn in neueren Strömungen der Naturwissenschaften, die er unter die Bezeichnung *Komplexitätstheorie* subsumiert (Urry 2003). Bislang sei man mit Feststellungen, Landkarten und Klassifikationen beschäftigt (2003: 3), wobei fünf Konzepte im Zentrum ständen: Struktur, Ströme, Ideologie, Performanz und Komplexität. Alle diese Konzepte müssen Urry zufolge miteinander verbunden werden. Die strukturelle Konzeption betrachtet Globalisierung als Folge der kapitalistischen Wirtschaft, durch die gleichzeitig Verdichtungen und Distanzierungen, Zentren und Ränder erwachsen. Bei der Idee der Ströme stehen Bewegungen entlang von Scapes im Vordergrund. Sobald Scapes etabliert sind, versuchen Individuen, Unternehmen, Orte und Gesellschaften, sich als Knotenpunkte zu etablieren. Als Ideologie wird Globalisierung von denjenigen verwendet, die sie für unvermeidbar und Regulierung für verfehlt halten. Globalisierung ist Performanz, indem sie hergestellt wird, eine Wirkung statt einer Ursache ist. Die Wissenschaften der Komplexität schließlich können Begriffe und Methoden liefern, mit denen sich die Globalisierung besser verstehen lässt.

Komplexität untersucht emergente Eigenschaften, die in den Komponenten nicht als solche enthalten sind (2003: 13). Viele Eigenschaften und Muster sind nicht auf Teile reduzierbar. Globale Systeme sind interdependent, selbstorganisierend, emergent, mobil, unvorhersehbar, nicht-linear und irreversibel. Ordnung und Unordnung gehen ineinander über (2003: 21). Es gibt nie ein Gleichgewicht. Kleine Ereignisse können eine große Wirkung haben, weil kein Ereignis ohne Wirkung bleibt und in seiner Wirkung nicht vorhersehbar ist. Es gibt keine allgemeine Relation zwischen einer bestimmten Ursache und einer bestimmten Wirkung. Kontingente Ereignisse haben Muster zur Folge, die fortdauern und die Zukunft bestimmen (2003: 28). Dadurch entsteht eine Pfadabhängigkeit.

Ordnung in einem System wird in erster Linie durch Attraktoren gebildet, die für positive oder negative Rückkopplung sorgen (2003: 26). Sie lassen sich nur auf sehr komplexe Weise berechnen. Die Attraktoren in der globalen Welt sorgen für Lokalisierung des Globalen bzw. für Glokalisierung (siehe 1.4.2). Akteure passen sich an ihre lokale Umgebung an, welche allerdings von anderen Akteuren gestaltet wird, die sich ebenfalls anpassen (2003: 80). Es gibt kein globales Zentrum. Zentren der Gravitation sind vielmehr Attraktoren der Glokalisierung, an denen das Globale verstärkt lokalisiert wird (2003: 86). So sind beispielsweise die globalen Finanzsysteme ganz von Zeit und Raum abgelöst, werden aber an wenigen Orten und in kleinen Netzwerken lokalisiert, insbesondere beim Business Lunch (2003: 90).

»The power of any network can be said to stem from its size, as indicated by the number of nodes within it, by the density of networked connections between each node, and by the connections that the network has with other networks.« (2003: 52) Neben der Größe sind positive Rückkopplungen und Pfadabhängigkeit zentral für die Macht von globalen Netzwerken. Sie resultieren nicht nur aus menschlichen Interaktionen, sondern auch aus Maschinen, Texten, Objekten und Technologien. Global integrierte Netzwerke bestehen aus komplexen, andauernden und vorhersehbaren Verbindungen zwischen Menschen, Objekten und Technologien, die sich über multiple und entfernte Räume und Zeiten erstrecken (2003: 56 f). Globale Netzwerke haben keinen singulären Ort, bewegen und verdichten sich aber an Orten, die sie grundlegend verändern. Urry stimmt zwar Watson zu, dass McDonald's an Orten überall in der Welt lokalisiert wird (siehe 1.4.2), aber seiner Interpretation zufolge herrscht letztlich das Netzwerk mit dem Namen und dem Konzept McDonald's (2003: 57). Neben globalen Netzwerken gibt es globale Flüssigkeiten, die teilweise durch die globalen Scapes strukturiert sind. Die »Partikel«, die sich entlang der Scapes bewegen, bilden heterogene und unvorhersehbare »Wellen« (2003: 60 ff). Beispiele für globale Flüssigkeiten sind Reisende, Information, Geld, Logos, Krankheiten, Umweltrisiken, Ozeane und soziale Bewegungen.

Trotz der ungewohnten Begrifflichkeit ist Urrys Theorie nicht weit von Giddens' entfernt. Auch er deutet die Globalisierung als Folge der Moderne, die sich grundlegend durch Reflexivität auszeichnet (2003: 139). Giddens baue Reflexivität in die Struktur ein und komme so über einen Dualismus hinaus (2003: 46). Allerdings sei für ihn Handeln eine bloße Wiederkehr des Selben, während laut Urry tatsächlich jede Handlung eine leicht differierende Wiederholung sei. Diese kleine Differenz kann jedoch große und völlig unintendierte Folgen haben. Die Betrachtung müsse sich daher mehr auf mikrologische Veränderungen, auf Mobilität, Wechselndes, Unbestimmtes konzentrieren. Auch An- und Abwesenheit können nicht mehr so klar getrennt werden, wie es Giddens getan hat (2003: 74). Mit einem Klick ist die Welt da oder nicht da – oder im Hinter- oder Vordergrund. Eine ähnliche Kritik trifft auch Giddens' Unterscheidung von Struktur und Handlung, die zu statisch ist, um gegenwärtige Prozesse zu erfassen (2003: 40).

Entschiedener setzt sich Urry von Luhmann ab, mit dem er oberflächlich mehr zu teilen scheint. Auch Luhmann hatte seine Grundbegriffe den jüngsten Strömungen der Naturwissenschaften entlehnt. Aus Urrys Sicht sind diese Grundbegriffe jedoch veraltet; außerdem verknüpft Luhmann sie mit einer funktionalistischen Deutung von Gesellschaft, die auf der Soziologie von Talcott Parsons beruht (Urry 2003: 100 f). Luhmanns Konzeption ist zu abstrakt und funktionalistisch. Da sie ein Gleichgewicht voraussetzt, kann sie die Veränderungen der Netzwerke nicht erfassen. Die Weltgesellschaft wird als funktionale Totalität gedeutet, in der alle Prozesse zu ihrer Selbsterzeugung beitragen. So werden Ungleichheit, Klimawandel und Terrorismus zu funktionalen Komponenten der Weltgesellschaft. Laut Urry gibt es aber kein globales System, sondern nur globale Netzwerke und Flüssigkeiten.

Man kann Urry entgegensetzen, dass er naturwissenschaftliche Theoreme übernimmt, die er selbst weniger versteht, als es Luhmann seinerzeit getan hatte. Die Rede von Quanten, Verzerrungen der Zeit und Emergenz kann nur metaphorisch gerechtfertigt werden. Genau diese Form der Rechtfertigung wählt Urry. Er warnt selbst davor, physikalische Modelle direkt auf die Sozialwissenschaften zu übertragen. Da aber alle Wissenschaften metaphorisch seien, lohne es einen Versuch, die Begriffe der Komplexitätstheorie auf die Globalisierung zu übertragen, weil sie theoretisch noch kaum durchdrungen sei (2003: 120 f). Wie weit die Übertragung trägt, bedarf einer Überprüfung.

1.5.3. Kapitalismuskritik

In der Auseinandersetzung mit dem real existierenden globalen Kapitalismus erscheinen Konzepte von Weltgesellschaft, reflexiver Modernisierung und globaler Komplexität häufig blutarm und der empirischen Überprüfung nicht zugänglich. An verschiedene Strömungen des Marxismus (siehe 1.2. und 1.3.1) anknüpfend wird deshalb gefordert, durch die Untersuchung von sozialen Praktiken, Klassen- und Machtbeziehungen mehr empirischen Boden unter den Füßen zu gewinnen. Dazu gehören Autoren wie Leslie Sklair, Pierre Bourdieu und Richard Sennett. Sie deuten die Globalisierung weder aus funktionaler noch aus modernisierungstheoretischer Perspektive, sondern als qualitative Eigenschaft des Kapitalismus.

Eine Brücke zwischen Weltgesellschaft, Funktionalismus und reflexiver Modernisierung hat Leslie Sklair geschlagen. Er fordert, Soziologie auf ein globales System zu beziehen, das im Entstehen begriffen ist und durchaus als Weltgesellschaft bezeichnet werden kann (1991: 2). Das globale System ist jedoch Produkt von Praktiken und nicht von Funktionen selbst organisierender Systeme (1991: 3). Sklair fordert, das globale System als Resultat transnationaler Praktiken (»TNP«) zu untersuchen. TNPs gliedern die soziologische Totalität in drei Ebenen: ökonomisch, politisch und kulturell-ideologisch. Um Asymmetrie auf allen drei Ebenen zu beschreiben, eignet sich der Terminus Hegemon. Jede der drei Sphären hat eine repräsentative Institution, zusammenhängende Praxisstrukturen und einen internen Zusammenhang mit dem globalen System (1991: 52 f). »This theory of the global system … revolves around the perceived necessity for global capitalism to continually increase production and international trade, to guarantee the political conditions for this to occur uninterruptedly all over the world, and to create in people the need to want to consume all the products that are available, on a permanent basis.« (1991: 54)

Wie Albrow meint Sklair, dass Globalisierungsprozesse vor allem von einer sozialen Klasse vorangetrieben werden, die er als transnationale Kapitalistenklasse (»TCC«) bezeichnet. »This class consists of those people who see their own interests and/or the interests of their nation, as best served by an identification with the interests of the capitalist global system« (1991: 8). Die TCC kontrolliert die transnationalen Unternehmen (»TNC«), die wiederum die mächtigsten Akteure im Weltsystem sind. Letztlich meint Sklair hiermit nur die 500 größten Multis, die in der Liste der Zeitschrift *Fortune* aufgeführt werden (1991: 43). Viele der größten TNCs haben einen jährlichen Umsatz, der das BSP etwa der Hälfte aller Länder übersteigt (siehe Tabelle 1.5.1). 1986 hatten 64 von 120 Ländern ein BSP von weniger als 10 Milliarden Dollar. 68 TNCs in der Produktion, alle 50 Top-Banken und 29 der 30 Top-Versicherungen hatten ein Nettovermögen von mehr als 10 Milliarden Dollar (1991: 48). Die TCC versucht, die Position von Arbeitern zu schwächen und lokale Praktiken zugunsten von globalen abzuwerten (1991: 62). Der Klassenkampf wird zwischen denen ausgetragen, die meinen, dass TNCs schädlich für die Entwicklung der Dritten Welt sind, und denen, die meinen, dass es keine Entwicklung ohne TNCs gibt (1991: 68). Dabei vertreten die Reichen in der Dritten Welt die Interessen der TNCs und gehören selbst der TCC zu (1991:

118). Diese Position unterscheidet sich von der Weltsystemtheorie, indem sie eine reale transnationale Klasse annimmt und sie nicht durch den Besitz an Produktionsmitteln allein definiert. Sklair meint, in den ärmeren Ländern gebe es ein Dreierbündnis von TNCs, lokaler Bourgeoisie und Staatsapparat (1991: 125).

Tabelle 1.5.1. Staaten und Unternehmen im Vergleich (1997)

Staat/Unternehmen	**BSP/Umsatz in Mrd. Dollar**
Mitsubishi	180
General Motors	170
Südafrika	130
Portugal	95
Wal-Mart	90
Volkswagen	60
Chile	50
Burkina Faso	1

Quelle: Knox/Agnew (1998: 43).

Ein weiterer Unterschied zur Weltsystemtheorie und zum Marxismus besteht darin, dass Sklair ähnlich wie Meyer Kultur und Politik nicht für reine Reflexe der Ökonomie hält. Marx hätte keine Probleme, die heutige ökonomische und politische Sphäre zu begreifen; wohl aber die kulturell-ideologische, weil sich die globalen Möglichkeiten sehr verändert haben (1991: 73 ff). Die Massenmedien beschleunigen die Zirkulation materieller Güter durch Werbung, sie impfen die herrschende Ideologie im Kindesalter ein und schaffen einen globalen Konsumismus. Zentral für das System ist die Verwischung der Grenzen zwischen Information, Unterhaltung und Werbung. Durch die Dominanz amerikanischer TNCs im Bereich der Kultur kommt es zu einer kulturellen Amerikanisierung (siehe 1.4.1). Je mehr kommerzielles Fernsehen junge Leute sehen, desto eher identifizieren sie sich statistisch mit dem *american way of life* (1991: 144). Durch seine kulturelle Anziehungskraft wird der globale Kapitalismus zusätzlich gestärkt. Diese Theorie hat Sklair im Lauf der Jahre konsequent ausgearbeitet (siehe Sklair 2002).

Die bisher referierten Theorien betrachten die Globalisierung als ein reales Phänomen. Der Begriff der Globalisierung wurde allerdings von vielen Seiten als bloße Ideologie der Deregulierung und Liberalisierung attackiert. Einen wirkungsmächtigen Angriff lancierte der französische Soziologe Pierre Bourdieu während der 1990er Jahre.[30] Bourdieu rechtfertigte seine politischen Interventionen,

30 Für eine Einführung in Bourdieus Begrifflichkeit siehe unten Kapitel 2.6.3 und Rehbein (2006a).

die später unter dem Titel *Gegenfeuer* (1998, 2001) gesammelt und veröffentlicht wurden, mit mehreren Argumenten. Das erste Argument stellte fest, dass man jederzeit im Namen der herrschenden sozialen Gruppen intervenieren könne, ohne um den eigenen wissenschaftlichen Ruf fürchten zu müssen (2004b: 96). Nur wenn Wissenschaftler dem herrschenden Diskurs widersprächen, würde ihnen vorgeworfen, sie verließen den Bereich der Wissenschaft. Bourdieus zweites Argument beruht auf seiner Theorie der Sozialwissenschaften. Ihr zufolge hat Soziologie immer praktische Folgen, die wissenschaftlich reflektiert werden müssen. Da die Soziologie Teil einer Gesellschaft ist, kann sie von ihr nicht vollkommen unabhängig sein. Daher hat die Soziologie eine soziale Aufgabe (2001: 34 f). Diese Aufgabe interpretierte Bourdieu mit Kant als Aufklärung, als Ausgang der Menschheit aus selbst verschuldeter Unmündigkeit. Zu diesem Zweck forderte er eine »Realpolitik der Vernunft« (2004b: 95). Das dritte Argument Bourdieus für seine Kritik an der Globalisierung lautete, dass Wissenschaftler und Wissenschaftlerinnen zu den wenigen Menschen gehören, die im Dienst der Wahrheit handeln. Ihr Ethos unterscheidet sich von dem anderer Akteure, insbesondere von dem der Politiker und Wirtschaftsbosse. Daher ist es ihre Aufgabe, ihr Ethos zum allgemeinen Diskurs beizutragen und somit wenigstens ein Element der Wahrheit in ihn einzubringen (1998: 65).

In seinen ersten Interventionen Anfang der 1990er Jahre beklagte Bourdieu lediglich den Rückzug des Staates. Dann versuchte er, alle sozialen Probleme durch den Aufstieg des Neoliberalismus und eine Art Verschwörung seiner Vertreter zu erklären. Die globale Verschwörung des Neoliberalismus untersuchte er später etwas genauer, indem er sich auf seine Untersuchungen über den französischen *Staatsadel* (2004a) stützte. Schließlich gelangte er zu einem komplexeren Bild der Globalisierung, das über das bewusste Handeln von Neoliberalen und das am Nationalstaat orientierte Modell der Welt hinausging.

Bourdieus Interventionen gegen den Neoliberalismus sind in erster Linie eine Kritik sozialer Ungleichheit. Soziale Ungleichheit ist verknüpft mit der Konzentration von Macht in den Händen der herrschenden Klasse, die ihre Herrschaft durch neoliberale Politik rechtfertigt und festigt. Soziale Kämpfe im 19. und 20. Jahrhundert waren Bourdieu zufolge die Ursache dafür, dass der Staat soziale Aufgaben übernehmen musste, die er an einige seiner Organe delegierte (1998: 12 f). Andere seiner Organe, nämlich diejenigen, die für Wirtschaft und Finanzen zuständig waren, wollten diese Aufgaben jedoch nie finanzieren. Heute haben die Letzteren größeren Einfluss erhalten. Politiker, die nicht viel über Ökonomie wissen, predigen einen ökonomischen Sermon, der seinen Ursprung im Internationalen Währungsfonds hat (siehe auch 1.3.2), und fordern einen Rückzug des Staates, insbesondere eine Verringerung der Sozialausgaben.

Der Rückzug des Staates hatte Bourdieu zufolge seinen Ursprung in den USA und breitete sich von dort über Europa aus (1998: 42). Der Aufstieg des Staates war laut Bourdieu mit einer Konzentration von Kapital einhergegangen – von ökonomischem Kapital, von kulturellem Kapital und von Gewalt –, die dem Staat eine gewisse Unabhängigkeit von der Gesellschaft verschaffte. Diese Unabhängigkeit hatte einerseits totalitäre, andererseits aber auch soziale Aspekte. In den 1990er Jahren begannen die sozialen Aspekte zu verschwinden, denn die wichtigsten Ämter in Staat und Verwaltung wurden zunehmend von Managern übernommen, die Bourdieu als den »Staatsadel« bezeichnete (1998: 35). Der Staatsadel ist eine Gruppe von Menschen, die aus der herrschenden Klasse stammen und gemeinsam in den Elitehochschulen studiert haben, bevor sie die Führungspositionen in der Gesellschaft übernehmen. Diese Gruppe teilt alle Formen von Kapital unter sich auf, während sie die Ausgaben für das Gemeinwohl und die sozial Benachteiligten reduziert.

Diese Deutung ist weniger komplex als Bourdieus Untersuchung, die unter dem Titel *Der Staatsadel* erschienen ist. Eines der wichtigsten Argumente dieses Buches versucht aufzuzeigen, dass es unter den Mitgliedern und Organen der herrschenden Klasse eine zunehmende Arbeitsteilung gibt. Die Herrschaft über die Gesellschaft ist ein Feld, das Bourdieu auch als Feld der Macht bezeichnet hat, aber gleichzeitig zerfällt sie selbst in zahlreiche Felder – wie Wirtschaft, Verwaltung, Rechtssystem, Politik usw. Den Interventionen zufolge ist die Einheit der herrschenden Klasse auf der symbolischen Ebene anzusiedeln. Die Herrschenden und ihre Repräsentanten stimmen in der neoliberalen Grundhaltung überein. Dieser Konsens umspannt alle herrschenden Felder. Seinen Kern bezeichnete Bourdieu als »Mythos der Globalisierung« (1998: 43). Der Mythos besteht aus einer Weltanschauung, die alle sozialen Phänomene auf ökonomische Gesetzmäßigkeiten und diese auf Mathematik reduziert (1998: 58 ff). Erst stellt der Mythos die Wirtschaft als ein unabhängiges Universum dar, das von unveränderlichen, aber berechenbaren Naturgesetzen beherrscht wird. Dann wird gefordert, dass die ganze Gesellschaft diesen Gesetzen zu folgen hätte, um das »Vertrauen der Märkte« und die Position der Gesellschaft am Weltmarkt zu festigen. Ein wachsender Prozentsatz der Bevölkerung des globalen Nordens verarmt, das kulturelle Leben wird dem Profit untergeordnet, Kollektive werden zerstört, Sozialdarwinismus greift um sich. Arbeiter und Arbeiterinnen verzichten angesichts der Gefahr von Arbeitslosigkeit auf Widerstand und Proteste.

All das hat Bourdieu nicht nur in den 1990er Jahren, sondern auch schon in den 1960er Jahren diagnostiziert. Seiner Analyse zufolge entsteht im globalen Norden eine duale Wirtschaft. Auf der einen Seite stehen ein paar gut bezahlte Professionelle in sicheren Arbeitsverhältnissen, auf der anderen Seite lebt der

Großteil der Bevölkerung in unsicheren Verhältnissen. Bourdieu versuchte nun, den neoliberalen Diskurs mit einer wirklich existierenden Wirtschaft zu verbinden, die wiederum in eine wirkliche Gesellschaft eingebettet wäre (2001: 28). Den Diskurs charakterisierten seines Erachtens drei Behauptungen. Erstens: Die Wirtschaft ist ein unabhängiges Universum, das von Naturgesetzen beherrscht wird. Zweitens: Der Markt ist die beste Organisationsform der Wirtschaft. Drittens: Die Globalisierung erfordert Deregulierung und den Abbau des Staates. Diese Behauptungen waren Bourdieu zufolge in den Vereinigten Staaten verwirklicht, die 1989 mit dem Ende des Kalten Krieges zur alleinigen Supermacht wurde. Die Gesellschaft der USA hat die folgenden Eigenschaften: Abbau des Sozialstaats und Ausbau des kontrollierenden und bestrafenden Staates; Zerschlagung der Gewerkschaften; Vorrang von Aktionärsinteressen; prekäre Arbeitsverhältnisse; und soziale Unsicherheit.

An diesem Punkt verließ Bourdieu den Rahmen Frankreichs und bewegte sich auf einen internationalen Rahmen zu, den er anfangs stark vereinfachte. Er behauptete zunächst, der neoliberale Diskurs sei deshalb so einflussreich geworden, weil er die Interessen der herrschenden Gruppen (Sklairs TCC) vertrat: die von Aktionären, Bänkern, Politikern, Wirtschaftsbossen und Finanzinstitutionen. Allerdings porträtierte Bourdieu diese Gruppen nicht mehr als homogen, sondern meinte, sie konkurrierten auf verschiedenen Feldern miteinander (2001: 110). Die Vereinigten Staaten waren kein einheitlicher Akteur mehr, auch die Aktionäre bildeten keine einheitliche Gruppe. Genauer gesagt, nur auf dem Feld internationaler Organisationen und in der Kultur treten die Vereinigten Staaten als einheitlicher Akteur auf. Denn hier haben sie eine Art Monopol. Sie sind der symbolische Herrscher der Welt, genau wie eine Regierung innerhalb eines Nationalstaats (2001: 109).

Neben der internationalen Ordnung entsteht ein globales ökonomisches Feld, das Bourdieu in Unterfelder gliedert (2001: 111). Die Unterfelder sind in erster Linie verschiedene Industriezweige. Sie haben die Struktur eines Oligopols, das der Verteilung von Kapital zwischen den größten Unternehmen entspricht. Die industriellen Unterfelder werden strukturell vom globalen Feld der Finanzen dominiert, das wiederum von den großen Investmentgesellschaften beherrscht wird. Die Chefs dieser Gesellschaften sind Menschen mit viel kulturellem, sozialem und ökonomischem Kapital und stammen aus Familien der herrschenden Klasse. Sie können Unternehmen und ihre Manager unter Druck setzen, die Profite zu steigern – indem sie drohen, ihre Wertpapiere zu verschleudern oder nicht zu kaufen –, genauso wie Nationalstaaten und internationale Organisationen (2001: 52, 109).

Heutzutage wird selbst die Kultur den globalen Finanzströmen untergeordnet (2001: 93 f). Zehn Medienunternehmen beherrschen weltweit die Kulturproduktion. Handelsabkommen liberalisieren den Dienstleistungssektor und verwandeln alle Kulturprodukte in ökonomische Waren. Das führt zur Standardisierung der Kultur, weil die Großunternehmen die Masse bedienen wollen und müssen, also eine Art Durchschnitt. Kunst verliert ihre Autonomie. Die führenden Unternehmen in den Bereichen Medien und Finanzen sind in den USA angesiedelt. Ferner sind die USA der militärisch, ökonomisch und politisch mächtigste Staat der Welt.

Eine genauere Analyse des gegenwärtigen Kapitalismus hat Bourdieu nicht mehr leisten können. Sein Schüler und früherer Mitarbeiter Luc Boltanski hat gemeinsam mit Eve Chiapello eine eigene Theorie entwickelt. In ihrem Buch *Der neue Geist des Kapitalismus* konstatieren sie eine Umkehrung der Situation des Jahres 1968 (2003: 21). Statt Vollbeschäftigung und mächtiger Kritik haben wir heute Arbeitslosigkeit und ein Verstummen der Kritik. Das Wachstum hat sich verlangsamt, aber die Kapitalgewinne sind stark gestiegen, während die Arbeitslöhne relativ gesunken sind (2003: 25). Das Buch fragt, wie diese Aspekte miteinander verknüpft sind. Es will einen theoretischen Rahmen entwickeln, der die wirtschaftlichen Transformationen und die sie begleitenden Ideologien gleichzeitig erklären kann (2003: 37). Mit Ideologie ist dabei die Gesamtheit geteilter Glaubenssätze gemeint.

Die Untersuchung von Boltanski und Chiapello beginnt mit unbefriedigenden, weil abstrakten Begriffsklärungen. Kapitalismus sei die »Forderung nach unbegrenzter Kapitalakkumulation durch den Einsatz formell friedlicher Mittel« (2003: 39). Er sei Konkurrenz um Kaufkraft von Konkurrenten zur Realisierung von Gewinn. Viele Menschen besitzen heute Kapital in Form von Immobilien und Aktien. Mit Kapitalisten meinen Boltanski und Chiapello jedoch nur Menschen, von denen Kapitalakkumulation und der Druck auf Unternehmen zur Gewinnsteigerung ausgehen, vor allem Großaktionäre und Vorstandschefs (2003: 41). Eine weitere Eigenschaft des Kapitalismus sind die abhängigen Beschäftigten, die hier jedoch nicht nur die formalen Lohnarbeiter umfassen. Ihre Zahl ist stark angestiegen (2003: 41 f).

Boltanski und Chiapello meinen nun, dass der Kapitalismus nicht als eigenständiges System funktionieren könne. »Der Kapitalismus ist in vielerlei Hinsicht ein absurdes System: Die Arbeitnehmer haben ihre Eigentumsrechte an dem Produkt ihrer Arbeitstätigkeit und die Möglichkeit zu einem unabhängigen Erwerbsleben verloren. Die Kapitalisten hingegen sind an einen endlosen und unersättlichen … Prozess gekettet, der von der Befriedigung der Konsumbedürfnisse … losgelöst ist.« (2003: 42) Daher fehlt es ihm an Plausibilität. Geld allein kann diese Plausibilität nicht erwirken. Man braucht eine zusätzliche und auf das Allgemeinwohl gerichtete Motivation, die Boltanski und Chiapello als »Geist des Kapitalismus« bezeichnen. Er ist eine Ideologie, »die das Engagement für den Kapitalismus rechtfertigt« (2003: 43). Diese Ideologie entsteht nur aus dem Zusammenspiel mit der Kritik und ist daher nur in Verbindung mit ihr zu verstehen (2003: 69). Der Begriff verweist auf Max Webers Untersuchung über »Die protestantische Ethik« (1978, I). Boltanski und Chiapello ergänzen Webers Begriff um den Aspekt des Allgemeinwohls und verzichten auf seine allgemeine Untersuchung. Sie wollen ihn nur für die jüngste Vergangenheit erhellen, um die Gegenwart zu verstehen.

Ideologie und Kritik erzeugen einen gemeinsamen geistigen Horizont, der sich modellhaft bestimmen und in seiner Veränderung analysieren lässt. »Insofern die Gesellschaftsstrukturen einem Rechtfertigungsimperativ unterliegen, neigen sie dazu, sich auf einen Typus ganz allgemeiner Konventionen zu beziehen, die allgemeinwohlorientiert sind, eine universelle Gültigkeit beanspruchen und sich unter dem Begriff der *Polis* zu einem Modell ausarbeiten lassen.« (2003: 61) Die Polis soll Gerechtigkeit verbürgen, die wiederum mit einer Wertigkeitsordnung verknüpft ist. Boltanski und Chiapello unterscheiden sechs historische Modelle der Polis: erleuchtete Polis (Religion), familienweltliche Polis (persönliche Abhängigkeitsverhältnisse), Reputationspolis, bürgerweltliche Polis (Ausdruck des Allgemeinwillens), marktwirtschaftliche Polis und industrielle Polis. Der erste Geist des Kapitalismus war ein Kompromiss zwischen Familie und Markt, der zweite zwischen Industrie und Bürgerwelt (2003: 63).

Am Beispiel der Managementliteratur für Führungskräfte zeigen Boltanski und Chiapello nun auf, inwieweit der zweite Geist des Kapitalismus überwunden ist (2003: 91). Im 19. Jahrhundert ging es in der Literatur um den heroischen Unternehmer (2003: 54). Ab 1930 ging es um den engagierten angestellten Firmendirektor. Dann ließ der Klassenkampf nach und Kapitalbesitz trennte sich stärker von der Firmenleitung. Ferner ist der Kapitalismus heute globalisiert und durch neue Technologien gestützt. Es kündigt sich ein neuer Geist des Kapitalismus an. Aus optimistischer Sicht könnte er sich stärker an Gerechtigkeit und sozialem Wohlergehen orientieren. Vermutlich hängt die Ausformung des neuen Geistes davon ab, welche Bedeutung die TNCs dem sozialen Frieden für ihre Manager im Zentrum beimessen. »Parallel zu dem Bedeutungsverlust der arbeitnehmernahen Kontrollstrukturen kommt es in der Managementliteratur (wie im übrigen auch in der Mikroökonomie) zu einer Blüte der *Vertrauens*thematik.« (2003: 125)

Mit dem Problem des Vertrauens entsteht ein neuer Gerechtigkeitssinn, der mit einer neuen Polis verknüpft ist, der »projektbasierten Polis« (2003: 137). Die projektbasierte Polis ist das globale Netzwerk (2003: 148 ff). Der Netzbegriff hat sich mit den IT-Netzen verbreitet, die mehr Heimarbeit und flachere Hierarchien ermöglichten (2003: 148). Das Sozialleben ist nicht mehr von familiären und industriellen Hierarchien geprägt, sondern von unzähligen, kurzzeitigen Begegnungen, die oft große kulturelle, soziale und räumliche Distanzen überbrücken.

In einer komplett vernetzten Welt fallen überschüssige Menschen einfach durch die Maschen. Die Gerechtigkeitsfrage wird nicht mehr gestellt. Es gibt kein Nebeneinander und keinen Vergleich zwischen sozialen Lagen mehr. Daher bietet das Netz keine Basis für eine Polis. In der Netzwelt sind die Menschen flexibel, anpassungsfähig, mobil und autonom. Heute ist soziologisch ein »Mobilitätsdifferential« am Werk (2003: 411 f). Wer mobil ist, hat die beste Position. Innerhalb von Firmen und Gesellschaften entsteht ein Zweiklassensystem (2003: 281). Die unteren Gruppen sind von einem Prozess der Selektion und Exklusion betroffen. Kriterien der Selektion sind vor allem Alter, weibliches Geschlecht und ausländische Herkunft (2003: 288). Zunehmend kommt eine medizinisch-psychologische Eignungsprüfung hinzu. Die Arbeiter müssen bei gleichem Lohn mehr leisten (2003: 296 f). Pausen werden von der Arbeitszeit abgezogen. Dadurch müssen weniger Arbeiter eingestellt werden und der Mehrwert pro Arbeitseinheit wächst. Immer mehr Kosten werden auf den Staat abgewälzt, während die Gewerkschaften an Bedeutung verlieren (2003: 304, 310).

Boltanski und Chiapello färben das von Urry eher neutral gezeichnete Bild dunkel ein. Dennoch sind sie weit entfernt von Sklairs Pessimismus. Sie setzen ihre Hoffnung auf die Kritik in einer projektbasierten Polis. Die projektbasierte Polis fordert gegenüber Industrie und Politik mehr Flexibilität und bildet ein selbstbezügliches kritisches System, das sich selbst beschränken muss, um dauerhaft Bestand zu haben (2003: 565). »Die Ausdehnung der Marktsphäre, vor allem in Richtung einer Ökonomisierung des Menschlichen muss begrenzt werden.« (2003: 511) Hierzu werden verschiedene Maßnahmen ergriffen, die gemeinsam haben, dass sie eine ungerechte Nutzung der Mobilität eingrenzen wollen (2003: 413). Maßnahmen zur Gerechtigkeit sind heute beispielsweise Steuern auf mobiles Kapital und Wiedereingliederungsmaßnahmen. Der Euro hat die Kapitalmobilität in Europa und Spekulationen gesenkt. Durch allgemeine Zinssenkung hat er auch den Profitdruck auf die Unternehmen gesenkt (2003: 444).

Eine ganz ähnliche Diagnose wie Boltanski und Chiapello hat Richard Sennett getroffen, der sich ebenfalls auf Max Weber stützt. Auch er diagnostiziert einen neuen Kapitalismus, der sich durch Flexibilisierung auszeichnet. Heute herrscht eine entwürdigende Oberflächlichkeit, die in der Desorganisation der Zeit begründet ist, »in einer sich ständig umstrukturierenden, routinelosen, kurzfristigen Ökonomie« (1998: 131). Es fehlen dauerhafte persönliche Beziehungen und Absichten. Die kurzfristige Ökonomie äußert sich in Teamarbeit und einem oberflächlichen Arbeitsethos. Beide sind in vieler Hinsicht das Gegenteil der protestantischen Ethik, die Weber als bedeutsam für die Entstehung des Kapitalismus analysiert hatte. Im Teamwork sollen Arbeitnehmer mit wechselnden Kollegen gut zurechtkommen. Das wird gerne in der Sportmetapher ausgedrückt (1998:

147 ff). Im Spiel machen die Teams ihre Regeln selbst. Dabei wird eine Fiktion geschaffen: Die Spieler konkurrieren nicht mehr untereinander und werden nicht mehr von einem Chef befehligt; stattdessen moderiert der Chef, und die Konkurrenten sind die anderen Teams. Die Fiktion der Teams dient immer größerer Produktivität. In der Welt der Teamarbeit ist niemand mehr verantwortlich. Alles wird durch den Druck der Kollegen erledigt, die Manager müssen nicht mehr eingreifen.

Die Soziologie der Globalisierung wird sich zugleich vertiefen und erweitern müssen. Vertiefen heißt zunächst, die Kräfte sozialer Gestaltung der Globalisierung genauer zu erfassen, so wie vor zwei Jahrzehnten die Erforschung der Tiefenstruktur neuer sozialer Bewegungen die frühere Sozialstrukturanalyse komplettiert hat. Vertiefung heißt darüber hinaus, den Untergrund von Globalisierung als Ordnungs- und Gewaltzusammenhang in Erinnerung zu rufen, der bei der Untersuchung weltgesellschaftlicher Aushandlungsprozesse allzu leicht in den Hintergrund gerät (Held/McGrew 2007). Dabei kann die Soziologie auf einen inzwischen in der Politikwissenschaft heimisch gewordenen soziologischen Neoinstitutionalismus zurückgreifen (Risse 2007), der die Konstruktion der globalen Institutionen, die zwischen lokaler Verankerung und globaler Rahmenbildung operieren, empirisch und kritisch betrachtet. So kommt die Politik der Globalisierung wieder stärker ins Spiel, die Herstellung von Zusammenhängen, wie sie im folgenden Teil diskutiert wird. Nicht zuletzt wird die Soziologie der Globalisierung am Ende auch zu einer Globalisierung der Soziologie führen, die zunächst die europäischen Bildungsräume der Sozialwissenschaften betrachtet (Schriewer 2007). Im Wettbewerb um die Standardisierung sozialwissenschaftlicher Lehre und Forschung werden sich auch die Widersprüche von Gesellschaft und Weltgesellschaft wieder zu Wort melden.

2. Zusammenhänge

2.1. Aufstrebende Mächte

Der Aufstieg neuer Mächte (*emerging powers*) ist eines der wichtigsten Phänomene der Gegenwart. Er hat Folgen für die Weltordnung, aber auch für die sozialwissenschaftliche Theorie und die sozialen Zusammenhänge. Die Welt wird sich durch den Aufstieg des globalen Südens nachhaltig verändern. Das Thema wurde bislang abwechselnd von Ökonomen und Politologen behandelt, die sich mit der Weltordnung beschäftigen. Dabei werden Nationalstaaten als Einheiten mit bestimmten Eigenschaften und Zielen betrachtet. Grundlage der Untersuchungen sind Größen wie Bruttosozialprodukt, Handelsbilanzen, Wirtschaftswachstum, Waffenarsenale, politisches System und Bündnisse. In den Debatten der jüngsten Zeit verlagerte sich der Fokus von Ländern mit großer Produktivität auf Länder mit großen Volkswirtschaften. Es ist kein Zufall, dass die heutigen *emerging powers* die Länder mit der größten Bevölkerungszahl sind. Sie sind die potenziell größten Absatzmärkte und die Länder mit dem potenziell größten Bruttosozialprodukt.

Aus dieser Perspektive wird das Thema im ersten der folgenden Abschnitte beleuchtet. Es zeigt sich, dass die Zeit der eindeutigen Vorherrschaft des Westens vorbei ist. Die USA haben zwar noch in fast allen relevanten Bereichen von Wirtschaft und Politik die Führung inne, aber diese Führung bröckelt. China, Indien und Brasilien erheben den Anspruch auf eine regionale Führungsrolle und sind nicht mehr bereit, ihre Regionalpolitik den amerikanischen Interessen unterzuordnen. Was noch wichtiger ist, sie handeln zunehmend gemeinsam und koordiniert gegen den globalen Norden. Die Verbindung zwischen den *emerging powers* zeigt sich auch in einem sprunghaften Anstieg der Handels- und Finanzströme zwischen ihnen.

Vor diesem Hintergrund vermögen die klassischen Theorien der Modernisierung, Verwestlichung und kapitalistischen Evolution nicht mehr zu überzeugen. Wenn der globale Süden eine Führungsrolle übernimmt oder zumindest nicht mehr dem durch den Westen vorgezeichneten Weg folgt, kann auch die aus der westlichen Geschichte abgeleitete Evolutionstheorie keine universale Geltung mehr haben. Daraus wurde die Konsequenz gezogen, von verschiedenen Entwicklungen zu sprechen, die zu unterschiedlichen Modernen oder Zentren führen. Mit diesen Theorien und den Gegenpositionen beschäftigt sich der zweite Abschnitt des Kapitels. Im dritten Abschnitt wird die Fixierung auf Nationalstaaten verlassen. Wir stellen die These auf, dass *emerging powers* viele Formen haben und auch die nationalstaatlichen Mächte nur verständlich werden, wenn man sie zu den anderen Formen in Beziehung setzt. Interessant ist das Thema nicht so sehr wegen einer möglichen Verlagerung ökonomischer und politischer Zentren, sondern vor allem wegen der Folgerungen, die für ein Verständnis der sozialen Welt gezogen werden müssen.

2.1.1. Neue Großmächte

Als *emerging Powers* galten über viele Jahrzehnte politische und wirtschaftliche Großmächte oder Mächte, denen man diesen Status für die nahe Zukunft zutrauen konnte. Das Thema des Aufstiegs neuer Mächte ist so alt wie die Existenz von Großmächten selbst (Schweller 1999: 1). Nach dem Aufstieg Europas um die Wende zum 19. Jahrhundert und dem folgenden Aufstieg der USA verlor das Thema jedoch an Bedeutung, weil sich der Kampf um eine Vormachtstellung nur zwischen den beiden Seiten des Nordatlantiks abzuspielen schien. Der Zweite Weltkrieg hatte zur Folge, dass die Vereinigten Staaten als einziger Sieger aus dem nordatlantischen Kräftemessen hervorgingen. Die USA hatten dieses Ziel nicht bewusst verfolgt, nahmen die Führungsrolle aber ausdrücklich an. Sie sahen sich nun nicht mehr einem zersplitterten Europa gegenüber, sondern einem von der Sowjetunion angeführten antikapitalistischen Block. Die 40 Jahre nach dem Zweiten Weltkrieg waren vom Kalten Krieg zwischen Ostblock und NATO geprägt. Der globale Süden, die Veränderung der weltwirtschaftlichen Strukturen, die Entstehung der Europäischen Gemeinschaft und die sozialen Bewegungen wurden allesamt in den bipolaren Rahmen einsortiert, wenn sie sich nicht explizit selbst auf einer der beiden Seiten situierten. Das Thema des Aufstiegs und Falls von Großmächten hatte in diesem Rahmen nur eine untergeordnete Bedeutung.

Der Beginn der Diskussionen um *emerging powers* ist mit dem Aufstieg Japans nach dem Zweiten Weltkrieg anzusetzen. In den 1960er Jahren verwandelte sich Japan von einer scheinbar zurückgebliebenen Nation in eine der stärksten Wirtschaftsmächte, die den Status der Vereinigten Staaten zu bedrohen schien. Gleichzeitig wuchs es zu einer Regionalmacht heran, die nicht mehr der besetzte Verlierer im Zweiten Weltkrieg war, sondern (wieder) eine eigene asiatische Außenpolitik betreiben konnte. Japan galt unmittelbar nach dem Krieg noch als exotisches Entwicklungsland. Das besiegte Land wandelte sich wie Deutschland rasch vom Kriegsgegner zum Verbündeten der USA im Kalten Krieg. Wie Deutschland erfuhr es in den 1950er Jahren ein rasantes Wirtschaftswachstum und wurde zur ersten nicht-westlichen Industrienation. Der Aufstieg wurde entweder als Beleg der Modernisierungstheorie gedeutet oder als Ausnahme von der Regel, dass der Kapitalismus nur im Westen entstehen könne (Sugimoto 2003: 13 ff).

Eine Sonderrolle im Kalten Krieg erlangte China, wo 1949 die Kommunistische Partei die Herrschaft übernommen hatte, die sie noch heute innehat. Chinas Einbindung in den Ostblock löste sich bereits in den 1950er Jahren zunehmend auf. Wenngleich China stets weltpolitische Bedeutung hatte, galt es vor den 1980er Jahren nicht als *emerging power*, weil es nur ein geringes Wirtschaftswachstum aufzuweisen hatte und als sozialistische Macht im Schatten der Sowjetunion stand. Anfang der 1970er Jahre kam es zu einer Annäherung zwischen den USA und China mit dem Besuch Nixons in Peking. Beide Mächte verzichteten auf eine Vormachtstellung im pazifischen Raum, auf Bündnisse mit anderen Großmächten und auf die Einteilung der Welt in Einflusssphären (Mueller/Ross 1975: 75). In dieser Phase entdeckte China auch Japan als Handelspartner, um nach zwei Jahrzehnten wirtschaftlicher Stagnation Kapital und Technologie ins Land zu holen (Mueller/Ross 1975: XIII). Ende der 1970er Jahre gab China den wirtschaftlichen Sozialismus zugunsten einer Modernisierung mit kapitalistischen Mitteln auf. Das politische System der Ein-Parteien-Herrschaft wurde dabei nicht verändert, vielmehr verwandelte sich der Staatsapparat von der Speerspitze des Sozialismus in einen nationalistischen Wirtschaftsregulator (Zhao 2002: 78). Dieser »Entwicklungsstaat« war den asiatischen Vorreitern Japan, Südkorea und Taiwan nicht ganz unähnlich und wird teilweise nach ihrem Vorbild gedeutet (siehe 1.3.3).

Aufsehen erregten nach dem Aufstieg Japans die vier asiatischen Tiger Südkorea, Taiwan, Hongkong und Singapur, die ein spektakuläres Wirtschaftswachstum erreichten (siehe 1.3.3). Als kleine Volkswirtschaften klassifizierte man sie jedoch nicht als *emerging powers*. Anders verhielt es sich mit den großen lateinamerikanischen Staaten, die für das Konzept der künstlichen Unterentwicklung Pate gestanden hatten (siehe 1.2.1). Verschiedentlich wurden Argentinien, Brasilien und Mexiko als künftige Wirtschaftsmächte gehandelt. Bisher hat nur Brasilien die Erwartungen erfüllt. Schon 1980 klassifizierte die *Financial Times* Brasilien als *emerging power* (O'Shaughnessy 1980). Die Einschätzung ging von Brasiliens Bedeutung im globalen Waffenhandel aus. Brasilien verfolge damit das strategische Ziel, Einfluss auf die globale Ölproduktion zu gewinnen. Gleichzeitig habe es sich für Exportorientierung statt Entwicklung des Binnenmarkts entschieden und sei damit von der Offenheit der großen Märkte abhängig, bei denen es immer mehr protektionistische Tendenzen gebe, was wiederum den Aufstieg Brasiliens gefährde (ebd.).

Wenig später erschien das erste Buch, das Brasilien als *emerging power* einordnete und sich dabei – wie oben erläutert – auf die Größe der Volkswirtschaft berief. Das Buch von Jordan Young (1982) analysierte aber auch die industrielle und soziale Basis von Brasiliens Volkswirtschaft. Die Präsidenten Vargas (1929–37) und Kubitschek (1955–60) förderten die industrielle Entwicklung und legten den Grundstein für führende Industrien wie die Automobil- und die Waffenindustrie (Young 1982: 45 f). Allerdings sei Bildung und Forschung ein zu geringes Gewicht beigemessen worden, wodurch das Wachstum langfristig behindert werden müsse. Der komparative Vorteil Brasiliens liege neben der soliden industriellen Basis in seinen Beziehungen zu Afrika, die historisch enger sind als die aller anderen nicht-afrikanischen Länder (Young 1982: 76). Brasilien strebe keine Weltherrschaft, wohl aber die Anerkennung des Status einer Weltmacht an. Es sei zu erwarten, dass Brasilien 2050 den Status einer Weltmacht erreicht hat. Nach zwei kritischen Faktoren sei Brasilien schon ganz oben anzusiedeln: Bevölkerung und Territorium (Young 1982: 110). Diese Einschätzung Brasiliens wird auch heute noch von Ökonomen und Politikwissenschaftlern geteilt (Hurrell 2002).

Die Diskussion um *emerging powers* verwandelte sich grundlegend nach dem Ende des Kalten Kriegs 1989–91. Nun gab es nur noch eine Weltmacht, die USA. Es wurde nicht mehr gefragt, inwieweit die aufstrebenden Mächte sich eher der Sowjetunion oder eher den Vereinigten Staaten anschlossen, sondern inwieweit sie die Unilateralität der USA in Frage stellen konnten. Es verwundert kaum, dass heute Indien und China im Mittelpunkt der Diskussion stehen. Sie sind die größten Nationalstaaten der Welt und weisen hohe Wachstumsraten auf. In ähnlicher Weise werden mehrere Regionalmächte identifiziert, die wie Brasilien besonders große Territorien und besonders große Bevölkerungen haben und daher ihre jeweilige Region dominieren: Russland, Indonesien, Iran und Südafrika (Hook 2002). China gilt nun als *emerging power*, weil es in jüngster Vergangenheit hohe Wachstumsraten aufzuweisen hat, die im Verein mit seiner Größe den Aufstieg zu einer Großmacht wahrscheinlich machen. Ferner erhebt es den Anspruch auf den Status einer Weltmacht, der in Asien auch so wahrgenommen wird (siehe die Beiträge in Johnston/Ross 1999).

Ähnliches gilt für Indien, das so groß und alt ist wie China, aber diesem in wirtschaftlicher Hinsicht hinterherhinkt. Der Politikwissenschaftler Stephen Cohen hat versucht, die Faktoren einzuschätzen, die Indien zum Großmachtstatus verhelfen oder ihn verhindern könnten. Wie viele Autoren kommt er zum Schluss, dass Einheit in der Vielfalt geradezu das nationale Motto Indiens sei, das ebenso Ressource wie Hindernis sein kann (Cohen 2001: 22). Ferner verfügt Indien nach China über die weltweit größte Diaspora, die Kapital und Geschäftsverbindungen liefert (2001: 116 f). Als erster asiatischer Staat, der die Unabhängigkeit errang, nahm Indien schon früh eine regionale Führungsrolle in Anspruch (2001: 230). Mit dem Ende des Kalten Kriegs hoffte Indien auf einen Abzug der USA aus Asien und damit auf eine Vergrößerung des eigenen Einflusses. Die Hoffnung wurde durch das amerikanische Engagement in Afghanistan und im Irak vereitelt. Nun muss Indien sich mit der amerikanischen Präsenz in Asien arrangieren, seine Prioritäten in den Nachbarländern vertreten und angemessene Ressourcen mobilisieren. Gerade diese Position kann Indien aber wie Brasilien zum Vorteil gereichen. Anstelle globaler Hegemonie strebt Indien ein Gleichgewicht mehrerer Weltmächte an, die jeweils für die Stabilität in ihrer Region verantwortlich sind (2001: 295). Als postkoloniale Führungsmacht und alte Zivilisation kann Indien für diesen Anspruch möglicherweise breite Unterstützung gewinnen.

Anders wird Indiens Position aus ökonomischer Sicht eingeschätzt, die sich weniger auf Strukturen als auf Zahlen gründet. Der Ökonom Dilip Das erkennt die historische und kulturelle Bedeutung Chinas und Indiens durchaus an, fragt aber allein nach anhaltendem Wirtschaftswachstum. Beide Länder waren infolge der Kolonialherrschaft unterentwickelt, China öffnete sich dann aber früher für die Weltwirtschaft als Indien und hat daher heute ein doppelt so hohes Pro-Kopf-Einkommen wie Indien (Das 2006: 2, 11). China ist stärker industrialisiert, hat eine höhere Produktivität und weniger Armut. Es hat zehnmal mehr Luftfracht, sechsmal mehr Telefone, 18mal mehr FDI und 14mal mehr Auslandstouristen aufzuweisen (2006: 12). Nach Kaufkraft-bereinigtem BSP ist China seit 2003 die zweitgrößte Volkswirtschaft der Welt. China hat seit 2000 doppelt so viel zum globalen BSP-Wachstum beigetragen wie die nächsten drei *emerging powers*, Brasilien, Indien und Russland, zusammen (2006: 65). Auch finanziell liegt Chinas Volkswirtschaft weit vor der Indiens. Die Spar- und Investitionsraten sind viel höher, China hatte 2004 finanzielle Reserven in Höhe von 3,9 Billionen Dollar, Indien in Höhe von 900 Milliarden (2006: 109). Dafür ist das Bankensystem in Indien effizienter, es gibt weniger faule Kredite und eine funktionsfähigere Börse (2006: 43, 109 f). Ferner sind in Indien weit mehr bedeutende transnationale Unternehmen angesiedelt als in China. Vor dem Hintergrund der regionalen Ansprüche ist zweifelhaft, ob China und Indien in erster Linie Konkurrenten sind. Dagegen spricht auch, dass nur ein Viertel der Exportprodukte beider Länder auf dem Weltmarkt konkurrieren (2006: 139). Ferner ist der bilaterale Handel seit der Öffnung Indiens 1991 weit schneller gewachsen als jede der beiden Volkswirtschaften. Es ist klar, dass Chinas Größe und Anspruch die Indiens übertreffen, aber bislang deutet nichts auf einen Versuch Chinas hin, Indien zu dominieren.

Ein übertriebener Anspruch ist bereits aus ökonomischer Perspektive unangemessen, weil Chinas Wachstum relativiert werden muss. Eine Publikation der Weltbank nähert sich dem Wachstum Chinas und Indiens mit großer Vorsicht. Zunächst weisen die Herausgeber auf die Ressourcenknappheit und die Umweltprobleme hin, die mit dem Wachstum einhergehen und vorerst ungelöst sind (Winters/Yusuf 2007b). Die entscheidende ökonomische Frage scheint zu sein, inwieweit China seinen Status als »Fabrik der Welt« und Indien seinen Status als

IT-Zentrum aufrechterhalten kann. China wird noch lange billige Arbeitskräfte anbieten können, weil es über 350 Millionen unterbezahlte landwirtschaftliche Arbeitskräfte verfügt (Yusuf, Nabeshima, Perkins 2007: 42). Allerdings müssen die Fabriken weiter ins Hinterland verlegt werden, damit das Potenzial voll ausgeschöpft werden kann. Daher verbessert China ständig seine Infrastruktur. Gelingt dies, wird China weiterhin führender Exporteur von Textilien, Stoffen, Schuhen und Spielzeug bleiben, deren Produktion ein geringes Maß an Technologie und Können erfordert. Aber China ist auch bereits in Bereichen führend, die als Monopole entwickelter Staaten gelten. Es ist größter Exporteur von Elektronik und Kommunikationstechnologie und zweitgrößter Markt für Produkte dieser Branchen. Indien kann in der Produktion mit China bislang nicht konkurrieren. Es hat Yusuf, Nabeshima und Perkins zufolge zwei Optionen: Entweder es strebt ein Wachstum durch Industrialisierung an oder es expandiert weiterhin im Bereich der Dienstleistungen, die bereits die Hälfte des Bruttosozialprodukts ausmachen. Indien kommen dabei das hohe Ausbildungsniveau, die soziokulturelle Vielfalt und die Beherrschung der englischen Sprache zugute.

Tabelle 2.1.1. Die Verteilung der Erwerbstätigen auf Wirtschaftssektoren im Vergleich 2004

Land	**Landwirtschaft**	**Industrie**	**Dienstleistungen**
USA	1,6 %	20,8 %	77,6 %
Deutschland	2,3 %	29,9 %	67,8 %
Polen	17,1 %	29,7 %	53,2 %
Brasilien	20,7 %	20,9 %	53,2 %
China	47,0 %	24,4 %	28,6 %
Indien	59,0 %	22,1 %	18,9 %
Tansania	80,5 %	8,8 %	10,7 %

Quelle: Der Fischer Weltalmanach (2007: 688).

Tabelle 2.1.2. Anteil am weltweiten BSP in Prozent

Region	**1950**	**2001**
Westeuropa	26,2	20,3
USA	27,3	21,4
Sowjetunion/GUS	9,6	3,6
Lateinamerika	7,8	8,3
Japan	3,0	7,1
China	4,5	12,3
Indien	4,2	5,4

Quelle: Maddison (2003: 261).

An dieser Stelle taucht erneut die Frage der Konkurrenz auf. China und Indien konkurrieren nicht so sehr miteinander als vielmehr mit anderen *emerging powers*. Einigen Meinungen zufolge dringen beide in Produktionsnetzwerke vor, in denen bereits Schwellenländer agieren, und können diese aus dem Wettbewerb drängen, weil sie ein niedrigeres Lohnniveau und ein höheres Ausbildungsniveau haben (Winters/Yusuf 2007b: 33). Aus klassisch ökonomischer Sicht könnte man aber ebenso behaupten, dass von einer globalen Arbeitsteilung und einem globalen Handel alle Beteiligten profitieren.

Um das Problem zu klären, muss man über den ökonomischen Rahmen hinausgehen. Sanusha Naidu und Daisy Mbazima (2008) haben das Engagement Chinas in Afrika untersucht. Derzeit kauft China ganze Landstriche, Ölfelder und Produktionsmöglichkeiten in Afrika auf, um seine Ressourcenprobleme zu lösen. Hierbei unterscheidet sich Chinas Vorgehen ganz offenkundig von dem der USA, weil es keine politischen und militärischen Bedingungen an bilaterale Vereinbarungen knüpft. Einerseits verlieren die afrikanischen Länder auf diese Weise wichtige ökonomische Ressourcen, andererseits wird die Entwicklung ihrer Wirtschaft durch den Zustrom von Kapital und Technologie vorangetrieben.

In vieler Hinsicht rückt Afrika ins Zentrum der Diskussion um *emerging powers*. 2006 haben erstmals afrikanische Staaten wie Äthiopien (10,6 %), Mosambik (8,5 %) und Malawi (8,5 %) asiatische Wachstumsraten erzielt (Der Fischer Weltalmanach 2007: 637). Des Weiteren bildet Afrika zunehmend das Scharnier in den entstehenden Süd-Süd-Beziehungen zwischen Asien und Lateinamerika (siehe Karte 2.1.4). Schließlich schickt der Kontinent mit Südafrika einen eigenen Kandidaten ins Rennen der *emerging powers*. Südafrika ist ein Nachzügler in der ökonomischen Entwicklung, die erst in den letzten Jahren einen rasanten Aufstieg nahm. Die Bedingungen zur Industrialisierung waren seit Jahrhunderten günstig, weil sie durch die Erlöse aus dem Goldexport finanziert werden konnte und mit dem Export neuester Technologie der (post-)kolonialen Beschützer Großbritannien und USA verknüpft war (Feinstein 2005: 1, 173, 214). Dennoch blieb die Produktivität Südafrikas im internationalen Vergleich sehr niedrig und wurde durch die globale Krise in den 1970er Jahren noch weiter beeinträchtigt (Feinstein 2005: 202 ff). Die Eingliederung in globale Produktionsketten von China über Indien bis Brasilien und den Nordatlantik hat Südafrika jüngst ein enormes Wachstum beschert, das in den Nachbarländern die gleichen »subimperialen« Befürchtungen auslöst wie der Aufstieg Chinas in Ost- und der Indiens in Südasien.

Den Aufstieg Chinas, Indiens und Brasiliens sowie ihr Engagement in Afrika und in internationalen Organisationen hat Ravi Palat (2008) im Zusammenhang untersucht. Er fragt, ob die neuen Süd-Süd-Verbindungen eine Neuordnung der Welt bedeuten. Zunächst konstatiert er den enormen Aufstieg der großen asiatischen Staaten. Aus demografischen Gründen werden sie einen Zustrom von Arbeitskräften erleben, der dem gesamten Arbeitsheer des Westens entspricht. Während Chinas Bevölkerung altern wird, bleibt Indiens Bevölkerung in der Struktur vorerst unverändert. Nicht zuletzt aus diesem Grund werden die Lohndifferenzen zwischen Asien, insbesondere Südasien, und dem Westen eher steigen als fallen. Ferner werden China und Indien neben Massenprodukten immer mehr hochwertige Güter produzieren. Das beruht auf einer verringerten Investition der Vereinigten Staaten in Bildung und Forschung, während das Bildungsniveau in Indien und China ständig steigt. Die USA haben ein Handelsdefizit mit China, das seit 2002 stets weit über 100 Milliarden Dollar liegt. Das bedeutet auch, dass der Wert des Dollars zunehmend auf die Gnade Asiens angewiesen ist. Allerdings sind die asiatischen Mächte umgekehrt auf die USA als Markt angewiesen und an der Stabilität des Dollars interessiert.

Palat zufolge sind die *emerging powers* in einer weit besseren Position als je zuvor. Die Volkswirtschaften des globalen Südens sind nicht mehr schwach, und die politische Balance hat sich zu ihren Gunsten verschoben. Indien, Brasilien und Südafrika haben 2003 eine Partnerschaft beschlossen, die in internationalen Organisationen eine Führungsrolle übernimmt. Die G20 hat sich mittlerweile zur G110 erweitert. Palat geht über politische und wirtschaftliche Aspekte hinaus. Er betont, dass Mitte des 20. Jahrhunderts keine kulturellen Verbindungen zwischen den Ländern des globalen Südens bestanden, wenn man von indischen und chinesischen Diasporen einmal absieht. Heute aber verstärken sich Bindungen und Austauschbeziehungen zwischen den Ländern des globalen Südens, während alte Zusammenhänge wie der transatlantische Sklavenhandel, die Seidenstraße und der Handel im Arabischen Meer symbolisch und real wiederbelebt werden.

Tabelle 2.1.3. Veränderungen im BSP pro Kopf (in Dollar von 1990)

Staat	**1913**	**1994**
Japan	1500	20 000
Westeuropa	3500	19 000 (2000)
Australien	6000	18 000
Argentinien	3500	8000
Südafrika	2000	4000
China	550	3600 (2000)
Ghana	1000	1500

Quellen: Feinstein (2005: 10); Maddison 2003.

Karte 2.1.4. Die neue Weltordnung

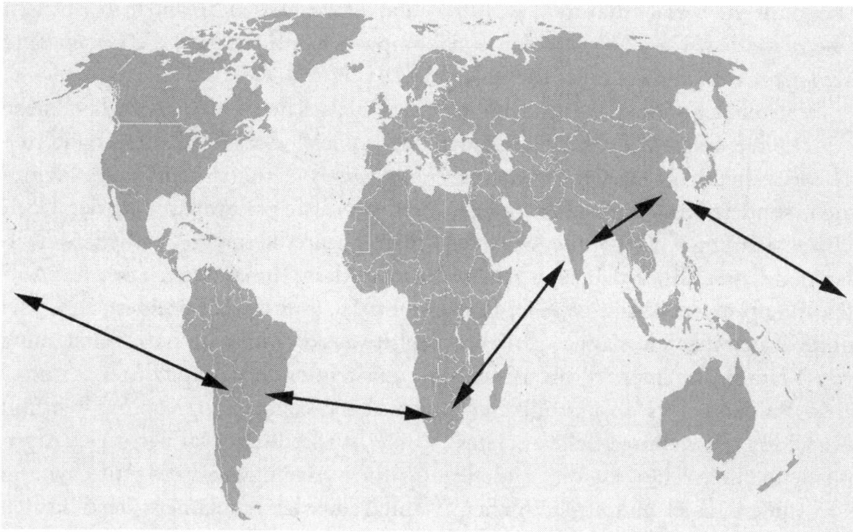

In die Liste der *emerging powers* wird jüngst ein unwahrscheinlicher Kandidat aufgenommen, nämlich Russland. Noch vor wenigen Jahren galt das Land als eine zerstörte Großmacht, die sich allenfalls dem Westen anschließen konnte, um ein Wirtschaftswachstum zu erlangen. Die Anschläge auf die USA am 11. September 2001 ermöglichten Russland, eine neue Position gegenüber den Vereinigten Staaten zu beziehen (Kanet 2007: 3). Präsident Putin verfolgte ganz klar das Ziel, eine Großmacht zu errichten. Dabei kam ihm der enorme Anstieg der Öl- und Gaspreise zu Hilfe, nachdem Russland um 1998 schon am Rande des Bankrotts war. Roger Kanet ordnet neben vielen anderen Kommentatoren Russland vor diesem Hintergrund den *emerging powers* zu, zumal es keinen Anspruch auf Weltherrschaft, sondern allein den Anspruch auf eine regionale Bedeutung erhebe (Kanet 2007: 5) – die es heute offenkundig wieder hat.

2.1.2. Multiple Zentren

Im vorangehenden Abschnitt war nur von Kräfteverhältnissen, Allianzen und Wirtschaftsdaten die Rede. Nun ist zu fragen, wie der Aufstieg neuer Mächte zu interpretieren ist. Welche Art von globaler Struktur entsteht vor unseren Augen? Wie ist sie zu erklären? Was bedeutet das für die sozialwissenschaftliche Theorie? Die internationalen Konstellationen müssen mit lokalen, nationalen und transnationalen Verhältnissen verknüpft werden. Vor allem müssen Politik und Makroökonomie zu Sozialstrukturen, Kulturen und symbolischen Strömen in Relation gesetzt werden. Daraus ergibt sich eine komplexe Konfiguration, die Gegenstand der letzten beiden Abschnitte dieses Kapitels ist.

Der Aufstieg Chinas wurde auf der Basis klassischer Theorien erklärt (siehe 1.3.1). Die liberale Erklärung ist den im vorgehenden Abschnitt erläuterten Theorien inhärent. Sie sieht in den *emerging powers* kein qualitativ neues Phänomen, sondern erklärt es nicht anders als den Aufstieg Europas und der USA. Diese Meinung wird auch von marxistischen Theoretikern geteilt. Richard Walker und Daniel Buck haben zu zeigen versucht, dass Chinas wirtschaftlicher Aufschwung genau so abläuft wie der Englands im 18. und 19. Jahrhundert. In China finde derzeit die von Marx so genannte primitive Akkumulation statt: Enteignung von Kleinproduzenten (Proletarisierung), Entstehung von Kapitalisten, Aufbau eines Binnenmarkts, Kommodifizierung von Land, Entstehung von Städten und Ausbildung eines bürgerlichen Staates (Walker/Buck 2007). Das wichtigste Argument für diese These ist die Widerlegung einer Abhängigkeit des Aufschwungs von Außenhandel und ausländischem Kapital, die das Fundament der liberalen Erklärung bildet. Chinas Exporte zeichnen zwar für rund ein Drittel des Bruttosozialprodukts verantwortlich, aber Walker und Buck weisen darauf hin, dass der größte Teil der Exporte von ausländischen Unternehmen getätigt wird. Die chinesischen Firmen zielten auf den Binnenmarkt ab, da der Haushaltskonsum mehr als die Hälfte des BSP ausmache. Die liberale Meinung, dass Handel der einzige Wachstumsmotor sei, ist Walker und Buck zufolge daher falsch (2007: 52). Ferner habe seit der Liberalisierung 1978 ausländisches Kapital nur zehn Prozent zur Kapitalbildung beigetragen. Die Produktion von Mehrwert in China sei entscheidend, die wie überall im Kapitalismus auf Ausbeutung von Arbeitskraft beruhe (2007: 54).

In der Tradition der Weltsystemtheorie argumentiert Jerry Harris, der den Begriff der *emerging powers* mit seiner gegenwärtigen Bedeutung in die soziologische Diskussion eingeführt hat. Er beschäftigt sich mit China, Indien und Brasilien, die in jüngster Vergangenheit zu integralen Bestandteilen der Weltwirtschaft geworden seien. Damit komme der derzeit beherrschende Widerspruch zwischen nationalen Klasseninteressen und transnationalen Akkumulationsinteressen auch in diese Länder. »The old international system that arose with industrial capitalism rooted itself in building national markets, exporting abroad, using the state for economic development, creating a social contract with the working class and projecting power into the Third World for its own national monopolies. The globalist accumulation model is based on cross-border mergers, foreign direct investment, transnationalised assembly lines, global labour stratification, the free flow of capital and multilateral institutions developing common rules on trade, finance and investments.« (Harris 2005: 8)

China, Brasilien und Indien haben den staatszentrierten Entwicklungspfad der Importsubstituierung verlassen. Diese neue Strategie haben sie jedoch nicht erfunden, sondern sie wird von der transnationalen Kapitalistenklasse vorgegeben. Chinas Führung bemüht sich, die Kontrolle über die Wirtschaft zu behalten. Der staatliche Sektor zeichnet immer noch für 68 Prozent des BSP verantwortlich und beschäftigt einen Großteil der Arbeitskräfte (Harris 2005: 9). Die internationale Bedeutung Chinas wächst, sowohl in der Region wie auch in den internationalen Organisationen. Gleichzeitig sucht China eine Alternative zur amerikanischen Vorherrschaft und zum Washington Consensus zu etablieren (Harris 2005: 15). Indien etabliert derzeit engere Beziehungen zu den Nachbarn, liberalisiert die Industrie und konzentriert sich auf IT und Mittelklasse. Die Privatisierung wird allerdings aus sozialen Gründen zunehmend vorsichtiger betrieben, während die Landwirtschaft gefördert wird (Harris 2005: 16 f).

Der brasilianische Präsident Lula lieferte ein Modell für ganz Lateinamerika (Harris 2005: 19 ff). Seine Wirtschaftspolitik befriedigte den IWF und die transnationalen Investoren. Gleichzeitig wirkte er an der als Alternative zur G7 der führenden Wirtschaftsmächte der Triade fungierenden G20 von *emerging powers* mit. Auf dieser Basis hat er sich in der WTO sogar gegen die amerikanischen Baumwollsubventionen durchgesetzt. Lulas multizentrische Globalisierung ist ein Gegenmodell zu Bushs Globalisierung durch eine Supermacht. Seit 2000 hat sich der Handel Brasiliens mit China vervierfacht. China ist jetzt der drittgrößte Handelspartner Brasiliens, und chinesisches Kapital strömt nach Brasilien. Lula stellt sein Verhältnis zu China als ein Modell für Süd-Süd-Beziehungen dar. Harris zieht daraus aber nicht den Schluss, dass der Aufstieg Chinas, Indiens und Brasiliens einer Revolution des Südens gegen den Norden gleichkomme. Vielmehr tendiert er zur Einschätzung, dass sich der Kapitalismus weltweit ausbreitet. Die Mittelklassen sind in China, Indien und Brasilien gewachsen, aber das Los der Massen hat sich kaum gebessert und die Ungleichheit zugenommen. Ein Grundwiderspruch des Kapitalismus bleibt Harris zufolge bestehen: Man muss gleichzeitig den Markt ausdehnen und die Lohnkosten senken (Harris 2005: 25).

An der Integration der Weltwirtschaft und der Durchsetzung des Kapitalismus als allgemeiner Wirtschaftsweise dürfte kaum jemand zweifeln. Die entscheidende Frage aber lautet, ob es sich hierbei um denselben Kapitalismus und dieselbe erklärende Grundstruktur handelt wie im englischen Kapitalismus zu Beginn des 19. Jahrhunderts. Wenn Märkte von Konkurrenten oder die Ausbeutung von Arbeitskraft auch die Welt der *emerging powers* erklären, wäre die Frage im Sinne der oben angeführten Antworten des Liberalismus, des Marxismus oder der Weltsystemtheorie zu bejahen. Behauptet man hingegen, dass die *emerging powers* sich durch alternative Formen des Kapitalismus und alternative erklärende Grundstrukturen auszeichnen, muss man die geläufigen Theorien der Sozialwissenschaften in Frage stellen.

In diese Richtung hat Shmuel Eisenstadt mit seinem Konzept der multiplen Modernen argumentiert. Er meint, der Aufstieg neuer Mächte entspreche nicht dem Modell der europäischen Kultur (im weiteren Sinne). In den meisten Gesellschaften sei es zwar zu einer strukturellen Differenzierung gekommen, aber die differenzierten Gebiete wurden überall unterschiedlich definiert und organisiert. Die Idee multipler Modernen betrachte die Geschichte der Moderne als Schaffung und Veränderung einer Vielzahl kultureller Programme (Eisenstadt 2000: 2). Die Moderne definiert Eisenstadt ähnlich wie Beck und Giddens als Möglichkeit, die Prämissen der sozialen, ontologischen und politischen Ordnung zu hinterfragen (Eisenstadt 2000: 3; siehe 1.5.2). Kollektive Identitäten würden nicht mehr einfach hingenommen, sondern zum Gegenstand von Kämpfen und Ideologien. Diese Kämpfe sei als Folge des Kolonialismus vom globalen Süden aus nach Europa importiert, dabei aber ausgewählt und reinterpretiert worden. Die Vielfalt der Moderne beruht zu einem Großteil auf dem Kolonialismus. »The cultural and institutional programs that unfolded in these societies were characterized particularly by a tension between conceptions of themselves as part of the modern world and ambivalent attitudes toward modernity in general and toward the West in particular.« (Eisenstadt 2000: 15) Anders gesagt, die europäische Moderne existiert nicht in Reinform, sondern überall in hybrider Form (Eisenstadt 2006; siehe auch Schwinn 2006 sowie 1.4.2).

Mit der Hybridisierung ist die Vervielfältigung von politischen, kulturellen und ökonomischen Zentren verknüpft. Jan Nederveen Pieterse (2008) argumentiert, dass Europa, die USA und Japan nicht mehr die alleinigen Gewinner der Globalisierung seien. In Industrie und Dienstleistungen, Ausbildung und Demografie verlieren sie ihre komparativen Vorteile. Die Achse der Welt bewegt sich langsam von der Triade zu einer Ost-Süd-Verbindung (siehe Karte 2.1.4). Nederveen Pieterse macht das an mehreren Beobachtungen fest. Erstens verweist er auf die neuen Handelsverbindungen, in denen China, Indien und die Öl produzierenden Länder zentrale Positionen einnehmen. Zweitens ist das Zentrum der Industrie in die *emerging powers* gewandert. Drittens haben der IWF und die USA ihre Vorherrschaft über die globalen Finanzen verloren. Der globale Süden lagert mehrere Billionen Dollar in seinen Tresoren. Weltweit aber nimmt der Anteil des Dollars an den staatlichen Reserven ab und beträgt nur noch 60 Prozent. Viertens werden die internationalen Organisationen nicht mehr ausschließlich von den USA dominiert. Nederveen Pieterse weist jedoch darauf hin, dass die Vereinigten Staaten immer noch die militärische Vorherrschaft innehaben. Fast die Hälfte der weltweiten Rüstungsausgaben werden von den USA getätigt (siehe Tabelle 2.1.5). Allein mit militärischen Mitteln können die USA ihre Vorherrschaft allerdings nicht mehr durchsetzen, nicht zuletzt weil sie zu teuer wird.

Tabelle 2.1.5. Rüstungsausgaben der USA im internationalen Vergleich in Mrd. US$

	1995	2005
USA	279,0	420,7
EU*	153,2	176,8
China	58,7	62,5

* Nur Länder, die mehr als 3,0 Mrd. US$ jährlich ausgeben: Belgien, Deutschland, Frankreich, Griechenland, Großbritannien, Italien, Niederlande, Norwegen, Schweden, Spanien.

Quelle: WMEAT (World Military Expenditures and Arms Transfers).

Entscheidend ist für Nederveen Pieterse, dass der Platz der Vereinigten Staaten nicht von China oder Indien besetzt wird, sondern einem dichten Netz neuer Interdependenzen in Technologie, Investitionen, Märkten und politischen Zusammenhängen weicht. Neue globale Zentren und Allianzen bilden sich um die Foki Sicherheit, Handel und Energie. Gleichzeitig wachsen die Unterschiede im Bildungsniveau, in den Einkommen, in Lebenschancen sowie zwischen Stadt und Land (siehe unten 2.6).

2.1.3. Multiple Ebenen

Die Rede vom »dichten Netz neuer Interdependenzen« weist über die Idee multipler Zentren hinaus.[31] Die Nationalstaaten China, Indien, Brasilien und Südafrika haben mehrere Eigenschaften gemeinsam. Erstens haben sie eine starke industrielle Basis, die unter staatlicher Anleitung geschaffen wurde. Zweitens sind sie trotz großer Bedeutung der Landwirtschaft nicht in erster Linie Exporteure von Rohstoffen und Primärprodukten. Drittens zeichnen sie sich durch große Unterschiede zwischen Arm und Reich aus. Viertens sind sie auf Importe von Energie angewiesen. Schließlich teilen sie die Frontstellung gegen den globalen Norden und Interessen im globalen Handel. Insofern können sie als neue, alternative Zentren von Politik und Weltwirtschaft interpretiert werden.

31 Vgl. zum Folgenden auch Schwengel (2008a).

Emerging powers beschränken sich unseres Erachtens jedoch nicht auf Nationalstaaten, die schon als solche kaum miteinander vergleichbar sind. China und Indien sind mit alten, großen Zivilisationen identisch, während Brasilien und Südafrika von Sklavenhaltern willkürlich geschaffene Einheiten sind. Mit gleichem Recht wie Indien und China könnte man die ASEAN als eine *emerging power* bezeichnen, die neben der EU der einzig funktionierende regionale Zusammenschluss ist. In Finanzkraft und Einfluss ließen sich die transnationalen Unternehmen durchaus mit *emerging powers* gleichsetzen. Wal-Mart ist der achtgrößte Handelspartner Chinas, während der Umsatz von General Motors größer ist als das BSP von Südafrika. Darüber hinaus muss man den globalen Knotenpunkten den Status von *emerging powers* zuschreiben. Das Hinterland Indiens, Chinas und Südafrikas ist mit den Zentren der Weltwirtschaft nicht zu vergleichen. Das Bruttosozialprodukt von Shanghai beträgt immerhin halb so viel wie das von ganz Südafrika. Schließlich sollte man auch die sozialen Bewegungen und Organisationen nicht übersehen, die transnationale Netze mit großem Handlungspotenzial bilden. Mit all diesen Phänomenen werden sich die folgenden Kapitel eingehender beschäftigen.

Der Blick auf die ökonomischen und politischen Gemeinsamkeiten der Nationalstaaten verstellt nun den Blick auf die zugrunde liegende Dynamik. Es fragt sich, ob die Nationalstaaten ihre internen Unterschiede, Sozialstrukturen und Kulturen in einer Weise mobilisieren können, dass sie extern handlungsfähig sind. Blickt man auf die internen Unterschiede, Sozialstrukturen und Kulturen, löst sich die Einheit der Nationalstaaten auf. Besser gesagt, sie erscheint als eine Ebene von vielen. Märkte, Unternehmen, Arbeitsmigration, Weltstädte, regionale Zusammenschlüsse und soziale Bewegungen lassen sich nicht auf den Container des Nationalstaats reduzieren, der wiederum in jedem konkreten Fall nur verständlich wird, wenn man die anderen Ebenen analysiert.

Unseres Erachtens müssen diese Ebenen sowohl strukturell wie historisch untersucht werden. Wir haben ein ausgefeiltes Instrumentarium für die Analyse von Nationalstaaten, aber das Instrumentarium für Netzwerke, Städte, Migrationen und Bewegungen ist noch ungenügend entwickelt (Urry 2000). Wir verweisen hier auf die Begriffe der »Scapes« (siehe 1.4.3) und der »Ströme« (siehe 1.5.3), die heterogene Strukturen und Bewegungen im Sinne von Tendenzen bezeichnen. Sie umfassen nicht nur materielle oder ökonomische Größen, sondern auch Interpretationen und Diskurse. Es gilt, empirisch und theoretisch zu untersuchen, wie die Scapes und Ströme zwischen und in den aufstrebenden Nationalstaaten und darüber hinaus beschaffen sind.

Ferner ist die Vorgeschichte der *emerging powers* zu erforschen. Sie lässt sich grob in drei Phasen gliedern. Die erste Phase war die langsame Einführung des Postfordismus – oder des flexiblen globalen Kapitalismus – nach der Auflösung des Bretton-Woods-Systems. An die Stelle der Trias von Industrie, Arbeiterschaft und Politik traten Managereliten, die Informationen und Geld in globalen Netzwerken verwalteten. Nationalstaaten, Gewerkschaften und Unternehmer mussten Macht an deregulierte Märkte abgeben. Diese Transformation war kein Resultat bewusster Planung oder einer konzertierten Aktion des Großkapitals, sondern wurde aus mehreren Gründen notwendig. Der wichtigste Grund dürfte darin bestehen, dass die USA ihre Position als politischer und finanzieller Stabilisator der Weltwirtschaft verloren.

Noch unter dem Schutz der Vereinigten Staaten begann die zweite Phase der Vorgeschichte, der Aufstieg der Tiger in Asien. Während der Rückzug des Staates die erste Phase kennzeichnet, ist dieser Aufstieg ohne ein koordiniertes Handeln aller Organe des Staates nicht denkbar (siehe 1.3.3). Die kleinen ostasiatischen Staaten investierten nach dem Vorbild Japans in Bildung, Infrastruktur und Modernisierung, ohne dabei die soziale Stabilität zu kompromittieren. Staaten suchten nach Nischen in der Weltwirtschaft und verwandelten ihre Gesellschaften in Organe zur Besetzung dieser Nischen. Dadurch entwickelten sich die Staaten zu neuen Knotenpunkten in der Weltwirtschaft, zu denen sie bis heute zählen. Sie entsprechen weder dem Modell des Wohlfahrtsstaats noch dem des Liberalismus noch dem der korporativen Allianzen.

Weder die globalen Märkte mit ihren Managereliten noch die Tiger mit ihren Staatsapparaten können ein Modell für die jüngste Phase der *emerging powers* sein. Die jetzt emergierenden Staaten sind zu groß, zu heterogen und sozial zu stark mobilisiert, um ihre Macht an Managereliten oder Staatsapparate abzugeben. Sie sind gekennzeichnet durch eine *innere Globalisierung*, die lokale Akkumulation, regionale Verdichtungen und nationale Vielfalt in einen überlebensfähigen Zusammenhang bringt. Dieser Prozess kann nicht allein durch den Staatsapparat bewerkstelligt werden, sondern muss alle Ebenen umfassen.

Aus der Ferne mag die innere Globalisierung nichts weiter als eine Modernisierung mit dem Ziel eines europäischen Kapitalismus sein. Aus der Nähe aber erweist sich diese Auffassung als zu undifferenziert, um die gegenwärtigen Verdichtungen und Vernetzungen erklären oder auch nur wahrnehmen zu können. Göran Therborn (2006) schreibt mit Recht, dass sich Europa von den Vereinigten Staaten getrennt hat und mit ihnen keine zivilisatorische Einheit mehr bildet. Aufgrund von Bevölkerungsrückgang, Überalterung und nachlassendem Wachstum wird Europa keinen Anspruch auf Weltmachtstatus mehr geltend machen können, während Indien und China früher oder später die amerikanische Hegemonie in Frage stellen werden (Therborn 2006: 39 ff). Diese Entwicklung ist absehbar. Sie lässt es geradezu lächerlich erscheinen, die neue Weltordnung mit Mitteln zu untersuchen, die am Material Europas und der USA entwickelt wurden.

Wir haben den ersten Teil des Buches so aufgebaut, dass der Übergang von einer eurozentrischen Theorie zu einer eher der Gegenwart gerecht werdenden Theorie in den einzelnen Disziplinen deutlich wurde. Während der Eurozentrismus im globalen Süden nie ganz akzeptiert war, zweifelten auch Disziplinen wie die Regionalwissenschaften, die Ethnologie und die Politikwissenschaften an ihm. In den Wirtschaftswissenschaften und der Soziologie hält er sich jedoch hartnäckig. Der historische und regionale Blick über den Tellerrand hinaus wird auch diese Disziplinen verändern. Die *emerging powers* werden sie vor vollendete Tatsachen stellen. Die gebildete, informierte Weltbevölkerung wird der eurozentrischen Theorie kein Gehör mehr schenken.

Noch ist der Aufstieg Chinas und Indiens, Brasiliens und Südafrikas in quantitativer Hinsicht mehr Wunsch als Wirklichkeit. Auch wenn die Richtung klar ist und die schieren Größenverhältnisse einen enormen Bedeutungszuwachs des globalen Südens vermuten lassen, kann man daran zweifeln, dass die inneren Widersprüche (von Armut über Umweltprobleme bis zu Analphabetismus), die politischen Herausforderungen und die Produktivitätsrückstände in absehbarer Zeit gelöst werden können. Die Triade mag ökonomisch unter Druck kommen, aber sie hat auch soziale, kulturelle und politische Vorsprünge. Zugleich kann kein Zweifel daran bestehen, dass sich grundlegende Veränderungen der Weltordnung vollziehen, die unspezifisch als Globalisierung bezeichnet werden. Ein wichtiges Element der Globalisierung ist die Emergenz des globalen Südens.

2.2. Städte

Eine wichtige *emerging power*, die neben, über und innerhalb von Nationalstaaten erwächst, aber immer schon eine zentrale Rolle in weit reichenden Netzwerken gespielt hat, ist die Stadt. Vielfach erscheinen Globalisierung und Urbanisierung geradezu als zwei Seiten derselben Medaille. Der weltweite Prozess der Verstädterung schreitet immer mehr voran. Zu Beginn dieses Jahrtausends lebt etwa die Hälfte der Weltbevölkerung in Städten. Nach Berechnungen der UNO wird die Stadtbevölkerung 2025 auf fünf Milliarden angewachsen sein und damit den Bevölkerungsanteil, der in Städten lebt, auf 61 Prozent ansteigen lassen (vgl. Hall/Ulrich 2000: 11). Nicht zuletzt hohe Geburtenraten und Migrationsströme führen zu dieser urbanen Verdichtung, die in Lateinamerika und den karibischen Gesellschaften bereits weit fortgeschritten ist, während sie in Asien, vor allem in den bevölkerungsreichen Ländern China und Indien, noch auf niedrigem Niveau, aber beschleunigt verläuft.

Die urbanistischen Erfahrungen in Nordamerika und Europa reichen für die Ver- und Erfassung dieser Entwicklung nicht aus. Das erweist sich im Folgenden bei der Diskussion verschiedener Charakterisierungen der entstehenden städtischen Konglomerate. Die Versuche der Klassifikation, die im ersten Abschnitt referiert werden, leiden zumeist an einer mangelnden Verknüpfung mit der nationalstaatlichen Ebene von Globalisierung, die Gegenstand des zweiten Abschnitts ist. Wir zielen mit diesem Abschnitt auf eine Brücke zum Thema der *emerging powers* ab und verweisen voraus auf die Diskussionen zu Unternehmen, kulturellen Szenen und transnationalen Assoziationen, die Städten erst ihre Dynamik verleihen.

2.2.1. Typologien

Es gibt eine Reihe einflussreicher Versuche, die beschleunigte Urbanisierung zu typologisieren und in einprägsame Bilder zu fassen, von Peter Halls *World Cities* (Hall 1966) und Saskia Sassens *Global City* (Sassen 1991) über die *kosmopolitische globale Stadt* (Isin 2002; Marcuse/van Kempen 2000) bis hin zur *Megacity* (Feldbauer/Parnreiter 1997). In Frage steht, ob die Stadt der Globalisierung eher durch wirtschaftliche Standorte für Wertschöpfung und unternehmerische Regie, durch dicke Knoten im kulturellen Netzwerk von Informationsgewinnung, Bilderproduktion und kulturellen Artefakten, durch ihre Vermittlung von wirtschaftlichen und politischen Funktionen in den transnationalen Assoziationen wie EU, ASEAN und MERCOSUR oder durch eine Mischung dieser Merkmale charakterisiert wird. Wenn man diese vielfachen Mischungen am Maßstab der klassischen Ordnung von Nationalstaaten misst – einer immer schon idealisierten Ordnung – erscheinen sie häufig völlig unübersichtlich. Die verschiedensten grenzüberschreitenden Systeme steuern Abläufe in und zwischen Nationalstaaten, aber auch kriminelle Banden übernehmen lokale Ordnungs- oder sogar Regierungsfunktionen (siehe 1.3.3). Ferner greifen Organe des einen Landes direkt in andere Nationalstaaten ein – der Venezuelanische Präsident Chavez liefert Öl an arme Amerikaner, und der amerikanische Präsident Bush spricht direkt zu Libanesen. Außerdem tragen Komponenten nationaler Rechtssysteme heute zu einer transnationalen Gerichtsbarkeit bei, deren Recht zu einem Teil bereits privat vollzogen wird. Schließlich ist das weltweite Netzwerk von Finanzzentren einerseits global, besteht andererseits aber aus sehr lokalen Mikrostrukturen, ebenso wie die Zivilgesellschaft. Saskia Sassen hat diese Tendenzen diskutiert und unter dem Terminus neuer globaler »Assemblagen« zu fassen gesucht. Die neuen Assemblagen zeichnen sich dadurch aus, dass sie verschiedenste Elemente von Territorium, Autorität und Recht kombinieren (Sassen 2007). Städte sind aber nicht lediglich Opfer dieser unübersichtlichen Dynamik, die sie nicht beeinflussen können. Das Interesse an Städten der Globalisierung erwächst gerade aus der Vermutung, dass sie treibende Kräfte in einem Prozess der Verstädterung sind und nicht nur Blätter im Wind der Globalisierung (Savitch/Kantor 2002).

Tabelle 2.2.1. Urbanisierungsgrade

Region	**Prozentsatz**
USA	Über 80 %
Lateinamerika	77 %
Ostasien	41 %
Südliches Afrika	36 %
Südasien	28 %
Burundi	10 %

Quelle: World Bank (2007: 92 ff).

Zivilisationsgeschichtlich ist in Städten ein *Können-Bewusstsein* gewachsen, das auf andere Städte, Länder und Regionen ausgestrahlt hat. Für den Althistoriker Christian Meier entsteht das Politische in der griechischen Zivilisation nicht zuletzt durch dieses Können-Bewusstsein (Meier 1980). Für die amerikanische Stadthistorikerin Jane Jacobs ist es gar in letzter Instanz die Geschichte der Städte, die wirtschaftlichen Aufstieg, Vernetzung und Erfolg konstituiert (Jacobs 1969). Das eigenständige Können-Bewusstsein musste gegenüber dem modernen Staat und der bürgerlichen Gesellschaft wie gegenüber der Dynamik von industrieller Produktion und kultureller Verflechtung ein Stück weit zurücktreten, aber es ist nie verschwunden und gewinnt gegenüber unbestimmten Globalisierungsprozessen wieder an Gewicht. Wenn wir Globalisierung in ihren langen Wellen betrachten (siehe 1.1), wird auch verständlich, wie sich Städte auf den internationalen Märkten unterscheiden, wie sie dort ihre Lage aushandeln, globale Schocks verarbeiten und sich für den permanenten Wandel aufstellen (vgl. Savitch/Kantor 2002: 346 ff).

Wenngleich sich globale Städte in diesem Wettbewerb anähneln, bleiben die Unterschiede klar. Globalisierung kann offenbar auf verschiedene Art und Weise genutzt werden und legt keine einförmige Auslegung nahe. »In the broadest sense, politics defines how global pressures are treated ... These were not mechanistic decisions, but the product of human action and coalition-building.« (Savitch/Kantor 2002: 348 f) Nationale Souveränität schafft dabei den Rahmen für lokale und urbane Entwicklung und ermöglicht eine Reihe von Zugängen und Praktiken. Städte haben kollektive Interessen und sind nicht nur der Marktplatz widersprüchlicher Selbstbehauptung. Die Städte können ihre eigene Verhandlungsmacht ins

Spiel bringen und entwickeln. Allerdings kann nur von einer gesicherten vorteilhaften Verhandlungsposition aus eine Politik betrieben werden, die die öffentlichen und populären Interessen einbezieht. Im Prinzip besteht auch in Perioden des Schocks und der plötzlichen Krise, wie in New York nach dem 11. September 2001, die Chance, souveräne Entwicklungsstrategien zu verfolgen. Allerdings ist dort auch klar geworden, dass der private Sektor Vorrang gegenüber öffentlichen urbanen Entwicklungsstrategien gewonnen hat, die wiederum für die Globalisierung ein Bild abgegeben hätten. Die Zahl der Akteure, die an der urbanen Gestaltung der Globalisierung teilnehmen, wächst. Pluralismus ist eine Struktur, keine normative Ordnung. Neben die Vielzahl der privatwirtschaftlichen Akteure treten Zivilgesellschaft, Nicht-Regierungs-Organisationen und transnationale Assoziationen von Städten. Das politische Management dieses Pluralismus mag der Globalisierung ein urbanes Gesicht geben, aber sehr viel hängt von der Entwicklung jenes Können-Bewusstseins ab, das ein außerordentlich knappes Gut ist, weil nicht nur die Städte, sondern auch kulturelle Szenen, transnationale Staatenbünde und große Unternehmen ihren Anteil daran fordern.

Ist das Können-Bewusstsein die subjektive Seite der *Städte der Globalisierung*, so ist ihre objektive die Verschiebung der strategischen Territorien, die das Weltsystem bestimmen (Sassen 2007). In den letzten 100 Jahren hatte das politische Staatensystem die dominierende Organisationsform für materielle und immaterielle Flüsse dargestellt, mit den Nationalstaaten als Schlüsselakteuren. Mit der Schwächung dieser Organisationsform sind wohl die subnationalen Einheiten wie Städte und Regionen als auch die supranationalen wie Wirtschafts- und Staatsgemeinschaften (siehe 2.3) und die transnationalen Räume zu nennen, die für Weltmärkte und kulturelle Szenen konstitutiv sind. Der permanente Kampf um Zentralität, um erneut einen Begriff Saskia Sassens (2007) in Spiel zu bringen, wird also nicht nur zwischen verschiedenen Städten und Regionen, sondern auch zwischen verschiedenen Zusammenhänge stiftenden Organisationsformen geführt. Um Wettbewerb und Zentralität zu organisieren, spielen die neuen Informations- und Kommunikationstechnologien eine entscheidende Rolle. Wo die Kommandofunktionen der Unternehmen, der Börsen- und Informationssysteme und der sie umgebenden Dienstleistungen lokalisiert sind, entscheidet über den Status der jeweiligen Stadt und der gesamten Region im Wettbewerb. Es gibt eine gewisse Konsolidierung in diesem System (Sassen 2002: 21 ff; siehe Karte 2.2.2). Es bedarf zentraler Orte der Koordination für Unternehmen und Märkte sowie für die Nutzung komplexer Informationen in einer global vernetzten Infrastruktur. Es bedarf auch der sozialen Verbindung zwischen den Akteuren, eines gewissen Vertrauens in die jeweilige Kompetenz und in Institutionen, die den Austausch zwischen diesen Kompetenzen erlauben. Die neuen Informations- und Kommunikationsmedien erleichtern zunächst den Zusammenschluss vorheriger Orte der Koordination, produzieren aber selbst anschließend die Notwendigkeit gesteigerter *connectivity.* Die professionellen Eliten, die an dieser Koordination beteiligt sind, und die Themen, um die es dabei geht, entfernen sich von den Szenen der nationalen Staaten und Gesellschaften, wie bedeutend diese für Rechtsetzung und Entscheidungsfindung auch bleiben mögen. Es entsteht eine neue professionelle Subkultur, die in ihren Langzeitwirkungen nicht zu überschätzen ist (Castells 1996).

Karte 2.2.2: Die Zentren der Welt: Finanzen, Technologie und Flugverkehr

Quelle: Dicken (2003: 118, 240, 461).

Das Urbild der *global city* als Metropole des Weltmarktes wird durch New York, London und Tokio gebildet, obwohl es von Anfang an Zweifel an der Validität dieses Bildes gegeben hat. In konzentrischen Kreisen kann man dann dieses Urbild in andere Städte und Regionen übersetzen, die, wie Frankfurt und Mailand, Hongkong und Singapur, São Paulo und Mexiko, Johannesburg und Mumbai, schon früh ähnliche Funktionen übernommen haben. Die Ausbreitung des Motivs der *global cities* in weitere diversifizierte Räume ist nur der nächste Schritt, der das allgemeine Muster der Verschiebung zu einer industriell diversifizierten, aber in den Finanzmärkten zentralisierten Produktionsweise exekutiert. An den Orten dieser *global cities* entstehen schwierige Lebensverhältnisse. Die Städte drohen in Sphären der *Zitadellen* und *Ghettos* zu zerfallen (Friedmann/Wulff 1976; Davis

2007). Der Unterbau der gering qualifizierten Dienstleistungsbeschäftigung als Infrastruktur für die »Gehirne der Weltwirtschaft« bedroht den älteren städtischen Mittelstand und zieht eine Migration an, die in dieser dualen Struktur einerseits auf die hoch qualifizierte Beschäftigung in den Senkungsbranchen bezogen ist, andererseits auf die Zuarbeit in Restaurants, Wäschereien, Reinigung und persönlichen Dienstleistungen (Castells 1996). Immer bestand die Hoffnung, dass sich vermittelnde Größen zwischen der armen und der reichen Infrastruktur der *global cities* bilden würden, aber diese Hoffnung ist nicht auf der Ebene des Regimes der Städte erfüllbar, sondern verlangt ausgleichsfähige Gesellschaften.

Die Segregation und die Entstehung von Slums in den *global cities* hat Mike Davis in einem weithin beachteten Buch beschrieben. Nach seiner Analyse erfasst die glanzvolle Globalisierung der Städte nur einen kleinen Teil der Stadtbevölkerung, während Slums weit charakteristischer für die großen Städte des globalen Südens sind. In China leben 37,8 Prozent aller Stadtbewohner in Slums, in Indien 55,5, in Bangladesh 84,7, in Tansania 92,1 und in Äthiopien 99,4 (Davis 2007: 29). Aber auch ein beträchtlicher Teil der Bulgaren lebt in Slums (2007: 175). Überall wachsen die Slums schneller als die Städte insgesamt. Davis untersucht nun, wie Menschen sich Slums »erschließen«, wie sie in ihnen leben und mit welchen Problemen sie zu kämpfen haben. Im Umkreis der Slums gibt es Katastrophen, Umweltverschmutzung, Bevölkerungsdichte und Autoverkehr, damit eine verringerte Lebensqualität (2007: 132). Slums werden zunehmend aus den Innenstädten umgesiedelt, um Segregation und Lebensqualität der reicheren Viertel zu steigern (2007: 108, 126). Davis spricht von der Entstehung einer »globalen informellen Arbeiterklasse«, die rund eine Milliarde Menschen umfasst und sich mit der Slumbevölkerung überschneidet (2007: 186).

Schon früh hat sich von der Idee der *global city* die Vorstellung einer *europäischen Stadt* unterschieden, die bei aller Akzeptanz der Führungsrolle von Städten im Prozess kapitalistischer Expansion – von den merkantilen Metropolen bis zu den Industriestädten – die Stadt selbst als einen Ort der sozialen Gewaltenteilung begriffen hat (Siebel 2004). Die europäische Stadt soll in Stadtentwicklung und Stadtplanung, in der Vermittlung der reichen und armen Infrastruktur für die Gehirne der Globalisierung Ausgleich schaffen, mittleren Professionen in Handel, Gewerbe und Dienstleistung Raum geben und die Stadt nicht der globalen Funktion als Ort der Regie unterwerfen. Mit der Idee der europäischen Stadt sind natürlich unzählige Illusionen verbunden, an der Stadtplaner wie Architekten, lokale Oberschichten und sozialwissenschaftliche Träumer gleichermaßen beteiligt waren. Dennoch hat die Idee ihre Anziehungskraft bewahrt, das europäische Verständnis der Stadt als eines öffentlichen Ortes hat überlebt und die europäische Architektur lebt nach wie vor von dieser Substanz.

Eine ganz andere Variation des Motivs der *global city* hat sich durch die Idee der *megacity* herausgebildet, die im Gegensatz zur europäischen Stadt gerade die Ausweitung der globalistischen Perspektive betreibt. Die Idee der *megacities* reflektiert die Tatsache, dass die großen Weltstädte der Zukunft nicht in Nordamerika und Europa, sondern in Asien, Lateinamerika und Afrika ihren Ort finden. Zugleich sind sie keineswegs Metropolen im emphatischen Sinn des späten 19. und frühen 20. Jahrhunderts, sondern eher dichte Agglomerationen mit spezifischen Funktionen für ihre Region, ihr Land und sich selbst. *Megacities* sind tatsächlich Inkarnationen der sozialen und politischen, ökonomischen und demografischen, physischen und kulturellen Komplexitäten dieser Orte massiver Globalisierung. Das Wachstum wird aus den verschiedensten Quellen gespeist, die sich nicht auf eine funktionale Ordnung der Weltgesellschaft zurückführen lassen, sondern unübersichtliche Wirkungen hervorbringen (siehe 1.5.3). Die Zahl der urbanen Agglomerationen mit mehr als fünf Millionen Einwohnern ist von 25 im Jahre 1975 auf 40 im Jahre 2000 gestiegen und wird laut Prognosen auf 60 im Jahre 2015 anwachsen (Feldbauer/Parnreiter 1997: 9). Die größten dieser Städte werden dann über 25 Millionen Menschen aufgenommen haben und im globalen Süden lokalisiert sein. Die europäische Stadt scheint dagegen nur zu schrumpfen und ihr *small is beautiful* defensiv zu inszenieren. Aber die Vermittlung von europäischer Stadt und *megacity* ist für Theorien der Globalisierung gerade eine entscheidende Herausforderung. Die Vervielfachung der Termini von *global city* und Weltstadt, Metropole und *globalized city* verdeckt die globalen Strukturkonflikte, die die Städte mit-, aber nicht allein bestimmen.

Können diese *megacities* zu *global cities* werden (Bronger 2000), wenn tatsächlich mit China, Indien, Südostasien, Südamerika und Südafrika eine neue Wachstums-, Entwicklungs- und Aufstiegszone, also eine Vernetzung von *emerging powers* im weiteren Sinne, entsteht (Schwengel 2008a)? Die Frage ist nicht durch die Erweiterung und Verfeinerung der Typologie von *global cities, world cities, metropolitan cities* oder *edge cities* zu beantworten; es bedarf der Einpassung dieser Typologie in eine globale Theorie (Knox/Taylor 2000). Da eine solche Theorie aber noch nicht existiert, wächst die Neigung, entweder auf die unumstrittenen alten Vorbilder New York, London und Tokio – mit nur wenigen Erweiterungen – zurückzugreifen oder alle *World Cities Beyond the West* (Gugler 2004) nebeneinander zu stellen. Im Hinblick auf den Einfluss der globalen politischen Ökonomie wären dann Shanghai und Bangkok mit Kairo und Mexiko City vergleichbar, im Hinblick auf die Bedeutung des Staates für die Weltstädte Moskau und Taschkent mit Jakarta und im Hinblick auf soziale Bewegungen São Paulo und Mumbai mit Johannesburg. Eine derartig wuchernde Typologie kann nicht befriedigen.

2.2.2. Einbettung der Stadt in Zusammenhänge

In mancher Hinsicht folgt das Konzept der *global cities* der alten Idee allgemeiner Modernisierung (siehe 1.2.1) und verlängert es auf die globale Ebene (Rolf 2006: 97), auch wenn diese Entwicklung beispielsweise von Saskia Sassen kritisch beurteilt wird. Die Idee der *megacity*-Forschung folgt eher dem Ansatz der Dependenztheorie und betont den Unterschied zwischen den zentralen und *peripheren Weltstädten* (Feldbauer/Parnreiter 1997). Gewiss hat die Beobachterperspektive der *megacity* darin Recht, dass die globale Bedeutung der peripheren Weltstädte in hohem Maße zugenommen hat und der Maßstab der alten okzidentalen *global cities* nicht mehr für sie gilt. Die Kritik am Ansatz der *global cities* hat dagegen insofern Recht, dass sich die regulativen Funktionen auch dann noch lange in den alten Zentren konzentrierten, als die globale Arbeitsteilung und die Entstehung neuer Wachstumszonen bereits Wirklichkeit waren. Am Ende ist es so, dass die Entgegensetzung von modernisierungs- und dependenztheoretischer Unterlegung der Perspektive auf die Weltstädte nicht mehr ausreichend trägt.

Die Ahnung, dass diese Alternative nicht mehr ausreichend trägt, besteht schon seit langem. Daher hat es auch bereits eine Reihe von vermittelnden Angeboten gegeben. Das erste vermittelnde Angebot ist ein amerikanisches, nämlich das der *Zwischenstadt*. Zwar verlieren die Städte mit der fortschreitenden Modernisierung an Zentralität wie an urbaner Lebensqualität, aber die Zwischenstädte ermöglichen auch eine Entfaltung der Komplexität städtischen Lebens, eine Aneignung von Räumen, für die die älteren Ideen städtischen Lebens keinen Sinn haben. Sie repräsentieren eine Lebensform, in der sich gegensätzliche Komplexitäten einfach ausbreiten können (wie Mike Davis in *City of Quartz* (1990) kritisch wie anerkennend registriert). Diese Zwischenstadt, obwohl sie eher in Amerika ihre Heimat gefunden hat, ist auch in Europa zunehmend wahrgenommen worden (Sieverts 1997), aber perspektivisch hätte sie ihre Zukunft in den *megacities* des Südens. Hier wäre die amerikanische Stadt genauso auf eine ganz andere Entwicklung aufgepfropft wie die europäische Vorstellung von städtischem Zentrum, bürgerlicher Stadtöffentlichkeit und kulturgesellschaftlichem Ambiente, das die harten sozialökonomischen Widersprüche ausblendet.

Der europäische Versuch der Vermittlung von Modernisierung und Abhängigkeit setzt eher darauf, die *global cities* in ihrer *jeweiligen Region* einzubetten (Scott 2001). Die Weltstädte sind nicht nur Weltstädte, weil sie in globale Arbeitsteilung eingebunden und Orte der Koordination und Kontrolle sind, sondern weil sie erfolgreich ihr Umfeld, ihre Region und die mit ihnen verbundenen Subzentren einbeziehen. Das zentralistische Konzept der *global city* wird beibehalten, aber durch die räumlichen und sozialen Beiträge eines erweiterten Umfelds seines kommandierenden Eindrucks beraubt. Diese Vorstellung einer *global city-region*, verbunden mit der kulturellen metropolitanen Leistung der *city* in ihrem Zentrum, mag durchaus attraktiv für die entstehenden globalen Mega-Räume wie São Paulo, Shanghai, Mumbai oder andere sein. Aber sie enthält auch die Wunschvorstellung, dass die ältere Metropolengeschichte genügend kulturelle Ressourcen zur Verfügung stellt, um diese nicht zuletzt aus der europäischen Stadtgeschichte generierte Leitidee zu stützen. Wenn die Megastädte zwischen Zwischenstadt und globaler städtischer Region zu wählen haben, werden sie unter dem Druck des wirtschaftlichen Wettbewerbs noch lange die Zwischenstadt realisieren und die europäische Stadtregion normativ und planerisch – vielleicht – behaupten. Die *global city-regions* importieren mit ihrer breiteren Verankerung in der Region nämlich auch die Effekte der Migration aus den ländlich bestimmten Regionen und eine Diversifizierung der Lebensform, die den beginnenden metropolitanen Tendenzen, welche Stadtbewusstsein erzeugen, Grenzen setzen. Trotzdem werden junge Stadtplaner, Architekten und Gemeindearbeiter darauf drängen, dass die Chancen dieses Konzeptes genutzt werden, auch wenn die empirische Wahrscheinlichkeit für eine kühle Realisierung immer neuer Zwischenstädte spricht.

Eine Synthese zwischen diesen Alternativen, die aus der ursprünglichen Idee der *global city* heraus gewachsen sind, wird sich erst entwickeln, wenn sich zwischen dem Reich der globalen Verstädterung und dem Reich der globalen *emerging powers* klare Verbindungen ergeben. Die erfolgreichen Städte der Globalisierung werden unausweichlich Megastädte sein und zugleich den Vorteil der regionalen Bindung ihres Wachstums zu nutzen wissen. Aber sie können das nur tun, wenn sie Teil globaler Wachstums- und Lernzonen sind, die nicht auf einen imaginären Weltmarkt starren, sondern Verwandtschaften, Ähnlichkeiten und Beziehungen zwischen Gesellschaftstypen entdecken, die sie charakterisieren. Die allgemeine Botschaft lautet, dass die Rolle der Verstädterung und der *global cities* nicht unabhängig zu sehen ist von der Entstehung dicker Knoten in den kulturellen Netzwerken der Globalisierung, die Information, Vergleichbarkeit und Deutung konzentrierten. Die Zukunft der *global cities* kann ebenfalls nicht getrennt von der Entstehung globaler Regionen wie in der Europäischen Union und ähnlichen, aber noch weniger entwickelten Assoziationen wie in Südostasien, Südafrika und Südamerika gesehen werden. Schließlich und endlich kann diese Zukunft auch nicht ohne die Entwicklung zukunftsträchtiger *Cluster* (Dicken 2003) der Unternehmensentwicklung um große Unternehmen oder forschungsintensive Schwerpunkte herum stattfinden, die wirtschaftliche Sesshaftigkeit anstelle nomadisierender Wirtschaftsbewegungen begünstigen.

Wenn Städte der Globalisierung also Können-Bewusstsein zu mobilisieren in der Lage sind, wenn der Wettbewerb um Zentralität die globale Arbeitsteilung differenziert vorantreibt, wenn eine Verknüpfung zwischen Motiven der europäischen Stadt und der *megacity* gelingt und die Lernprozesse in den Städten der *emerging powers* wechselseitig übersetzt und mit dem geopolitischen Strukturwandel verbunden werden können, dann ist urbane Gestaltung der Globalisierung möglich. Angefügt sei sogleich, dass jede urbane Globalisierung davon abhängig ist, die agrarische Frage in den großen *emerging powers* zu lösen. Wenn in einer Gesellschaft wie der indischen mehr als zwei Drittel der Bevölkerung in ihrer Arbeits- und Lebensweise in der Landwirtschaft gebunden sind, wie sehr auch in den Familien und Dörfern der Austausch mit den Metropolen zugenommen hat, dann kann es ohne Lösung der agrarischen Frage keine kreative Entwicklung globaler Städte im besseren Sinne des Wortes geben (für Indien siehe Kumar 2008).

Wenn wir einmal annehmen, dass die agrarischen Probleme nicht gelöst, aber ihre Widersprüche in Formen gebracht werden können, in denen sie sich bewegen können – so hätten Hegel und Marx das Problem beschrieben – dann sind die globalen Städte als gestaltende Kräfte der Globalisierung nicht allein auf der Welt. Was das Können-Bewusstsein betrifft, genügend Ressourcen und Macht für die Strukturierung der Globalisierung aufbringen zu können, konkurrieren sie mit den Institutionen, Organisationen und Verfahren der Weltmärkte, die eigene *clearing*-Stellen, von den Finanzmärkten bis zur privaten Schöpfung globalen Wirtschaftsrechts, hervorgebracht haben. Die mythologische Überhöhung des Weltmarktes hat im Angesicht finanzieller Krisen, wachsender sozialer Ungleichheiten und ökologischer Risiken an Überzeugungskraft verloren. Die nüchterne Diskussion darüber, was Weltmärkte, ihre Gliederungen und Institutionen zu leisten in der Lage sind und was nicht, hat ihren Platz eingenommen. Es bleibt aber wahr, dass Weltmärkte ein eigenes globales Universum hervorgebracht haben, mit einem ökonomischen *global man,* dessen Denkweisen, Handlungsstile und Weltbilder in wie auch immer variierenden *business schools* geformt werden, die von Flughäfen bis Unternehmenszentralen eigene Verhaltensmuster oder gar einen eigenen Habitus hervorgebracht haben.

Was das Management territorialer Beziehungen betrifft, konkurrieren die Städte der Globalisierung mit den transnationalen Regionen, Staatenbünden und Assoziationen verwandter Gesellschaften. Die subnationalen Regionen können vielfach in das Konzept urbaner und metropolitaner Regionen einbezogen werden, aber die transnationalen Regionen wie die Europäische Union, Lern- und Entwicklungsräume, wie sie in Europa vom Süden Englands bis zum Norden Italiens diskutiert worden sind, und Staatenbünde wie in Südostasien und Südamerika bilden ebenfalls ein eigenes globales Universum. Die EU ist bisher vor allem aus ihren historischen Ursprüngen nach zwei Weltkriegen diskutiert worden, dann als Wirtschaftsgemeinschaft sich neu formierender alter Industriegesellschaften und als kulturelles

Projekt regierender Eliten, aber weniger als eigenständiges, die Globalisierung zähmendes Institutionengefüge auf mehreren Ebenen. Dieses transnationale Universum teilt mit den Städten die unhintergehbare Territorialität, auf der es beruht, aber es hat nicht – oder zumindest noch nicht – das Können-Bewusstsein des ökonomischen Universums. Es kommt ein dritter Wettbewerber um die Gestaltung der Globalisierung hinzu, nämlich das kulturelle Universum der Vernetzung von Wissenschaft, Künsten und Erziehungs-, Bildungs- und Verhaltensnormen (hinter denen häufig Religionen stehen), ein Wettbewerber mit stark schwankendem Können-Bewusstsein und variierender Bindung an bestimmte Orte. Alle vier gestaltenden Kräfte der Globalisierung konkurrieren wiederum gemeinsam mit den älteren Einheiten von Staaten und Gesellschaften, die erst in der zweiten Hälfte des 20. Jahrhunderts zur globalen politischen Norm geworden sind.

Staaten und Gesellschaften sind nicht einfach Objekte der Veränderung, die durch die Universen von Städten und Wirtschaftsunternehmen, kulturellen Assoziationen und transnationalen Vereinigungen betrieben wird. Sie sind selbst zur Erneuerung und zur Veränderung der inneren Kräfteverhältnisse fähig. Sie bleiben dicke Knoten in den globalen Netzwerken, wie immer Unternehmen und Städte, kulturelle Szenen und transnationale Vereinigungen an Gewicht gewinnen. Umso interessanter ist es, den Gesellschaft und Staat umfassenden Begriff des Politischen im Kontext der Globalisierung zu differenzieren. Die Komposition des ökonomischen, sozialen und kulturellen Kapitals ändert sich in den verschiedenen Gesellschaften mit der Globalisierung und mit dem Entstehen von Soziokulturen, die sich von der Sozialstruktur unterscheiden (siehe 2.6.3). Dass die Struktur der Gesellschaften in ihrem Innersten von der Globalisierung erfasst ist und die gestaltenden Kräfte der Globalisierung auf sie durchgreifen, dass Können-Bewusstsein und territoriale Bindung zusammenkommen, aber auch auseinander treiben können, erkennt man wahrscheinlich am besten in den Städten der Globalisierung. Aber es gilt auch für Unternehmen, Szenen und Regionen.

2.3. Unternehmen, Wertschöpfungsketten und Märkte

Das Können-Bewusstsein der Weltwirtschaft schwankt mit den langen Reihen des Auf- und Abschwungs. In den letzten beiden Jahrzehnten des 20. Jahrhunderts hatte sich das neoliberale Bewusstsein durchgesetzt, dass Märkte, Börsen und wirtschaftliche Rationalität die freigesetzte Globalisierung ausreichend verfassen können. Die Staaten sollten sich auf Sicherheits- und Rechtsinfrastruktur und die Regulierung ihrer Beziehungen zueinander konzentrieren. Unterschätzt wurde dabei nicht nur die Frage, wie die beteiligten Gesellschaften leben wollten, sondern auch, dass eine sich selbst regulierende globale Hermeneutik des Wirtschaftens widersprüchlich ist. Den beteiligten Akteuren und der Öffentlichkeit wird nun klar, welchen anspruchsvollen institutionellen Rahmen eine sich regulierende Weltwirtschaft braucht, um zu funktionieren.

Die liberale Auffassung von Wirtschaft ist nicht neu (siehe 1.3). Die Weltwirtschaft hat jedoch in den letzten Jahrzehnten eine neue Gestalt angenommen. Wir haben bereits Gründe für diesen Wandel diskutiert: der Aufstieg des globalen Südens, die Errichtung globaler Wertschöpfungsketten, die Entstehung transnationaler Großunternehmen und das Wachstum globaler Knotenpunkte. Im Folgenden sind die neuen wirtschaftlichen Zusammenhänge noch etwas detaillierter zu beleuchten, als das zum Ende von Kapitel 1.3 geschah. Dabei sollen wie im vorangehenden Kapitel zunächst die Charakterisierungen des Phänomens erläutert und dann in übergreifende Zusammenhänge eingebettet werden. Die Diskussion der Charakterisierungen gliedert sich in die Beschreibung von Wertschöpfungsketten, die Analyse ihrer räumlichen Verteilung und einen genaueren Blick auf Akteure und Strukturen. Hiernach wird die Einbettung in zwei Schritten vorgenommen. Zuerst beschäftigt sich das Kapitel mit der Diskussion um die Vielzahl von Kapitalismen, die parallel zur Vielzahl von Modernen (2.1.2) gelesen werden kann. Abschließend wird eine Brücke zu den vorangehenden und den folgenden Kapiteln geschlagen.

2.3.1. Netzwerke

Ein Charakteristikum der globalisierten Weltwirtschaft ist die Zerlegung der Produktion in einzelne Komponenten und deren Verteilung auf die günstigsten Standorte. Das Phänomen wurde als fundamental für die Ära seit den 1970er Jahren betrachtet und als »Postfordismus« bezeichnet (z. B. Massey 1984). Dann hat man es in seiner Bedeutung relativiert und empirisch zu untersuchen begonnen. Dabei gab man ihm einen spezifischen Namen, die »Wertschöpfungskette« (*value chain*). Das einschlägige Werk zu Wertschöpfungsketten ist der 1994 erschienene Sammelband von Gary Gereffi und Miguel Korzeniewicz.

Ausgangspunkt der Betrachtung des wirtschaftlichen Universums der Globalisierung, das darauf beruht, dass Produktion und Distribution in komplexen globalen Netzwerken stattfinden, sind häufig berühmte Firmen, deren Entwicklung exemplarisch für diesen Prozess ist. So beschäftigt sich Korzeniewicz mit der Produktion von Sportschuhen (1994). Kennzeichnend für Wertschöpfungsketten sind neben rationaler Organisation, flexibler Produktion und schnellem Wachstum vor allem überzeugende Symbole, Ideen und Werte, welche die Menschen zum Kauf der Produkte bewegen. Dabei werden gleichzeitig Märke und Konsumenten geschaffen wie auch die Produkte an Märkte und Konsumenten angepasst. Das Unternehmen interagiert fortwährend und zeitnah mit dem Zielpublikum. Die Firma Nike hat von Anfang an ihre Schuhe nur im Ausland herstellen lassen, fast ausschließlich in Asien (Korzeniewicz 1994). Sie profitierte dann vom Fitness-Boom, kurbelte ihn selbst an, erweiterte ihren wirtschaftlichen Einfluss durch strategische Allianzen, wie mit der Firma Footlocker, um schließlich die Produktion zunächst ins billigere Ostasien zu verlagern. Nikes Werbung zielte dabei auf allgemeine Identifikationssymbole der 1980er Jahre ab – Hipness, Individualismus, Narzissmus, Karriere, Geschlechter- und Rassengleichheit, Konkurrenz und Gesundheit –, die in hohem Maße noch heute Gültigkeit besitzen, aber teilweise in Frage gestellt werden. Zwar war Nike auch eine der ersten Firmen, die in China produzierten, aber das Engagement hielt nicht lange; Vietnam trat bald an Chinas Stelle.

Das Beispiel von Nike spricht für ein Moment der Herausbildung neuer globaler Arbeitsteilung, die darauf beruht, dass im Kern die zentralen Wissens- und Dienstleistungsbestandteile des Produkts bereitgestellt werden, während in der Peripherie produziert wird. Dieses Moment wird aber inzwischen überlagert von komplexeren Produktionsstrukturen. Wertschöpfungsketten sind nicht mehr (nur) in Kern und Peripherie gegliedert. So werden in China viele höherwertige Bestandteile, die in Japan oder den Vereinigten Staaten hergestellt worden sind, in die lokale Produktionskette eingefügt. China weist heute eine höhere technologische Komposition seiner Produkte aus, als es der allgemeine Entwicklungsstand vermuten ließe (Schwengel 2008b). Die globale Arbeitsteilung hat sich in historisch vergleichsweise kurzer Zeit auf breitere und tiefere Produktionsverflechtungen eingestellt, auch wenn das Volumen historisch noch vergleichsweise bescheiden ist.

Die Ketten variieren je nach Industrie und Märkten. Die Festplattenindustrie ist ein frühes und klassisches Beispiel für die Globalisierung der Wertschöpfungsketten. Sie wurde von Peter Gourevitch (2004) untersucht. Das Produkt wird in seine Komponenten zerlegt, man schaut nach Produktionsorten für die effektivste Produktion jedes Elementes, erkundet, in welchem Land oder in welcher Region die Produktion am besten möglich ist, und bringt dann die Komponenten zur endgültigen Zusammenfügung und Verteilung zusammen. Das vorgeführte Muster variiert die Kriterien Lohnkosten, Marktzugang, Produktzyklen und Geschwindigkeit des technischen Wandels je nach Produktbereich. Anders funktionieren die Ketten in den Sektoren Bekleidung und Automobil (Faust, Voskamp, Wittke 2004). Die Zyklen der Grundprodukte spielen bei der Bekleidung eine große Rolle, damit auch die lokalen Lohnkosten. Beim Endprodukt ist Marktnähe besonders wichtig. Im skizzierten Beispiel der Festplattenproduktion spielt der Marktzugang eine geringere Rolle, und die regionale Konzentration ist deshalb besonders stark. Die Autoindustrie steht in gewisser Weise zwischen Festplatten- und Bekleidungsindustrie.

Wir werden eine weitere Differenzierung und Anpassung von Wertschöpfungsketten sehen, die zweifellos den gesamten Globus erfassen werden. Die Subsumtion des Prozesses unter ein einziges Produktionsregime, das des Postfordismus, verschafft keine Einsicht in diese Prozesse. Auch das frühe Modell der globalen Wertschöpfungsketten, wie variabel es im Einzelnen auch ausgestaltet ist, kann nicht bereits das Maß für die globale Arbeitsteilung sein. Gesellschaften und ihre Wissens- und Gestaltungspotenziale werden stärker zur Geltung kommen als in der frühen Phase des letzten Globalisierungsschubs.

Eine Geografin hat zuerst die theoretische Deutung des Wandels der Produktion mit seiner empirischen Untersuchung verbunden. Ihr Grundanliegen war es dabei, die räumliche Verankerung der Ökonomie zur Geltung zu bringen. Als von Globalisierung noch nicht die Rede war, konnte sie die räumlichen Strukturen des Postfordismus empirisch aufzeigen. Das epochale Werk von Doreen Massey (1984) hat die heutige Wirtschaftsgeografie geradezu begründet. Massey konzentriert ihre Untersuchung zwar auf Großbritannien, gesteht aber sogleich zu, dass kein ökonomisches Phänomen (mehr) ohne den internationalen Rahmen zu verstehen sei (1984: 82). Sie diagnostiziert historische Wellen von Zentralisierung und Dezentralisierung und für die 1980er Jahre eine Tendenz zur Dezentralisierung. Allerdings funktioniert jede Branche unterschiedlich. Prinzipiell kann man drei Typen der Produktion unterscheiden: lokale Produktion, Produktionskette und Klon (Zentrale mit Zweigstellen) (1984: 76). Die Produktionsaktivitäten verdichten sich in bestimmten Regionen, die eine besonders günstige Kombination von sozialen und wirtschaftlichen Bedingungen bieten (1984: 114 f). Diese Verdichtungen sind mit den Organisationsformen der Branchen in Relation zu setzen, um eine relationale Wirtschaftsgeografie herauszuarbeiten.

Die Nachfolge von Masseys Werk tritt das heutige wirtschaftsgeografische Standardwerk von Peter Dicken (2003) an. In Ermangelung eines treffenderen Begriffs hat er die Erweiterung und Vertiefung der globalen Arbeitsteilung als eine große Verschiebung (*global shift*) verstanden (Dicken 2003), die wie Karl Polanyis *Great Transformation* (1944) eine epochale Veränderung von hoher Komplexität in ein einfaches, ästhetisch fassbares Bild zwängt. Wie das Bild Polanyis ist das einer globalen Verschiebung nicht auf einmal da, sondern setzt einen kommunikativen Prozess der Entstehung eines solchen Bildes voraus. Zwischen 1980 und 1984 gab es 13 Veröffentlichungen mit dem Wort »global« im Titel, zwischen 1992 und 1996 waren es schon 600, und heute wird man sie kaum noch zählen können. Die Verdichtung dieser Kommunikation in der Vorstellung einer großen epochalen

Verschiebung ist, obwohl Historiker diese Verschiebung immer relativiert haben, sehr erfolgreich gewesen. In der Mitte des ersten Jahrzehnts unseres Jahrtausends scheint aber ein Einschnitt unübersehbar zu sein, der die Gesellschaften zunächst zu einer Art inneren Globalisierung zwingt, bevor sie Tiefe und Breite der allgemeinen Globalisierung zuzulassen in der Lage sind.

Dass Geografie auch für das wirtschaftliche Universum der Globalisierung eine Rolle spielt – ganz zu schweigen von den urbanen, kulturellen und politischen Universen – ist spätestens seit Masseys Werk klar. Die starke Tendenz zur geografischen Verdichtung an bestimmten Orten gibt es zweifelsohne, obwohl oder gerade weil Produktionsnetzwerke kaum lokal gebunden sind. Wirtschaft und Geografie sind aufeinander angewiesen (Massey 1984: 7). Die häufig verwandte Metapher des *Clusters* spielt nicht umsonst in beiden Registern: Mit *Cluster* sind sowohl territoriale Zusammenhänge wie Städte und Regionen gemeint als auch wirtschaftlich spezialisierte *Cluster* wie Industrieparks und ganze industrielle Konglomerate wie das von Nokia in Finnland (Dicken 2003). So gibt es in Europa zwei Wachstumsgürtel: Der eine reicht von London über das Rheintal bis Neapel und der zweite von Paris über Marseille bis Madrid (Dicken 2003: 77).

Trotz ihrer wichtigen Rolle kann die Wirtschaftsgeografie die Ketten nicht vollständig erklären. Wie die räumliche Struktur der wirtschaftlichen Globalisierung mehrere Gesichter hat, so sind Antrieb und Struktur vielgestaltig. Natürlich ist die Technologie hierbei von beträchtlicher Bedeutung, aber sie schafft nur die Möglichkeiten, die wirtschaftliche Akteure mit Können-Bewusstsein zu nutzen wissen. Zur Schaffung dieser Möglichkeiten gehört die Entwicklung des Transport- und Kommunikationswesens, bei dem erst in jüngster Vergangenheit die Kommunikation sich vom Transport gelöst hat. Diese Lösung ist von Bedeutung für den Vorstellungsraum, den wirtschaftliche Akteure mit Können-Bewusstsein zur Verfügung haben. Dadurch tritt das allgemeine Wissen über den Strukturwandel, das auf landwirtschaftlich-industrieller Produktion gründet – mit der stufenförmigen Unterteilung in Manufaktur, Maschinenproduktion, Taylorismus als Verwissenschaftlichung, Fordismus als Massenproduktion und Postfordismus als organisierte Flexibilisierung, die dann wieder durch Dienstleistungen zurückgedrängt und relativiert wird –, in den Hintergrund. In der Theorie der Kondratieff-Zyklen ist diese Folge in ihrem qualitativen Wandel bereits seit längerer Zeit zum Thema gemacht worden (Nefiodow 1990; siehe auch Dicken 2003). Die wichtige Rolle der Informationstechnologie in der ersten Phase der Globalisierung mag gegenüber den Bio- und Medizintechnologien, die für die Gesellschaften größere Lebensbereiche einschließen, relativiert werden.

Nicht nur für räumliche Struktur und Antriebe ökonomischer Globalisierung gilt, dass die Akteure, die Zusammenhänge herstellen, es mit differenzierten Ausgangslagen zu tun haben. Es gilt auch für die transnationalen Unternehmen, die mehr als jede andere einzelne Institution als die wesentlichen Gestalter der Weltwirtschaft angesehen werden. Ein transnationales Unternehmen ist ein Unternehmen, das die Macht hat, Operationen in mehr als einem Land zu koordinieren und zu kontrollieren, auch wenn es nicht die Eigentümer aller Bestandteile der Produktionskette ist (vgl. Dicken 2003: 198). Die Unternehmen sind in sich durch die Spannungen wirtschaftlicher Globalisierung charakterisiert. Ihre betriebswirtschaftlichen Maßstäbe werden durch ihre Rolle in den jeweiligen Volkswirtschaften und Gesellschaften modifiziert. Je nach Lebenszyklus des Produkts wird zuerst im Norden produziert, dann kommen Schwellenländer und übernehmen die Exporte in die Entwicklungsländer, danach exportieren sie in den Norden, bevor das Produkt letztlich nur noch in Entwicklungsländern produziert wird – oder sich in bestimmten Bereichen die Kette umkehrt und ihren Ausgangsort in den *emerging powers* gewinnt. Die transnationalen Ebenen waren nie ortlos, auch wenn Herkunft, Lebensweise und Statusbewusstsein des Managements Angleichungen erfahren haben. Es entstehen neue zentrale Orte in China, Indien und anderen Teilen der Welt, die auch auf diesem Feld die Machtverhältnisse differenzieren – indem beispielsweise ein chinesischer Wirtschaftswissenschaftler Chefökonom der Weltbank wird. Zwar werden die größten Investitionen für Forschung und Entwicklung vor allem in den großen Ökonomien der Triade von Nordamerika, Europa und Japan getätigt, aber auch hier treten die Kräfte der *emerging powers* hervor.

Die transnationalen Unternehmen sind einem verschärften Wettbewerb ausgesetzt, nicht zuletzt, um mehr für Forschung und Entwicklung auszugeben, zugleich aber bieten sich ihnen Allianz- und Übernahmechancen, die sie zuvor nicht hatten. Auch die Strategien sind diversifiziert: entweder stärker auf den gesamten Weltmarkt oder aber auf bestimmte Nischen oder Kernkompetenzen bezogen. Es gibt Reversibilität. Beispielsweise haben die Vereinigten Staaten zunächst bei Halbleitern immer mehr Marktanteile an Japan verloren, die sie aber wiedergewinnen konnten, als sie sich von Speicherchips auf neue Chips verlagert haben. Die Spaltung zwischen hoch qualifiziertem und gering qualifiziertem Personal ist ebenfalls von Branche zu Branche und Ort zu Ort verschieden und ein Stück weit zumindest der gesellschaftlichen Gestaltung zugänglich. So musste die Textilindustrie als erste Branche die globale Dimension annehmen. Charakteristisch war, dass auf eine lange Periode der Öffnung, der versuchten Minimalisierung der Löhne und Auslagerung, der Flexibilisierung der Maschinen und Effizienz der Abläufe schon Ende der 1970er Jahre eine Regulierungsphase folgte, in der durch das *multi-fibre*-Arrangement eine Landkarte der Produktionsstandorte entstand, die sich immer wieder lockerte und verschob (Dicken 2003: 317 ff).

Diese Sequenz mag nach und nach auch für verschiedene andere Branchen gelten. Es ist jedoch mit dem Fortschritt wirtschaftlicher Globalisierung auch das Können-Bewusstsein der regulierenden Institutionen gestiegen, dass nämlich Märkte nicht nur Macht verschaffen, sondern als Märkte auch gemacht werden können.

Je mehr das ökonomische Universum der Globalisierung erfahrbar wird, also je mehr die wirtschaftlichen Akteure, die wissenschaftlichen und publizistischen Deutungen und die Medien der ökonomischen Hermeneutik auf einer Wahrnehmungsebene sich austauschen, desto mehr wird die einfache expansive Deutung eines schier unwiderstehlichen Globalisierungsprozesses, wie er in der neoliberalen Periode entstanden ist, unbrauchbar. Da gilt es zunächst auf die Geschichte früherer Interdependenzen zurückzugreifen. Die Periode vor dem Ersten Weltkrieg etwa ist ein sehr viel stärker interdependentes Geschehen, als früher angenommen wurde (vgl. Kapitel 1.1.3). Mehr noch, auch die Industrialisierungsgeschichte setzt sich fort und wird nicht einfach durch eine globale Dienstleistungsökonomie ersetzt. Die langen Wellen der Industrialisierung wurden durch Länder wie Großbritannien, die Vereinigten Staaten, Deutschland und Japan angeführt, weil sie jeweils für eine bestimmte Periode in der Lage waren, technologisches Wissen, organisatorische Formate und gesellschaftliche Einbindung so auf einen Nenner zu bringen, dass der relativ größte Erfolg möglich war (Moe 2006).

Es ist wahrscheinlich, dass die anstehende nächste Welle der Industrialisierung die Schwellenökonomien nicht nur voll und ganz einschließt, sondern sie zu Gewichten im Finanzsystem macht, das die Entwicklung steuert. Es entsteht ein globaler Finanzkapitalismus mit industriellen Steuerungsmächten, die nicht mehr allein im Okzident lokalisiert sind und die alten europäischen Großmächte mehr als bisher zur Kooperation zwingen (siehe 2.5). Die große Unterscheidung zwischen Westeuropa und den anderen großen Zivilisationen war in der Tat offenbar auf weniger als zwei Jahrhunderte beschränkt, am Ende vielleicht auch nicht so tiefgreifend, wie es in der Mitte der *great divergence* (Pomeranz 2000) ausgesehen hat. Der Vergleich der industriellen Revolution in Großbritannien und Qing-China erlaubt es auch, sich die Reversibilitäten in diesem Prozess vorzustellen: »In the meantime large areas of Britain have become impoverished and underdeveloped, whilst nowadays the costal regions of China belong to the group of most dynamic and quickly growing areas in the world. Here the so-called First World is becoming third, and the third first« (Vries 2003). Reversibilität ist auch dort sichtbar, wo die ostasiatische Lektion reimportiert wird. Die Lektion beinhaltet, durch den Staat Infrastruktur für erfolgreiche nachholende Industrialisierung bereitzustellen, um dann stärker auf Märkten auftreten zu können (Wade 1990). Sie war seinerzeit aus der Erfahrung nachholender europäischer Industrialisierung in Ostasien eingeführt worden (siehe auch Leoncini/Montresor 2008).

2.3.2. Kapitalismen

Die Debatte, die am meisten durch die fortgesetzte Dynamik der Globalisierung herausgefordert wird, ist die um die *varieties of capitalism* (siehe 1.3.3 und 2.1.2). Es ist wichtig zu verstehen, dass in der neueren Forschung nicht die Organisation der arbeitenden Klassen im Vordergrund steht, sondern eine veränderte Selbstorganisation des Kapitals und der Unternehmen, die seit drei Jahrzehnten eine neue institutionelle Bewegungsfreiheit gewonnen haben (Harvey 1987). Diese unternehmerischen Akteure können mikroökonomisch betrachtet tatsächlich ihre Interessen strategisch weit besser durchsetzen als zuvor, obwohl sie weiterhin in ein Beziehungsgeflecht ebenfalls strategisch handelnder Akteure wie Gewerkschaften, Verbände, Kunden und Partner eingebunden sind (Hall/Soskice 2001). Die Vielfalt der Unterscheidungen von atlantischem und rheinischem Kapitalismus oder von Markt-, Staats- und Managementkapitalismus, die alle einflussreichen Typologien regieren (siehe Dicken 2003: 128), lässt sich zunächst auf die Entgegensetzung von koordinierten und unkoordinierten Marktwirtschaften reduzieren. Allerdings barg diese Unterscheidung von Anfang an das Risiko, wiederum auf die ältere Unterscheidung von Staat und Markt zurückzufallen, die auch im politischen Diskurs die Unterscheidungsmaschine immer wieder heiß laufen lässt, obwohl das Machen von Märkten und die medial vorangetriebene Vermarkt(lich)ung von Politik schon so lange Merkmale der politischen Ökonomie der Gegenwart sind. Dennoch ist die Unterscheidung sinnvoll (Crouch/Streeck 1997). Die nichtmarktförmige Form der Koordinierung zieht ein ganzes Muster externer Unternehmensbeziehungen nach sich, ebenso Kommunikations-Netzwerke, die auf persönlichem Informationsaustausch basieren und damit eine Vertrauensbasis für vielfältige Formen der Zusammenarbeit schaffen.

In dieser Perspektive erscheinen die Vereinigten Staaten als typische unkoordinierte Marktwirtschaft, während Deutschland als typische koordinierte Marktwirtschaft gilt und zahlreiche Übergangsformen zwischen ihnen das Spektrum komplettieren. Die unkoordinierten Marktwirtschaften lassen keineswegs nur den Märkten freien Lauf, sondern Gesellschaften wie Australien und Neuseeland, Kanada und die Vereinigten Staaten verfolgen verschiedene Wege, um eine liberale gesellschaftliche Selbstorganisation zu stützen, aber zugleich eine öffentliche Infrastruktur zur Verfügung zu stellen, die die verschiedenen Wahlprozesse formatiert. Auf der anderen Seite sind auch die koordinierten Marktwirtschaften in dieser Perspektive voller Variationen, bei denen die Bildung von Sonderfällen eher die Regel als die Ausnahme ist. Für den französischen Fall etwa spricht Vivien Schmidt (2002) von Staatskapitalismus. Damit ist gemeint, dass bestimmte Beziehungen wie die zwischen industriellem und finanziellem Sektor durch den Staat vermittelt sind, während andere fast wie in unkoordinierten Marktwirtschaften freien Interaktionen zwischen den Unternehmen überlassen werden. Die Industrie hängt so mehr vom Staat als von Banken oder Märkten ab und nimmt eine stärker mittelfristige Orientierung ein, wie sie auch von der politischen Seite bevorzugt wird (Schmidt 2002). Für koordinierte Marktwirtschaften gilt, dass sie sich in Industriesektoren (wie in den meisten skandinavischen Ländern) oder in Firmengruppen (wie in Japan oder Südkorea) aneinander binden. Die deutsche Verknüpfung von organisierten Arbeitgebern und Arbeitnehmern in industriellen Sektoren stellt eine gewisse Mitte dar. Innerhalb der koordinierten Marktwirtschaft wie innerhalb der unkoordinierten Marktwirtschaft gibt es eine Reihe von Variationen, so dass auch die Übergänge zwischen hoher und geringer Koordination pragmatisch gehandhabt werden können und tiefgreifenden ideologischen Divergenzen nicht mehr so viel Raum eröffnen.

Dass sich diese Typologie, die sich im Laufe von Jahrzehnten herausgebildet hat, mit der Globalisierung langsam zu verschieben beginnt, steht außer Zweifel. Zunächst hatten allerdings die einfacheren Vorstellungen von Verschiebung Vorrang, nämlich dass Globalisierung strukturell dem unkoordinierten Typus marktwirtschaftlicher Koordinierung Vorteile einräume, weil so höhere Flexibilität, Anpassungsfähigkeit und Raum für Innovationen und globale Angebote geschaffen werden. Auf der anderen Seite schienen der Widerstand gegen die globale Öffnung der Märkte und die Verteidigung wohlfahrtsstaatlicher Errungenschaften, die nach zwei Weltkriegen zur gesellschaftlichen Raison zu gehören schienen, zwei Seiten derselben Medaille zu sein. Diese beiden einfachen dichotomen Antworten auf die Globalisierung sind schon seit einigen Jahren zurückgetreten und haben in den *varieties of capitalism* pragmatischen Antworten Raum gegeben.

Aber dieser Pragmatismus, der keineswegs bereits ein globaler Pragmatismus ist, hat ebenfalls seine Grenzen. Unmittelbar hat der Steuerungspragmatismus den Vorteil, dass er eine Differenzierung öffentlicher Güter vom lokalen und regionalen bis zum nationalen und globalen Niveau erlaubt. Was für das Machen von Märkten auf lokaler, regionaler, nationaler und globaler Ebene erforderlich ist, unterscheidet sich von Niveau zu Niveau und von Koordinationstypus zu Koordinationstypus. Das setzt Fantasie frei. Wo es gut geht, ist der Markt so eingebettet, dass er das erreicht, was er erreichen kann, während in Bereichen, in denen er nicht optimal ausgestattet ist, öffentlichen – nicht-staatlichen – Selbstorganisationen Raum gegeben wird. Immer wenn es um gute Regierung und gute Verwaltung, Vermittlung von Ökonomie und Umwelt, Verknüpfung von Haushalts- und Erwerbsproduktion geht, ist dieser Pragmatismus zunächst ein guter Ratgeber. Weltpragmatismus wird er erst dann, wenn auch die Fragestellungen erweiterter Globalisierung, also die Allokation natürlicher Ressourcen und ihre Begrenzung, demografische Entwicklung und Wachstumschancen, Verbindung innergesellschaftlicher Institutionen mit zwischengesellschaftlichen zum Thema werden (siehe unten 3.3). Um es zuzuspitzen: Je mehr die Globalisierung innere Globalisierung wird, also die harten Kerne gesellschaftlichen Zusammenlebens erfasst und zu Entscheidungsprozessen zwingt, umso mehr muss der erfolgreiche Steuerungspragmatismus der westeuropäischen und nordamerikanischen Nachkriegszeit auf den Prüfstand gestellt werden.

In den einzelnen Gesellschaften, im differenzierten Norden wie im differenzierten Süden, müssen die Strategien der Konstitution einzelner Gesellschaften und die Strategien der Interaktion verschiedener Gesellschaften aufeinander abgestimmt werden wie in der Geschichte niemals zuvor. Imperial- und Klassenkriege haben früher diese Rolle übernommen. Der Begriff Koordination klingt in diesem Zusammenhang eigentümlich blutleer. Eine globale koordinierte Marktwirtschaft regt die politische Fantasie kaum an, obwohl die Regulation hoch differenzierter Finanzmärkte mit geringem natürlichem Vertrauensüberschuss nicht von der Hand zu weisen ist; obwohl mobile Arbeitsmärkte an den arbeitsmarktpolitischen Institutionen rütteln, die wohlhabende Gesellschaften nach harten sozialen Konflikten über lange Perioden aufgebaut haben; und obwohl die alltagspraktische Zähmung von Aggressionspotenzialen in den einzelnen Gesellschaften bei gesteigerter Migration die Vermittlung der Beziehung zwischen den Gesellschaften mit migrierender Bevölkerung verlangt. Es ist also noch sehr viel Steuerungspragmatismus gefragt, während aber mittelfristig ein Weltpragmatismus vonnöten ist, der den Aufstieg konkurrierender sozialökonomischer Mächte, der *emerging powers*, in den Entscheidungs- und Reflexionshaushalten der wohlhabenden Gesellschaften installiert – und umgekehrt in den aufstrebenden Gesellschaften gesellschaftliche Mehrheiten ermöglicht, die einen historisch-zeitlich gestreckten Aufstieg tragen und ertragen. Von einer gegenwärtigen globalen Verständigung zu sprechen, macht keinen Sinn, wenn man die Dynamik zwischen den etablierten und aufstrebenden Mächten nicht als *gesellschaftliche* zu analysieren vermag, sondern sie entweder noch einmal im Kontext der *great powers* oder in dem des sozialen Widerstands gegenüber imperialen Mächten betrachtet. Die kurze okzidental bestimmte Erfahrung national- und industriegesellschaftlicher Emanzipation hat Vorgaben hinterlassen, auch wenn die aufstrebenden Gesellschaften sehr viel stärker auf die primäre Lebensmittelproduktion auf der einen Seite zurück- und auf die avancierte tertiäre Produktion auf der anderen Seite vorgreifen müssen. Die mikroökonomische Fundierung der *varieties of capitalism* hatte den großen Vorteil, dass sie Unternehmen und Gewerkschaften, professionelle Gruppen und Verbände als handelnde Akteure in einem neuen transnationalen Beziehungsgeflecht zu erfassen erlaubt. Es führt kein Weg zurück zu den Unterscheidungen des organisierten

Kapitalismus, aber die schon diskutierte Differenzierung von Mikro- und Makroregionen, von *global cities* und Staaten, die sich als politische Selbstorganisation globalisierter Gesellschaften verstehen, ist möglich (Stubbs/Underhill 1994).

2.3.3. Globale ökonomische Strukturen

Die Tatsache, dass die industriegesellschaftliche Verflechtung zwischen den aufstrebenden Mächten in der alten Gruppe der Entwicklungsländer – den *emerging powers* wie Indien und China, Südostasien, Südamerika und Südafrika – ein historisch neues Niveau erreicht hat, zeitigt auch kulturelle Konsequenzen. Wenn zwei Drittel der Exporte aus den früheren Entwicklungsländern in Industrienationen produzierte Güter sind, was einem Wachstum um das Zwölffache innerhalb der letzten vier Jahrzehnte entspricht; wenn São Paulo, was die Dichte von Vorleistung, Kombination und Endprodukten betrifft, die größte Industriestadt Deutschlands ist; und wenn die globalen Finanzmärkte eine vermittelnde Rolle für die Interaktion von Eliten, Klassen, Ethnien und kulturellen Gruppen einnehmen wie zuvor vielleicht nur übergreifende Imperien – wie diese mit dem Risiko des Zusammenbruchs der Interaktion behaftet –, können die kulturellen Zentren nicht völlig verschieden von dieser sozialökonomischen Weltordnung sein. Eine Weile mag Mumbai als kulturelle Drehscheibe der Rolle Indiens als *emerging power* vorausgewesen sein, eher am globalen Vorbild Los Angeles und Hollywood orientiert als an der kulturellen Durchdringung Südasiens und dann des asiatischen Kontinents überhaupt, aber irgendwann holt der globale sozialökonomische Status die kulturindustrielle Rolle ein. Bangkok mag für eine ganz Weile der kulturelle Bezugspunkt südostasiatischer Gesellschaften gewesen sein, im Wettbewerb mit Singapur auf der einen und Ho-Chi-Minh-Stadt und Jakarta auf der anderen Seite, aber irgendwann kommt es auch hier darauf an, wie die kulturelle Szenenbildung mit der sozialökonomischen Gewichtsverteilung in Einklang gebracht wird. Dabei kann es wie auch historisch schon früher Abweichungen geben, die durchaus ins Konzept passen, wenn Ho-Chi-Minh-Stadt etwa sich eher als Ort der Bohème gegenüber den ökonomischen Netzwerken zu behaupten weiß.

Die Wirtschaftskultur schien gegenüber der Kritik an der Globalisierung ein unüberwindliches Bollwerk zu errichten. Für jede Kritik an den Auswüchsen der Globalisierung entstand eine entsprechende Form von Faszination für die Globalisierung, die sich im *branding* der privaten Güter nach globaler Geschmacksdifferenzierung und Geschmacksvereinheitlichung ausdrückte (siehe Kapitel 1.3). Die McDonaldisierung war in ihrer Ambivalenz gerade ein Beitrag zur Globalisierung, weil nicht nur die Homogenisierung von Arbeitspraktiken, Marketing und Geschmacksmodellierung exemplarisch betrieben wurde, sondern auch die Variation von Kontexten, in denen das Produkt verzehrt wurde (siehe Kapitel 1.4). Die Geschichte der McDonaldisierung lässt sich auch in den oberen Geschmackssegmenten verfolgen, soziologisch ist zwischen den Premium-Marken und den Massenmarken kein prinzipieller Unterschied, sondern lediglich eine Abstufung der Unterscheidungsgewinne zu verzeichnen. In dieser Perspektive verhalten sich die globalen *celebrities* nicht anders als die globalen Massen, was die Differenzierung und Entdifferenzierung betrifft. Der Erfolg der Berichterstattung zu den Lebensgewohnheiten berühmter Individuen, Gruppen und Klassen rührt nicht zuletzt daher, dass die Klaviatur der weniger berühmten, beherrschten und um ihr Leben ringenden Schichten strukturell nicht so verschieden ist, sondern ähnliche Register bedient (siehe Bourdieu 1982; 2.6.3). Aber die Ideologie der Wirtschaftskultur, die die politische Gesellschaft außer Kraft setzt und überflüssig macht, ist inzwischen an ihre Grenzen gestoßen. Sie war stark genug, der alten wohlfahrtsstaatlich-gesellschaftlichen Behauptung angemessenen Lebens in den 1970er und 1980er Jahren den Boden unter den Füßen wegzuziehen, aber Wirtschaftskultur kann das Leben nicht in einer befriedigenden Art und Weise begründen. Wenn über neue Ausstellungen, Theaterinszenierungen und Organisationsformen des kulturellen Sektors berichtet wird, ist auf der einen Seite überdeutlich, wie sehr die wirtschaftskulturellen Imperative sich in allen Bereichen durchgesetzt haben. Auf der anderen Seite ist aber das Unbehagen in der Wirtschaftskultur, um Sigmund Freuds berühmtes Thema zu variieren, unübersehbar und – was wahrscheinlich bedeutender ist – unüberhörbar.

Diesem Unbehagen hat John Gray in einem einflussreichen Buch (1999) Ausdruck verliehen. Er verbindet seine Kritik am Liberalismus mit einer historischen Untersuchung. Die Durchsetzung des Marktes als ein kühnes Experiment sozialer Technologie wurde im Großbritannien des 19. Jahrhunderts versucht, und die Vereinigten Staaten haben daran sehr viel später angeknüpft, allerdings ohne die politische Stabilisierung durch viktorianische Lebensverhältnisse (Gray 1999: 7 ff). Der staatliche Rahmen, der Währung und Steuern festsetzt, während sich die freien Kräfte von Handel und Wirtschaft nach innen wie außen entfalten können, war eine politisch bewusste Schaffung von Institutionen. Sie richtete sich gegen Großgrundbesitzer mit der Abschaffung der Getreidezölle wie im *corn law* 1846 und gegen Versuche der ärmeren Klassen, sich dem Lohnzwang zu entziehen. In dieser Perspektive muss die Weltwirtschaft so reformiert werden, dass sie die Vielfalt der Kulturen, politischen Systeme und lokalen Märkte-Wirtschaften erlaubt, aber den Rahmen der Konkurrenz für alle umso stärker zementiert. Ohne die Freisetzung des technologischen Fortschritts wäre eine solche Verknüpfung von starken Institutionen und ebenso starker wirtschaftlicher Flexibilität niemals möglich gewesen. Der öffentliche Besitz an prägenden Unternehmen von Kohle und Stahl bis Gas und Strom, von Wasser und Bahn bis Flugverkehr und Kommunikation, von Energie und Schiffsbau ist bis zum Ende des letzten Jahrhunderts aufgelöst worden, der liberale ordnungspolitische Rahmen hat sich durchgesetzt. Auf der anderen Seite hat sich Berufstätigkeit als Lebensform, die durch keine Haushalts- oder Kommunalzugehörigkeit im Kern modifiziert wird, soweit durchgesetzt, dass sie Dienstleistungsstrukturen auf breiter Front geschaffen hat, die die gesellschaftliche Arbeit in Haushalt und privatem Leben weitgehend in marktförmige Verhältnisse gepresst hat. Man kann diesen Prozess in die kritische Figur fassen, wie sie Gray an Neuseeland festgemacht hat: Mehr Staatsleistungen werden marktfähig, während das Soziale eingeschränkt wird (1999: 77). Die Ausgaben für Polizei, Gerichte und Gefängnis steigen gemeinsam mit den kreativen Spielräumen für Unternehmen, soziale Assoziationen und Individuen. Aber dieser Prozess setzt zugleich auch sich selbst korrigierende Kräfte, reformerische Initiativen und kulturelle Intelligenz frei, die sich zuvor niemand hat vorstellen können.

Es ist entscheidend, diesen Formatierungsprozess zunächst als einen kulturellen zu verstehen, der verschiedene Reflexionszonen in den alten und neuen Zentren der Weltgesellschaft entstehen lässt, ohne bereits politisch feste Formate zu erreichen. Dieser kulturelle Prozess der Aggregation von Strömen und Bindung von Szenen, der die politischen Debatten gar nicht so verschieden von den Erfahrungen von Künstlern und Unterhaltungsproduzenten, Wissenschaftlern und religiöser Wahrnehmung erscheinen lässt, schlägt erst um, wenn zu der inneren Erfahrung in den verschiedenen Gesellschaften, die in die Globalisierung hineingezogen werden, die Wahrnehmung einer transnationalen Verschiebung von Macht und Erfahrung tritt. Der Aufstieg von Indien und China, der in der Konsequenz auch den Aufstieg von Südostasien, Südamerika und Südafrika einschließt, weil er diese nicht mehr als schlichte *newcomer* in der Weltwirtschaft, sondern als strategische Größen fasst, transformiert die innere kulturelle Erfahrung in den Gesellschaften des Zentrums und der Semiperipherie zu einer politischen und gesellschaftlichen. In dieser Transformation sind wir im Augenblick alle befangen.

Auf der einen Seite gibt es die ganz neue Erfahrung der wechselseitigen amerikanisch-chinesischen Abhängigkeit in Bezug auf Im- und Exporte, Finanzierung überhöhten Konsums und schnell nachholendes Wachstum, auf der anderen Seite sind die Spielräume für den wohlfahrtsstaatlichen Umgang mit den Folgekosten dieser Auf- und Abstiegsprozesse begrenzt und passen überhaupt nicht zu den Gestaltungsfantasien der vorherigen Generation. Auf der einen Seite stärkt diese Interdependenz die autoritäre Behauptung der Rechte aller neuen Aufsteiger, ob sie nun selbst autoritär verfasst sind oder nicht, auf der anderen Seite schwächt sie die kritische Fähigkeit in den alten herrschenden Gesellschaften, vermittelnde

Gewalten zu entwickeln. Die Gesellschaften in den reichen Ländern müssten eigentlich intermediäre Gewalten im säkularen Angleichungsprozess zwischen auf- und absteigenden Marktteilnehmern sein, können es aber nur begrenzt, weil sie an die Wachstums- und Fortschrittsutopien der 1970er und 1980er Jahre gebunden sind, die eine Rechnung ohne die Wirte der harten weltwirtschaftlichen Globalisierung gemacht haben. So war die Kritik der Globalisierung über mehr als ein Jahrzehnt ambivalent (Leggewie 2003), weil sie sich an der Ausbreitung der Weltgesellschaft durch ihre Diskurse wie durch ihr Handeln beteiligte, die Dominanz der Bedeutung wirtschaftlicher Beziehungen freiwillig bestätigte und die Entgrenzung aller Lebensbereiche selbst vorführte, während sie sich politisch auf Normen im Recht und Autorität in der Politik berief, die mit der weltgesellschaftlichen Entwicklung gerade ihren historischen Grund einbüßten (siehe 3.1). Die Globalisierungskritik bleibt vor allem ein kulturelles Phänomen, sie überschreitet nicht die Grenze zu einer politisch-gesellschaftlichen Bindung von Protest, Kritik und Utopie. Exemplarisch zeigt sich dieses Missverhältnis nicht zuletzt daran, dass die Europäische Union in der Regel mehr als Teil der kritisierten Globalisierung denn als Moment der politischen Aufhebung gesehen wird (siehe 2.5).

2.4. Szenen und Ströme

Die heutigen Wertschöpfungsketten sind ohne die Rolle kultureller Szenen und Ströme ebenso wenig zu verstehen wie die städtischen Agglomerationen. In Kapitel 1.4 wurden Theorien der kulturellen Globalisierung vorgestellt. Das Kapitel schloss mit der Diagnose, dass die Kultur im engeren Sinne in die Kultur im weiteren Sinne eingebettet werden müsse, um die gegenwärtigen Globalisierungstendenzen verständlich zu machen. Das haben wir am Beispiel der Theorie von Arjun Appadurai verdeutlicht. Daher beginnt auch dieses Kapitel mit seiner Theorie. Wir können aber nun auch auf die vorangehenden Kapitel zurückgreifen, um die Kultur im weiteren Sinne mit *emerging powers*, Städten, Unternehmen und Märkten zu verknüpfen. Dabei konzentrieren wir uns im ersten Abschnitt auf die Unterhaltungsindustrie, im zweiten auf den Multikulturalismus und im dritten auf die Gedankenfigur einer postmodernen Kulturindustrie. Um die Argumentationslinie des Buches nicht übermäßig auszufransen, findet die Kultur im engeren Sinne nur illustrativ Erwähnung, ebenso das wichtige Phänomen der Migration.

2.4.1. Unterhaltungsindustrien

Wenn die Globalisierung die Unterscheidung der Orte nicht verschwinden lässt, sondern eher im Gegenteil diese porträtiert, dann muss sich die Entwicklung am ehesten in den kulturellen Szenen der Welt zeigen – in denen auf den ersten Blick alles fließt. Appadurai (1996) hat zwischen verschiedenen Scapes unterschieden, die als *ideoscapes*, *mediascapes*, *financescapes*, *technoscapes* und *ethnoscapes* beschrieben werden können (siehe 1.4.3). Dort, wo sich globale Flüsse an Informationen, Wissen, Bildern und Deutungen treffen, entstehen die dicken Knoten in globalen kulturellen Netzwerken – privilegierte Orte globaler Kommunikation und im Ansatz Institutionen der Verständigung. Deshalb ist es nicht gleichgültig, wo sich diese Verdichtungen globalen Wissens, globaler visueller Muster und globaler Interpretation befinden. In der Blütezeit amerikanischer Hegemonie um die kurze Phase der *new economy* herum schien es, als lägen diese Orte oder diese Knotenpunkte mehrheitlich und vorrangig in den USA. Wer auch immer der Macht der Vereinigten Staaten kulturell zu widerstehen versuchte, hatte die Mehrzahl der Konsumenten, der ästhetischen Szenen und der künftigen Verbrauchsgewohnheiten gegen sich. An den kulturellen Knotenpunkten amerikanisch-globaler Zivilisation schienen sich Orte zu bilden, an denen künftige Unterhaltungsstars, künftige Premierminister in aller Welt und Führer künftiger sozialer Bewegungen heranwuchsen.

Das galt und gilt auch für kulturelle Drehscheiben, die sich in Europa, Asien, Afrika und Lateinamerika befinden. Die britischen kulturellen Szenen gewannen und gewinnen ihre Provenienz aus der Dialektik von Nähe und Ferne zu amerikanischen Kulturzentren, Bollywood heißt deswegen Bollywood, weil der Name die Nähe und Distanz zu Hollywood kommuniziert, die postmoderne Ausstrahlung Tokios existierte nicht, wenn es nicht zuvor die von Los Angeles und Chicago gegeben hätte. Wer Ausstellungen in Bangkok, Johannesburg und São Paulo besucht, spürt die Macht einer globalisierten okzidentalen Kunstszene, die außerordentlich saugfähig das aufnimmt, was in den lokalen, regionalen und nationalen Szenen passiert, ihm aber eine globale Färbung gibt. Wenn man in eine Ausstellung zur feministischen Erzähl- und Darstellungskultur – sagen wir in Kalkutta – geht und nach deren Ursprüngen sucht, trifft man auf dichte lokale und regionale Erfahrung, starke Kunsthochschulen im Raum und beeindruckende Künstlerpersönlichkeiten, aber auch auf die breiten Flüsse globaler Kommunikation zu ästhetischer Differenzierung und transkultureller Hierarchisierung von Geschmack. Hier wächst nicht zusammen, was zusammengehört, sondern was irgendwann zusammengehören mag. In den kulturellen Szenen und ihrer Politik der Globalisierung bilden sich Produktionsnetzwerke, die weder auf kapitalistische Marktrationalität noch auf eine nicht klassifizierbare originäre Kreativität zurückgeführt werden können, sondern Weltkultur *in nascendi* konstituieren. Weltkultur und ihre kosmopolitische Formatierung, die am Ende des 18. Jahrhunderts ihre Gestalt gewonnen hat, wird natürlich nicht von der Zwischengeschichte unberührt realisiert, sondern trägt die Spuren des europäischen Jahrhunderts der Extreme wie des amerikanischen pragmatischen Umgangs mit kultureller Differenz.

Eine riesige Maschine globaler kultureller Szenen und Ströme ist natürlich der Tourismus. In seiner Bedeutung für die Konstituierung einer Weltgesellschaft ist er überhaupt nicht zu unterschätzen. Aber was für den Tourismus gilt, gilt auch für die Effekte der Migration und die Verbreitung von Netzwerkbildern in den globalen Mustern der Interpretation dieser Zusammenhänge: Das Können-Bewusstsein, das die Städte in der Globalisierung leiten kann und die wirtschaftlichen Eliten antreibt, ist ein knappes wirtschaftliches und soziales Gut. Der Tourismus begründet einen spezifischen touristischen Blick, einen *tourist gaze* (Urry 1990), der nicht nur die Wahrnehmungsweise von Millionen von Touristen dirigiert, sondern die auch von interpretierenden Publizisten, Künstlern und Beobachtern aller Art leben soll. Die Verfügbarkeit des Wissens im Hinblick auf den Tourismus, seine Präferenzen und seine Hierarchien ist enorm und steht im umgekehrten Verhältnis zu der Einsicht in die globalisierende Rolle der kulturellen Szene Tourismus. Wenn man bösartig argumentiert, kann man sogar sagen: Je mehr wir über die touristischen Interdependenzen wissen, umso mehr verstehen wir, wie die Welt der kulturellen Szenen funktioniert. Das ist eine echte Blockade für das Können-Bewusstsein kultureller Akteure, die ihre Welterfahrung nutzen wollen, um die populäre Angleichung der touristischen Erfahrung zu durchbrechen. Der Rückgriff auf die italienische Reise Goethes oder auf zeitgenössische Bildungsreisen von Studiosus hilft nicht weiter, weil zu wenige Mitglieder der aufstrebenden *middle classes* erreicht werden, um die Umkehrung des *tourist gaze* zu bewirken. Der *tourist gaze* ist unmittelbar verknüpft mit der Kommodifizierung von Kultur, die wiederum nicht zu trennen ist von der Kultur im weiteren Sinne (siehe 1.4.3). Beide verbinden sich mit den Strömen von Akteuren, die Träger von Vermarktung wie von Kultur sind.

2.4.2. Multikulturalismus

Die Entstehung von Akteuren mit Können-Bewusstsein wird stark beeinflusst durch die sich immer stärker wandelnde demografische Zusammensetzung der Bevölkerung. Während der globale Norden altert, weil die Geburtenrate fast überall sinkt und die Lebenserwartung steigt, stehen die geburtenstarken Jahrgänge im globalen Süden in den Startlöchern. Es ist noch nicht abzusehen, welche ökonomischen Folgen die Veränderung der Demografie haben wird. Sicher ist jedoch, dass die Dynamik vom globalen Süden ausgehen wird, nicht von den alten Zentren der Welt. Ein wichtiger Faktor wird dabei das Maß sein, in dem die aufstrebenden Gesellschaften ihre Bevölkerungen mit Bildung versorgen. Bereits jetzt haben die meisten *emerging powers* einen sehr hohen Bildungsgrad aufzuweisen.

Der Wandel der Demografie wird begleitet von einer wachsenden internationalen Migration. Die Migrationsströme sind keine Randbedingungen der Weltwirtschaft, sondern konstituieren das ökonomische Universum der Globalisierung wesentlich mit. Es wurde behauptet, dass Migration gar das kennzeichnende Merkmal unserer Zeit sei (Castles/Miller 1993). Diese Behauptung ist sicher übertrieben, wenn man bedenkt, dass internationale Migranten höchstens fünf Prozent der Weltbevölkerung ausmachen, während die Rate zu den Hochphasen der europäischen Emigration nach Amerika bedeutend höher lag. Aber die Migration trägt zur inneren Globalisierung der Gesellschaften entscheidend bei. Die Menschen werden nicht mehr nur »assimiliert« oder in Diasporen abgeschoben, sondern interagieren auf höchst differenzierte Weise mit Herkunfts- und Zielgesellschaften (Schiller 1992; Pries 1998; Esser 2006). Das liegt nicht zuletzt an ihrer Zusammensetzung. Migranten sind nicht mehr entweder arme Flüchtlinge oder reiche Kaufleute, sondern rekrutieren sich aus allen Bevölkerungsschichten (Oswald 2007). Auf aller Welt sind hoch gebildete und beruflich qualifizierte Eliten gefragt, die bereits eine ebenso globale Klasse zu werden beginnen wie die Managereliten. Sie gestalten Globalisierung ganz wesentlich mit.

2.4.1. Anteil internationaler Migranten an der Bevölkerung

Staat	**Anteil von Migranten**
USA	13 %
Deutschland	13 %
OECD-Länder	10 %
Vietnam	0,2 %
Welt	Rund 5 %

Quellen: World Bank (2007: 34, 78); www.oecd.org.

Entscheidend für den Beitrag der Migration zur globalisierten Welt sind die Klassifikation von Ethnizität und die Gestalt des Multikulturalismus. Migration führt zu kultureller Vermischung – aber nicht unbedingt zu Koexistenz, Kooperation und Befruchtung. Dabei muss man die Wanderungen, die von Krieg, Völkermord und massiver ökonomischer Bedrohung ausgehen, außen vor lassen, um die ganz normale Migrationsdynamik zur Konstitution kultureller Szenen zu begreifen.

Interessant ist hier Nederveen Pieterses Beobachtung, dass man bei klaren politischen Konflikten von politischen, bei unklaren von ethnischen Konflikten spricht, dass also Mehrheitspolitik politisch, Minderheitspolitik aber ethnisch ist (Nederveen Pieterse 2007: 31). Diese Unterscheidung wird auf den Stadt-Land-Konflikt verschoben, indem urbane Konflikte als nationalistisch gelten – gewissermaßen als modern – während ein ländlicher Nationalismus als ethnisch klassifiziert wird. Ethnizität ist sehr viel mehrdeutiger und kontextgebundener, als es auf den ersten Blick scheinen mag. Ihre Macht kann von den herrschenden wie beherrschten Gruppen in verschiedener Art und Weise genutzt werden. Gruppenunterschiede lassen sich in der Perspektive von Autonomie wie Assimilation, Segregation wie Migration funktionalisieren.

Lange Zeit hat der politikwissenschaftliche Diskurs zur Bürgerschaft (*citizenship*) in seiner ganzen Bandbreite die Diskussionen über Migration und Multikulturalismus beherrscht, vor allem im Anschluss an die Arbeiten von Thomas Marshall (1977). Es schien, als ob *citizenship* die Mehrdeutigkeit der migrationsabhängigen Zugehörigkeit zu beherrschen in der Lage wäre. Der Diskurs zu den bürgerlichen Rechten ist nun weitestgehend erschöpft, eine Erfahrung, die diesen Diskurs über die Jahrzehnte immer wieder begleitet hat. In Europa kommt hinzu, dass die staatsbürgerlichen Rechte, die aus der Mitgliedschaft resultieren, deshalb bedeutsamer sind, weil sie mit dem europäischen Wohlfahrtsstaat tatsächlich mehr materielle Ansprüche und Rechte transportieren als z. B. mit dem amerikanischen. Im Gegenzug müssen sich die europäischen kulturellen Szenen erst daran gewöhnen, Leitbilder zu vermitteln, die das Amalgam aus freiem Markt und Demokratie darstellen und ganz ambivalente Wirkungen entfalten können.

Der Export von freiem Markt und Demokratie kann durchaus Hass in und zwischen Gesellschaften erzeugen und globale Instabilität begünstigen. Das ist die Grundthese des viel gelesenen Buches von Amy Chua (2004). Die gewöhnliche Vorstellung, die wir vor Augen haben – dass westliche Demokratie- und Regierungsvorstellungen auf scheinbar traditionale Gewohnheiten, Regularien und Institutionen stoßen und dabei in Konflikt geraten – ist kaum ein Bild, das sehr repräsentativ für weltgesellschaftliche Verflechtungen ist. Sehr viel typischer und interessanter ist die Art und Weise, wie Chinesen in den Binnen- und Außenhandel anderer Gesellschaften eingreifen. In ihrem Fall hat die Ausdehnung des freien Marktes den Effekt, dass der Abstand zwischen der privilegierten Situation der chinesischen Population in diesen Ländern und der indigenen – was immer das heißt – eher wächst als abnimmt. Den Effekt, dass globale wirtschaftliche Liberalisierung die Unterschiede zwischen den dominierenden wirtschaftlichen ethnokulturellen Gruppen eher verstärkt als verringert, können wir überall auf der Welt beobachten, nicht zuletzt in Lateinamerika, wenn mit der Liberalisierung die kleine weiße Minderheit in der Wirtschaft an Einfluss eher gewinnt als verliert (Chua 2004: 49 ff).

Eine wesentliche Rolle für die Vernetzung kultureller Szenen und Ströme spielen frühere Migrationen, die nun zu stabilen Bevölkerungsgruppen in neuen sozialen Umwelten, zu Diasporen, geführt haben. Ein immer wieder zitiertes Beispiel sind die Chinesen, die beispielsweise in Birma nahezu jede Ebene des Handels dominieren (Chua 2004: 25 ff). Nach Überschwemmungen in Südchina kommen zudem Hunderttausende von Bauern nach Birma. Die neueren Verflechtungen durch Migration zwischen China und Südostasien gehen auf eine lange Vorgeschichte zurück. In Vietnam ist die Präsenz von Chinesen seit 200 v. Chr. bezeugt. Sie trieben nicht nur Handel, sondern produzierten auch Waren und vermittelten später zwischen Vietnamesen und Europäern. Ihr Einfluss ist sehr viel größer, als es der Anteil an der Bevölkerung nahe legt. In Ho-Chi-Minh-Stadt stellen Chinesen drei Prozent der Bevölkerung, beherrschen aber die Hälfte des Marktes. Chinesische Erfolgsgeschichten drängen sich stärker in den Vordergrund als die ethnischer Mehrheiten und provozieren manches Ressentiment. Amy Chua erzählt zur Illustration die Geschichte eines chinesischen Imperiums (2004: 40 ff). Um 1920 wanderten zwei arme chinesische Brüder namens Chia nach Thailand aus, wo sie relativ erfolgreich verschiedene Geschäfte eröffneten, bis sie sich um 1950 auf den Verkauf von Tierfutter spezialisierten. Schließlich wurden sie ein vertikal integriertes Hühnerfutterunternehmen namens CP. 1969 setzten sie ein bis zwei Millionen Dollar pro Jahr um. In den 80er Jahren hatte sich die CP-Gruppe international ausgedehnt und trat in neue nationale Märkte ein: Shrimps, Franchise von 7-eleven und Kentucky Fried Chicken, Produktion von Honda und Heineken in Shanghai. Heute hat die CP-Gruppe Vermögenswerte in Höhe von neun Milliarden Dollar. Für Indonesien lassen sich ähnliche Proportionen von Bevölkerungsanteil und Marktbeherrschung ausweisen, was zu Pogromen gegen Chinesen geführt hat. Die auf die Pogrome nach 1998, nach dem Rücktritt des Präsidenten Suharto, folgende Kapitalflucht hat noch heute Auswirkungen auf die Wirtschaftskraft des Landes. In Indien gibt es keine national dominante Minderheit, aber die regionale Wirtschaft wird umso mehr von den jeweiligen beherrschenden Minderheiten geprägt.

Es strömen nicht nur Bilder und Zeichen durch die Welt, wie in den Kulturindustrien, in Kunstszenen und Wissenschaften, nicht nur Menschen, die ein- und auswandern, Unternehmen eröffnen und Geld transferieren, sondern es bilden sich auch eigenständige transnationale Kooperationszusammenhänge heraus (Pries 1998). Das Bild, in das diese Zusammenhänge wohl am häufigsten gebracht werden, ist das des Netzwerks (Castells 1996–98). Das Netzwerk ist nicht nur ein Schlüsselbegriff der Untersuchung der langen Wertschöpfungsketten, die nationale Grenzen schon lange überschreiten und spezifische *business networks* schaffen, sondern auch der Kernbegriff für die Untersuchung von Kunst- und Architekturszenen, die in globalen Zeitschriften, Ausstellungen und Projekten eine sich stabilisierende Zahl von Namen, Orten und Bezeichnungen schaffen. Das hat Manuel Castells in seinem monumentalen Werk meisterhaft dargestellt (siehe auch Kapitel 1.5.3).

2.4.3. Postmoderne Kulturindustrie

Die Ähnlichkeit der Begriffsbildung in Ökonomie und Kultur ist nicht zufällig, denn die transnationale Vernetzung wird von einem Prozess angetrieben, in dem sich Wirtschaft und Kultur wechselseitig durchdringen. Auch Autoren wie Castells, die mit der entwickelten »postfordistischen« Produktionsweise und ihrer globalen Ausbreitung beginnen, enden in der Regel mit der Expansion eines differenzierten und differenzierenden Kulturkonsums. Vorreiter dieser Argumentationsfigur war David Harvey (1989). Harvey erläutert zuerst die Begriffe der Moderne und Postmoderne, bevor er ihre Grundlage in den »Akkumulationsregimes« des Fordismus und des Postfordismus aufzuzeigen versucht. Während die Moderne einen universalen, rationalen Fortschritt annimmt, fördert die Postmoderne Heterogenität und Differenz als befreiende Kräfte (1987: 9 ff). Sie lehnt eine Metaerzählung ab. Für die Moderne bedeutete Rationalität noch Befreiung von Zwängen. Einige wichtige Eigenschaften der Moderne sind Form, Zweck, Hierarchie, Logos, Präsenz, große Erzählung, Metaphysik und Transzendenz (1987: 43 ff). Ihnen stehen in der Postmoderne gegenüber Antiform, Spiel, Anarchie, Schweigen, Absenz, kleine Erzählung, Ironie und Immanenz. Nun fragt Harvey, ob diese Eigenschaften in erster Linie ästhetische oder epistemologische Phänomene sind, wie sie in der französischen Philosophie dargestellt werden. Er antwortet mit dem Marxismus, dass sie eher kulturelle Aspekte des Spätkapitalismus seien (1987: 62 f). In seiner Analyse des Spätkapitalismus stützt er sich explizit auf Marx (siehe 1.3.1).

Harvey zufolge erlaubt die Postmoderne keine kohärente Politik (1987: 116). Sie nähere sich der Logik des Marktes an und akzeptiere alle Verdinglichungen, Fetischismen und sozialen Trennlinien. Am schlimmsten sei die Tatsache, dass die Postmoderne zwar andere Stimmen anerkennt, sie aber als unverständlich und jenseitig zum Schweigen verurteilt. Tatsächlich sei die Postmoderne nichts weiter als ein Symptom des Postfordismus, den Harvey als »flexible Akkumulation« bezeichnet. Im Anschluss an Halal, Swyngedouw und Lash/Urry (1987) benennt er einige Eigenschaften der flexiblen Akkumulation, die wir oben bereits diskutiert haben: Netzwerke, Partizipation, Hybridisierung, Dezentralisierung, strategisches

Management, nachlassende Macht von Staat und Arbeiterschaft, Industrialisierung der Dritten und Deindustrialisierung der Ersten Welt, Fragmentierung, flexible Produktion, geringe Lagerhaltung, Primat der Nachfrage, räumliche Kondensierung, Deregulierung, Innovation unter Anleitung des Staates – und eben Postmoderne (1987: 174 ff).

Harveys Buch schließt mit den Kapiteln über die Verdichtung von Raum und Zeit, die mittlerweile zum Kernbestand der Globalisierungsliteratur zählen. Sie werden allerdings fast immer unabhängig von ihrem marxistischen Zusammenhang zitiert. Harvey interessiert sich für die soziale Macht über Raum und Zeit, die der Kapitalismus seiner Ansicht nach durch deren technologische Schrumpfung vergrößern kann (1987: 232 ff). Nach der Raum-Zeit-Komprimierung, die für die Modernisierung eine Grundbedingung war, kam es in den letzten zwei Jahrzehnten zu einer noch stärkeren Kompression von Raum und Zeit. Satellitenkommunikation hat Kommunikation schneller und preiswerter gemacht. Luftfracht ist viel billiger geworden. Großunternehmen haben globale Netzwerke. Ereignisse können im Fernsehen weltweit in Echtzeit verfolgt werden. Kapitalisten, die mobiler als andere sind, haben einen klaren Vorteil in der Produktion und am Markt, aber sie können sich nicht vollkommen aus dem Raum befreien (1987: 234). Die Arbeiterschaft ist hingegen immer viel weniger mobil. In der flexiblen Akkumulation können die Kapitalisten die Arbeiterschaft räumlich fragmentieren und dadurch ihre Macht vergrößern.

Harveys Analyse gemahnt stark an das letzte Kapitel der *Dialektik der Aufklärung*. Der Begriff der Kulturindustrie, der bei Max Horkheimer und Theodor W. Adorno (1981) noch die Kritik kapitalistischer Lebensweise beinhaltete, wird heute in sein Gegenteil verkehrt. Die Kulturindustrie hilft die Widersprüche des reifen Kapitalismus im Inneren der Gesellschaft dadurch zu überwinden, dass immer weitere Bereiche der Haushaltsproduktion und der Lebensteilung in Arbeitsteilung und eine private Angebots-Nachfrage-Kette umgewandelt werden, so wie nach außen die globale Expansion und Verflechtung der Märkte die Verengung der Akkumulationsräume aufhebt. Die marxistische Kritik am entwickelten Kapitalismus hat Recht bekommen, aber nicht als Kritik, sondern als Berater rationalen kapitalistischen Handelns (siehe auch 1.3.1). Mit der Erweiterung des Expansionsraums auf die ganze Welt einerseits und der Erweiterung des Entwicklungsraums für Waren und Dienstleistungen in die persönlichen und kommunalen Strukturen des Lebens andererseits sind die gesellschaftlichen Grenzen des Wachstums, die noch vor drei Jahrzehnten mit den Händen zu greifen waren, in zwei Richtungen hinausgeschoben worden, für die ein Ende nicht abzusehen ist.

2.5. Regionalismen und Europa

Zusammenhänge sind nicht nur gegeben, sie werden auch gemacht. Das Können-Bewusstsein hat für globale Städte wie für globale Unternehmen eine entscheidende Bedeutung, und auch für die kulturellen Ströme und Netzwerke ist das Können-Bewusstsein der Akteure ausschlaggebend. In ihrer Vermittlung und Organisation liegt das Potenzial von Regionen. Daran scheint es den Assoziationen von Staaten und Gesellschaften in Südostasien (ASEAN), Südamerika (MERCOSUR) und ähnlichen Verbänden im südlichen Afrika und anderen globalen Regionen zu mangeln. Vor allem die Europäische Union, die eigentlich für die Rolle als aufgeklärter Mediator der *emerging powers* berufen wäre (Schwengel 2008a), scheint noch ziemlich weit von diesem Bewusstsein entfernt. Das Möglichkeitsfenster ist vermutlich nur eine historisch kurze Zeit offen (Leibfried 2006), und ein weit weniger evolutionärer Weg in die neue Weltordnung könnte sich gewaltsam bahnen. Das Möglichkeitsfenster ist Gegenstand des letzten Abschnitts, auf den die beiden ersten Abschnitte des Kapitels vorbereiten. Der erste Abschnitt liefert einen Überblick über die globale Regionalisierung, während der zweite sie in Relation zu den Tendenzen der Globalisierung setzt. In allen drei Abschnitten steht die Rolle Europas im Zentrum.

2.5.1. Die Rolle von Regionen

Europa ist Vorreiter und Vorbild der jüngsten Bestrebungen zur Bildung von Regionen. Das Nachkriegseuropa – das aus zwei Weltkriegen Konsequenzen zu ziehen suchte, das fast von Anfang an in den entstehenden hegemonialen Konflikt zwischen den Vereinigten Staaten und der Sowjetunion eingefügt war, das die Widersprüche der Industriegesellschaft institutionell zu bändigen suchte – war noch nicht das Europa, das eine Antwort auf die Globalisierung geben konnte. In nur geringem Ausmaß war die Erfahrung des früheren Globalisierungsschubs in den Jahrzehnten vor dem Ersten Weltkrieg Motiv für den Aufbau der europäischen Institutionen. Die Auseinandersetzung mit dem europäischen Imperialismus, die jeder europäischen Rolle in der politischen Gestaltung der Globalisierung vorauszugehen hat, war in den frühen Jahren des Postkolonialismus auch nicht ausreichend entwickelt. Starke Betreiber regionaler Assoziationen waren neue Mittelmächte wie Frankreich, Indonesien und Brasilien, die entweder ein Stück ihrer früheren Großmachtrolle zu erhalten suchten, eine Zentrale der Dritten Welt werden wollten oder verpasste Entwicklungsprozesse aufzuholen suchten. So war es kein Wunder, dass die wirtschaftliche Integration, obwohl ideenpolitisch nicht geliebt, zum wirklichen Motor der Assoziation europäischer Gesellschaften wurde.

Die Assoziierungsversuche von Staaten und Gesellschaften in Südostasien und Lateinamerika haben ebenfalls in mehreren Konjunkturen Auf- und Abstieg der Faszination für solche Projekte erlebt. Gemessen an der EU ist ihr Maß an Institutionalisierung der Kooperation gering, der gemeinsame Wirtschaftsraum weit weniger entwickelt und eine gemeinsame Währung im Augenblick nur eine Papierform. Dennoch sind sie von der Globalisierung nicht weniger überrascht als die Europäer. Sie schauen auf das europäische Vorbild, aber nehmen dessen Unbestimmtheit genauso wahr. Zwischenzeitlich schien die hegemoniale Rolle der Vereinigten Staaten wieder im Mittelpunkt des Interesses zu stehen, aber auch diese Konjunktur geht zu Ende. Im Zeitalter der *emerging powers* lässt sich die südostasiatische Assoziation der Staaten und Gesellschaften von Vietnam bis Indonesien und von Laos und Birma bis Malaysia und Singapur nicht ohne ihre Rolle im Verhältnis zu Indien und China verstehen. Die lateinamerikanische Assoziation von Brasilien, Argentinien, Chile und anderen kleineren Staaten und Gesellschaften lässt sich wiederum nicht ohne ihre Position am Rand der nordamerikanischen NAFTA-Region und der unruhigen mittel- und nordlateinamerikanischen Region verstehen. Kurzum: Die Geschichte Südostasiens und des südlichen Lateinamerikas lässt sich nicht im Rückgriff auf die Ideengeschichte von ASEAN und MERCOSUR klären, wenn nicht auch das gegenwärtige Bedingungsgefüge der Globalisierung zur Erklärung herangezogen wird. Es ist nicht gesagt, dass Europa diejenige unter den historisch bedeutsamen Assoziationen von Gesellschaften ist, die am schnellsten lernen wird.

Ob eine Region wie Europa globale Zusammenhänge stiften kann, die den Widersprüchen der wirtschaftlichen und kulturellen Globalisierung eine Form geben, hängt von drei strategischen Fähigkeiten ab. Da ist zum Ersten die Fähigkeit, eine europäische Demokratie zu entwickeln, die der kapitalistischen Neuordnung der globalen Beziehungen ebenso entgegenzutreten vermag wie der kulturrelativistischen Behauptung segmentärer Sozial- und Kulturräume. Die Demokratie in Europa hätte eine ähnliche Qualität wie Tocquevilles Demokratie in Amerika zu entwickeln, nämlich die alten Mächte, die einer neuen Ordnung im Wege stehen, zu zähmen, zugleich aber die innovativen Kräfte der Globalisierung aufzunehmen. Zum Zweiten gälte es, zwischen den *middle classes* des Nordens mit ihren Aufstiegsaspirationen und Abstiegsängsten und den *middle classes* des Südens mit ihren Überlegenheits- und Unterlegenheitssyndromen Lernkorridore zu schaffen. Bisher ist die Rede von einer globalen Mitte noch ziemlich sinnlos. Diese Mitte existiert nicht, und sie entsteht nicht von selbst. Aber das populäre Motiv, das Mehrheiten in den sich differenzierenden Gesellschaften des Nordens und des Südens und gemeinsame Arenen für Wettbewerb und Verständigung braucht, verstehen einige Eliten im Norden wie im Süden. Dass sich der Westen gegenüber der neuen Macht des Südens rekonstruieren müsse, erscheint aus dieser Perspektive genauso sinnlos wie der Widerstand, der in der globalen Umstrukturierung vor allem autoritäre Kräfte vermutet, die im Grenzfall neofaschistische Institutionen zu schaffen bereit wären. Aber natürlich wird diese globale Mitte progressiv oder konservativ, in temporalen Modi und im Wettbewerb konnotiert werden. Eine imaginäre Mitte ohne Rivalität und Wettbewerb, Widerspruch und Widerstreit ist genauso wenig vorstellbar wie der ewige Kampf und Widerstand von Zivilisationen und Kulturen.

James Mittelman hat vor jeder empirischen Untersuchung von Globalisierungsprozessen eine Ontologie der Globalisierung verlangt (2000: 9 ff). Globale politische Ökonomie, Staat, Makroregion, subregionale Muster, Mikroregion, *global city* und Zivilgesellschaft sollten als Begriffe exemplifiziert werden. Genau diese Unterscheidungen versuchen wir in diesem zweiten Teil des Buches zu bearbeiten. Die in der Weltsystemtheorie noch vorherrschende Unterscheidung zwischen Kern, Semiperipherie und Peripherie ist nicht mehr adäquat für die gegenwärtige entwickelte Globalisierung (siehe 1.2). Auf der einen Seite besteht zwar die alte Arbeitsteilung fort, in der der globale Süden Rohstoffe liefert und dabei zwischen peripheren und semiperipheren Prozessen gefangen bleibt. Auf der anderen Seite aber hat sich eine neue Konstellation durchgesetzt, in der der Süden tatsächlich in die globalen Produktionsketten eingebunden ist, als Niedriglohnproduzent wie als integrierende Kraft verschiedener Produktionsniveaus. Darüber hinaus beinhaltet die neue Konstellation auch einen neuen Süden mit mächtigen Regionen, Indien und China, Südostasien und Südafrika sowie Südamerika, die bereit sind, voneinander zu lernen. Die internationale Arbeitsteilung, die umfassenden Wertschöpfungsketten und die kulturellen Netzwerke bieten eine Infrastruktur, in der solche Lernprozesse sich zu entfalten beginnen. Armut und Marginalisierung stärken das Verlangen nach Widerstand und politischer Rebellion, während oligarchische Reichtums- und Unabhängigkeitserfahrungen reicher Schichten feudalistische Überlegenheitsgefühle auslösen; aber beide bleiben hinter dem Strukturwandel von Weltwirtschaft und Weltgesellschaft zurück.

Die neuen Regionalismen in Europa, Südostasien und Südamerika sind zusammen mit den kontinentgroßen Nationalstaaten Indien und China die entscheidende Bedingung dafür, dass sich solche makrogesellschaftlichen Lernprozesse entwickeln können. Solange Indien und China zwar dem Volumen nach groß, aber wirtschaftlich nicht in die globalen Wertschöpfungsketten eingebunden und machtfähig sind, solange die kleineren Staaten und Gesellschaften Südostasiens, Südafrikas und Südamerikas zwar wirtschaftlich erfolgreich, aber nicht politisch zur Selbstorganisation in transnationalen politischen Vereinigungen fähig sind, haben Hegemonie und – komplementär – Widerstand freie Bahn. Das Ende der

Apartheid war nicht das erste Beispiel des globalen Widerstandes von unten (Mittelman 2000: 164), sondern die letzte große Beseitigung von kolonialer Weltherrschaft, die echter Globalisierung erst Platz machte.

2.5.2. Soziologie der Regionen

Die größte Bedeutung der EU für die Gestaltung von Globalisierungsprozessen besteht vermutlich in der Währungsunion. Wenn nach und nach die europäische Währung als globale Leitwährung neben den amerikanischen Dollar tritt und – was noch wichtiger ist – die Bildung anderer großer Währungsräume wie in Ostasien anreizt, die dann wiederum in stabilere Beziehungen mit den alten Weltwährungen eintreten können, entsteht ein Ordnungsrahmen, der die Voraussetzung dafür ist, dass Staaten und Gesellschaften politisch handlungsfähig werden können. Auch wenn die Verknüpfung von Geld- und Fiskalpolitik, wie es die USA vormacht, im fragmentierteren Europa sehr viel schwieriger zu installieren und noch weit weg ist, zeigt die wechselseitige Abhängigkeit des amerikanischen und chinesischen Wirtschafts-, Handels- und Währungsmanagements, dass sich hier auch ein weltweiter institutioneller Lernprozess herausbildet. Weder die globalen Städte, noch die globalen Wirtschaftsunternehmen, noch die globalen kulturellen Szenen können eine ähnlich enge Verknüpfung von Geld und Politischem herstellen wie die Assoziationen von Staaten und Gesellschaften, die von der Europäischen Union verkörpert werden. Das Ziel des Lissabon-Prozesses, Europa zu einem globalen Markt- und Politikführer in den Bereichen Technologie, Kreativität und kommunikative Infrastruktur zu machen, setzt ein solches stabiles Institutionengefüge voraus. In der französischen politischen Theorie wird die Bedeutung der Währungsunion als Rahmen, der eine neue Weltordnung zu stiften vermag, sehr viel deutlicher gesehen als im wirtschaftswissenschaftlich verengten Deutschland. Allerdings wird die europäische Währungshoheit dort auch noch sehr stark im Kontext einer Philosophie der *great powers* interpretiert, für die Prozesse wie die gemeinsame Währung nicht neben Städten, kulturellen Szenen und globalen Unternehmen stehen können, sondern diese dirigieren. Hierbei wird die Wucht des globalen Vernetzungsprozesses unterschätzt (Todd 2003).

Die Vertreter einer europäischen Sozialpolitik (vor allem einer den nationalen Wohlfahrtsstaaten ähnlichen europäischen Sozialunion) stehen natürlich der Globalisierung höchst zwiespältig gegenüber. Globalisierung wird von ihren Kritikern geradezu als Feind einer auf die europäische Ebene gehobenen sozialen Sicherung verstanden. Das ist auch nicht völlig falsch, denn die nationale Wohlfahrtspolitik, die in einem politischen Fahrstuhl eine Etage höher nach Europa fahren will, scheitert an der – immer noch wachsenden – sozialökonomischen Diversität in

Europa (siehe auch 2.6.2). Daraus resultiert zunächst die Einsicht, dass Sozialpolitik darauf angewiesen ist, die verschiedenen Ebenen der europäischen Gesellschaft von der lokal-kommunalen über die regional-urbane bis zur nationalen und europäischen gleichermaßen zu entfalten. Aber noch viel wichtiger ist, dass mit dem Gedankenexperiment europäische Sozialpolitik zugleich das Gedankenexperiment globale Sozialpolitik ins Spiel kommt, ob es die Betreiber dieser Diskurse beabsichtigen oder nicht. In dem Augenblick, in dem die innereuropäische Verschiedenheit durch eine Mehrebenen-Sozialpolitik pazifiziert und rationalisiert wird, entsteht das Verlangen nach einer ähnlichen Differenzierung und Pazifizierung auf globalem Niveau. Es ist nicht so, dass eine europäische Sozialpolitik allein an den innereuropäischen Verschiedenheiten ihre Grenze fände, sondern auch und wahrscheinlich sogar mehr an den globalen sozialökonomischen Unterschieden. Für die europäische Gesellschaftspolitik, die sich von der Sozialpolitik unterscheidet, gilt die eiserne Verpflichtung, die Differenzierung der Sozialpolitik in den europäischen Gesellschaften mit einem Ausgleich der Entwicklungschancen von *emerging powers* zu verbinden. Das hat nicht mehr viel mit der ethisch zwingenden Inklusion der alten Dritten Welt zu tun, sondern mit einem neuen institutionellen Mechanismus der Beziehungen zwischen Europa und den aufstrebenden Ökonomien und Gesellschaften einer neuen Zweiten Welt.

Angesichts der unübersehbaren *emerging powers* sind für die Theorie der europäischen Gestaltung der Globalisierung die Gemeinsamkeit mit und die Verschiedenheit von der amerikanischen Variation dieser Fragestellung unabdingbar. Nicht umsonst begleitet das Motiv der Amerikanisierung die Globalisierungsdebatte von Anfang an. Es gibt einen entscheidenden Unterschied zum früheren Wettbewerb zwischen der europäischen und amerikanischen Zivilisation. Noch bis in die 1920er Jahre hinein lautete die Fragestellung: »Who will be the master?« Sie erinnerte an das Gegnerschaftsverhältnis der großen Mächte. Seit der Nachkriegszeit – also nach zwei Weltkriegen – gibt es eher einen Wettbewerb um die angemessene Definition von Differenz. Während der Begriff des Pluralismus noch als Import amerikanisch-politikwissenschaftlichen Denkens in die traditionelleren europäischen Formate gelesen werden konnte, ist die mit der postmodernen Steigerung des Differenzbegriffs verbundene Kultivierung des Unterschieds weder der einen noch der anderen Seite des Atlantiks zuzurechnen und nicht einmal dem Okzident eigen, sondern eine zuerst kulturelle, dann soziale und schließlich politische Fähigkeit aller sich entwickelnden Zivilisationen. Eisenstadts Idee der multiplen Modernen ist in vieler Hinsicht die Folie für die Interpretation des Pluralismus als Inkarnation der Moderne, die auf lange Reihen historischer Evolution zurückgreifen kann (siehe 2.1.2). Sie entzieht der Debatte um Globalisierung als Amerikanisierung den Boden, nicht weil sie wie noch vor einem Jahrhundert auf europäische

Bestände verweist, sondern ganz im Gegenteil dem Differenzmotiv eine Tiefengeschichte verleiht, die weit über die europäische, okzidentale und antike zurückweist (Eisenstadt 2006). Wenn die Differenz als Potenzial der Europäischen Union begriffen wird, lässt sich dieses Potenzial nicht allein und nicht einmal in erster Linie als kurzfristiger Marktvorteil europäischer Produktpaletten, sondern nur als in langer Geschichte erworbene ausgleichende Kompetenz verstehen.

Eine entscheidende Arena, in der Europa seine Rolle als globales Format darzustellen hätte – nicht zuletzt als Beispiel für asiatische, lateinamerikanische und afrikanische Perspektiven –, ist die Lokalisierung Europas in den globalen Bildungsdiskursen, die zugleich die oben skizzierten Motive von Auf- und Abstieg, Eliten- und Massenbildung, Alter und Neuer Welt, Sozial- und Innovationspolitik aufzunehmen hätten. Von der primären bis zur tertiären Bildung gibt es mittlerweile, in etablierten Institutionen und rekonstruierbaren Diskursen, eine globale Selbstbeobachtung. Die exotischen Elemente des Schulvergleichs treten zurück, die inspirierenden Beispiele kommen von nebenan, und die Probleme sind auf Alltagsniveau kommunizierbar. Das ist noch nicht lange der Fall und ein Effekt der Globalisierung, der oft wenig beachtet wird. Es entsteht eine transnationale kulturelle Umwelt, die sich in einer Reihe von Handlungsfeldern realisiert und in Wissenschaft, Bildung und Erziehung zusammengeführt wird. Man muss nicht gleich von globalen isomorphen Strukturen sprechen wie in der frühen Weltgesellschaftsforschung (Drori et al. 2003), um die Ausbreitung vergleichbarer und manchmal standardisierter Wissens- und Erziehungsmodelle zu würdigen. Je globaler diese Isomorphie allerdings angesetzt wird, umso klarer wird die lokale und regionale Differenzierung, die sich schließlich auch dem ursprünglichen globalen Ansatz unterwirft.

Gerade die globalen Bedeutungswelten verlangen eine räumliche und funktionale Differenzierung, die nicht nur die Charakteristika dieser Bedeutungswelten umsetzen, sondern deren Sinn erst konstituieren. Eine nicht unwesentliche Rolle in dieser Konstitution globaler Bedeutungswelten werden die Sozialwissenschaften spielen, wenn es nicht mehr nur um die soziologische Interpretation der Globalisierung, sondern um die Globalisierung der Sozialwissenschaften selbst geht. Noch ist es so, dass die wesentlichen Strukturen der Forschungsorganisation, die Lehr- und Erziehungsrichtlinien in nationalen Kontexten oder höchstens ansatzweise in europäischen Kontexten formatiert werden. Gegenüber einer sehr viel globaler ansetzenden Wirtschaftswissenschaft ist das Vor- wie Nachteil zugleich, verbindet die Sozialwissenschaften stärker mit den Rechts- und Staatswissenschaften, deren Marsch in das globale Recht ähnlich zögerlich ist (siehe 2.6.1). Es ist nachvollziehbar, dass, während die Wirtschafts- und Medienwissenschaften – also die Kulturwissenschaften, die kulturell den Ton angeben – sich schneller globalisieren und die territorialen Niveau-Unterschiede zurückstellen, während die Staats- und Gesellschaftswissenschaften auf eine langsamere, gründlichere und rücksichtsvollere Nutzung der lokalen, regionalen, nationalen und transnationalen Unterschiede angewiesen sind. Die Sozialwissenschaften hatten ihre großen Momente an der Wende vom 19. zum 20. Jahrhundert, als sich Staat und Gesellschaft gegenüber einer expansiven kapitalistisch-wirtschaftskulturellen Dynamik zu definieren hatten, 60 Jahre später in der Notwendigkeit, Planung und Individualisierung angesichts eines neuen globalen Modernisierungsschubs zu verknüpfen, um heute einer dritten machiavellistischen Situation ausgesetzt zu sein (Schwengel 2008c). Die politikwissenschaftlichen Theorien internationaler Beziehungen und die Soziologien der Entwicklung werden eine neue Synthese einzugehen haben, Auge in Auge mit den Staatswissenschaften und in kritischer Nähe zu Wirtschaft und Kultur, wenn sie diese Aufgabe erfüllen wollen. Die EU hat begonnen, ihre Forschungslandschaften neu zu kultivieren und auf diese Herausforderungen einzustellen (Spurk 2007). Die Auseinandersetzungen um die Exzellenz-Initiative in Deutschland, die nicht allein als Versuch interpretiert werden kann, nationale Konkurrenzfähigkeit zu gewinnen, gibt einen Eindruck von der künftigen Konfliktstruktur, die die Formate gestalteter Globalisierung berührt.

2.5.3. Globale Politik der Regionen

Der Reichtum der politikwissenschaftlichen Globalisierungsliteratur, im Wesentlichen also die Idee der *global governance* und die Veränderung der Staatlichkeit im Zeitalter der Globalisierung, wird in den anderen Sozialwissenschaften, von der Soziologie bis zur Kulturanthropologie, nicht ausreichend komplettiert, herausgefordert und neu strukturiert. Die klassische Entwicklungssoziologie ist nicht in der Lage, diese Rolle einzunehmen. Gerade an der Frage, wie die transnationalen Assoziationen – die Europäische Union und ihre Verwandten in Asien, Afrika und Lateinamerika – das Können-Bewusstsein der Städte, Unternehmen und kulturellen Szenen übernehmen können, offenbart sich diese Lücke. Denn dieses transnationale Können-Bewusstsein werden nicht Staaten als globale *clearing*-Stellen übernehmen können, sondern nur Gesellschaften mit ihren Konflikt- und Konsensbeziehungen und der Verbindung von wirtschaftlichem und kulturellem Leben. Für manche Gesellschaften in der Globalisierung wird es noch eine lange Zeit eher darum gehen, flexible und lebensfähige Soziokulturen zu entwickeln, die die Anpassung der Sozialstruktur durch wirksame Puffer und Umwelten ergänzen. Für die Gesellschaften der *emerging powers,* für China und Indien, Südafrika und Brasilien ist es dagegen von unabdingbarer Notwendigkeit, aktive Gesellschaften zu werden, die sich mit und in der Globalisierung platzieren und reflektieren.

Während Städte und Unternehmen ihren sehr unterschiedlichen, aber relativ klar definierten Wirkungsraum haben, teilen die transnationalen politischen Assoziationen von Gesellschaften wie die EU mit den kulturellen Szenen den stärker zerstreuten, immer wieder zu bündelnden und neu zu verfassenden Aggregatszustand sozialen Lebens. Umso wichtiger ist es, den jeweiligen historischen Wirkungsraum angemessen zu beschreiben. Das hat auf drei verschiedenen Ebenen zu geschehen. Zunächst tragen die transnationalen Assoziationen zu den global koordinierten Projekten der Stabilisierung bei, in denen zerfallenden Staaten, die nicht mehr in der Lage sind, Grundversorgung, Rechtssicherheit und Entwicklungschancen zu schaffen, Hilfe geboten wird. Die europäischen *peace-and-state-building*-Kapazitäten sind längst nicht ausgeschöpft und zu wenig miteinander und mit denen anderer Akteure verknüpft. Aber es wäre ein großer Vorteil, wenn sich im Bereich des *peace-and-state-building* die europäischen Aktivitäten synchronisieren ließen, weil diese Verknüpfung nicht nur für die Sache selbst, sondern auch für das Können-Bewusstsein der europäischen transnationalen Akteure bedeutsam wäre. Je häufiger und intensiver diese *peace-and-state-building*-Leistung erbracht wird, die zu funktionierenden Gesellschaften führt, umso mehr laufen die Europäer Gefahr, in die Rolle der globalen *great powers* zurückzufallen, die noch einmal imperiale Macht auszuüben suchen. Aus den Vereinigten Staaten, die selbst einem Prozess globaler Normalisierung ausgesetzt sind, kommt der Druck, sich militärisch, politisch und institutionell an einer überholten Weltregierung zu beteiligen, sich nicht auf die Rolle des athenischen Beraters gegenüber dem kämpferischen Rom zu beschränken, sondern mitzuherrschen. *Failing states* sind dabei sehr häufig die Begründung für den unverzichtbaren Westen, wobei allerdings die neuen hegemonialen Konkurrenten China, Indien, Russland, Brasilien ganz schnell neben die prekären Konstellationen Jemens, Boliviens, Ugandas und Usbekistans treten.

2.6. Ungleichheit

Wenn die Auswirkungen der Globalisierung, wie sie in den vorherigen Kapiteln beschrieben worden sind, auch nur annähernd Wirklichkeit sind, ist die Analyse von Gesellschaft, so wie wir sie kennen, enormen Herausforderungen ausgesetzt. Der Sprung in eine Untersuchung der Weltgesellschaft ist ebenso fragwürdig wie das Verharren in der klassischen Untersuchung nationaler Sozialstrukturen. Aber schon in der Perspektive auf nationale Gesellschaften hat sich das Interesse an der Gleichheit der Gesellschaftsmitglieder differenziert, nämlich zwischen einem Interesse an der rechtlichen, politischen und sozialen Gleichheit der Ansprüche an gesellschaftliches Leben, der kulturellen Differenzierung dieser Ansprüche und der Kritik von Ungleichheiten, die aus der Verweigerung von Rechten wie der Anerkennung von Verschiedenheit resultieren können. Es gibt also eine Geschichte mit verschiedenen Quellen, die die Kritik der Ungleichheit zum Thema macht. Die soziologische Untersuchung der Sozialstruktur und die Kritik gesellschaftlicher Ungleichheit gehören von Anfang an zusammen und formatieren auch die Sozialstrukturanalyse unter Bedingungen der Globalisierung.

Die Sozialstrukturanalyse beruht mehr oder weniger explizit auf einem eurozentrischen Bild der Geschichte und einer eurozentrischen Theorie. Sie entstand wie die Soziologie insgesamt im 19. Jahrhundert mit dem Ziel, die kapitalistischen Gesellschaften Westeuropas zu beschreiben. Historisch bestand der Erklärungshorizont im Übergang vom Feudalismus zum Kapitalismus oder dem Wandel von der Monarchie zur Demokratie. Die kapitalistische Klassengesellschaft Westeuropas war der Archetyp jeder Sozialstruktur aller klassischen Soziologen von Marx, Durkheim und Weber bis zu Parsons, Wallerstein und Bourdieu.

Die vorangehenden Kapitel sollten aufzeigen, dass die Voraussetzungen der eurozentrischen Sozialwissenschaften heute ihre Gültigkeit verlieren. Einerseits steht Europa nicht mehr im Zentrum der Welt, andererseits hat die historische und ethnologische Forschung die Kurzsichtigkeit des Eurozentrismus enthüllt. Die veränderte Bewertung Europas hat Folgen für die Sozialstrukturanalyse, die in diesem Kapitel diskutiert werden sollen. Der erste Abschnitt liefert eine kurze Übersicht über den Mainstream der Sozialstrukturanalyse. Im zweiten Abschnitt wird erläutert, inwiefern die überkommenen Mittel der Analyse nicht mehr zeitgemäß sind. Der dritte Abschnitt versucht, erste Konsequenzen daraus zu ziehen und einen Ausblick zu skizzieren.

2.6.1. Sozialstrukturanalyse

Den Archetyp der eurozentrischen Vorstellung von Gesellschaft bezeichnete Ulrich Beck (1997) als »Container-Modell der Gesellschaft«. Der Container ist der Nationalstaat, in den die sozialen Gruppen oder Klassen eingeschlossen sind. Jeder Gruppe – und letztlich jedem Individuum – kommt innerhalb des Containers genau ein Ort zu. Die Dynamik der Struktur, die im Auf- und Abstieg von Gruppen besteht, wird durch ein inhärentes Entwicklungsgesetz bestimmt, beispielsweise durch die Modernisierungstheorie (siehe 1.2.1). Die Struktur selbst bestimmt sich durch ungleich verteilte Handlungsressourcen, die in erster Linie oder ausschließlich ökonomisch gefasst werden. Marx (1969) unterscheidet zwei Klassen: die Kapitalistenklasse, die sich durch den Besitz an Produktionsmitteln bestimmt, und die Arbeiterklasse, die keine Produktionsmittel besitzt. Durkheim (1986) analysiert die Sozialstruktur als Arbeitsteilung, in der jedem Individuum eine Position entsprechend seinem Beruf zukommt. Später bestimmte man die Sozialstruktur häufig als Einkommenspyramide, innerhalb derer Schichten auf der Grundlage ihres Monatseinkommens gegeneinander abgegrenzt wurden. Dieses Schichtungsmodell wurde von Talcott Parsons in den USA und Theodor Geiger (1932) in Deutschland auf der Grundlage Max Webers ausdifferenziert und um weitere Dimensionen ergänzt. Es bildet immer noch die Grundlage des Mainstreams der Sozialstrukturanalyse. Das beginnt sich langsam zu ändern (siehe etwa Berger/Weiß 2008).

Besitz, Beruf und Einkommen sind ökonomische Größen. Es wird unterstellt, dass sie die Lebenschancen von Individuen und Gruppen maßgeblich oder ausschließlich determinieren. Diese Unterstellung kann ausschließlich in modernen kapitalistischen Gesellschaften Gültigkeit beanspruchen (Rehbein 2006b). Selbst in ihnen aber erfassen sie nur einen kleinen Teil der sozialen Welt, der überdies an Bedeutung verliert. Weber (1972) hat bereits kritisiert, dass die ausschließliche Fixierung auf ökonomische Faktoren die bedeutende Rolle kultureller Faktoren für Lebenschancen übersehe. Die Kritik wurde von der Schichtungstheorie aufgegriffen, die versucht hat, Einkommen und Beruf um weitere Faktoren zu ergänzen. Rainer Geißler hat Ralf Dahrendorfs »Hausmodell« der Sozialstruktur zu einem einflussreichen Modell der deutschen Sozialstruktur weiterentwickelt. Jedes Zimmer des Hauses, das mit einem Spitzdach versehen ist, wird von einer sozialen Gruppe bewohnt. Das wichtigste Kriterium für die Zuordnung von Individuen und Gruppen auf die Zimmer ist der Beruf (Geißler 1996: 85). Allerdings versucht Geißler auch Faktoren wie Ethnizität, Mentalität, Lebenschancen und Subkulturen einzubeziehen. Abgesehen von der Tatsache, dass diese Faktoren keineswegs ein logisch kohärentes Kategoriensystem ergeben, bleibt doch der Beruf die wichtigste Größe. Ferner ist ein Haus ganz offensichtlich ein Container. Nun gesteht Geißler zu, dass die Wände des Hauses heute wegen sozialer und räumlicher Mobilität durchlässig geworden seien. Die Zimmer gingen ineinander über und seien nicht klar voneinander getrennt (1996: 87). Ferner könnten Ausländer nicht im Haus untergebracht werden. Daher baut Geißler für sie eine kleine Hütte an die Außenwände des gesellschaftlichen Hauses an.

Nun werden auch die Außenwände des Containers porös. Vor der Entstehung des europäischen Nationalstaats hatten Staaten meist keine genauen geografischen Grenzen, und heute gerät der Nationalstaat schon wieder unter Druck. Einerseits wird er standardisiert, also gefestigt, vereinheitlicht und verallgemeinert. Andererseits muss er sich für transnationale und internationale Akteure öffnen. Internationale Organisationen und Banken, ausländisches Kapital, Exilanten in der ganzen Welt, Gastarbeiter und grenzübergreifende Kommunikation sind ein integraler Bestandteil unserer sozialen Welt. Migranten, Asylanten, Gastarbeiter und Langzeittouristen machen mittlerweile mindestens zehn Prozent europäischer Bevölkerungen und gut 30 Prozent der Großstadtbewohner aus (Berger/Weiß 2008). Hierzu gesellen sich zehn Prozent Arbeitslose, ein beträchtlicher Prozentsatz von Rentnern, Kurzzeitbeschäftigten, Studierenden, Hausfrauen und -männern. Weltweit gab es um 2000 rund 160 Millionen Arbeitslose und 500 Millionen Unterbeschäftigte, in Deutschland 3,9 Millionen Arbeitslose und 7,2 Millionen geringfügig Beschäftigte (Atlas der Weltverwicklungen 2001: 112 f). Alle diese Gruppen modifizieren die auf Berufsarbeit aufbauende Gesellschaft, das Normalarbeitsverhältnis und die Identität gesellschaftlichen Lebens in einem Maße, dass Gesellschaft selbst ohne Rückgriff auf Weltgesellschaft nicht mehr zu verstehen ist. Ferner hat sich in den Diskussionen dieses Buches gezeigt, dass zahlreiche Strukturen über, unter und neben dem Nationalstaat entstehen, die für eine Sozialstruktur bedeutsam sind. Diese Kritik trifft nicht nur die Schichtungstheorien, sondern auch Marx und Durkheim. Dennoch hält die Analyse sozialer Ungleichheit am Container-Modell fest. Globale soziale Ungleichheit wird fast ausschließlich nach Besitz und Einkommen, seltener nach Berufsarbeit analysiert. Derartige Analysen sind wichtig und liefern interessante Ergebnisse, haben aber eine zu begrenzte Gültigkeit.

Bevor wir über Einkommen und Besitz hinausgehen, wollen wir ihre globale Verteilung kurz betrachten. Die drei reichsten Menschen der Welt besaßen 1998 ein Vermögen, das dem jährlichen Bruttosozialprodukt aller am wenigsten entwickelten Länder mit insgesamt 600 Mio. Einwohnern entspricht (UNDP Report 1999). Die 200 reichsten Menschen besaßen zusammen ein Vermögen von mehr als einer Billion Dollar, doppelt so viel wie das BSP Indiens mit fast einer Milliarde Einwohner; gleichzeitig hatten die 358 reichsten Menschen ein Einkommen zu verzeichnen, das dem Gesamteinkommen der ärmsten 45 Prozent der Weltbevölkerung entsprach. Das reichste Fünftel der Weltbevölkerung zeichnete für 86 Prozent des globalen Bruttosozialprodukts und 82 Prozent der Weltexporte verantwortlich (Kelly/Prokhovnik 2000: 98). Im Ländervergleich betrug das Durchschnittseinkommen der reichsten zehn Prozent aller Länder das 122 fache des Durchschnittseinkommens der ärmsten zehn Prozent aller Länder (ebd.).

Diese Daten sind um zwei Dimensionen zu ergänzen. Erstens wächst die Ungleichheit von Besitz und Einkommen historisch, zweitens geht sie mit vielen anderen Ungleichheiten einher. Das Verhältnis des Einkommens zwischen dem reichsten und dem ärmsten Fünftel der Nationen betrug 1820 3:1, 1870 7:1, 1930 30:1, 1990 60:1 und 1997 74:1 (UNDP Report 2000). Zwischen 1988 und 1993 sank der Anteil der ärmsten zehn Prozent der Weltbevölkerung am Welteinkommen um mehr als 25 Prozent, während das der reichsten zehn Prozent der Weltbevölkerung um acht Prozent stieg (Kelly/Prokhovnik 2000: 98). Die Zahl der extrem Armen ist dabei gleich geblieben, während sie relativ zur Weltbevölkerung gesunken ist. Ferner haben die reichsten Gruppen der Welt besseren Zugang zu Bildung und Gesundheitsversorgung, zu kultureller und persönlicher Sicherheit und zu Informationen. Diese Ungleichheit erstreckt sich über alle Bereiche der Infrastruktur. Das reichste Fünftel der Weltbevölkerung verfügt über 74 Prozent aller Telefonverbindungen, und die Hälfte der Menschheit hat noch nie ein Telefon benutzt.

Peter Dicken hat neben vielen anderen Beobachtern festgestellt, dass die Globalisierung zwar alle Weltregionen erfasst, aber nur die reichsten Menschen zu global Handelnden macht. Die Mitglieder der »transnationalen Kapitalistenklasse« – wie Sklair die Gruppe der reichsten Menschen klassifiziert hat (siehe 1.5.1) – sind global miteinander verbunden (Dicken 2003: 515). Sie haben in den meisten Fragen keine lokal verankerte Perspektive, sondern eine nach außen gerichtete. Sie teilen ähnliche Lebensstile, sind oft auf dieselben oder ähnliche Universitäten gegangen und konsumieren ähnliche Luxusgüter. Sie halten sich eher für Weltbürger als für Bewohner ihres Geburtsorts.

Die differenzierenden Kräfte sind nicht so leicht auszumachen und entziehen sich den generalisierenden Berichten. Sie entwickeln nicht die bürgerlichen Qualitäten, die Dahrendorf vom Bürgertum als einer Klasse haben sprechen lassen, die zugleich wirtschaftliche wie politische Interessen hat. Dennoch ist die Tatsache, dass der relative Aufstieg Chinas zugleich die Ressourcenverteilung zwischen den globalen Entwicklungszonen positiv beeinflusst, nicht von der Hand zu weisen. Dass Länder wie China eine Produktpalette anbieten, die über ihrem eigentlichen Produktivitätsniveau liegt und damit auch die Egalitätsverhältnisse der globalen Entwicklung beeinflusst, bietet Anlass zum Nachdenken. Oft definiert nicht allein die statistische Größe von *middle classes* die Gleichheits- und Ungleichheitsdynamik, sondern erst die Dynamik des Wachstums über mehrere Jahrzehnte und ihre Veränderung der Klassenverhältnisse erlaubt ein Urteil über die globale kapitalistische Ungleichheit. Derzeit ist eine steigende Ungleichheit zu beobachten (siehe unten), aber die Perspektive wachsender Gleichheit erlaubt lediglich die Beobachtung singulärer Sektoren und Sozialverhältnisse. Das hat auch Auswirkungen auf unsere Konzeptionen von Entwicklung.

2.6.2. Entwicklung

Eine entscheidende Frage besteht darin, ob Armut durch die Tendenzen der Globalisierung steigt oder sinkt. Hierbei muss man zwischen Ungleichheit und Armut unterscheiden. Oben wurde darauf hingewiesen, dass die »Schere« zwischen Arm und Reich unzweifelhaft größer wird. Das bedeutet allerdings nicht, dass die Armen ärmer werden. In einem viel diskutierten Aufsatz haben David Dollar und

Aart Kraay argumentiert, dass von einem Wirtschaftswachstum langfristig alle Weltbewohner profitieren. Leider unterscheiden sie dabei nicht hinreichend zwischen Armut und Ungleichheit. Sie behaupten, die Globalisierung seit 1980 habe sowohl Armut wie auch Ungleichheit verringert (Dollar/Kraay 2002). Je mehr ein Land sich für internationalen Handel öffne, desto mehr beschleunigten sich Wachstum und Armutsverringerung. In einigen Ländern (etwa China) sei die Ungleichheit gestiegen, in anderen (etwa den Philippinen) gesunken. Dennoch sei auch in China die Armut sehr reduziert worden, mehr als zu jeder anderen Zeit der Geschichte. Für eine weitere wirtschaftliche Entwicklung müsse dreierlei getan werden: Die reichen Länder müssen den Protektionismus aufgeben; Entwicklungsländer müssen die richtigen Institutionen und die richtige Politik adaptieren, die aber lokal angepasst sein müssen; und Migration muss erleichtert werden. Armut und Ungleichheit beruhen Dollar und Kraay zufolge auf nationalstaatlicher Politik, nicht auf allgemeinen Tendenzen. Die Öffnung für die Weltwirtschaft sei das Patentrezept für eine Verringerung von Armut und Ungleichheit. Das bedeutet die Anwerbung von ausländischen Direktinvestitionen, Verringerung von Zöllen, Sicherheit für ausländisches Kapital und Anschluss an internationale Zusammenhänge. Die Globalisierer der Dritten Welt haben in den letzten 20 Jahren ihr Handelsvolumen relativ zum Einkommen um 104 Prozent gesteigert, die reichen Länder um 71 Prozent, und in den nicht globalisierten Ländern ist es gesunken (Dollar/Kraay 2002). Überall ist das Einkommen der Armen etwa genau im selben Maße gestiegen wie das BSP. Dennoch gestehen Dollar und Kraay anhaltende Ungleichheit und Armut zu: 1820 betrug das Einkommen einer beliebigen Person durchschnittlich 40 Prozent weniger als das Durchschnittseinkommen, 1975 waren es 80 Prozent.

Der Aufsatz von Dollar und Kraay wurde scharf kritisiert. So schrieb die NGO Oxfam (2002), Dollar und Kraay gäben das Interesse an Gleichheit zugunsten der Marktliberalisierung auf. Es sei selbstverständlich, dass Wachstum notwendig für die Armutsreduktion ist und die Einkommen der Armen infolge von Wachstum steigen. Dollar und Kraay stützten sich jedoch nur auf Daten bis zu den 1980er Jahren, nicht auf die eigentlich neoliberale Phase. Die Armutsreduktion sei jedoch in den 1990er Jahren langsamer geworden. Ferner weise sie große regionale Ungleichgewichte auf. In Ostasien sei mit jedem Prozent Wachstum die Armutsrate um das Vierfache wie in Lateinamerika gesenkt worden. In Indien lebe fast die Hälfte der Bevölkerung in extremer Armut. In China sei die Zahl der Armen 1997/98 um zwei Millionen gestiegen. In Vietnam, China und Mexiko herrschten extreme regionale Ungleichgewichte. In Mexiko sei die Zahl der Armen zwischen 1990 und 1996 um elf Millionen gestiegen, und im früheren Ostblock verfünffachte sich die Zahl der Armen in den 1990er Jahren. In Großbritannien verdreifachte sich die Zahl von Menschen, die weniger als ein halbes Durchschnittseinkommen verdienen, zwischen 1979 und 1990. Oxfam (2002) zieht den Schluss: »Poor people are often excluded from market opportunities by a lack of productive assets, weak infrastructure, poor education and ill-health. *The degree to which trade liberalisation benefits the poor will depend in part on the extent to which government addresses these problems.*« Genau diesen Schluss ziehen auch Dollar und Kraay. Sie fordern die Regierungen der armen Länder jedoch zu einer Öffnung für die Weltwirtschaft auf, während Oxfam Investitionen in das Sozialkapital fordert.

In seinem einflussreichen Buch *The White Man's Burden* (2006) hat William Easterly die Konzeption kritisiert, dass Entwicklung durch staatliche Planung herbeigeführt werden könne. Er fordert eine »Suche« anstelle von Planung. Die Suche zeichne sich durch die Beteiligung aller betroffenen Menschen und durch die Rechenschaftspflicht der betroffenen Institutionen aus (2006: 15). Während Dollar und Kraay meinten, die richtige Politik führe zu Entwicklung, lasse sich empirisch kaum eine Korrelation zwischen Politik und Entwicklung feststellen (2006: 48). Belegen ließe sich lediglich, dass eine schlechte Politik die Entwicklung hemme und dass ein Übermaß an Entwicklungshilfe sich ebenfalls negativ auf das Wirtschaftswachstum auswirke (2006: 50, 131).

Easterly geht von der Diagnose aus, dass seit dem Zweiten Weltkrieg 2,3 Billionen Dollar Entwicklungshilfe geflossen sind und die Armut in absoluten Zahlen trotzdem nicht zurückgegangen ist (2006: 4). Drei Milliarden Menschen leben von weniger als zwei US-Dollar pro Tag, 840 Millionen haben nicht genug zu essen, eine Milliarde haben kein sauberes Wasser, zwei Milliarden keinen Zugang zu Abwassersystemen, und eine Milliarde Menschen sind Analphabeten. Nach Easterly ist die Situation großenteils darauf zurückzuführen, dass man den Menschen das Handeln und die Entscheidungen abnehme. Es spiele keine Rolle, ob es sich um einen geplanten Kommunismus oder eine geplante Marktwirtschaft handele, in jedem Fall sei Entwicklung nur durch Privatinitiative zu erlangen (2006: 13 ff). China, Indien und die asiatischen Tigerstaaten hätten ihr Wachstum selbst geschaffen – durch private Märkte, nicht durch Planung (2006: 27).

Der Legende zufolge sei die Dritte Welt in einer Armutsfalle: Sie sei arm, weil sie in der Entwicklung immer arm war. Daher brauche sie eine Finanzspritze. Dann komme es zum »Take-off« (2006: 37). Easterly zufolge gibt es jedoch keinen empirischen Zusammenhang zwischen Armut und Take-off. Der einzige Zusammenhang, den er gelten lassen will, ist der positive Einfluss des freien Markts auf die Entwicklung. Der freie Markt sei eine der größten Erfindungen, weil wir selbst wählen können, was wir wollen (2006: 72). Voraussetzung für das Funktionieren des freien Markts sei das Sozialkapital, insbesondere das Vertrauen (2006: 80). Es beruht vor allem auf der Kultur, kann aber durch den Staat gefördert oder gehemmt werden. Ein Großteil der Entwicklung von Sozialkapital ist jedoch der Eigeninitiative von Menschen in armen Ländern geschuldet (2006: 102).

Auch wenn man Easterlys Voraussetzungen und Folgerungen teilt, reicht seine Diagnose für ein Verständnis von Entwicklung keinesfalls hin. Global, regional und national ist Ungleichheit so vielschichtig verteilt, dass nur eine empirische Analyse die Strukturen erhellen kann. Einen Schritt in diese Richtung hat Easterly in seinem Buch getan. Allerdings fehlen ihm ein theoretischer Rahmen und empirisches Material, so dass er über rhapsodische Beobachtungen nicht hinauskommt. Ein Blick auf die Verteilung der Armut führt einen Schritt weiter. Armut konzentriert sich in den am wenigsten entwickelten Ländern, in den ländlichen Gebieten der aufstrebenden Mächte und unter Migranten. Diese Gruppen sind gleichsam die Antipoden der globalen Knotenpunkte, an denen sich der Reichtum konzentriert. Um diese Struktur zu verstehen, müssen wir sie zu den komplexen Strukturen der Weltwirtschaft in Relation setzen, mit denen wir uns im zweiten Kapitel beschäftigt haben.

Raphael Kaplinsky hat eine detaillierte wirtschaftswissenschaftliche Analyse der Armut vorgelegt, die zwischen Armut und Ungleichheit unterscheidet und beide zu Wertschöpfungsketten, Finanzmärkten und anderen Kernelementen der gegenwärtigen Globalisierung in Relation setzt. Er fragt, warum die absolute Zahl armer Menschen trotz konzertierter Armutsbekämpfung nicht gesunken sei. Zwei Antworten werden Kaplinsky zufolge auf diese Frage gegeben (2006: 48). Auf der einen Seite stehen Verfechter der Globalisierung wie Dollar und Kraay, aber auch die Weltbank, die meinen, Armut beruhe auf der mangelnden Teilhabe der Armen an der Globalisierung. Eine alternative Meinung laute, dass Armut gerade auf der Globalisierung beruht. Kaplinsky prüft die Argumente für beide Positionen auf sehr umsichtige Weise. Er will sich nicht auf eine Zahl der Armen oder eine genaue Schätzung der Ungleichheit festlegen, weil die Daten zu undurchsichtig sind. Schätzungen lägen um mehrere hundert Prozent auseinander. Ebenso wenig sei klar, ob die Ungleichheit zwischen Nationen, innerhalb von ihnen oder zwischen allen Menschen der Welt die relevante Größe sei. Die Ungleichheit zwischen den Nationen habe sich vermutlich seit dem Zweiten Weltkrieg vergrößert. Der Gini-Koeffizient zwischen Nationen lag 1950 bei 0,43, 1980 bei 0,45, 1990 bei 0,49 und 1998 bei 0,54 (2006: 45). Ebenso habe sich die Ungleichheit innerhalb der Nationen vergrößert. Eine Untersuchung von 73 Ländern (80 Prozent der Weltbevölkerung) zeigt ein Sinken der Ungleichheit von 1950 bis Mitte der 1970er Jahre und danach einen raschen Anstieg (2006: 41). Die Ungleichheit innerhalb der gesamten Weltbevölkerung habe sich hingegen nicht vergrößert, in erster Linie wegen des raschen Wirtschaftswachstums in China (2006: 47).

Tabelle 2.6.1. Einkommensungleichheit im internationalen Vergleich 2005

Land	Gini-Koeffizient
Brasilien	0,59
Südafrika	0,57
China	0,44
USA	0,40
Indien	0,32
Japan	0,24
Norwegen	0,25

Quelle: World Bank 2005.

Kaplinsky stützt seine Analyse auf eine Rententheorie in der Nachfolge Ricardos: Die Grundlage hoher Einkommen ist Knappheit, die wiederum auf dem Schutz vor Konkurrenz beruht. Dieser lässt sich auf komparative Vorteile zurückführen, die auf Innovationsfähigkeit basieren. Renten können resultieren aus endogenen Faktoren wie Technologie, Humankapital, Organisation, Marketing, Relationen. Sie können aber auch beruhen auf exogenen Faktoren wie Ressourcen, Politik, Infrastruktur und Finanzen (2006: 66 ff). Die globale Ungleichheit lässt sich Kaplinsky zufolge verstehen als eine Konzentration und ein Schutz der Renten im globalen Norden. Der globale Süden erringt zwar immer mehr Marktanteile und auch einen größeren Anteil an der globalen Wertschöpfung, aber der Aufstieg konzentriert sich in erster Linie auf China und auf kleine soziale Gruppen im globalen Süden (2006: 167 f). Der relative Anteil von Rohstoffen und landwirtschaftlichen Gütern an den Exporten der Entwicklungsländer ist zugunsten von Industrieprodukten stark gesunken. Diese machen heute rund 70 Prozent aller Exporte von Entwicklungsländern aus (2003: 170). Allerdings handelt es sich hierbei meist um Produkte mit geringem Technologieanteil, mit geringer Gewinnspanne und hohem Arbeitsanteil. Wichtiger aber ist Kaplinsky zufolge, dass die globale Produktion in Wertschöpfungsketten erfolgt, die von großen Handelsketten kontrolliert werden. Die fünf größten Ketten in den USA konnten ihren Marktanteil für den Verkauf von Kleidung zwischen 1987 und 1995 von 35 auf 68 Prozent steigern (24 weitere Ketten kontrollieren weitere 30 Prozent). In Deutschland kontrollieren fünf Ketten 28 Prozent des Kleidungsmarkts (2006: 131). Die Wertschöpfungskette im Automobilsektor wird von Design, Zusammenbau und Marketing bestimmt. Diese Bereiche wurden 2003 global von elf transnationalen Unternehmen kontrolliert. Toyota, GM, Ford, VW und DaimlerChrysler kontrollieren 53 Prozent des Weltmarkts (2006: 147). In den USA haben die fünf größten Einzelhandelsketten einen Marktanteil von 43 Prozent, in europäischen Ländern haben die größten fünf durchschnittlich mehr als 80 Prozent, in Schweden und den Niederlanden sogar 95 Prozent (2006: 172).

Empirisch lässt sich Kaplinsky zufolge beobachten, dass der Preisdruck auf die Produktion eines Landes umso größer zu sein scheint, je niedriger sein Pro-Kopf-Einkommen ist (2006: 186). Die entscheidende ökonomische Frage lautet nun, ob zunehmend alle Menschen, die ja nicht nur Produzenten, sondern auch Konsumenten sind, von den sinkenden Preisen profitierten. Nach der liberalen Argumentation profitieren potenziell alle Menschen von der Globalisierung, weil immer mehr Menschen am Markt teilhaben, eine steigende Spezialisierung zu mehr Produktivität und Verbilligung führt, wovon letztlich alle Konsumenten profitieren. Tatsächlich sind die Exporteinnahmen der Länder des globalen Südens durch ihre Öffnung für den Welthandel sehr stark angestiegen (2006: 205). Trotz sinkender Preise für ihre Produkte haben sie also von der Integration in die Weltmärkte profitiert; erstens wegen der großen Mengen und zweitens wegen der Verbilligung ihrer eigenen Importe.

Dennoch schließt sich Kaplinsky nicht der Einschätzung von Liberalen und Optimisten an. Er meint, die derzeitige Globalisierung nutze nur einigen Privilegierten, weil die positive Einschätzung auf Vollbeschäftigung, Immobilität von Kapital und freier Verfügbarkeit von Ressourcen beruht (2006: 208). Kaplinsky versucht zu zeigen, dass keine der drei Voraussetzungen gegeben ist. Erstens kommt es zu einer sinkenden Nachfrage nach Arbeitskraft, sogar in China. In allen Ländern der Welt ist die Arbeitslosigkeit seit etwa 1970 gestiegen. Das wird in den USA und Großbritannien durch eine übermäßige Verschuldung verschleiert (2006: 215). Die Arbeitslosigkeit dringt auch zunehmend in Berufe und Gruppen vor, die bislang als privilegiert galten, nicht zuletzt, weil viele Entwicklungsländer immer mehr hochqualifizierte Arbeitskräfte produzieren. Zweitens ist Kapital offensichtlich mobil. Es bewegt sich global zu den größten Profitmöglichkeiten hin. Dadurch wird staatliche Entwicklungsförderung unmöglich gemacht. Globale FDI übersteigen jede realistisch zu finanzierende Entwicklungshilfe. Sie bewegen sich nicht dorthin, wo Entwicklung nötig ist, sondern wo Produktivität hoch und das Lohnniveau niedrig ist (2006: 224). Drittens geht eine Verknappung vieler Rohstoffe mit einer wachsenden Überkapazität einher (2006: 225). Die meisten Fabriken sind nicht mehr auszulasten, weil Käufer und Rohstoffe fehlen.

Diagramm 2.6.2. Regionale Einkommensungleichheit in Europa 1993

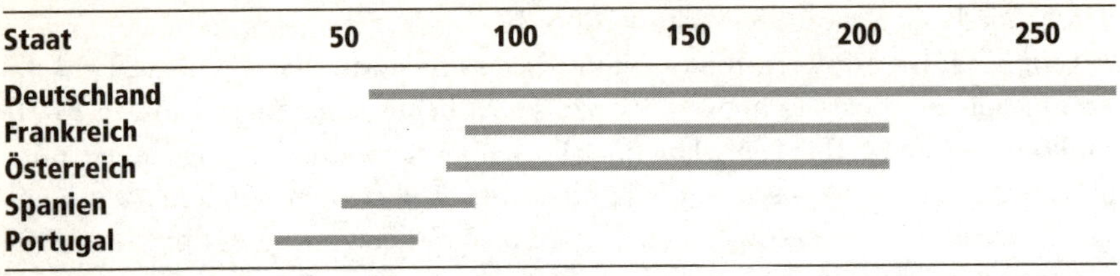

Quelle: Knox/Agnew (1998: 246). Der Balken markiert den Abstand von der reichsten zur ärmsten Region. Die Zahl 100 steht für das durchschnittliche BSP pro Kopf in der EU.

Kaplinsky kommt zu einer negativen Einschätzung des Wirtschaftswachstums. Seiner Analyse zufolge kann es die Probleme von Ungleichheit und Armut nicht lösen, sondern verschlimmert sie derzeit nur. Dem wirtschaftlichen Erfolg weniger steht eine Stagnation vieler gegenüber. Die wenigen konzentrieren sich einerseits an vereinzelten Knotenpunkten der Welt, andererseits in wenigen Regionen der Staaten. Innerhalb aller Nationalstaaten herrscht eine starke Ungleichheit zwischen verschiedenen Gebieten (siehe Diagramm 2.6.2). Auch Wachstumsraten sind ungleich. So wuchs die indische Wirtschaft in den 1990er Jahren jährlich um rund sechs Prozent, aber um fast zehn Prozent im Bundesstaat Gujarat und weniger als drei Prozent in Bihar (Cohen 2001: 102). In China bemüht man sich um die Verringerung der ländlichen Armut. Bis 2001 war ländliche Armutsbekämpfung für 72 Prozent verantwortlich, städtische für fünf Prozent und der Umzug in die Stadt für 23 Prozent (Chaudhuri/Ravallion 2007: 186). Gleichzeitig geht die Schere zwischen Arm und Reich in China viel schneller auseinander als in Indien. Wenn man nun behauptet, dass Ungleichheit und Wachstum mit Marktregulierungen von staatlicher Seite zu tun hätten, so wirkt das im Fall Chinas und Indiens tatsächlich wenig überzeugend, weil in Indien nur ein bis sieben Prozent der Bevölkerung an regulierten Märkten partizipiert (Chaudhuri/Ravallion 2007: 198).

Vor dem Hintergrund wachsender Ungleichheit hat Anand Kumar (2008) in Indien 40 Millionen Gewinner der Globalisierung 400 Millionen Verlierer gegenüber gestellt. Gewinnerschaft bedeutet dabei Reichtum und Konsumismus, Verliererschaft bedeutet Unterbeschäftigung, Armut, Gewalt, Ausbeutung und Unsicherheit. Auch ein weiteres Wirtschaftswachstum führt Kumar zufolge nicht unbedingt zu einer Verbesserung der Lage für die Verlierer, weil sie nicht am formalen Sektor teilhaben, auf den sich Daten des Wirtschaftswachstums beziehen. Ferner müsse Indien die Probleme der Energieversorgung, Bildung, Beschäftigung und Umwelt lösen, um ein weiteres Wachstum zu erzeugen. Wie das gelingen könne, sei bisher unklar.

Kumar bettet das Problem von Armut und Ungleichheit in einen größeren Rahmen ein, der allerdings noch nationalstaatlich beschränkt bleibt. Dennoch ist der Blick aus Indien selbst ein wichtiges Korrektiv gegen den Eurozentrismus. Hinter dem Streit um die richtige Entwicklungspolitik verbirgt sich die Frage nach der Auffassung von Geschichte und Entwicklung: Vollziehen alle Nationalstaaten die Entwicklung Westeuropas nach – und sollen oder müssen sie es? Die vorherrschenden Theorien des Liberalismus und des Marxismus sowie die zahlreichen auf ihnen beruhenden Schulen bejahen diese Frage. Nach dem Aufstieg Asiens wirkt das naiv (siehe Kapitel 2.1). Der archimedische Punkt der Sozialwissenschaften, der zwei Jahrhunderte im globalen Norden verankert war, existiert nicht mehr.

Kumar deutet auch in einer anderen Hinsicht über die herrschenden Vorstellungen von Ungleichheit hinaus. Der Kern der Diskussionen um Ungleichheit und Armut – von Dollar und Kraay bis zu Easterly und Kaplinsky – konzentriert sich auf ökonomisches Wachstum. Der wichtigste Indikator ist das Einkommen, gegebenenfalls erweitert um zusätzliche ökonomische Faktoren wie Besitz, Beruf und Kaufkraft. Ein Blick auf die Statistiken zeigt allerdings, dass wichtige Faktoren wie Gesundheit, Bildung, Geschlechtergleichheit und Lebenserwartung weder auf ökonomische Faktoren reduziert werden können noch eine parallele Entwicklung aufweisen. So liegt das BSP pro Kopf in Kuba weit niedriger als das in Südafrika, aber ein Mensch in Kuba hatte um 2000 eine Lebenserwartung von 75,8 Jahren, während sie in Südafrika nur 53,2 Jahre betrug (Atlas der Weltverwicklungen 2001: 29).

Die ausschließliche Fixierung auf ökonomische Faktoren hat der Ökonom und Nobelpreisträger Amartya Sen angegriffen. Seine seit Jahrzehnten vorgebrachte Kritik hat in den Mainstream der Diskussion Eingang gefunden, insbesondere in den Human Development Index, der den Entwicklungsgrad eines Landes nicht nur nach ökonomischen Maßstäben bestimmt. Sen hat seine Gedanken mehr oder weniger geradlinig seit den 1950er Jahren entwickelt. Zuletzt hat er sie in einem Aufsatz für einen Sammelband zusammengefasst, der seinem Ansatz gewidmet ist (Grusky/Kanbur 2006). Sens Ausgangspunkt war Kenneth Arrows Kritik am Rationalismus der Wirtschaftstheorie. Arrow (1951) meinte, gesellschaftliche und individuelle Entscheidungen seien nie vollständig kompatibel und führten zu Widersprüchen. Daraus leitete Arrow einen gewissen Vorrang gesellschaftlicher und politischer Institutionen vor den individuellen Entscheidungen Nutzen maximierender Individuen ab. Dieser Ansatz wurde als »Social Choice Theory« bezeichnet. Sen entdeckte Arrow, während in England der Streit zwischen Keynesianismus und Neoklassik entbrannte. Nach theoretischer Arbeit zur Social Choice Theory (Sen 1970) wandte sich Sen zunehmend der Frage sozialer Ungleichheit zu, insbesondere der Erforschung von Armut. Er bettete ökonomisch definierte Armut in den gesellschaftlichen Rahmen ein und kam so über die reine Definition von Armut als Einkommensarmut hinaus (Sen 1973). Anstatt Armut nun qualitativ zu erforschen und eine soziologische Theorie zu entwickeln, blieb Sen Ökonom mit einer starken sozialphilosophischen Ader. Er hielt am Anspruch fest, Armut und Ungleichheit berechnen zu können. Aus seinen Bemühungen ging der Human Development Index hervor – und die Verleihung des Nobelpreises für Wirtschaft 1998.

Sen stellt wie fast alle Beobachter fest, dass die relative Verringerung der Armut und das absolute Wirtschaftswachstum global von einer wachsenden Ungleichheit begleitet wurden (2006: 32). Die Analyse dieses Sachverhalts habe sich allerdings fast ausschließlich auf Einkommen (und den Gini-Koeffizienten) konzentriert. Sen zufolge sollte man das Einkommen lediglich als Mittel für ein gutes Leben betrachten. Niemand bestreite, dass Einkommen für ein gutes Leben wichtig ist, aber wenn man es nicht als Selbstzweck betrachtet, erkenne man, dass es nur ein Faktor neben vielen anderen sei. Der Selbstzweck ist das gute Leben. Im Zentrum der Analyse müsse die gesellschaftliche Funktionsfähigkeit (»the capability to function«) stehen (2006: 34). »If we see development in terms of enhancement of human living and the freedom to live the kind of life that we have reason to value, then there is a strong case for focusing on ›functionings‹ and the ›capability‹ to function.« (2006: 35) Hierzu zählen Lebenserwartung, Bildung, Gesundheit und die Fähigkeit, ohne Scham in die Öffentlichkeit zu treten und am Leben der Gemeinschaft teilzunehmen.

Martha C. Nussbaum (2006) hat versucht, Sens Forderungen noch klarer zu bestimmen, indem sie eine Liste zentraler »Fähigkeiten« aufstellt, die für eine Bestimmung von Armut und Ungleichheit erforderlich seien. Die Liste umfasst das Leben, Gesundheit, Unversehrtheit, den Gebrauch der Sinne, Emotionen, praktische Vernunft (die Möglichkeit, eine Vorstellung vom guten Leben zu entwickeln), Assoziationsfähigkeit, Sorge für andere Spezies, Spiel und die Kontrolle der eigenen Umgebung.

Tabelle 2.6.3. Vergleich unterschiedlicher Parameter von Ungleichheit

Land	**Lebens-erwartung bei Geburt (Jahre)**	**BSP pro Kopf (in Dollar)**	**Telefon-anschlüsse pro 1000 Ew.**	**Zugang zu sauberem Wasser**
USA	77	43 740	1223	100 %
Japan	82	38 980	1176	100 %
Deutschland	78	34 580	1525	100 %
Südafrika	45	4960	473	88 %
China	71	4000	499	77 %
Pakistan	65	690	63	91 %
Simbabwe	37	340	55	81 %

Quellen: World Bank 2007; Maddison 2003.

Die von Sen begründete Tradition fragt endlich nach dem Zweck der Analyse sozialer Ungleichheit. Im kapitalistischen Westen geht man ganz selbstverständlich davon aus, dass Besitz und Einkommen die wichtigsten Dinge im Leben sind und den Status in der Gesellschaft bestimmen. Sen betrachtet sie nicht als Selbstzweck, sondern als Mittel zu einem guten Leben. Das bedeutet, dass es neben ökonomischen Faktoren noch andere Mittel gibt und das gute Leben in den Mittelpunkt der Analyse rückt. Der Perspektivenwechsel muss nun mit einer soziologischen Analyse von Ungleichheit verknüpft werden. Sen versucht, die Mittel zum guten Leben ökonomisch und möglichst quantitativ zu bestimmen. Dazu werden Indikatoren des guten Lebens unkritisch aus der sozialen Gegenwart übernommen. Das gute Leben und die Mittel dazu sind jedoch selbst gesellschaftlich umkämpft, und sozial, kulturell und historisch relativ.

2.6.3. Soziokulturen

Einen Teil der Kritik an Sen hat Pierre Bourdieu (1982) vorweggenommen. Er entdeckte, dass soziale Ungleichheit sich nicht auf ökonomische Faktoren reduzieren lässt, sondern ebenso kulturelle, symbolische und andere Faktoren umfasst. Ferner entwickelte er die Einsicht, dass nicht alle Bereiche der Gesellschaft die gleichen Handlungsressourcen erfordern, zu einer Theorie der Sozialstruktur. Die Handlungsressourcen gliederte er in einverleibte Handlungsmuster und Mittel des Handelns, die ökonomische, kulturelle, symbolische und andere Faktoren umfassen. Erstere subsumierte er unter den Begriff des Habitus, letztere unter den des Kapitals. Den Handlungsressourcen stehen die Bereiche des Handelns gegenüber, die nach unterschiedlichen Logiken funktionieren, unterschiedliche Ressourcen erfordern und unterschiedliche Ziele verfolgen. Diese Bereiche bezeichnete Bourdieu als Felder.

Bourdieu führt den Begriff des Feldes oft in Analogie zum Spiel ein und erläutert sein Funktionieren am Beispiel von Mannschaftssportarten wie Fußball oder Spielen, bei denen Chips eingesetzt werden. Jedes Feld hat eine eigene Logik. Bourdieu löst die gesellschaftliche Totalität in relativ unabhängige Felder (oder Spiel-Räume) auf. Wie in Spielen unterscheiden sich nicht nur die »Regeln« und erforderlichen Fähigkeiten voneinander, sondern auch die Ziele und Einsätze der Felder. Ein Feld definiert Einsätze und Interessen. Die Menschen müssen den Glauben an den Einsatz haben und über einen Habitus verfügen, der die Einsätze und Regeln kennt. Sie müssen in das Feld eingeübt sein. Mit der Einübung werden die Regeln und Einsätze sowie die Ziele des Spiels übernommen. Bourdieu bezeichnet den von allen auf den Feld Agierenden geteilten Glauben als Illusio. Jedes Feld hat seine eigene Illusio und seine eigenen Einsätze, die von außen unsinnig, illusorisch erscheinen. Die Illusio bestimmt auch die Ziele und Interessen der Handelnden. So muss Sens Bestimmung des guten Lebens als Illusio analysiert werden, die je nach Feld unterschiedlich ist.

Bourdieu behauptete, dass alle Felder letztlich »homolog« seien, sich also auf eine Grundstruktur reduzieren ließen (Bourdieu 1982: 211). Diese Behauptung konnten seine empirischen Arbeiten nicht bestätigen. Auch theoretisch ist die Behauptung nicht plausibel. Wenn unterschiedliche Felder wie beispielsweise die internationale Finanzwelt oder die Kunstszene unterschiedliche Ziele verfolgen, erfordern sie auch unterschiedliche Handlungsressourcen. Damit können sie nicht homolog sein. Bourdieus Behauptung der Homologie beruht darauf, dass er alle Felder auf Kämpfe um eine verbesserte soziale Position und ein Maximum an Kapital zurückführt. Viele Bereiche des Handelns funktionieren jedoch nicht wie Kämpfe, schon gar nicht in vorkapitalistischen Gesellschaften. In Dorfgemeinschaften werden Handlungsmöglichkeiten sehr stark von Faktoren wie Alter und Geschlecht bestimmt, die nicht durch Kämpfe verändert werden können. Und in kapitalistischen Gesellschaften gibt es ebenfalls einige Spiele, Subkulturen, Alltagsbereiche und Freizeitaktivitäten, die nicht wie Kämpfe funktionieren.

Nimmt man Bourdieu beim Wort, können Felder nicht homolog sein, weil sie unterschiedliche Spielregeln, Ziele und Einsätze umfassen. Das bedeutet auch, dass Felder nicht allein als Kämpfe aufzufassen sind und der sozialen Praxis nicht allein eine Ökonomie zugrunde liegt. Wie die Ökonomie der Wirtschaftswissenschaften für Bourdieu ein Sonderfall der Ökonomie der Praxis ist, so scheint die Ökonomie der Praxis im Sinne kalkulierter Kapitalvermehrung ein Sonderfall der allgemeinen Praxis zu sein – wenngleich sie im Zuge der europäischen Expansion vorherrschend wird. Sie dürfte auf Bourdieus Gleichsetzung von Arbeitsteilung, Kultur und Struktur beruhen, die sich in der Einzeichnung von sozialen Positionen, Handlungsfeldern und Lebensstilen in dasselbe Schema zeigt. Sie suggeriert, dass es Akteuren bei jedem Aspekt des Lebensstils um Abstände zwischen sozialen Positionen geht.

Beschränkt man die Analyse nicht auf den westlichen Kapitalismus, so springen die unterschiedlichen Ziele des Handelns und die verschiedenen Formen sozialer Ungleichheit sofort ins Auge. Begrifflich wird die Komplexität unseres Erachtens auf der Basis von Hannah Arendts (1967) Erweiterung des Arbeitsbegriffs zugänglich. Nicht die gesamte menschliche Tätigkeit ziele auf die Sicherung des Überlebens, sondern nur Arbeit im Sinne von Marx (1967: 18). Mit der Durchsetzung des europäischen Kapitalismus habe sich diese Form menschlicher Tätigkeit zunehmend als einzige Form menschlichen Verhaltens etabliert und reduziere damit den Reichtum menschlicher Möglichkeiten auf ökonomische Knechtschaft (1967: 85). Im antiken Griechenland habe man neben der Arbeit noch (künstlerisches) Herstellen und (politisches) Handeln unterschieden. Für Arendt ist die Arbeit nur eine Form menschlicher Tätigkeit, auch wenn sie im westlichen Kapitalismus zur vorherrschenden wurde. Ihre Unterscheidung von Arbeit, Herstellen und Handeln scheint uns zwar nicht erschöpfend und konsistent zu sein, eröffnet aber den Horizont für die Erweiterung des Arbeitsbegriffs. Wir wollen Arbeit als Tätigkeit im weitesten Sinne verstehen. Die Arbeitsteilung umfasst also auch die Teilung von Tätigkeiten wie Konsum, Freizeit, politischem Engagement und Denken. Gesellschaftlich wird nicht nur Arbeit verteilt, sondern jede Form der Tätigkeit, von Gesellschaftsspielen über Hausarbeit bis hin zu politischer Agitation. Nicht in all diesen Tätigkeiten geht es um Konkurrenz und die Verbesserung der sozialen Position, und nicht alle sind in die kapitalistische Arbeitsteilung integriert. Auf den meisten Feldern werden (auch) Tätigkeiten ausgeführt, die keine Konkurrenz und keine Arbeit sind, während manche Felder nur peripher mit dem Kapitalismus verknüpft sind.

Die Betrachtung der Arbeitsteilung muss immer auch das Verhältnis der Felder zueinander umfassen. Bourdieu begnügte sich in dieser Hinsicht mit der Behauptung, die Felder würden historisch gesehen zunehmend autonom, differenzierten sich also aus. Diese Behauptung ist zu einfach. Die heutige globale Arbeitsteilung ist schon in rein ökonomischer Hinsicht sehr komplex (siehe Kapitel 1.3 und 2). Bezieht man alle gesellschaftlichen Tätigkeiten mit ein, wird rasch deutlich, dass eine Tendenz zu ihrer Beschreibung nicht ausreicht. Auf verschiedenen Feldern herrschen unterschiedliche Regeln, die Felder überlagern und durchdringen einander und stehen teilweise in einer Hierarchie.

Nun muss nicht nur zwischen Berufsarbeit und Tätigkeit unterschieden werden, sondern auch zwischen Arbeitsteilung und Sozialstruktur. Arbeit kann nicht auf Berufsarbeit reduziert werden. Daher reduziert sich die Sozialstruktur auch nicht auf ökonomische Parameter. Ferner kann die Sozialstruktur nicht auf die Verteilung von Berufsarbeit oder Einkommen reduziert werden. Die Sozialstruktur umfasst die Handlungsvoraussetzungen der sozialen Akteure. Jedes Feld erfordert unterschiedliche Voraussetzungen. Viele Felder sind von ökonomischen Illusiones beherrscht und erfordern ökonomischen Besitz, während andere Felder Wissen, Können, einen guten Namen oder auch Humor erfordern. Auf fast allen Feldern spielen diese Voraussetzungen zumindest eine Rolle. Ferner lässt sich beobachten, dass Alter und Geschlecht Bewertungen erfahren, die eine Ungleichheit implizieren. Schließlich spielen ethnische, geografische und linguistische Faktoren eine Rolle. Ihre Bewertung ist jedoch sozial und historisch relativ. Sie verändert sich und ist nicht auf jedem Feld identisch.

Den Klassen- und Schichtungstheorien zufolge hat jeder Mensch nur eine soziale Position. Dieser These schloss sich selbst Bourdieu an, als er die Sozialstruktur in Gestalt eines »sozialen Raums« darstellte (1982: 212 f). Er begründete das mit der Behauptung, die Struktur aller Felder sei »homolog«, es wären also alle Menschen für jedes Spiel gleich ausgerüstet. Das ist sicher nicht der Fall. Weder üben Menschen nur eine Tätigkeit aus, noch sind sie für alle Tätigkeiten gleich gut ausgerüstet, noch haben alle Tätigkeiten (oder Spiele oder Felder) den gleichen sozialen Stellenwert. Man könnte nun mit Immanuel Wallerstein argumentieren, dass in letzter Instanz die gesamte Welt eine Klassengesellschaft bildet, die sich durch die Existenz einer allumfassenden kapitalistischen Arbeitsteilung auszeichnet (Wallerstein 1983: 304 ff). Einmal abgesehen davon, dass auch Wallerstein Arbeitsteilung und Sozialstruktur identifiziert, setzt er voraus, dass sich die gesamte Welt sinnvoll als *eine* Struktur betrachten und erfassen lässt. Diese Voraussetzung haben wir als zu simpel zur Erfassung globaler Strukturen erwiesen.

Außerdem bestehen unterhalb der Felder alte Arbeitsteilungen und Sozialstrukturen fort. Das Verhältnis der Spiele zueinander ist die Konfiguration der Felder. Sie wird ergänzt um eine dritte, im Grunde historische Dimension, die wir als die der *Soziokulturen* bezeichnen möchten. Die Spiele selbst werden nicht nur durch die gegenwärtige Arbeitsteilung bestimmt, sondern auch durch frühere Formen von Arbeitsteilung und Sozialstruktur. Der Blick auf empirische Gesellschaften deutet darauf hin, dass sich Soziokulturen in vielgestaltigen *Konfigurationen* entwickeln. Selbst bei einer Integration in die kapitalistische Weltwirtschaft bestehen Elemente ihrer Soziokulturen fort – wenn sie nicht physisch ausgerottet werden. Wallerstein würde diese Elemente als unerheblich abtun. Genau aus diesem Grund bleibt sein Ansatz auf der empirischen Ebene unbefriedigend und schwach.

Die Verteilung der Tätigkeiten auf den Feldern und zwischen den Feldern entspricht der Arbeitsteilung, die historisch gewachsenen Formen der Tätigkeiten entsprechen der Soziokultur, und die Zugangsmöglichkeiten zu den Tätigkeiten entsprechen der Sozialstruktur. Alle haben eine Grenze. Eine mögliche Grenze des Feldes ist der Nationalstaat. Daneben aber gibt es zahlreiche andere Ebenen, die unterschiedliche Grenzen ziehen. In vielen Fällen werden Grenzen institutionell oder politisch gezogen. Daher sollte man als vierte Dimension die Institutionen unterscheiden. Ein Feld kann oberhalb und unterhalb der Ebene des Nationalstaats angesiedelt werden. Der Begriff des Feldes löst den einheitlichen Container der klassischen Sozialstrukturanalyse auf in unterschiedlichste relationale Zusammenhänge auf verschiedenen Ebenen (vgl. Mann 1997; McGrew 2004). Er muss jedoch so revidiert werden, dass er auf die genannten Probleme zu reagieren vermag: Überlagerung von Strukturen, Vielfalt von Kulturen, unterschiedliche Ziele, verschiedene Grenzen und transnationale Zusammenhänge.

Die Analyse von Soziokulturen, Institutionen, Feldern und Sozialstrukturen im Zusammenhang zeigt die Vielschichtigkeit gegenwärtiger Entwicklungen auf. Es lässt sich empirisch beobachten, dass Manager und Unqualifizierte kaum ihren Nationalstaat verlassen, sehr gut qualifizierte Angestellte und Arbeiter hingegen überproportional häufig. In jedem Fall sieht die Erklärung unterschiedlich aus. Manager können bislang nur innerhalb ihres Nationalstaats von ihrem sozialen und kulturellen Kapital profitieren, das ihre Familien über Generationen aufgebaut haben (Hartmann 2002). Arbeiter und Hochqualifizierte verfügen über wenig soziales Kapital, haben aber auf dem Weltmarkt gefragte und überall unterschiedlich bezahlte Fähigkeiten. Für Unqualifizierte bleiben die Grenzen aus institutionellen Gründen geschlossen, auch wenn sich die Betroffenen ökonomische Unterschiede gerne zunutze machen würden.

Die Notwendigkeit und Möglichkeit, Sozialstrukturen anders als nach dem gewohnten Container-Modell zu analysieren, zeigt sich in aller Deutlichkeit erst bei der Analyse von nicht-westlichen Gesellschaften. Wenn diese Gesellschaften nicht (mehr) dem Vorbild der westlichen Entwicklung folgen, kann es nicht mehr ausreichen, die in Westeuropa und den USA erarbeiteten Modelle einfach auf sie zu übertragen. Diese Kritik hat Yoshio Sugimoto mit einer eigenen Analyse der japanischen Sozialstruktur verbunden. Zunächst kritisiert er, wie wir es oben getan haben, dass man die Sozialstruktur Japans auf die wenigen Gruppen reduziert, die einer formalen Berufstätigkeit nachgehen. Die Mehrheit der Bevölkerung werde dadurch ausgeschlossen (Sugimoto 2003: 1). Ferner reduziere man die japanische Kultur auf die Mehrheitskultur, die durch die Macht der im Zentrum agierenden Gruppen als herrschende definiert wird (2003: 12). Um Japans Sozialstruktur zu verstehen, müsse man jedoch auch die zahlreichen Subkulturen erkennen und untersuchen.

Nun reicht es Sugimoto zufolge nicht aus, die Subkulturen mit westlichen Begriffen zu untersuchen. Die meisten soziologischen Begriffe seien europäische Selbstbeschreibungen, die nur deshalb zu objektiven und allgemein akzeptierten Begriffen wurden, weil der Westen die kulturelle Vorherrschaft über die Welt errang (2003: 22). Man könne ihnen nicht einfach anti- oder postkoloniale Begriffe entgegensetzen, sondern müsse einen multikulturellen Rahmen erarbeiten, der dem Zusammenhang der Welt wie auch den kulturellen Unterschieden gerecht werde. Die Sozialstrukturanalyse Japans zeigt Sugimoto zufolge viele Schichtungen, Differenzierungen und Ungleichheiten auf, die man aus orientalistischer Perspektive in Japan für fehlend erklärt hat (2003: 3 ff). Umgekehrt entdeckt sie viele Minderheiten, Subkulturen und Ungleichheiten, die sich erst aus einer engen Vertrautheit mit der japanischen Gesellschaft erschließen lassen. Hierzu gehören beispielsweise sprachliche Differenzierungen, die eindeutige soziale Funktionen haben (2003: 6). Sugimotos Analyse gibt leider kaum weitere Anregungen für eine weniger eurozentrische Theorie der Sozialstrukturanalyse, da seine empirische Untersuchung eher konventionell bleibt. Allerdings beschäftigt sich die zweite Hälfte seines Buches mit Gender und Ethnizität sowie mit Aushandlungsprozessen. Damit befindet er sich auch nach westlichen Maßstäben auf der Höhe der Diskussion. Sein Werk sollte in keiner Arbeit über Sozialstrukturanalyse fehlen.

Einen interessanten Einblick in die brasilianische Sozialstruktur liefert Joanildo Burity (2008). Er argumentiert, dass Brasiliens Gesellschaft nur durch eine Naturalisierung von Ungleichheit verständlich sei (ganz ähnlich lautet auch die Argumentation von Souza 2008). Armut werde zu einer Eigenschaft dunkelhäutiger Menschen erklärt und damit naturalisiert. Dieser Prozess laufe nicht allein in der Alltagspraxis oder nur als ein Diskurs ab, sondern müsse auf beiden Ebenen untersucht werden. Ferner sei er ohne eine Betrachtung der brasilianischen Geschichte und des Imports afrikanischer Sklaven durch eine weiße Herrschergruppe nicht verständlich. Damit verweist Burity auf die Dimension der Sozialstrukturanalyse, die wir als Soziokulturen bezeichnet haben. Wie Sugimoto fügt er unseren Unterscheidungen jedoch eine weitere Analyseebene hinzu, die er unter den Begriff der Repräsentation subsumiert, während Sugimoto eher von Aushandlungsprozessen spricht. Beide behalten Bourdieus Kämpfen um die Definition von Feldern, Logiken und Werten eine eigene Analyseebene vor. Dem wollen wir folgen.

Wir müssen das Problem der sozialen Ungleichheit zunächst zur globalen Arbeitsteilung in Relation setzen. Die globale Arbeitsteilung lässt sich in ein hierarchisiertes Netz von Feldern analysieren, die durch Institutionen und Kulturen bestimmte Grenzen erhalten. Die Grenzen können vereinfacht auf verschiedenen Ebenen – wie der lokalen, nationalen, regionalen, transnationalen und internationalen sowie möglicherweise der globalen – angesiedelt sein. Die Gestalt der Felder wird nur verständlich, wenn man die historische Genese der Soziokulturen sowie die Aushandlungskämpfe analysiert. Zu diesem Netz muss man die Ansprüche an die Akteure sowie deren Handlungsressourcen in Relation setzen.

Die kapitalistische Arbeitsteilung, die sich in einer Ausdifferenzierung in Felder äußert, kann man im Anschluss an Luhmann als eine *funktionale Arbeitsteilung* deuten. Die Menschen werden nicht mehr auf einer personalen oder stratifizierten Basis den Tätigkeiten zugeordnet, sondern auf der Grundlage ihres Kapitals, Habitus und Wissens. Daher kommt es zu einer scheinbaren Auflösung der Sozialstruktur, die Beck (1986) als Individualisierung gedeutet hat, aber eher eine *Ablösung* der Arbeitsteilung von der Sozialstruktur ist. Nicht die Arbeitsteilung ist kapitalistisch, sondern eher die Sozialstruktur. Beide können nicht eindimensional untersucht werden, weil unter und neben ihnen alte Soziokulturen fortbestehen, insbesondere an der globalen Peripherie, die immer mehr ins Zentrum rückt. Die Wirtschaft löst sich hingegen nicht von der Gesellschaft ab, sondern durchdringt sie. Mit der »Autonomisierung« von Feldern ist ein Aufstieg der kapitalistischen

Arbeitsteilung verknüpft, die andere Soziokulturen integriert. Diese Bewegung mag auch wieder in die entgegengesetzte Richtung verlaufen (siehe Pomeranz 2000; Lieberman 2003).

Kurzum, die Steigerung globaler Ungleichheit lässt sich sozialstatistisch leichter beschreiben als die Dynamik von Verähnlichung und Gleichheit, die in, zwischen und jenseits der nationalstaatlichen Gesellschaften zu beobachten ist. Diese Wahrnehmung steht im Gegensatz zur herrschenden Wirtschaftspublizistik, die in der Regel die Verähnlichung gesellschaftlicher Lebensverhältnisse in der Welt in den Vordergrund stellt, während sie die wachsende Ungleichheit eher dem Genre der Katastrophenberichterstattung zuordnet. Tatsächlich ist es so, dass das Verhältnis zwischen diesen beiden sehr verschiedenen Trends noch nicht entschieden ist und auf empirische Beobachtung wartet. Von größter Bedeutung ist, welche Ausschnitte der Weltgesellschaft miteinander verglichen werden. Warum soll etwa das reichste Fünftel mit dem ärmsten Fünftel verglichen werden, warum nicht das reichste Viertel mit dem ärmsten Viertel oder das reichste Drittel mit dem ärmsten Drittel? Für Theorien der Globalisierung ist die Komparatistik ein noch zu erschließendes Feld, weil klassische Modernisierungs- und Entwicklungstheorien – aus welcher Perspektive auch immer – darauf nicht ausreichend vorbereitet haben. Daraus ist nicht zu schließen, dass die schreiende Ungerechtigkeit, die aus den Zahlen spricht, zugunsten einer wie auch immer qualifizierten Komplexität zurückgenommen werden muss, wohl aber, dass die Vergleichsmaßstäbe, an denen die statistischen Größen am Ende sozial zu messen sind, in einem politischen, gesellschaftlichen und wissenschaftlichen Prozess erst noch zu härten sind. In jedem Falle ist es notwendig, die Theorie der Entwicklung, so wie wir sie kennen, mit diesen neuen Herausforderungen zu verbinden. Hierbei können mikrosoziologische Untersuchungen hilfreich sein, wie die von Blossfeld et al. (2007).

Am Ende wird man fragen müssen, ob die okzidentale Engführung von Gesellschaft und Politik – Luhmann hat sie als eine Fehlspezialisierung beargwöhnt – leistungsfähig genug ist, um die gelockerte Koppelung von Arbeitsteilung, Sozialstruktur und Soziokulturen zu verarbeiten. Man mag also auf der einen Seite eine Renaissance der Gesellschaft erwarten, die Gesellschaften als intermediäre Gewalten einer entstehenden Weltgesellschaft aufs Neue erfindet. Es mögen sich aber auch komplexe globale Soziokulturen bilden, die mit den globalen Methoden der *governance* interagieren, ohne sich von ihnen einfangen zu lassen, also soziales Leben ohne Gesellschaften konstituieren. Wir wissen nicht, welche empirischen Ergebnisse Wettbewerb, Konflikt und Kampf hervorbringen. Aber die Soziologie der Globalisierung kann beschreiben, welche Kräfte im Spiel sind. In den okzidentalen Gesellschaften ist diese Debatte bereits angekommen, wenn über Grundeinkommen, Bereitstellung gesellschaftlicher Arbeit und bezahlbare Dienstleistungsstrukturen gestritten wird. Der lange Marsch von der positiven Theorie der Gleichheit, wie sie von den amerikanischen und französischen Revolutionen angestoßen wurde, zu einer andauernden Kritik der Ungleichheit, wie sie die westeuropäischen und amerikanischen Wohlfahrtsgesellschaften begleitet hat, mag am Ende wieder umschlagen.

3. Konsequenzen

3.1. Affirmation und Kritik in ihrem Kontext sehen

Die mit der Globalisierung verbundenen und mit diesem Begriff belegten Prozesse rufen starke Emotionen hervor, die oft von Begeisterung oder von Ablehnung bestimmt sind. David Held und Anthony McGrew (2000) unterscheiden daher zwischen zwei Grundpositionen gegenüber der Globalisierung: Globalismus und Skeptizismus. Für die Skeptiker ist Globalisierung kein analytischer, sondern ein ideologischer Begriff. Er soll das neoliberale Projekt eines globalen Marktes und die Vorherrschaft angloamerikanischer Rationalitätskriterien legitimieren. Globalisten auf der anderen Seite erwarten von der Globalisierung einen Rationalitätszuwachs und teilen eine gemeinsame Vorstellung globaler Wirtschaftskultur. Bei näherer Betrachtung erweisen sich die Positionen jedoch als sehr stark differenziert. Globalisierung ist bereits ein reflexiver Prozess geworden, in dem Selbstbeobachtung, Bestätigung und Revision enthalten sind (Beck 1998b; 2007). Kritik, Affirmation und kalkulierte Strategien der Veränderung gehören zu seiner Wirklichkeit. Bewunderer wie Gegner der Globalisierung sind insoweit Teil der Globalisierung. Die Wahrscheinlichkeit ihres Erfolges definiert das, was Globalisierung ist, mit.

Globalisierung ist schon lange nicht mehr bloß Liberalisierung oder Deregulierung, auch wenn sie ohne die ökonomische Verflechtung nicht denkbar ist. Globalisierung bezieht sich *zugleich* auf eine bestimmte ökonomische Verflechtung und auf ihre ideologische Beschreibung (Leggewie 2003). Die Kritiker haben zunächst die Globalisierung selbst ökonomistisch betrachtet, während in Wirklichkeit die ökonomische Globalisierung an Grenzen gestoßen ist. Die Entstehung eines weltweiten Kommunikationsraums und die Entgrenzung aller Lebensbereiche hingegen beschleunigen sich. Fragen der Identität und der Kultur, die immer schon eine Rolle in den Globalisierungsdebatten gespielt haben, treten in den Vordergrund.

Drei Motive sind es, die den erweiterten Kommunikationsraum charakterisieren: Entgrenzung, Statusverschiebung und Rollenverteilung. Wenn die Kulturwissenschaften zunehmend von Mischformen wie Hybridität, die Wirtschaftswissenschaften eher von Ketten als von Nationalökonomie und die Rechtswissenschaften von ergänzender privater Rechtsschöpfung sprechen, werden damit ganz verschiedene Entgrenzungen benannt, die nicht so leicht auf einen Nenner zu bringen sind. Aber die Leistung von Grenzen, nämlich eigene von fremden Ressourcen zu trennen, deren ökonomische Allokation und herrschaftliche Kontrolle zu erlauben, Zuständigkeiten zu erteilen, Zuschreibungen und Zugänge zu definieren, wird damit natürlich auch reduziert. Grenzen zu setzen, schreibt Claus Leggewie, ist eine wesentliche Strukturierungsleistung der Moderne (2003: 22). Zwar waren schon für Marx und Weber Weltmarkt und Rationalisierung Motoren der Modernisierung, deren Dynamik unabgeschlossen ist und an keinen Grenzen Halt macht, aber implizit haben beide mit der historischen Wirklichkeit der gegebenen Staaten und Gesellschaften gerechnet. Entgrenzung scheint kurzfristige Arrangements, Privatisierung öffentlicher Aufgaben, Veröffentlichung privater Lebenssinne und Entschränkung von Lebensteilungen zu befördern. Entgrenzung ist also riskant, bleibt gleichwohl aber Motor fortgeschrittener Modernisierung, die nicht mehr in dem Container der Nationalgesellschaft befangen ist. Reflexive Modernisierung ist, wie Ulrich Beck (1986; 2007) immer wieder betont hat, ein hoch ambivalenter Prozess, der weder auf eine Verlust- noch eine Gewinnrechnung reduziert werden kann. Das Motiv von Grenze, Entgrenzung und neuer Grenzbildung ist deshalb so populär, weil es wirtschaftliche und soziale, kulturelle und politische Sachverhalte auf einen Nenner zu bringen scheint. Tatsächlich aber bleibt auch das Motiv der Grenze begrenzt, weil die Qualität der grenzbildenden Akteure, ob es nun Staaten oder Gesellschaften sind, menschliche Gemeinschaften oder technische Artefakte, entscheidenden Einfluss auf die Qualität der Grenze hat und eben am Ende Grenze nicht gleich Grenze werden lässt und Entgrenzung nicht gleich Entgrenzung.

Entgrenzung ist aber zweifellos eine der Ursachen dafür, dass der Status der Nationen und Gesellschaften, Klassen und Gruppen selbst neuen Bewertungsmustern unterworfen wird. Das hat Leggewie in seinem Buch zur Globalisierungskritik (2003) deutlich gemacht. In den sozialökonomischen Rankings werden wichtige Randbedingungen wie kulturelle Stabilität, Korruptionseindämmung, Rechtssicherheit und soziale Glückschancen in der Regel kaum berücksichtigt, sondern rein ökonomischen Maßstäben unterworfen. Diese Art des Rankings hat auf andere bildungs- und gesellschaftspolitische Bereiche übergegriffen und die in der Globalisierung unabdingbare Veränderung der Schul- und Universitätssysteme mitgeprägt. Der Zwang zum *branding* beschränkt sich nicht auf Unternehmen und Berufe, sondern schließt ganze Nationalstaaten und öffentliche Unternehmen ein. Man kann sogar vom persönlichen *branding* im Lebensstil sprechen, das wiederum mit den Strategien des *branding* der Unternehmen und Parteien kommuniziert.

Die Kultur- und Konsumkritik der 1970er Jahre fände unter den Bedingungen der Globalisierung ein viel breiteres Spielfeld vor als zu ihrer eigenen Zeit, bleibt aber in ihrer öffentlichen Präsenz begrenzt. Das liegt daran, dass das allgemeine *branding* auch eine Verflüssigung älterer Statuspositionen beinhaltet, die von

Mehrheiten als durchaus befreiend empfunden wird. *Branding* kann zur Folge haben, dass ökologische und soziale Standards bei Kauf- und Verbrauchsgewohnheiten stärkere Wirkung entfalten. Fernreisen, Satellitenfernsehen und Telekommunikation bedeuten nicht nur *McDonaldisierung*, sondern eben auch persönliche kommunitäre und soziale Freiheits- und Gleichheitsgewinne. Die Neugier der Fernreise, die sinnöffnende Differenzierung von Verbrauch und Kommunikationschancen und die durch Medien mögliche Anwesenheit abwesender und fremder Partnerschaften sind nicht von der Hand zu weisen. Gleichwohl gehört die erweiterte Konsumentensouveränität noch zu der Welt reifer Modernisierung, die bereits in den 1950er Jahren begonnen hat und vielleicht in den 1980er Jahren ihren Höhepunkt erreichte, also vor der Durchsetzung der Globalisierung als eines der Welt bewussten transnationalen Projekts. Mit der etablierten Globalisierung und der Inklusion der Milliarden neuer Arbeitnehmer, relativ entwickelter industrieller Technologie und ungeahnter Möglichkeiten des Wissenstransfers wird nun diese Verfeinerung des Verbrauchs mit einer Vergröberung der Markt- und Machtbeziehungen konfrontiert, die den Gesellschaftsvertrag brüchig werden lässt (Schwengel 2008b).

Fragen der Identität und Kultur lassen an die Rollentheorie denken. Soziologisch tritt die Rollentheorie dann auf, wenn sich die Struktur des Welttheaters ändert. Insoweit sind Rollen in der Globalisierung wieder interessant: die Rollen transnationaler Akteure in Wissenschaft, Kultur, Politik und Wirtschaft, die Entwicklung eines Habitus für diese Rollen, die Synchronisierung von Zeiterfahrungen und Virtualisierung von Raumerfahrung für die körperlichen Rollen des Menschen, die misslingenden Rollen, die pathologische Folgen haben können, und diasporische Rollen, die schwer zu leben sind. Rollen bezeichnen eine Übergangssprache, sie verraten nichts über das Skript, nach dem gespielt wird, sagen wenig aus über Regisseure und Publikum und noch weniger über die Machtstruktur dieses ganzen Gefüges. Die Beschreibung der kulturellen Szenen (vgl. 2.4) könnte auch kritisch als Rollensoziologie – im Guten wie im Bösen – bezeichnet werden, weil das tatsächliche Machtgefühl der kulturellen Szenen eine *black box* geblieben ist.

Zweifellos konzentriert sich die Weltgesellschaft bisher auf die reichen Länder, aber es ist nicht zu übersehen, dass die Inklusion der semiperipheren und peripheren Gesellschaften nach einer *Episteme* geschieht, die sublimere Machtpraktiken enthält als die Unterscheidung von Zentrum und Peripherie. Die transnationalen Flüsse in Gesundheitswesen und Körpertechnologien, die Maßstabsbildung im entstehenden globalen Erziehungs- und Universitätssektor, die Modellierung der Gefühle durch Musik, visuelle Künste und ästhetische Praktiken sind allesamt noch am besten in Rollen zu beschreiben, aber nicht, weil es sich um ein offenes Theater handelt, sondern weil wir die *Geschichte der Macht* (Mann 1990–2000) noch nicht bis zu diesem Punkt verstanden haben. Der Ansehensverlust der Demokratie hängt nicht nur mit der neuen globalen Arbeitsteilung zusammen, die Kompetenzen, Erfahrung und bisheriges soziales Leben entwertet, sondern vielleicht noch mehr mit diesem Unbehagen in der Kultur der Macht.

Die Affirmation der Globalisierung hält sich inzwischen angesichts der seit 2007 anhaltenden globalen Finanzkrise zwar bedeckt, aber sie ist massiv präsent in der Sprache des transnationalen *business*, sie hat in den meisten Wirtschaftswissenschaften eine unhinterfragte Heimat, sie prägt fundamental die Wirtschaftspublizistik, die die Halbwahrheit kultiviert, wie man mit Adorno sagen könnte. Sie war ein zentrales Motiv des neoliberalen Aufstiegs seit Mitte der 1970er Jahre, aber öffentlich und selbstbewusst war sie nur in der Dekade nach dem endgültigen Zusammenbruch des sowjetischen Imperiums. Die Kritik an der Globalisierung ist dagegen öffentlich und sichtbar, aber auch gespalten und kaum auf einen Nenner zu bringen. Wesentliche Motive der Globalisierungskritik sind nicht miteinander kompatibel, und eine Anti-Globalisierungspartei ist nahezu unvorstellbar.

Die Globalisierungskritik lässt sich sehr pauschal in vier große Gruppen unterteilen. Da ist zunächst die Gruppe der kritisch-affirmativen Begleiter der Globalisierung, die zwar die Risiken für Arbeitsmärkte und sozialstaatliche Regulation erkennen, aber auf lange Sicht gegenüber der wirtschaftlichen Dynamik der Globalisierung keine Alternative sehen. Man kann das als eine Anpassung an den evolutionären Prozess der Globalisierung verstehen, auch als eine ökologische Metaerzählung, in der Investoren und Kreditnehmer in einem globalen komplexen Ökosystem kooperieren und im Wettbewerb stehen. Jeder sucht Wohlstand, während er Risiken zu minimieren sucht. Die Hauptspannung in diesem System besteht zwischen Innovation und Ungewissheit. Wir könnten im Prinzip in einer sichereren Welt leben, aber wir hätten dafür einen Verlust an Kreativität zu akzeptieren. Diese Version der global-ökologischen Kritik ist eine in den Vereinigten Staaten populäre Auffassung des globalen evolutionären Wandels gewesen. Die Idee der *varieties of capitalism* wird hier in eine der *varieties of globalization* übersetzt, in der die Selektion der richtigen Alternative von Risiko, Innovation und Sicherheit in immer neuen Kombinationen von Technologie, Wissen und *social engineering* gesucht wird. Aber es ist natürlich die Frage, ob die *varieties of capitalism* einfach in die *varieties of globalization* übersetzt werden können. Es ist fraglich, ob der Pluralismus der Verknüpfungen von Markteigentum und Arbeit als eigentumsähnlichem Besitz, der aus den wohlfahrtsstaatlichen Regimes der Nachkriegszeit und dem *new deal* hervorgegangen ist, in globale Relationen übersetzt werden kann. Wenn dann vom russischen und chinesischen Staatskapitalismus in einem Atemzug gesprochen wird, werden derartige klassifikatorische Unterscheidungen ausgehöhlt.

Eine zweite Variante der Globalisierungskritik kommt von innen, nämlich von Gegenexperten, die Gegenwissen mobilisieren. Das klassische Beispiel dafür ist Joseph Stiglitz (2002), der als früherer Volkswirt der Weltbank und Mainstream-Ökonom trotzdem die Risiken des unregulierten Kapitalismus diagnostiziert. Auf ihrer Seite haben diese Kritiker der Globalisierung, die auf frühere Größen wie John Kenneth Galbraith zurückgreifen können, die Kritik des Kapitalismus an sich selbst, nämlich die Krisen der Finanzmärkte, die geringe Vertrauenswürdigkeit von *corporate governance* im Banken- wie Industriesektor, die Anfälligkeit für Schattenwirtschaft und Naturalientausch an den Rändern und die schwache Verteilungseffizienz freigesetzter Güter und Arbeitsmärkte. So wie die erste Gruppe der Kritiker auf die Modifizierung des evolutionären globalen Kapitalismus setzte, wie sie durch die Idee des »Dritten Weges« (Giddens) Mitte der 1990er Jahre auf den Begriff gebracht wurde, so setzt die zweite Gruppe der Globalisierungskritiker auf das Expertenwissen einer Elite, die nicht in den demokratischen Massenverhältnissen ihrer Gesellschaft verwurzelt ist – oder jedenfalls nur peripher, sondern eine bessere *governance* vor Augen hat, die von den globalen Eliteninstitutionen ins Werk zu setzen wäre. Wahrscheinlich ist die Weltbank, sind sogar Abteilungen des IWF, der UNESCO und der EU von wohlmeinenden Anti-Eliten durchsetzt, die durch wohlmeinendes Elitenmanagement die Kritik der Globalisierung praktisch bewerkstelligen wollen.

Eine dritte Gruppe von Globalisierungskritikern appelliert an das Volk, nicht zuletzt Jean Ziegler (2003) und Noam Chomsky (2006), die die Vielfalt der *varieties of globalization* auf klare Gegensätze reduzieren und den Kampf am Ende auf der Straße austragen wollen. Die Straße ist nicht mehr notwendigerweise der Alexanderplatz oder die *Place de la Bastille,* sondern eher die medialen Netzwerke und Anti-Globalisierungsorte wie Seattle, Genua und Heiligendamm. Das Weltsozialforum kann dabei auf dem Gelände der katholischen Universität von Porto Alegre tagen, weil der Katholizismus zum Schärfen von Gegensätzen durchaus geeignet ist. Das Ressentiment gegenüber der liberalen Demokratie kann dabei wachsen, weil der populistische Zugang für die Risiken dieses Ressentiments kaum einen Sinn hat. Die Straße findet ihren besten intellektuellen Ausdruck in der *Multitude*, des Kultbuches von Hardt und Negri (2004), das die Motive der 70er Jahre – vielfach unverarbeitet – in einen Massenbegriff der Gegenwart übersetzt, der zugleich abstrakt und medial wie körperlich und konkret ist. Mancher mag diese Form des Populismus intellektuell beklagen, aber es kann keinen Zweifel daran geben, dass er inzwischen global eine Struktur geworden ist (Laclau 2005), die nicht mehr in auswechselbaren Attitüden der Akteure besteht, sondern in den Gesellschaften und ihren Mentalitäten fest verankert ist.

Die vierte Gruppe der Globalisierungskritik bezieht sich auf eine ferne Weltgesellschaft, was Glanz und Elend dieses Versuchs ausmacht (Albert 2007). Zweifellos wächst die Weltgesellschaft, auch wenn die wirtschaftliche und kulturelle Globalisierung stagniert, aber die Vorstellung von Weltgesellschaft hat bisher keinen Sinn für die *intermediären Gewalten* entwickelt, die zwischen den lokalen Gemeinschaften und Individuen auf der einen und der Weltgemeinschaft auf der anderen Seite vermitteln. Das können nicht mehr die wirtschaftlichen Verbände und Gewerkschaften, Vereine und lokalen Gemeinschaften sein, die als intermediäre Gewalten dem sozialen Rechts- und Bundesstaat eine Grundlage verschafft haben. Es bedarf intermediärer Gewalten, die dem Einzelnen wie der Gemeinschaft Übersetzungshilfe leisten, wenn zwischen einzelnen und lokalen Erfahrungen und globalen und professionellen Zwängen Verständigungsbrücken gebaut werden müssen. Weltgesellschaft steht bisher im Schatten einer schier unüberschaubaren Komplexität der *varieties of globalization*, wie die erste Gruppe der Globalisierungskritik benannt worden ist – wer aber Gesellschaften in der Weltgesellschaft zu identifizieren vermag, gewinnt Macht, diese *varieties* zu beherrschen.

Die sozialwissenschaftliche Kritik der Globalisierung ist seit den späten 1990er Jahren an Grenzen gestoßen, weil sie im Wesentlichen eine kulturkritische Auseinandersetzung mit der wirtschaftlichen und politischen Verflechtung der Welt war, die noch keine Wurzeln in den gesellschaftlichen Verhältnissen der neuen beteiligten Länder gefunden hatte. Die protestierenden Gruppen von *Seattle* bis *Genua* hatten nur eine sehr lose Verbindung zu den Widersprüchen der Arbeitsgesellschaften in den reichen, aufholenden und armen Gesellschaften. Ganz langsam beginnt sich das zu ändern. Die Kritik der Globalisierung war in vieler Hinsicht zu kulturell. Sie war von der herrschenden wirtschaftskulturellen Orientierung weit mehr geprägt, als ihr gewiss lieb gewesen wäre. Sie nahm sich besonders radikal aus, weil sie an die Wurzel der Produktions- und Verteilungsverhältnisse nicht heranreichen konnte und umso mehr kulturelle Differenzen zu erhitzen nötig hatte. Die Kapitalismus-, Staats-, Säkularisierungs- und Gesellschaftskritik war interessant, weil sie ganz alte Motive der Kritik am modernen sozialen Leben mit ganz neuen der Erfahrung von globaler Vernetzung auf einen Nenner zu bringen versuchte. Aber es war eine kulturelle Erfahrung, die in Szenen kultureller Eliten zuhause war, in die auch politische Aktivisten schlüpfen können – und keine gesellschaftliche Erfahrung, die sich politisch zu organisieren vermocht hätte.

Das Unbehagen in der Gesellschaft an der Dynamik der Globalisierung ist aber originär und nicht von kulturellen Eliten bloß an die Gesellschaft herangetragen. Es hat sich in breite Mittelschichten aller westeuropäischen und amerikanischen Gesellschaften eingenistet, bestimmt die Diskussion von Eltern und Kindern am

Frühstückstisch um Berufs- und Bildungsinvestitionen, ist Gegenstand der Stammtische zu Oben und Unten in der Gesellschaft und prägt die Aufstiegsverhältnisse in den politischen Parteien und sozialen Organisationen. Die große Zeit der Globalisierung als eines gemeinsamen Horizonts für verschiedene Wissenschaften, Perspektiven und politische Überzeugungen geht vermutlich zu Ende, weil die harten Widersprüche eine am Ende eher sanfte synthetisierte Sprache nicht mehr zulassen. Ganz schnell auf den Zug der Weltgesellschaft aufzuspringen oder beharrlich an den alten Gewalten von Nation, Klasse und freiem Individuum festzuhalten, würde eine Erfahrung ignorieren, die die alten wie die neuen Gesellschaften über mehrere Jahrzehnte geprägt hat. Es erscheint inzwischen sinnvoll zu sein, die Globalisierungsdebatten im Perfekt zu betrachten.

Die angeführte Klassifikation der Globalisierungskritik in vier Gruppen wirkt schon veraltet, auch wenn sie für den globalen Norden wohl immer noch gilt. Tatsächlich aber spielt die Musik längst vor allem andernorts, wie wir im zweiten Teil des Buches zu zeigen versuchten. Mittlerweile gibt es eine politische Dissonanz zwischen der vielfältigen Kritik an der Globalisierung und der Erfahrung des Eintritts von *emerging powers* in die Globalisierung, nicht zuletzt weil beide Erfahrungen nicht in derselben Generation gemacht worden sind. Die von den 1970er und 1980er Jahren geprägte Generation hat die Früchte reflexiver Modernisierung (Beck 1986; Giddens 1995) kultiviert, während die Generation nach den europäischen Revolutionen anders begonnen hat, nämlich nicht mit der Verfeinerung des gesellschaftlichen Lebens, sondern mit den neuen groben Machtverschiebungen in der Welt. Die Zusammenfügung beider Erfahrungen erweist sich als außerordentlich schwierig. In den sozialen Bewegungen wie Attac macht sich die Ambivalenz deutlich bemerkbar (Bergstedt 2004). Sie strahlt noch aus in die theoretische Erfassung der neuen sozialen Bewegungen (Touraine 2001). Die Vertreter der *emerging powers* selbst sind ebenfalls in der Ambivalenz zwischen Modernisierung und eigener Macht befangen. Während sie einerseits aus postkolonialer Perspektive die europäische Modernisierung ablehnen, greifen sie dazu andererseits auf eurozentrische Theorie und Kritik an Armut, Unterentwicklung und der Globalisierung zurück (Chakrabarty 2000). Noch verkörpert Globalisierungskritik weit mehr eine lokale Erfahrung als eine alternative Globalisierung.

Bevor ein echter Dialog zwischen den Kulturen, Perspektiven und Akteuren entstehen kann (Burawoy 2005), bedarf es komplexer theoretischer und empirischer Arbeit. Wir wissen nun eine Menge über Globalisierungsprozesse, aber unser Wissen über die zu Grunde liegenden Kräfte und Dynamiken ist noch beschränkt. Es drängen auch unmittelbare Probleme, die gelöst werden müssen, bevor eine vollständige theoretische Erfassung gelungen ist. Die wachsende ökonomische Ungleichheit gehört hierzu (siehe 2.6). Hiermit ist die Überforderung des Sozialstaats verknüpft, die von Robert Castel (2005) bündig und überzeugend analysiert wurde. Ferner sind die Ungleichheit zwischen den Geschlechtern und die ökologischen Probleme zu nennen. Auch sie werden im Rahmen der Globalisierungskritik benannt. Wenngleich sie auf lokaler Erfahrung beruhen, sind sie doch von globaler Relevanz (Mitter 1986). Feminismus und Ökologie sind von Anfang an nicht weniger universalistische Bewegungen gewesen als Modernisierung und Aufklärung. Sie lassen sich nicht in unsere säuberliche Klassifikation der Globalisierungskritik einordnen, weil sie zugleich umfassender und partikularer sind.

Tabelle 3.1.1. Umweltprobleme 2006

Menschen ohne Zugang zu sauberem Trinkwasser	1,1 Mrd.
Erdölzustrom in die Weltmeere	600 000 t
Anstieg der Müllmenge weltweit 1993–2001	425 %
Anstieg der Rohstoffexporte 1970–2000	1300 %
Jährliche Abholzung weltweit	8 Mio. ha.
Anstieg der Kohlendioxidemission 1990–2002	15 %

Quellen: Le Monde diplomatique 2007; World Bank 2006.

Das Problem der epochalen Umweltzerstörung ist inzwischen ins Bewusstsein fast aller Bewohner der Welt gedrungen. Es ist sachlich und symbolisch ein echtes globales Problem geworden. Ein globales Problem kann nicht mehr nationalstaatlich gelöst werden, wie Ulrich Beck (1986) bereits Mitte der 1980er Jahre herausgearbeitet hat. Der Ausstoß von Treibhausgasen, die Plünderung natürlicher Ressourcen, die Verschmutzung der Weltmeere, die Anhäufung mehr oder weniger unzersetzbaren Mülls und der vielfältige Eingriff in unverstandene Ökosysteme schaffen Risiken, die weit über die Grenzen eines Nationalstaats hinausgreifen. Man spricht inzwischen nicht mehr nur politikwissenschaftlich von *global governance*, sondern auch umweltwissenschaftlich von *environmental governance* (Jänicke 2006). Damit ist gemeint, dass neue Grundlagen und Methoden des Umgangs mit ökologischen Problemen gesucht und gefunden werden müssen.

Das Problem der Geschlechterungleichheit ist prinzipiell vor der Globalisierung angesiedelt, aber hat mit der Globalisierung erst seinen größten politischen Einfluss erreicht. Bereits die Frauenbewegung des 19. Jahrhunderts hatte eine globale Gleichberechtigung zum Ziel. Heute wird darüber hinaus gefragt, welche Folgen die Globalisierung für die Geschlechterungleichheit in den verschiedenen Weltsystemen hat. Zum Verhältnis von Globalisierung und Geschlecht gibt es sehr gute

Überblickswerke, die den Stand der Forschung markieren (Hobuß 2001; Davids 2005). Schließlich hat die Frauenbewegung selbst einen ebenso globalen Charakter wie das Weltsozialforum. Frauen aus allen Teilen der Welt erheben ihre Stimme und werden gehört (siehe z. B. Mitter 1986). Die Bedeutung dieser Form mittelbarer Globalisierung ist gar nicht zu überschätzen.

Tabelle 3.1.2. Alphabetisierung von Männern und Frauen (15–24 Jahre) 2006

Region	**Männer**	**Frauen**
Osteuropa	99 %	99 %
Südostasien	96 %	95 %
Südliches Afrika	81 %	72 %
Südasien	81 %	62 %

Quelle: Le monde diplomatique (2006: 115).

Probleme und Kritik sind unseres Erachtens nur im Zusammenhang mit der globalen Arbeitsteilung, den Soziokulturen, der Sozialstruktur und den Ordnungsinstanzen verständlich. Erst in diesem Zusammenhang lässt sich auch die sozialpolitische Krise erfassen. Die Persistenz globaler Industrialisierung hat einen Haken, den sich die sozialliberalen Analytiker der Globalisierung lange nicht eingestehen wollten. Bis vor kurzem herrschte hier die Meinung vor, dass die Globalisierung die durchschnittlich qualifizierte industrielle Arbeiterklasse nur am Rande betreffen werde, während die Risiken vor allem auf der gering qualifizierten und ersetzbaren Arbeitskraft lasteten. Mittlerweile beginnt die Globalisierung der Industrie in die Kernbereiche einzudringen und die Arbeitsteilung insgesamt zu verändern. Das ist die Ursache dafür, dass die Diskussion um Mindest- und Kombilöhne aus dem sozialpolitischen in den ordnungspolitischen Bereich gerückt ist: nämlich wie die Gesellschaft gesellschaftliche Arbeit organisiert. Analytisch hat die linke Kritik der Globalisierung, die von Anfang an die Erodierung der Grenzen zwischen den National- und Sozialstaaten aus der Sicht der arbeitenden Klassen im sozialen Westeuropa für gefährlich gehalten hat, Recht behalten. Politisch ist sie gegenüber der tatsächlichen veränderten globalen Arbeitsteilung, die die Industrie zu durchdringen beginnt, noch bedeutungsloser geworden als zu der Zeit, als Gewerkschafter glaubten, zu den *Seattle people* zu gehören.

Mit alledem ist nicht gesagt, dass der fortschreitende Strukturwandel zur Dienstleistungsgesellschaft veraltet wäre. Es ist lediglich so, dass die Dynamik dieses Wandels nicht selbsttragend ist, sondern in die Globalisierung der Industrieproduktion und deren Widersprüche eingebettet ist. Die entstehende Wissensgesellschaft ist global zunächst eine *industrielle Wissensgesellschaft*, deren Dienstleistungs-, Wissens- und Kulturkomponenten ihre Macht in diesem Kontext entwickeln. Die räumliche Differenzierung aller tertiären Effekte – durch die bestimmte Dienstleistungen nur lokal und mit Nahsicht, andere regional und mit Umsicht, wieder andere national und mit Voraussicht und am Ende einige global und mit Weitsicht betrieben werden müssen – widerlegt nicht die These global starker Industrialisierung, sondern bestätigt sie. Die Entkoppelung des Energieverbrauchs vom Industrialisierungsprozess rückt von der okzidentalen zur globalen Ebene auf, die Ressourcenproduktivität steigt in die Dimension globaler Klassenkämpfe auf, weil sie wesentlich Verteilungskonflikte zu befrieden in der Lage ist.

Für viele Motive der damals neuen sozialen Bewegungen in den 1970er und 1980er Jahren gilt eine ähnliche Kehre: Die Friedensbewegung beginnt im Kontext der rivalisierenden Supermächte wie der Auseinandersetzung mit den Ausschlussprozessen gegenüber der Dritten Welt. Sie findet sich wieder im Kontext einer entstehenden neuen Zweiten Welt, die die wachsenden Staaten und Gesellschaften eines neuen Südens von China, Südostasien und Indien bis zu Südafrika und dem südlichen Südamerika umfasst. Die Frauenbewegung, die mit der Emanzipation gegenüber den patriarchalischen Mächten des Okzidents beginnt, bringt heute die volkswirtschaftliche Notwendigkeit in westlichen Gesellschaften, qualifizierte weibliche Erwerbstätigkeit zu mobilisieren, mit der ausschlaggebenden Rolle der Frauen als *change agents* in aufstrebenden Gesellschaften und Ökonomien zusammen. Was als geradezu fast luxuriöse Emanzipation in etablierten Wohlfahrtsstaaten – allerdings etabliert nach bitteren Konflikten und Kriegen – begonnen hat, wird zu einer evolutionären Notwendigkeit für gestaltete Globalisierung. Die Generationen, die diesen Wandel an sich und in sich auszutragen haben, sind ganz andere als die Generationen, die zwei Weltkriege und zwei Totalitarismen erfahren haben, aber die Disparitäten des Wandels sind auch hier enorm. Auch die Frage nach der Religion wechselt ihren Status, nämlich von dem eines Modulators säkularen Lebens, differenzierten Konsums und existenzieller Neutralität zu einer in gewisser Weise gröberen Auseinandersetzung um globale Lebensformen, Verteilung und unhinterfragbare Intensität. Es sind die alten Arbeitsteilungen, von denen Friedrich Engels gesprochen hat, die diesen Strukturwandel durchmachen, die von Herr und Knecht, Krieger und Bauer, Priester und Gläubiger, Mann und Frau. Das Zusammentreffen von feiner Emanzipation und grober Globalisierung erzeugt eine tiefe Unsicherheit in den Sozialwissenschaften. Sie vermögen im Augenblick nicht zu sagen, was weltweit eigentlich Gesellschaften sind. Mit dem letzten Globalisierungsschub in den Jahrzehnten vor dem Ersten Weltkrieg wuchs im Kontext von okzidentalem Kapitalismus, Verfassungsstaat und Modernität die Idee der Verfeinerung des sozialen Umgangs in der Gesellschaft. Die Entwicklung wurde unterbrochen durch Autoritarismus, Krieg und Völkermord, wieder aufgenommen in aus heutiger Sicht emanzipatorischen drei Jahrzehnten, um dann wieder auf die grobe globale Arbeitsteilung zu stoßen. Aber es entsteht vielleicht auch die Kraft, dichte Interdependenzen in der Weltgesellschaft zu entdecken und zu befördern.

3.2. Zusammenhänge verstehen und herstellen

Nach zwei Jahrzehnten Globalisierungsdebatte stellt sich die Frage, ob Wortbild und Konzept der Globalisierung einen Härtegrad erreicht haben, um auch in den nächsten Jahrzehnten eine zentrale Rolle in den Sozialwissenschaften zu spielen. Daran haben manche ihre Zweifel, entweder weil sie an die Persistenz klassischer Konzepte von Nation und Vergesellschaftung, Klasse und Ethnizität glauben oder weil sie Globalisierung für eine Übergangsformation halten, nach deren Ende die Welt erst revolutionär zusammenwächst. Die Zweifel gipfeln in der Frage, ob die Auseinandersetzung mit der Globalisierung am Ende in der Lage ist, richtungsweisende Antworten auf die klassischen Fragen der Gesellschaftstheorie zu liefern (Rosenberg 2005). Diese zeitgenössische Frage erinnert an die vor mehr als einem Jahrzehnt gestellte, ob Globalisierung einen ähnlichen Härtegrad theoretischer Konsistenz wie das Konzept der Industrialisierung erreichen würde. Die Antwort lautete damals, dass im Vergleich zur Industrialisierung Globalisierung ein sehr viel weniger kohärentes Konzept darstelle, dessen Zukunft ungewiss bleibe. Das ist auch heute am Ende des ersten Jahrzehnts des 21. Jahrhunderts im Wesentlichen noch der Fall. Je mehr sich die globale Arbeitsteilung entfaltet, umso weniger trägt das Bild der postindustriellen Gesellschaft. Man mag von industrieller Informations- oder wissensbasierter Industriegesellschaft sprechen, in jedem Falle spielt Industrie im weiteren Sinne noch eine zentrale Rolle bei der Konstitution von Gesellschaft. Dies gilt vor allem dann, wenn sich der Aufstieg der *emerging powers* in China und Indien, Südafrika und Südamerika fortsetzt.

Mathias Albert legt eine plausible Klassifikation der Globalisierungsthematik in vier Ansätzen vor (2007). Wir können seine Darstellung mit der Version beginnen, die die Diversität der globalen Welt noch erweitert, mit den *varieties of globalization*. Als Erbe der *varieties of capitalism* erkennen diese neuen »variierenden Globalisierungen« die Tatsache an, dass die Diversifizierung der gesellschaftlichen Modelle des Umgangs mit globalen Prozessen noch nicht abgeschlossen ist, Überraschungen bereithält und einen einheitlichen Begriff der Globalisierung nicht zulässt. Natürlich strahlt diese Varietätsthese auch in alle anderen Bereiche aus, aber sie scheint zunächst ein geeigneter Ausgangspunkt zu sein, um die weitere

Gliederung zu verstehen. Es ist eine Globalisierungsliteratur entstanden, die Globalisierung als einen ebenso komplexen wie zusammenhängenden Prozess sozialen Wandels im Weltmaßstab artikuliert, der homogenisiert wie diversifiziert, integriert wie differenziert, Zustimmung wie Protest hervorruft, aber an seiner Wurzel ambivalent bleibt. Insoweit können die *varieties of globalization* zunächst eher an die Pluralismus-Reflexion der postmodernen sozialwissenschaftlichen Literatur anknüpfen, die Diskussion um Kreolisierung und Hybridität aufnehmen und besser die kritische Schärfe des Postkolonialismus weiterführen als Gesellschaftstheorie zu stiften. Diese Diversität der *varieties of globalization* ist nicht nur das Resultat globaler funktionaler Differenzierung, die die Sozialwissenschaften seit Talcott Parsons zu ihren Grundsachverhalten zählt, sondern es handelt sich um neue Typen von Heterogenitäten, die für die klassische Soziologie des Fremden noch nicht bekannt waren. Natürlich ist es nicht vorstellbar, dass sich solche *varieties of globalization* erneut in die Container nationaler Staaten einsperren ließen und einem methodologischen Nationalismus eine Wiedergeburt verschaffen (Beck 1997). Das ist auch nicht mehr die Frage. Die Theoreme funktionaler Differenzierung lassen sich aber auch nicht an die älteren nationalgesellschaftlichen Motive zurückbinden oder auf eine globale Soziologie hochrechnen, die einfach die Summe globaler Vergesellschaftungsprozesse bildet. Der in diesem Band nicht behandelte Ansatz einer allgemeinen Migrationstheorie könnte hier eine Perspektive bieten.

Die Komplexität dieser *varieties of globalization* kann zunächst durch die reiche Vorstellungswelt einer *global governance* – das ist der zweite Ansatz – reduziert werden. In der *global governance* kehren die Motive guten Regierens, die in nationalgesellschaftlicher Perspektive schon sehr viel früher formuliert worden sind, wieder und verbinden sich mit entwicklungspolitischen Motiven zu komplexen Mustern der Selbstorganisation politischer Gesellschaftlichkeit. *Global governance* ist sozialwissenschaftlich deshalb ein interessantes Konzept, weil es die Veränderungen der Staatlichkeit im 21. Jahrhundert einzufangen sucht, darüber hinaus aber auch die Grenzen der Staatlichkeit in prekären politischen Regimes aufzeigen will und das politische System als neuartige *clearing*-Stelle zwischen inner- und transgesellschaftlichen Prozessen wiedererfindet (vgl. Zürn 2004). An die Stelle einer Theorie des Verschwindens des Nationalstaates sind schon eine Weile mehrstufige Muster der Verarbeitung solcher Verknüpfungen inner- und transnationaler Prozesse getreten. Zweifellos haben Politische Ökonomie und Politische Wissenschaft hier der Soziologie den Weg vorgezeichnet, den diese mit der alten Entwicklungssoziologie nicht mehr zu gehen vermochte. Der Preis dafür war aber, das Regierungshandeln in seiner die klassischen politischen Institutionen überwuchernden und überschreitenden Ausrichtung zu überhöhen. Entweder handelt es sich dann um eine verkappte Elitentheorie, die den politischen Eliten und ihren wirtschaftlichen Kombattanten mentalen Spielraum für weit reichende Liberalisierungen des sozialen Verkehrs verschafft; oder der Normativismus einer *global governance,* die vorgibt, die Komplexitität zu beherrschen, ohne glaubhaft die notwendigen Mittel vorweisen zu können, läuft leer.

Wer mit dem politikwissenschaftlichen Ansatz nicht zufrieden ist, darin die spontane Ideologie der politisch-administrativen Klasse vermutet und eine echte Normativität – etwa im Anschluss an die der Juristen – vermisst, kann drittens auf das Konzept der Global- bzw. Weltgeschichte zurückgreifen (siehe 1.1). Die Diskussion über Weltsysteme und deren Evolution hat von Immanuel Wallerstein den entscheidenden Anstoß bekommen (siehe 1.2). Sie hat den Blick für die langen Reihen der Globalisierung geweckt, die vom Schub in den Jahrzehnten vor dem Ersten Weltkrieg immer weiter zurückverfolgt werden können. Die empirischen Ansätze der Weltgeschichtsbeschreibung bestätigen allerdings kaum die modellplatonistischen Annahmen eines Westfälischen Systems mehr oder weniger eigenständiger Nationalstaaten seit der Neuzeit, sondern führen zu immer differenzierteren Interaktionsmodellen, die am Ende wenig Material für *global governance* hinterlassen und den bekannten *varieties of globalization* sogar noch weitere hinzufügen. Hinsichtlich der Konjunkturen in den Disziplinen verhält es tatsächlich so, wie Albert schreibt, dass es gegenwärtig ein starkes Interesse der sozialwissenschaftlichen Globalisierungsforschung an historischer Vertiefung ihrer Motive gibt, die dabei aber nicht selten auf Geschichtswissenschaften trifft, die die allergrößte Mühe haben, sich aus dem Kontext der Nationalgeschichtsschreibung zu befreien und – zumindest – europäische Geschichten des 20. Jahrhunderts zu schreiben. Diese Verzögerung durch die historische Perspektive ist aber auch nützlich, weil sie den Leerlauf des politikwissenschaftlichen Jargons aufhebt und zu schärfer geschnittenen Modellen evolutionärer globaler Vernetzung führt.

Wer allerdings glauben sollte, dass die soziologischen Theorien der Weltgesellschaft – der vierte Versuch – oder der globalen Gesellschaft in der Lage wären, dieses Defizit aufzuheben, täuscht sich und mag sich noch eine Weile täuschen. Denn das Grundproblem dieser Theorie, nämlich zwischen den Gesellschaften der Weltgesellschaft – als *genitivus objectivus* und *genitivus subjectivus* – zu unterscheiden, ist erst in jüngster Vergangenheit wirklich angegangen worden (Tyrell 2005). In der Regel ist es immer noch so, dass die in den 1980er Jahren sozialisierten Soziologen ihre neo-funktionalistische, systemtheoretische, kritisch-marxistische und handlungstheoretische Sozialisation keineswegs abstreifen, sondern sie in das entstehende argumentative Gefüge der Globalisierungsperspektive hinüber zu retten versuchen. Dass so etwas wie eine ganzheitliche Betrachtung der globalen sozialen Welt angestrebt wird, wird man kaum bezweifeln können, wohl aber ob diese

Betrachtung mit den klassischen Kategorien der modernen Gesellschaftsbildung auf einen Nenner zu bringen ist. Jedenfalls wäre eine dialektische Figur, die mit den *varieties of globalization* beginnt, dann sich aufspreizt in die Analyse konkreter Probleme einer *global governance* einerseits und einer abstrakten weltgeschichtlichen Reflexion andererseits, um schließlich im Horizont der Weltgesellschaft die Verschiedenheiten zusammenzuführen, mehr als ambitioniert. So weit ist die Welt noch nicht. Die ersten Versionen einer Idee der Weltgesellschaft von Luhmann (1975), Meyer (1980) und Heintz (1982) jedenfalls waren von der empirischen Vielfalt und Validität gegenwärtiger Globalisierungsprozesse noch weit entfernt. Sie waren auch noch zu weit entfernt von den rechts- und verfassungstheoretischen Fragestellungen, die eine Verfassung der Globalisierung aufwirft (siehe Zürn 2004). Wie einst in Europa, schreibt Dieter Senghaas, so sind heute weltweit eine dramatische Mobilisierung, also eine Entbäuerlichung bzw. Verstädterung von Gesellschaften, eine breitenwirksame Alphabetisierung sowie die Politisierung von historisch eher apolitischen, nunmehr organisierbar werdenden Bevölkerungen zu beobachten (Senghaas 2006: 221). Die Bindung dieser Konflikte lässt aber, wie Senghaas betont, die Frage nach der Legitimität hervortreten.

Daraus zu schließen, dass keine Theorie der Globalisierung in der Lage sei, die treibenden Kräfte des von ihr benannten Wandels zu beschreiben und zu verstehen, greift allerdings zu kurz. Die Kritik lässt sich durchaus an einer Reihe von Punkten kreativ umdrehen. Die empirische Referenz von *Gesellschaften der Weltgesellschaft* ist in der Tat noch ziemlich unklar. Die gegenwärtige Differenzierung der Forschungsfelder und Fächer in der Globalisierungsforschung bietet keine nahe liegende Synthese an. Dass die Kompression von Zeit und Raum, die von Anfang an und sehr lange als das zentrale Motiv der Globalisierung behandelt worden ist, kaum die Last dieser Begründung zu tragen vermag und dass die Akteure, die diesen Prozess tragen, kaum jenseits der Dichotomie von Eliten und Massen als »Klassen« identifizierbar werden, ist offenbar klar. Es kann also kein Zweifel daran bestehen, dass ohne eine Reformulierung eines harten Begriffs der Gesellschaft auch der der Weltgesellschaft in der Luft hängt. Die theoretische Perspektive allerdings, die am meisten am Gesellschaftsbegriff festgehalten hat, nämlich die systemtheoretische, scheint zu dieser Differenzierung wiederum kaum in der Lage (Tyrell 2005). Es bedarf in Ergänzung dazu schon einer historisch und politisch aufgeklärten Soziologie dichter Interdependenzen in der Weltgesellschaft, die in dieser paradigmatischen Krise weiterzuhelfen vermag. Dazu gehört die Besinnung auf die schon eingeführte Differenzierung sozialräumlicher Interdependenzen, die in einer neuen Raumsoziologie Beachtung finden (Löw 2001). Damit werden auch kleinere Kollektivitäten für politikfähig gehalten (Nassehi 2003: 165). Die immer kunstvollere Weiterentwicklung der Theorie funktionaler

Differenzierung, besser: des Zusammenspiels verschiedener funktionaler Differenzierungen, führt am Ende jedenfalls nicht viel weiter, weil ihr die Materialität ihres Forschungsgegenstandes zwischen den Fingern zerrinnt. Diesem Risiko wird wirkungsvoll begegnet, wenn neben die klassischen Felder von Vergemeinschaftung, Ethnizität und Migration die globalisierten Arbeitsmärkte, professionelle Migration und transnationale Haushalts- und Familiennetzwerke treten (Pries 2007).

Die Theorien der Steuerung – am aktivierenden Sozialstaat geschärft und vor der Herausforderung des demografischen Wandels stehend (Schwengel 2008b) –, die im Kontext der verschiedenen wohlfahrtsstaatlichen Regimes der Nachkriegszeit entworfen worden sind, mögen vielleicht wirklich nicht mehr greifen; aber die Simulation von Steuerung, die Mediation artifizieller Perspektiven und die Absorption von Ungewissheit können keine echte Alternative bieten. Das Leben rundherum wird historischer, und eine differenzierungstheoretische Perspektive, die dafür keinen Sinn hat, wird irrelevant. Die alte Frage nach den Meso-Systemen und nach den intermediären Gewalten, die *in* den entwickelten Gesellschaften vor drei Jahrzehnten im Mittelpunkt der Debatte stand, bewegt sich – hier tatsächlich in einem Fahrstuhleffekt (Beck 1986) – auf die Ebene der Beziehungen zwischen Gesellschaften. Diese Interaktion ist sehr viel poröser, sehr viel flexibler und mehrdeutiger, als es die Beziehungen zwischen nationalen Staaten und ihren Gesellschaften waren, die in der früheren Moderne die sozialen Weltarrangements bestimmt haben.

Diese Tatsache führt über die Reflexion von Gleichheit und Ungleichheit (vgl. 2.6) hinaus, denn sie verlangt, nach den Vergleichsräumen zu fragen. Wenn wir mit dem indischen Ökonomen Bhalla daran glauben, dass wir nicht in einer Zeit der Divergenz, sondern der Konvergenz leben und das goldene Zeitalter der Entwicklung gerade erst begonnen hat (Bhalla 2002), werden wir die stark wachsende innere Ungleichheit in Indien und vor allem China geringer bewerten als die Tatsache, dass das Wachstum Chinas und Indiens die Ungleichheiten zwischen arm und reich global eher schrumpfen lässt (vgl. Hank 2003). Die Arbeit Bhallas trägt nicht umsonst John Lennons berühmten Titel: *Imagine, there is no country,* aber eine Menge Leute stellen sich ihre Länder immer noch vor, das Politische hat sich der kosmopolitischen Imagination nicht unterworfen (vgl. 3.3), und auch der Pluralismus ist durch Grenzen markiert (Mouffe 2007). Auf der anderen Seite kann das, was eine Gesellschaft zusammenhält, immer weniger in den Metaphern nationalen Zusammenhalts und sozialpolitischer Solidarität erzählt werden, obwohl die Erinnerung an die von Nation und Klasse gestiftete Einheit noch immer ein starkes Instrument der Kritik an den gesellschaftlichen Verhältnissen ist (Heitmeyer 1997a/b). Tatsächlich aber müssen sich innere und äußere Interdependenzen, also die zwischen den Mitgliedern einer Gesellschaft und den Mitgliedern verschiedener Gesellschaften, ausgleichen. In wirtschaftswissenschaftlichen Denkfabriken, nicht zuletzt in denen der *emerging powers,* stellt sich die Sache manchmal einfach so dar, als müssten die *middle classes* in den entwickelten Ländern gegenüber den *middle classes* in den aufstrebenden Ökonomien zurücktreten. Rainer Hank zitiert Bhalla ideenpolitisch richtig, wenn er hervorhebt: »Es sind die ›armen Eliten‹ der Entwicklungsländer, die reicher werden. Die Mittelklasse der Industrieländer hat das Gefühl, dass dies zu ihren Lasten gehe« und dass die Mittelklassen der Industrieländer damit auch zum Teil Recht haben (Hank 2003: 824). Demgegenüber von einer globalen Mitte zu sprechen, die bedroht sei, verniedlicht das Problem. Mythologisch überhöht wird es auf der anderen Seite, wenn die europäischen Eliten von Herkunft, Interessen und Zukunftsorientierung als eine Gesamtheit verstanden werden, der wiederum eine Gesamtheit entgegensteht, die man Bevölkerung nennt (vgl. Hartmann 2007), oder die Armen weltweit als identifizierbare Klasse gesellschaftlicher Handlungsträger betrachtet werden. Tatsächlich ist es so, dass im Austausch der Gesellschaften die unteren Mittelklassen der wohlhabenden Gesellschaften Sicherheitsinteressen haben, die mit den Aufstiegsinteressen oberer Mittelschichten in den sich entwickelnden Gesellschaften mittelfristig kompatibel werden können. Die Oligarchien auf beiden Seiten versuchen, *top-down*-Prozesse zu organisieren und die Armen gewissermaßen als Geiseln zu nehmen, um die unteren Mittelschichten in den reichen und die oberen Mittelschichten in den aufstrebenden Gesellschaften im Zaume zu halten.

Die Entwicklungsprozesse auf beiden Seiten brauchen Zeit, um Bildung und Weltbewusstsein sich entwickeln zu lassen, das nur über eine solide intergenerationelle Erfahrung verläuft. Diese Zeit zu erkaufen, ist ein Interesse, das Gesellschaftsklassen miteinander verbindet, die noch sehr wenig voneinander wissen. Eigentlich müssten die Drähte zwischen deutschen Sozialdemokraten und indischer Kongresspartei glühen wie die zwischen südafrikanischen und südamerikanischen Populisten und europäischen Linken, aber stattdessen beschäftigen sich die einen nur mit China und die anderen nur mit Kuba. Der entstehende globale Bildungssektor mit seinen konkurrierenden Universitäten und Einrichtungen wird aber nicht nur einen Wettbewerb um dasselbe Wissen – wie in den Naturwissenschaften – sondern einen um unterschiedlich legitimes Wissen hervorbringen. Mit diesem Wettbewerb sind der Elitenkonflikt, die Auflösung heimischer Klassenkompromisse und die Eröffnung neuer Solidaritäten verbunden (siehe auch Schriewer 2007). Neue globale Kooperationen in Forschung und Lehre – wie etwa im Global Studies Programme, das gemeinsam von Universitäten aus Buenos Aires, Delhi, Durban und Freiburg durchgeführt wird – sind nicht das unbedeutendste Mittel, eine gesteigerte innere Globalisierung mit transnationaler Kooperation und globalen ideenpolitischen Horizonten zu verbinden.

3.3. Ideenpolitische Horizonte erweitern

Theorien der Globalisierung sind nicht nur eine Zusammenstellung wichtiger theoretischer Ansätze in den Sozialwissenschaften und ein informierter Blick über den Zaun zu den Geschichts- und Wirtschaftswissenschaften, sie bringen auch *conceptual metaphors* (Henrietta Moore 2004) hervor. Konzeptmetaphern sind erkenntnis- und handlungsleitende Annahmen, die selbst in der theoretischen und empirischen Arbeit selten hinterfragt, sondern eher selbstverständlich angewandt werden. Skepsis wie Euphorie gegenüber der Globalisierung haben ihre eigenen Konzeptmetaphern hervorgebracht. Konzeptmetaphern sind in der Regel nicht unmittelbar normativ formuliert, sondern eher ein Amalgam aus normativen, empirischen und hypothetischen Annahmen. Aber sie sind mächtig. Sie sind nützlich, um Vielfalt und Umwelt eines theoretischen Ansatzes auszuleuchten. Im Kontext der Globalisierung ist vor allem interessant, welche Erfahrungsräume entstehen, wer was mit wem vergleicht und welche Vorbilder auswählt. Obwohl die Geschichtswissenschaft Wert darauf legt, abgeschlossene Prozesse zu untersuchen, ist sie doch ein großer Lieferant von Konzeptmetaphern für die gesellschaftliche Gestaltung von Globalisierung. Nicht zuletzt deshalb haben wir die historisch-soziologische Arbeit an den Anfang des Buches gestellt.

Die von ihnen inaugurierten Erfahrungsräume, in denen Vergleichen und Deuten legitimer ist als in anderen, ändern sich. Aus dem Ende des Westens, das nach dem Zusammenbruch der Sowjetunion die unipolare Welt konstruieren sollte, wird eine Rekonstruktion des Westens, die das Konzept der Polarität als solches aufzuheben sucht (Schmierer 2007). Man mag beide als Varianten der Behauptung des Westens verstehen, aber die Verschiebung ist bedeutsam. Während sich früher die Ideologien der Dritten Welt definierten, indem sie nach Durchsetzung okzidentaler Modernisierung deren imperialen Charakter attackierten, bestimmen sie sich heute vielfach als die älteren Zivilisationen und ziehen ihr Selbstbewusstsein aus den langen historischen Wellen. Bestimmte Entwicklungsmodelle gewinnen und verlieren an Attraktion: Aus Japan als der Metapher für erfolgreiche asiatische Modernisierung wird manchmal das Bild einer kleinen, reichen, selbstbezogenen und irgendwie irrelevanten Schweiz.

Die Konzeptmetaphern, die den Aufstieg der neuen Mächte in Asien, Südafrika und Südamerika beschreiben, sind erst im Entstehen. Man mag von *emerging powers* sprechen, wie wir es hier getan haben, oder von *emerging societies*, die dann auf den Plan treten, wenn der wirtschaftliche und politische Aufstieg sozial unterbaut werden muss, um Stabilität zu gewährleisten. In jedem Fall werden aber damit neue Erfahrungsräume geschaffen, indem etwa die politischen und wirtschaftlichen Eliten Chinas und Indiens nicht mehr allein auf die asiatische oder die westliche Erfahrung schauen, sondern Südamerika und Afrika bewusst einbeziehen. Selbst wenn die Wertschöpfungsketten noch immer um die alte Triade Amerika, Europa und Ostasien aufgebaut werden, differenzieren sie sich stark. Auch damit entstehen Erfahrungsräume wie durch Wissens- und Wissenschaftstransfers, Reisen und Medien. Zu Beginn der Globalisierungsdebatte versuchte man noch durch mehrere sub- und transnationale Ebenen, also durch Niveaudifferenzierung, an dem alten national-internationalen Erfahrungsraum festzuhalten. Die aufstrebenden Mächte in einem differenzierten Süden bilden aber jetzt einen eigenen Erfahrungsraum, der wiederum die Differenzierung des Nordens erzwingt. Der Versuch einer Rekonstruktion des Westens ist ohne diese Differenzierung des Südens nicht zu verstehen. Die als *emerging powers* miteinander verbundenen Mächte haben vielfach gemeinsam, dass sie eine industrielle Erfahrung aufweisen, auf die man sich beziehen kann – etwa in der Metapher von Manchester nach Peking und wieder zurück (Vries 2003). Sie sind relative Hegemonen in ihrer globalen Region, sie nehmen sich selbst als strategische Akteure in einem Weltsystem wahr und beziehen sich auf lange Reihen der Weltsystementwicklung. Sie sind also nicht in erster Linie über die Verfügbarkeit von Energie und Rohstoffen, daraus resultierendem Drohpotenzial gegenüber dem Westen und zwischen Über- und Untermachtsgefühlen schwankende Regimes definiert. Norbert Elias hat in seinem *Prozess der Zivilisation* (1980) die Herausbildung des Staates mit der Differenzierung von Verhaltensnormen, zuerst bei den herrschenden Eliten und dann in und mit der Gesellschaft, verknüpft. Wenn wir uns von dem historischen Exempel lösen, das geschichtswissenschaftlich im Übrigen mehr oder weniger widerlegt ist, bleibt die interessante Vermutung, dass sich mit der Herausbildung weniger starker Erfahrungsräume ebenfalls ein Oligarchisierungs- und Monopolisierungsprozess andeutet, der wiederum mit konkurrierenden Verhaltenserwartungen an wirtschaftliche, politische und kulturelle Akteure verbunden ist.

Demgegenüber bezeichnet die Rede von Soziokulturen, wie sie hier ebenfalls vorgeführt worden ist, eher eine lokale Komplexität, die sich der Bildung größerer Erfahrungsräume zu entziehen weiß. Es geht eher um Vergemeinschaftungen, die nicht mehr in der okzidentalen Differenzierung von Gesellschaft und Gemeinschaft, von organischer und mechanischer Solidarität oder Klassenbewusstsein gefasst werden können. Während Vergemeinschaftungsprozesse in okzidentalen Metropolen, in denen sich Lebenswelten von Taxifahrern, Medienarbeitern, Moscheenbesuchern, Stadtteilaktivisten, formellen und informellen Arbeitern überlappen und wechselseitig modellieren (Berking 2006), vielleicht noch mit der postmodernen Flexibilisierung der Vergemeinschaftungstheoreme verstanden werden können, sind massive Land-Stadt-Bewegungen oder die Persistenz ruraler Lebensformen damit nicht zu begreifen.

Zwischen großen globalen Erfahrungsräumen und differenzierten Soziokulturen einen sinnvollen Begriff von Gesellschaft erneut zu begründen, steht auf der Tagesordnung. Die Soziologie muss dabei in beide Richtungen blicken: Das Verstehen dichter soziokultureller Interdependenzen bedarf einer dichten Beschreibung, wie es Ethnologen vermögen, während die Untersuchung großer politischer Erfahrungsräume in der Weltgesellschaft eher in Zusammenarbeit mit der Politikwissenschaft zu bewältigen ist. Sie bestimmen sich allesamt wechselseitig. Soziologie, Politikwissenschaft und Ethnologie sind mit dem Aufstieg der okzidentalen Moderne eng verbunden, sodass deren Diversifikation auch ihre Arbeitsteilung verändert. Die Sozialwissenschaften bekommen in der Globalisierung ihren Moment. Sie sollten ihn nutzen.

Die sozialwissenschaftlichen Konzeptmetaphern konkurrieren natürlich nicht nur mit denen anderer Wissenschaften, sondern nicht zuletzt auch mit denen der Wirtschaftspublizistik. Der amerikanische Publizist und Kolumnist der *New York Times*, Thomas Friedman, ist nach der intensiven Auseinandersetzung mit dem Phänomen Bangalore, dem indischen Silicon Valley, und dem Aufstieg anderer asiatischer Gesellschaften zu der Einsicht gekommen, dass die Welt flach ist (Friedman 2005). Die globalen Datenströme und Wertschöpfungsketten lassen die Vorstellung, dass die Erde rund, das heißt von politisch-geografischen Strukturen und historischen Mentalitäten bestimmt ist, alt aussehen. Mit einer Fülle von Beispielen porträtiert er die Kräfte, die die Welt einebneten. Als die Mauern fielen und *Windows* die Fenster zur Welt öffnete, als immer neue Netze über die Welt gespannt, Computer zu Zeitmanagern und die Kompetenzen alter Gemeinschaften zu neuer Konnektivität genutzt wurden, als man nicht mehr von *outsourcing*, sondern von *roundsourcing* sprechen und man mit den Gazellen rennen und den Löwen fressen sollte (alles Motive Friedmans), sahen sich Länder, Unternehmen und Individuen einer völlig neuen Herausforderung gegenüber. Friedman ist ein bekennender Ricardianischer Freihändler, mit moralischem Sinn für die Risiken Ricardianischer Tauschprozesse, aber mit der geopolitischen Überzeugung, dass es für Amerika und die Welt keine echte Alternative zu dieser globalen flachen Interdependenz gibt.

Nicht nur Begriffe erkennt man daran, *wogegen* sie gerichtet sind – das war Carl Schmitts Ansicht – sondern auch Bilder. Wie eine Vielzahl liberaler Autoren stellt Friedman Marx auf den Kopf, indem er die im *Kommunistischen Manifest* zum Ausdruck gebrachte Dynamik der Welt, in der sich das Feste auflöst, das Flüssige verdampft und die Energie in permanent fließende Warenproduktion transformiert wird, in die flache Welt horizontaler Austausch- und Wertschöpfungsprozesse münden lässt. Es wäre nicht schwer, das Bild einfach wieder umzudrehen und das Elend der Welt im Terror der Ökonomie, so Vivian Forresters Titel lange zuvor, zu erblicken (Forrester 1997). Wichtig aber ist, dass im Bild der flachen Welt die Faszination für Datenströme, Wertschöpfungsketten und Mobilität die Fragestellungen überdeckt, die in diesen *Theorien der Globalisierung* herausgearbeitet worden sind. Der Aufstieg der *emerging powers* als folgenreiche Differenzierung des Südens und des Nordens, die Frage nach der Kraft von Gesellschaften und Soziokulturen und die Frage nach dem Ort, an dem populäre Demokratie die Erfahrung der Globalisierung verarbeiten kann, werden durch die Konzeptmetapher der flachen Welt nicht der Beantwortung näher geführt. Nach der ersten Welle unserer zeitgenössischen Globalisierung bis zum Beginn dieses Jahrhunderts, die man auch als *äußere* Globalisierung bezeichnen kann, tritt jetzt immer mehr die *innere* Globalisierung in den Vordergrund, die die Unterscheidung der Orte, Akteure und Kräfte ins Auge fasst (Schwengel 2006). Die Welt wird weniger flach.

Neben der wechselseitigen Durchdringung von soziologischen, politikwissenschaftlichen und ethnologischen Ansätzen in den *varieties of globalization* wächst offenbar auch das Bedürfnis nach allgemeiner ideenpolitischer Begründung des sozialwissenschaftlichen Wissens in der Globalisierung. Dem trägt zunächst vor allem die Ideenwelt des Kosmopolitismus Rechnung, die sich inzwischen vielfältig verbreitet hat. Von der Verankerung der postmodernen und postkolonialen Reflexion (Breckenridge 2002) bis zur Unterfütterung der Idee der Weltrisikogesellschaft (Beck 2007) spannen sich die Versuche.[32] Ein anderer ideenpolitischer Kandidat ist der Populismus. Er hat nicht nur eine sehr viel differenziertere Vergangenheit als es die landläufige Kritik am Populismus kolportiert, die die Unerfüllbarkeit populistischer Versprechen in den Vordergrund stellt, sondern womöglich auch eine globale Zukunft. Überall, wo unter dem Druck globaler Konkurrenz, globaler Migration und globalen Strukturwandels ältere Zugehörigkeiten bedroht werden, Arbeits- wie Geschäftsaktivität nicht als ausreichend belohnt erscheint und korrupte Institutionen andere Auswege versperren, entstehen populistische Momente. Populismus und Kosmopolitismus konkurrieren miteinander und gehen Verbindungen miteinander ein, um dem globalen Strukturwandel ihr Gesicht zu geben. Weil aber der Kosmopolitismus es so schwer hat, seine Herkunft aus dem hegemonialen Liberalismus abzustreifen und der Populismus es ebenso schwer hat, sich als kohärente politische Kraft zu etablieren, müssen wir ideenpolitisch viel-

32 Spannend könnte es in unserer Perspektive dann werden, wenn sich die Ideenwelt des Kosmopolitismus mit der einer Kosmologie, die in Asien einen fruchtbaren Boden vorfindet, austauscht und die Wahrnehmung der Künste tiefgehender rezipiert. Das wäre auch ein Gegengift gegen die Langzeitwirkung des okzidentalen hegemonialen Liberalismus, aus dem wichtige Grundvorstellungen des Kosmopolitismus ganz sicher stammen.

leicht einen Schritt weitergehen und dem globalen Strukturwandel eine andere hermeneutische Form geben, in der sich dessen Widersprüche bewegen können. Nennen wir das Plateau, auf dem sich die Auseinandersetzungen mit der Globalisierung versammeln mögen, experimentell einmal Weltpragmatismus.

»Heute bildet der Pragmatismus in seinen verschiedenen Lesarten die transatlantische Brücke für einen lebhaften philosophischen Austausch in beiden Richtungen«, schreibt Jürgen Habermas in Auseinandersetzung mit John Dewey (Habermas 2001). Vielleicht kann der Pragmatismus heute sogar eine Brücke zwischen dem okzidentalen politischen Denken und dem der *emerging powers* werden. Immerhin bietet die Tradition des Pragmatismus den Vorteil, dass sie, was ihre synthetisierende Leistungsfähigkeit betrifft, am ehesten noch an Hegel heranreicht; dass sie Deweys Sinn für das alltägliche populäre Handeln, das er auch im Kontext des Populismus wahrnehmbar machte (Priester 2007), mit dem Sinn für Religion eines William James verbindet und das anthropologische Interesse an der Sozialisation des Menschen mit der progressiven Verfassungsinterpretation eines Richard Rorty. Zweifellos bleibt der Pragmatismus Deweys dem *europäischen* Amerika des frühen 20. Jahrhunderts verpflichtet, er kennt nur die Aufhebung des angelsächsischen europäischen Amerika, nicht aber das multikulturelle und dann globale Amerika (Lind 1995). Aber das praktische In-der-Welt-Sein eines globalen Amerikas greift auf die Chancen eines Weltpragmatismus vor. Da Deweys Pragmatismus »die kognitiven Wurzeln einer lebensweltlichen Praxis frei legt [hat], die darauf eingerichtet ist, mit dem Zufall und dem Scheitern an einer überraschenden Realität zurechtzukommen«, mag der Pragmatismus für den Umgang mit der Globalisierung, deren Phänomene noch vielfach in den Schubladen des letzten Jahrhunderts sortiert sind, besser geeignet sein als andere Denkformen. »Was den Menschen als handelndes Wesen auszeichnet, ist dieses problemlösende Verhalten – zu wissen, wie man eine problematisch gewordene Situation klärt, zu wissen, dass man sich dabei auf keine andere Autorität verlassen kann als die eigene intelligente Anstrengung.« (Habermas 2001: 159)

In der ersten Phase unserer zeitgenössischen Globalisierung haben die meisten gedacht, dass der politische Ort dieser Vermittlung wohl nur in den Vereinigten Staaten liegen kann, weil dort wirtschaftliche und kulturelle Macht, finanzielle und politische Institutionen am ehesten zusammenfinden. »There could be a special place for America in the new, post-national order, and one that does not rely on either isolationalism or global domination as its alternative basis. The United States is eminently suited to be a sort of cultural laboratory and a free-trade zone for the generation, circulation, importation, and testing of the materials for the world organized around diasporic diversity. In a sense, this experiment is already on the way.« (Appadurai 1996: 174) Natürlich war schon von Anfang an die Frage berechtigt, wie viele dieser Laboratorien die Welt braucht, wo sie liegen, wie sie betrieben werden und wer sie verantwortet. In Mumbai und Berlin, São Paulo und Mailand, Singapur und Barcelona, Johannesburg und Kairo wird man bestreiten, dass solche Laboratorien vor allem in den Vereinigten Staaten zu finden sind. Heute kommt hinzu, dass auch die wirtschaftliche, finanzielle und politische Fähigkeit der Vereinigten Staaten in Frage steht, tatsächlich die unverzichtbare Nation zu bleiben, als die sie ihre Eliten verstehen.

Der Weltpragmatismus wird an keinem Ort seine natürliche Heimat mehr haben. Weltpragmatismus ist eine globale Baustelle, die an zwei Fronten massive soziale und kulturelle Konflikte einschließt. Auf der einen Seite geht es um die Pragmatik globaler gesellschaftlicher Arbeit – anknüpfend an den Populismus –, die eine langsame, aber beständige Transformation der globalen Arbeitsteilung, gleichgewichtiges, aber im Süden stärkeres Wachstum ermöglicht und die Gesellschaften stark macht, ihre inneren Ausgleichsprozesse vollziehen zu können. Die andere Front ist die, an der über die Pragmatik religiöser Differenz entschieden wird. Helmuth Plessner hat die Unterscheidung von Religion und Kultur scharf geschnitten, indem er zwischen Religion und Kultur »trotz aller geschichtlichen Friedensschlüsse« absolute Feindschaft vermutet. »Wer nach Hause will, in die Heimat, in die Geborgenheit, muss sich dem Glauben zum Opfer bringen. Wer es aber mit dem Geist hält, kehrt nicht zurück.« (Plessner 1928; vgl. Eßbach et al. 2002) Der gesellschaftliche Pluralismus in diesen Fragen von abstrakter Arbeit und moderner Differenz, der am Ende dabei herauskommen mag, wird ein originär weltpolitischer sein müssen, oder er trägt nicht – so wie die Pragmatik der globalen Arbeitsteilung ein globaler historischer Kompromiss sein wird oder nicht zustande kommt. Die Pragmatik der religiösen Differenz greift eher die kosmopolitische Debatte auf, vor allem wenn diese sich kosmologisch bewusst erweitert. Man mag meinen, dass ein Gedankenexperiment wie der Weltpragmatismus, der bestenfalls zu einer weltpolitischen Baustelle gewachsen ist, mit diesen Erwartungen überfrachtet wird. Aber angesichts der berechtigten, eher düsteren Vermutungen Dahrendorfs für die sozialen, ökonomischen und politischen Konflikte des 21. Jahrhunderts ist Weltpragmatismus wenigstens in der Lage, die Leistungen eines Horizonts – nämlich zugleich zu begrenzen und zu eröffnen – ideenpolitisch wieder zu nutzen, zumal wenn sich die Sozialwissenschaften wieder stärker als politische Handlungsforschung verstehen.

Literatur

Abu-Lughod, Janet L. (1989): Before European Hegemony. The World System, A. D. 1250–1350, New York/Oxford: Oxford University Press

Albert, Mathias (2007): »›Globalization Theory‹: Yesterday's Fad or More Lively than Ever?«, in International Political Sociology, Vol. 1 (165–182)

Albrow, Martin (1996): The Global Age, Cambridge: Polity Press

Albrow, Martin (1998): »Auf dem Weg zu einer globalen Gesellschaft?«, in Beck 1998a (411–434)

Altvater, Elmar/Birgit Mahnkopf (1999): Grenzen der Globalisierung. Ökonomie, Ökologie und Politik in der Weltgesellschaft, Münster: Westfälisches Dampfboot (4. Auflage)

Amin, Samir (1975): Die ungleiche Entwicklung, Hamburg: Hoffmann und Campe

Amin, Samir (1997): Die Zukunft des Weltsystems, Hamburg: VSA-Verlag

Anderson, Benedict (1983): Imagined Communities. Reflections on the Origins and Spread of Nationalism, London: Verso

Appadurai, Arjun (1996): Modernity at Large. Cultural Dimensions of Globalization, Minneapolis/London: University of Minnesota Press

Archer, Margaret (1991): »Sociology for One World: Unity and Diversity«, in International Sociology, Vol. 6 (131–147)

Arendt, Hannah (1967): Vita activa, München: Piper

Arnason, Johann (2003): Civilizations in Dispute. Historical Questions and Theoretical Traditions, Leiden: Brill

Atlas der Weltverwicklungen (hg. vom Welthaus Bielefeld) (2001), Wuppertal: Peter Hammer Verlag

Axford, Barrie (1995): The Global System, Cambridge: Polity Press

Bairoch, Paul (1993): Economics and World History. Myths and Paradoxes, New York u. a.: Harvester Wheatsheaf

Baran, Paul/Paul M. Sweezy (1973): Monopolkapital. Ein Essay über die amerikanische Wirtschafts- und Gesellschaftsordnung, Frankfurt: Suhrkamp

Barber, Benjamin (2001): Coca-Cola und Heiliger Krieg (Jihad vs. McWorld), Bern/München/Wien: Scherz (ergänzte Auflage)

Beck, Ulrich (1986): Risikogesellschaft, Frankfurt: Suhrkamp

Beck, Ulrich (1997): Was ist Globalisierung? Frankfurt: Suhrkamp

Beck, Ulrich (Hg.) (1998a): Perspektiven der Weltgesellschaft, Frankfurt: Suhrkamp

Beck, Ulrich (Hg.) (1998b): Politik der Globalisierung, Frankfurt: Suhrkamp

Beck, Ulrich (2000): »The Cosmopolitan Perspective«, in British Journal of Sociology, Vol. 51 (79–105)

Beck, Ulrich (2007): Weltrisikogesellschaft. Auf der Suche nach der verlorenen Sicherheit, Frankfurt: Suhrkamp

Bentley, Jerry H. (1993): Old World Encounters. Cross Cultural Contacts and Exchanges in Pre-Modern Times, New York/Oxford: Oxford University Press

Berger, Peter L. (1967): The Sacred Canopy: Elements of a Sociological Theory of Religion, Garden City: Doubleday

Berger, Peter L./Samuel Huntington (Hg.) (2002): Many Globalizations. Cultural Diversity in the Contemporary World, Oxford: Oxford University Press

Berger, Peter A./Anja Weiß (Hg.) (2008): Transnationalisierung sozialer Ungleichheit, Wiesbaden: VS

Bergstedt, Jörg (2004): Mythos Attac. Hintergründe, Hoffnungen, Handlungsmöglichkeiten, Frankfurt: Brandes & Apsel

Berking, Helmut (Hg.) (2006): Die Macht des Lokalen in einer Welt ohne Grenzen, Frankfurt: Campus

Bernard, Mitchell (1994): »Post-Fordism, Transnational Production, and the Changing Global Political Economy«, in Stubbs/Underhill 1994 (216–229)

Beyer, Peter (1994): Religion and Globalization, London/Thousand Oaks/New Delhi: Sage

Beyer, Peter (2006): Religions in Global Society, London/New York: Taylor & Francis

Beyer, Peter/Lori Beaman (Hg.) (2007): Religion, Globalization and Culture, Leiden: Brill

Bhabha, Homi (2000): Die Verortung der Kultur, Tübingen: Stauffenberg Verlag

Bhagwati, Jagdish (2008): Verteidigung der Globalisierung, München: Pantheon

Bhalla, Surjit (2002): Imagine There's No Country. Poverty, Inequality, and Growth in the Era of Globalization, Washington: Institute for International Economics

Blossfeld, Hans-Peter/et al. (2007): »Globalisierung und die Veränderung sozialer Ungleichheiten in modernen Gesellschaften«, in Kölner Zeitschrift für Soziologie und Sozialpsychologie, Jg. 59 (667–691)

Boltanski, Luc/Eve Chiapello (2003): Der neue Geist des Kapitalismus, Konstanz: UVK

Borchardt, Knut (2001): Globalisierung in historischer Perspektive, Sitzungsberichte der Bayerischen Akademie der Wissenschaften (philosophisch-historische Klasse), München: Beck

Bornschier, Volker (1980): Multinationale Konzerne, Wirtschaftspolitik und nationale Entwicklung im Weltsystem, Frankfurt/New York: Campus

Bornschier, Volker (2002): Weltgesellschaft. Grundlegende soziale Wandlungen, Zürich: Loreto Verlag

Borrus, Michael/Dieter Ernst/Stephan Haggard (Hg.) (2000): International Production Networks in Asia, London: Routledge

Bourdieu, Pierre (1982): Die feinen Unterschiede. Kritik der gesellschaftlichen Urteilskraft, Frankfurt: Suhrkamp

Bourdieu, Pierre (1998): Gegenfeuer, Konstanz: UVK

Bourdieu, Pierre (2001): Gegenfeuer 2, Konstanz, UVK

Bourdieu, Pierre (2004a): Der Staatsadel, Konstanz: UVK

Bourdieu, Pierre (2004b): Forschen und Handeln. Recherche et action, Freiburg: Rombach

Bradshaw, York W./M. Wallace (1996): Global Inequalities, London: Sage
Braudel, Fernand (1971): Die Geschichte der Zivilisation – 15. bis 18. Jahrhundert, München: Kindler
Braudel, Fernand (1986): Die Dynamik des Kapitalismus, Stuttgart: Klett-Cotta
Breckenridge, Carol/Sheldon Pollock/Homi Bhabha/Dipesh Chakrabarty (Hg.) (2002): Cosmopolitanism, Durham/London: Duke University Press
Bronger, Dirk (2000): »Metropolen im asiatisch-pazifischen Raum. Von Megastädten zu Global Cities?«, in Andreas Sohn/Hermann Weber (Hg.): Hauptstädte und Global Cities an der Schwelle zum 21. Jahrhundert, Bochum: Winkler (269–294)
Brooks, Richard O. (2002): Law and Ecology, Aldershot: Ashgate
Burawoy, Michael (2005): »For Public Sociology«, in Soziale Welt, Jg. 56 (347–374)
Burity, Joanildo (2008): »Brazil's Rise: Inequality, Culture and Globalization«, in Nederveen Pieterse/Rehbein 2008
Buruma, Ian/Avisay Margalit (2004): Occidentalism: The West in the Eyes of its Enemies, London: Penguin Press
Busch, Marc/Helen V. Milner (1994): »The Future of the International Trading System: International Firms, Regionalism, and Domestic Politics«, in Stubbs/Underhill 1994 (259–276)
Cardoso, Henrique/Enzo Faletto (Hg.) (1979): Dependency and Development in Latin America, Berkeley: University of California Press
Castel, Robert (2000): Die Metamorphosen der sozialen Frage, Konstanz: UVK
Castel, Robert (2005): Die Stärkung des Sozialen. Leben im neuen Wohlfahrtsstaat, Hamburg: Hamburger Edition
Castells, Manuel (1996): The Rise of the Network Society, Oxford: Blackwell
Castells, Manuel (1997): The Power of Identity, Oxford: Blackwell
Castells, Manuel (1998): End of Millennium, Oxford: Blackwell
Castles, Steven/Mark J. Miller (1993): The Age of Migration, New York/Basingstoke: Macmillan
Chakrabarty, Dipesh (2000): Provincializing Europe, Princeton: Princeton University Press
Chandler, Alfred (1977): The Visible Hand: The Managerial Revolution in American Business, Cambridge (MA): Harvard Belknap Press
Chandler, Alfred (1990): Scale and Scope: The Dynamics of Industrial Capitalism, Cambridge: Belknap Press
Chase-Dunn, Christopher (1989): Global Formation, Oxford/Cambridge (MA): Basil Blackwell
Chase-Dunn, Christopher/Thomas Hall (1993): »Comparing World-Systems: Concepts and Working Hypotheses«, in Social Forces, Vol. 71 (851–886)
Chaudhuri, K. N. (1990): Asia before Europe. Economy and Civilisation of the Indian Ocean from the Rise of Islam to 1750, Cambridge: Cambridge University Press
Chen, Xiangming (2005): As Borders Bend: Transnational Spaces on the Pacific Rim, Lanham: Rowman & Littlefield

Chomsky, Noam (2006): Der gescheiterte Staat, München: Kunstmann
Chua, Amy (2004): World on Fire. How Exporting Free Market Democracy Breeds Ethnic Hatred an Global Instability, New York: Anchor Books
Clifford, James (1997): Routes: Travel and Translation in the Late Twentieth Century, Cambridge (MA): Harvard University Press
Cohen, Stephen Philip (2001): India: Emerging Power, Washington: Brookings Institution Press
Cohen, Warren (2000): East Asia at the Center: Four Thousand Years of Engagement with the World, New York: Columbia University Press
Coleman, William D./Tony Porter (1994): »Regulating International Banking and Securities: Emerging Co-operation among National Authorities«, in Stubbs/Underhill 1994 (190–203)
Collins, Randall (1998): The Sociology of Philosophy: A Global Theory of Intellectual Change, Cambridge (MA): Belknap Press
Conze, Eckart/Ulrich Lappenküper/Guido Müller (Hg.) (2004): Geschichte der internationalen Beziehungen. Erneuerung und Erweiterung einer historischen Disziplin, Köln/Weimar/Wien: Böhlau
Cox, Robert W. (1994): »Global Restructuring: Making Sense of the Changing International Political Economy«, in Stubbs/Underhill 1994 (45–59)
Crawford, Darryl (2000): »Chinese Capitalism: Cultures, the Southeast Asian Region and Economic Globalisation«, in Third World Quarterly, Vol. 21 (69–86)
Crosby, Alfred (1972): The Columbian Exchange: Biological and Cultural Consequences of 1492, Westport (CT): Greenwood Press
Crouch, Colin/Wolfgang Streeck (1997): The Political Economy of Modern Capitalism, London: Sage
Curran, Giorel (2007): »Making Another World Possible? The Politics of the World Social Forum«, in Social Alternatives, Vol. 26 (7–12)
Curtin, Philip D. (1964): The Image of Africa, London: Macmillan
Curtin, Philip D. (1969): The Atlantic Slave Trade, Madison: University of Wisconsin Press
Curtin, Philip D. (1984): Cross-cultural Trade in World History, Cambridge: Cambridge University Press
Curtin, Philip D. (2000): The World and the West. The European Challenge and the Overseas Response in the Age of Empire, Cambridge: Cambridge University Press
Das, Dilip K. (2006): China and India. A Tale of Two Economies, London/New York: Routledge
Das Gilgamesch-Epos (1988), Stuttgart: Reclam
Davids, Tine (Hg.) (2005): The Gender Question in Globalization, Aldershot: Ashgate
Davis, Mike (1990): City of Quartz, London: Verso
Davis, Mike (2007): Planet der Slums, Berlin/Hamburg: Assoziation A
Degele, Nina/Christian Dries (2005): Modernisierungstheorie, München: UTB (Fink)

Delanty, Gerard (Hg.) (2006a): Europe and Asia Beyond East and West, London/New York: Routledge
Delanty, Gerard (2006b): »Civilizational Constellations and European Modernity Reconsidered«, in ders. 2006a (45–60)
Der große Ploetz (1998; 32. Auflage), Freiburg: Herder
Der Fischer Weltalmanach (2007), Frankfurt: Fischer
Deyo, Frederic C. (Hg.) (1987): The Political Economy of the New Asian Industrialism, Ithaca/London: Cornell University Press
Diamond, Jared (1999): Arm und Reich, Frankfurt: Fischer
Dicken, Peter (2003; 4. Auflage): Global Shift. Reshaping the Global Economic Map in the 21st Century, London/Thousand Oaks/New Delhi: Sage
Dollar, David/Aart Kraay (2002): »Growth is Good for the Poor«, in Foreign Affairs, Vol. 81
Dirlik, Arif (2007): Global Modernity. Modernity in the Age of Global Capitalism, Boulder/London: Paradigm Publishers
Draude, Anke (2007): How to Capture Non-Western Forms of Governance. In Favour of an Equivalence Functionalist Observation of Governance in Areas of Limited Statehood (SFB 700), Berlin: DFG Research Center
Drori, Gili/John Meyer/Francisco Ramirez/Evan Schofer (2003): Science in the Modern World Polity, Stanford: Stanford University Press
Durkheim, Emile (1986): De la division du travail social, Paris: PUF
Eisenstadt, Shmuel N. (2000): »Multiple Modernities«, in Daedalus, Vol. 129 (1–29)
Eisenstadt, Shmuel N. (2006): »Multiple Modernen im Zeitalter der Globalisierung«, in Thomas Schwinn 2006 (37–62)
Elias, Norbert (1980): Der Prozess der Zivilisation (2 Bände), Frankfurt: Suhrkamp
Escobar, Arturo (1995): Encountering Development, Princeton: Princeton University Press
Eßbach, Wolfgang/Joachim Fischer/Helmut Lethen (Hg.) (2002): Plessners ›Grenzen der Gemeinschaft‹, Frankfurt: Suhrkamp
Esser, Hartmut (2006): Migration, Sprache und Integration, Berlin: Wissenschaftszentrum
Evans, Grant (1990): Lao Peasants under Socialism, New Haven: Yale University Press
Evans, Peter (1987): »Class, State, and Dependence in East Asia: Lessons for Latin Americanists«, in Deyo 1987 (203–226)
Evers, Hans-Dieter (Hg.) (1980): Sociology of South-East Asia, Kuala Lumpur: Oxford University Press
Faust, Michael/Ulrich Voskamp/Volker Wittke (2004): »Globalization and the Future of National Systems: Exploring Patterns of Industrial Reorganization and Relocation in an Enlarged Europe«, in dies. (Hg.): European Industrial Restructuring in a Global Economy. Fragmentation and Relocation of Value Chains, Göttingen: SOFI (19–81)
Featherstone, Mike (Hg.) (1990): Global Culture, London: Sage
Feinstein, Charles H. (2005): An Economic History of South Africa. Conquest, Discrimination and Development, Cambridge: Cambridge University Press

Feldbauer, Peter/Christof Parnreiter (1997): »Megastädte – Weltstädte – Global Cities«, in: Feldbauer et al. (Hg.): Mega-Cities. Die Metropolen des Südens zwischen Globalsierung und Fragmentierung, Frankfurt: Brandes und Apsel

Forrester, Viviane (1997): Der Terror der Ökonomie, Wien: Zsolnay

Frank, André Gunder (1966): »The Development of Underdevelopment«, in Monthly Review, Vol. 18 (17–31)

Frank, André Gunder (1969): Kapitalismus und Unterentwicklung in Lateinamerika, Frankfurt: EVA

Frank, André Gunder (1998): ReOrient, Berkeley: University of California Press

Frank, André Gunder/Barry K. Gills (Hg.) (1993): The World-system: Five Hundred Years or Five Thousand? London: Routledge

Franke, Herbert/Rolf Trauzettel (1971): Das chinesische Kaiserreich, Frankfurt: Fischer

Friedman, Thomas L. (2005): The World is Flat. A Brief History of the Twenty-first Century. New York: Farrar, Straus and Giroux

Friedmann, John/Robert Wulff (1976): The Urban Transition. Comparative Studies of Newly Industrializing Societies, London: Arnold

Fröbel, Folker/Jürgen Heinrichs/Otto Kreye (1986): Umbruch in der Weltwirtschaft, Reinbek: Rowohlt

Fukuyama, Francis (1992): Das Ende der Geschichte, München: Kindler

Fukuyama, Francis (1995): Konfuzius und Marktwirtschaft: Der Knoflikt der Kulturen, München: Kindler

Furtado, Celso (1973): »Externe Abhängigkeit und ökonomische Theorie«, in Dieter Senghaas (Hg.): Imperialismus und strukturelle Gewalt. Analysen über abhängige Produktion, Frankfurt: Suhrkamp (316–334)

Garrett, Geoffrey (1998): »Global Markets and National Politics: Collision Course or Virtuous Circle?«, International Organization, Vol. 52 (787–824)

Geiss, Imanuel (2006; 2. Auflage): Geschichte im Überblick, Reinbek: Rowohlt

Gereffi, Gary/Michael Korzeniewicz (Hg.) (1993): Commodity Chains and Global Capitalism, Westport: Greenwood Press

Geyer, Michael/Charles Bright (1995): »World History in a Global Age«, American Historical Review, Vol. 100 (1034–1060)

Giddens, Anthony (1995): Konsequenzen der Moderne, Frankfurt: Suhrkamp

Gills, Barry/William R. Thompson (Hg.) (2006): Globalization and Global History, London/New York: Routledge

Gilpin, Robert (1987): The Political Economy of International Relations, Princeton: Princeton University Press

Goldstone, John A. (1987): »Cultural Orthodoxy, Risk, and Innovation: The Divergence of East and West in the Early Modern World«, in Sociological Theory, Vol. 5 (119–135)

Goldthorpe, John H. (2003): »Globalisierung und soziale Klassen«, in Berliner Journal für Soziologie, Jg. 13 (301–323)

Gran, Peter (1996): Beyond Eurocentrism: A New View of Modern World History, Syracuse (NY): Syracuse University Press
Grandner, Margarete/Dietmar Rothermund/Wolfgang Schwentker (Hg.) (2005): Globalisierung und Weltgeschichte, Band 1, Wien: Mandelbaum
Gray, John (1999): Die falsche Verheißung. Der globale Kapitalismus und seine Folgen, Alexander Fest Verlag
Greider, William (1998): Endstation Globalisierung, München: Wilhelm Heyne Verlag
Greve, Jens/Bettina Heintz (2005): »Die ›Entdeckung‹ der Weltgesellschaft«, in Heintz, Münch, Tyrell 2005 (89–119)
Grusky, David B./Ravi Kanbur (Hg.) (2006): Poverty and Inequality, Stanford: Stanford University Press
Gugler, Josef (Hg.) (2004): World Cities Beyond the West, Cambridge: Cambridge University Press
Guthrie, Doug (2006): China and Globalization: The Social, Economic and Political Transformation of Chinese Society, New York: Routledge
Habermas, Jürgen (2001): Zeit der Übergänge, Frankfurt: Suhrkamp
Hack, Lothar (2005): »Auf der Suche nach der verlorenen Totalität«, in Heintz/Münch/Tyrell 2005 (120–158)
Hall, Peter G. (1966): The World Cities, London: Weidenfeld & Nicolson
Hall, Peter G./Ulrich Pfeiffer (2000): Urban 21, Stuttgart: DVA
Hall, Peter A./David Soskice (Hg.) (2001): Varieties of Capitalism. The Institutional Foundations of Comparative Advantage, Oxford: Oxford University Press
Hank, Rainer (2003): »Konvergenz oder Divergenz. Führt der globale Kapitalismus zu mehr Ungleichheit in der Welt?« in Merkur, Jg. 57 (815–824)
Hannerz, Ulf (1987): »The World in Creolization«, in Africa, Vol. 57 (546–559)
Hardt, Michael/Antonio Negri (2002): Empire, Frankfurt: Campus
Hardt, Michael/Antonio Negri (2004): Multitude, Frankfurt: Campus
Harris, Jerry (2005): »Emerging Third World powers: China, India and Brazil«, in Race & Class, Vol. 46 (7–27)
Hartmann, Michael (2002): Der Mythos von den Leistungseliten. Frankfurt/New York: Campus
Hartmann, Michael (2007): Eliten und Macht in Europa, Frankfurt a.M.: Campus
Harvey, David (1989): The Condition of Postmodernity. An Enquiry into the Origins of Cultural Change, Oxford: Blackwell
Hefner, Robert W. (1998a): »Introduction: Society and Morality in the New Asian Capitalisms«, in ders. (Hg.): Market Cultures. Society and Morality in the New Asian Capitalisms, Boulder (1–38)
Hefner, Robert W. (1998b): »Multiple Modernities: Christianity, Islam, and Hinduism – a Globalizing Age«, in Annual Review of Anthropology, Vol. 27 (83–104)
Hegel, Georg W. F. (1961): Philosophie der Geschichte, Stuttgart: Reclam
Heintz, Bettina/Richard Münch/Hartmann Tyrell (Hg.) (2005): Weltgesellschaft. Theoretische Zugänge und empirische Problemlagen, Stuttgart: Lucius & Lucius

Heintz, Peter (1982): Die Weltgesellschaft im Spiegel von Ereignissen, Diessenhofen: Rüegger

Heitmeyer, Wilhelm (Hg.) (1997a): Was treibt die Gesellschaft auseinander? Bundesrepublik Deutschland: Auf dem Weg von der Konsens- zur Konfliktgesellschaft, Bd. 1, Frankfurt: Suhrkamp

Heitmeyer, Wilhelm (Hg.) (1997b): Was hält die Gesellschaft zusammen? Bundesrepublik Deutschland: Auf dem Weg von der Konsens- zur Konfliktgesellschaft, Bd. 2, Frankfurt: Suhrkamp

Held, David (Hg.) (2000): A Globalizing World? Culture, Economics, Politics, London/ New York: Routledge

Held, David/Anthony McGrew (2000): »The Great Globalization Debate: An Introduction«, in dies. (Hg.): The Global Transformations Reader, Cambridge: Polity Press (1–45)

Held, David/Anthony McGrew (Hg.) (2007): Globalization Theory: Approaches and Controversies, Cambridge: Polity Press

Herman, Edward/Robert McChesney (1997): The Global Media. The New Missionaries of Corporate Capitalism, London: Cassell

Herodot (1985 ff): Die Bücher der Geschichte (3 Bände), Stuttgart: Reclam

Higham, Charles (1989): The Archaeology of Mainland Southeast Asia, Cambridge: Cambridge University Press

Hirst, Paul Q./Grahame Thompson (1996): Globalization in Question, Cambridge: Polity Press

Hobsbawm, Eric (1996): The Age of Extremes. A History of the World, 1914–1991, New York: Vintage Books

Hobson, John M. (2004): The Eastern Origins of Western Civilization, Cambridge: Cambridge University Press

Hobuß, Steffi (Hg.) (2001): Die andere Hälfte der Globalisierung. Menschenrechte, Ökonomie und Medialität aus feministischer Sicht, Frankfurt: Campus

Hodgson, Marshall (1974): The Venture of Islam. Conscience and History in a World Civilization, Chicago: University of Chicago Press

Hodgson, Marshall (1993): Rethinking World History. Essays on Europe, Islam, and World History, Cambridge: Cambridge University Press

Hoogvelt, Ankie (1997): Globalization and the Postcolonial World, London: Macmillan

Hook, Steven W. (Hg.) (2002): Comparative Foreign Policy: Adaptation Strategies of the Great and Emerging Powers, Upper Saddle River (NJ): Pearson Education

Hopkins, Anthony G. (2002): »The History of Globalization – and the Globalization of History?«, in ders. (Hg.): Globalization in World History, London: Pimlico

Horkheimer, Max/Theodor W. Adorno (1981): Dialektik der Aufklärung, Frankfurt: Suhrkamp

Huntington, Samuel (1996): Kampf der Kulturen, München: Europa-Verlag

Hurrell, Andrew (2002): »The Foreign Policy of Modern Brazil«, in Hook 2002 (146–169)

Hurrell, Andrew/N. Woods (Hg.) (1999): Inequality, Globalization and World Politics, Oxford: Oxford University Press
Isin, Engin (2002): Being Political. Genealogies of Citizenship, Minneapolis: University of Minnesota Press
Jacobs, Jane (1969): The economy of cities, New York: Random House
Jänicke, Martin (Hg.) (2006): Environmental Governance in a Global Perspective, Berlin: Freie Universität
Joas, Hans (2004): Braucht der Mensch Religion?, Freiburg: Herder
Johnson, Chalmers (1987): »Political Institutions and Economic Performance: The Government-Business Relationship in Japan, South Korea, and Taiwan«, in Deyo 1987 (136–164)
Johnston, Alastair Iain/Robert S. Ross (1999): Engaging China. The Management of an Emerging Power, London/New York: Routledge
Jones, Eric L. (1988): Growth Recurring. Economic Change in World History, Oxford: Clarendon Press
Kanet, Roger E. (2007): »Introduction: The Consolidation of Russia's Role in World Affairs«, in ders: Russia – Re-Emerging Great Power, Basinstoke/New York: Palgrave Macmillan (1–9)
Kaplinsky, Raphael (2005): Globalization, Poverty and Inequality, Cambridge: Polity Press
Kaufmann, Franz-Xaver (1998): »Globalisierung und Gesellschaft«, in Aus Politik und Zeitgeschichte, Jg. 18 (3–10)
Kaviraj, Sudipta (1992): »Kolonialismus, Moderne und politische Kultur: Die Krise Indiens«, in Joachim Matthes 1992 (219–238)
Keohane, Robert O. (1984): After Hegemony, Princeton: Princeton University Press
King, Anthony D. (Hg.) (1991): Culture, Globalization and the World-System, Minneapolis: University of Minnesota Press
Klein, Naomi (2001): No Logo! Der Kampf der Global Players um Marktmacht. Ein Spiel mit vielen Verlierern und wenigen Gewinnern, München: Riemann
Knox, Paul/James Agnew (1998): The Geography of the World Economy, London: Hodder Arnold
Knox, Paul/Peter Taylor (2000): World Cities in a World System, Cambridge: Cambridge University Press
Krasner, Stephen (1995): »Compromising Westphalia«, International Security, Vol. 20 (115–151)
Krugman, Paul (1996): Der Mythos vom globalen Wirtschaftskrieg: Frankfurt a.M.: Campus
Kumar, Anand (2008): »Paradoxes of Paradigm Shift. Indian Engagement with Liberalization and Globalization«, in Nederveen Pieterse/Rehbein 2008
Kumoll, Karsten (2005): ›From the native's point of view‹? Kulturelle Globalisierung nach Clifford Geertz und Pierre Bourdieu, Bielefeld: transcript
Kumoll, Karsten (2007): Kultur, Geschichte und die Indigenisierung der Moderne. Eine Analyse des Gesamtwerks von Marshall Sahlins, Bielefeld: transcript

Kurz, Robert (1991): Der Kollaps der Modernisierung. Vom Zusammenbruch des Kasernensozialismus zur Krise der Weltökonomie, Frankfurt: Eichborn

Laclau, Ernesto (2005): On Populist Reason, London: Verso

Laclau, Ernesto (2006): Hegemonie und radikale Demokratie, Wien: Passagen-Verlag

Lash, Scott/John Urry (1987): The End of Organized Capitalism, Cambridge: Polity Press

Leibfried, Stephan (Hg.) (2006): Transformationen des Staates? Frankfurt: Suhrkamp

Leggewie, Claus (2003): Die Globalisierung und ihre Gegner, München: Beck

Leoncini, Riccardo/Sandro Montresor (Hg.) (2008): Dynamic Capabilities between Firm Organization and Local Systems of Production, London/New York: Routledge

Lerner, Daniel, James S. Coleman, Ronald P. Dore (1968): »Modernization«, in International Encyclopedia of the Social Sciences, New York, Vol. 10 (386–409)

Lieberman, Victor (2003) Strange Parallels: Southeast Asia in Global Context, c. 800–1830, Cambridge: Cambridge University Press

Liebes, Tamar/Elihu Katz (1990): The Export of Meaning: Cross-Cultural Readings of Dallas, New York/Oxford: Oxford University Press

Lind, Michael (1995): The Next American Nation. The New Nationalism and the Fourth American Revolution, New York: Free Press

Löw, Martina (2001): Raumsoziologie, Frankfurt: Suhrkamp

Luhmann, Niklas (1975): »Die Weltgesellschaft«, in ders.: Soziologische Aufklärung 2, Opladen: Westdeutscher Verlag (51–71)

Luhmann, Niklas (1989): Vertrauen. Ein Mechanismus der Reduktion sozialer Komplexität, Stuttgart: Enke

Luxemburg, Rosa (1921) Die Akkumulation des Kapitals, Leipzig: Franke

Mann, Michael (1990–2000): Geschichte der Macht, Frankfurt/New York: Campus

Mann, Michael (1997): »Hat die Globalisierung den Siegeszug des Nationalstaats beendet?«, in PROKLA, Nr. 106 (113–141)

Manning, Patrick (2003): Navigating World History. Historians Create a Global Past, New York/Basingstoke: Palgrave

Maran, Joseph, Carsten Luwig, Hermann Schwengel, Ulrich Thaler (Hg.) (2006): Constructing Power – Architecture, Ideology and Social Practice, Münster: LIT

Marcuse, Peter/Ronald van Kempen (2000) (Hg.): Globalizing Cities. A New Spatial Order, Blackwell: Oxford

Marshall, Thomas H. (1977): Class, Citizenship and Social Devlopment, Chicago: University of Chicago Press

Marx, Karl (1953): Das Kapital (Band 1), in Marx-Engels Werke, Band 23, Berlin: Dietz

Marx, Karl (1969): »Einleitung zur Kritik der politischen Ökonomie«, in Marx-Engels Werke, Band 13, Berlin: Dietz (615–642)

Massey, Doreen (1984): Spatial Divisions of Labour. Social Structures and the Geography of Production, London/Basingstoke: Macmillan

Massey, Doreen (1995): »Imagining the World«, in John Allen/Doreen Massey (Hg.): Geographical Worlds, Oxford: Oxford University Press

Mathisen, Trygve (1959): Methodology in the Study of International Relations, New York: Macmillan
Matthes, Joachim (Hg.) (1992): Zwischen den Kulturen? Die Sozialwissenschaften vor dem Problem des Kulturvergleichs, Göttingen: Verlag Otto Schwartz & Co.
Mazlish, Bruce (1998): »Comparing Global History to World History«, in Journal of Interdisziplinary History, Vol. 28 (385–395)
McLuhan, Marshal (1964): Understanding Media, London: Routledge Kegan Paul
McNeill, William H. (1963): The Rise of the West, Chicago/London: University of Chicago Press
McNeill, William (1990): »›The Rise of the West‹ after Twenty-Five Years«, in Journal of World History, Vol 1 (1–21)
McNeill, William H. (1992): The Global Condition. Conquerors, Catastrophes, and Community, Princeton: Princeton University Press
Meier, Christian (1980): Die Entstehung des Politschen bei den Griechen, Frankfurt a.M.: Suhrkamp
Meyer, John W. (1980): »The World Polity and the Authority of the Nation-State«, in Albert Bergesen (Hg.): Studies of the Modern World System, New York: Academic Press (109–137)
Meyer, John W., John Boli, George M. Thomas (2005): »Ontologie und Rationalisierung im Zurechnungssystem der westlichen Kultur«, in John W. Meyer: Weltkultur. Wie die westlichen Prinzipien die Welt durchdringen, Frankfurt: Suhrkamp (17–46)
Mirow, Kurt (1982): Webs of Power. International Cartels and the World Economy, Boston: Houghton Mifflin
Mittelman, James H. (2000): The Globalization Syndrome. Transformation and Resistance, Princeton: Princeton University Press
Mitter, Swasti (1986): Common Fate, Common Bond: Women in the Global Economy, London: Pluto Press
Le monde diplomatique (Hg.) (2006): Atlas der Globalisierung, Berlin: taz
Moore, Barrington (1969): Soziale Ursprünge von Diktatur und Demokratie, Frankfurt: Suhrkamp
Moore, Henrietta (2004): »Global Anxieties. Concept-Metaphors and Pre-Theoretical Commitments in Anthropology«, in Anthropological Theory, Vol. 4 (71–88)
Mouffe, Chantal (2007): Über das Politische. Wider die kosmopolitische Illusion, Frankfurt: Suhrkamp
Müller, Klaus (2002): Globalisierung, Frankfurt: Campus
Müller, Hans-Peter (Hg.) (1996): Weltsystem und kulturelles Erbe, Berlin: Reimer
Mueller, Peter G./Douglas A. Ross (1975): China and Japan – Emerging Global Powers, New York/Washington/London: Praeger
Münch, Richard (1998): Globale Dynamik, lokale Lebenswelten. Der schwierige Weg in die Weltgesellschaft, Frankfurt: Suhrkamp
Münch, Richard (2001): Offene Räume. Soziale Integration diesseits und jenseits des Nationalstaats, Frankfurt: Suhrkamp

Münch, Richard (2004): Gesellschaftstheorie, Frankfurt/New York: Campus

Münch, Richard (2005): »Die Konstruktion des Welthandels als legitime Ordnung der Weltgesellschaft«, in Heintz/Münch/Tyrell 2005 (299–313)

Münch, Richard (2008): Die Konstruktion der europäischen Gesellschaft, Frankfurt/New York: Campus

Naidu, Sanusha/Daisy Mbazima: »China-Africa Relations: A New Impulse in a Changing Continental Landscape«, in Nederveen Pieterse/Rehbein 2008

Nassehi, Armin (2003): »Der Begriff des Politischen und die doppelte Normativität der ›soziologischen‹ Moderne«, in Armin Nassehi/Markus Schroer (Hg.): Der Begriff des Politischen, Soziale Welt, Sonderband 14, Baden-Baden: Nomos (133–169)

Nederveen Pieterse, Jan (1989): Empire & Emancipation. Power and Liberation on a World Scale, New York/Westport/London: Praeger

Nederveen Pieterse, Jan (2001): »The Case of Multiculturalism: Kaleidoscopic and Long-Term Views«, in Social Identities, Vol. 7 (393–407)

Nederveen Pieterse, Jan (2004a): Globalization or Empire?, New York/London: Routledge

Nederveen Pieterse, Jan (2004b): Globalization and Culture: Global Mélange, Lanham: Rowman & Littlefield

Nederveen Pieterse, Jan (2006): »Globalization Goes in Circles: Hybritities East and West«, in Schirmer/Saalmann/Kessler 2006 (21–32)

Nederveen Pieterse, Jan (2007): Multiculturalism, Lanham: Rowman & Littlefield

Nederveen Pieterse, Jan/Boike Rehbein (Hg.) (2008): Emerging Powers, Sonderheft Futures

Nefiodow, Leo (1990): Der fünfte Kondratieff. Strategien zum Strukturwandel in Wirtschaft und Gesellschaft, Frankfurt a.M.: Suhrkamp

Nolte, Hans-Heinrich (1993): Die eine Welt: Abriss der Geschichte des internationalen Systems, Hannover: Fackelträger

Nolte, Hans-Heinrich (2005): Weltgeschichte. Imperien, Religionen und Systeme 15.-19. Jahrhundert, Wien/Köln/Weimar: Böhlau Verlag

Nussbaum, Martha C. (2006): »Poverty and Human Functioning: Capabilities as Fundamental Entitlements«, in Grusky/Kanbur 2006 (47–75)

O'Brien, Richard (1992): Global Financial Integration, London: Pinter

Offe, Claus (1995): Disorganized Capitalism, Cambridge: Polity Press

Ohmae, Kenichi (1992): Die neue Logik der Marktwirtschaft. Zukunftsstrategien der internationalen Konzerne, Hamburg: Hoffmann und Campe

O'Shaughnessy, Hugh (1980): »A World Power Emerges«, Financial Times (London), 14. November 1980 (S. 7)

Osterhammel, Jürgen (1995): Kolonialismus: Geschichte – Formen – Folgen, München: Beck

Osterhammel, Jürgen (2001): Geschichtswissenschaft jenseits des Nationalstaats. Studien zu Beziehungsgeschichte und Zivilisationsvergleich, Göttingen: Vandenhoeck & Ruprecht

Osterhammel, Jürgen (Hg.) (2006): Wege der Gesellschaftsgeschichte, Göttingen: Vandenhoeck & Ruprecht
Oswald, Ingrid (2007): Migrationssoziologie, Konstanz: UTB (UVK)
Oxfam International (Hg.) (2002): »Growth with Equity«, London: Oxfam
Palat, Ravi A. (2008): »A New Bandung? Economic Growth vs. Distributive Justice among Emerging Powers in the Global South«, in Nederveen Pieterse/Rehbein 2008
Panikkar, Kavalam Madhava (1955): Asien und die Herrschaft des Westens, Zürich: Steinberg-Verlag
Parsons, Talcott (1951): The Social System, Glencoe (IL): The Free Press
Philips, C. H. (1961): Historians of India, Pakistan and Ceylon, London/New York/Toronto: Oxford University Press
Plessner, Helmut (1928): Die Stufen des Organischen und der Mensch, Berlin: de Gruyter
Polanyi, Karl (1944): The Great Transformation, New York: Rinehart
Polybios (1983): Historien. Auswahl, Stuttgart: Reclam
Pomeranz, Kenneth (2000): The Great Divergence, Princeton/London: Princeton University Press
Poya, Abbas/Maurus Reinkowski (2008): »Was soll Islamwissenschaft bedeuten?«, in dies.: Das Unbehagen in der Islamwissenschaft, Bielefeld: transcript (9–18)
Pries, Ludger (1998): »Transnationale Soziale Räume«, in Beck 1998a (55–86)
Pries, Ludger (2007): Die Transnationalisierung der sozialen Welt, Frankfurt: Suhrkamp
Priester, Karin (2007): Populismus, Frankfurt: Campus
Randeria, Shalini (2006): »Civil Society and Legal Pluralism in the Shadow of Caste: Entangled Modernities in Post-Colonial India«, in Schirmer/Saalmann/Kessler 2006 (97–124)
Randeria, Shalini/Martin Fuchs/Antje Linkenbach (Hg.) (2004): Konfigurationen der Moderne. Diskurse zu Indien, Baden-Baden: Nomos
Rehbein, Boike (2003): »›Sozialer Raum‹ und Felder«, in Rehbein/Saalmann/Schwengel 2003 (77–95)
Rehbein, Boike (2004): Globalisierung in Laos, Münster: LIT
Rehbein, Boike (2005): »The Lao Economic Field«, in Sojourn, Vol. 20 (26–38)
Rehbein, Boike (2006a): Die Soziologie Pierre Bourdieus, Konstanz: UTB (UVK)
Rehbein, Boike (2006b): »Sozialstruktur und Arbeitsteilung. Eine historische Skizze am Beispiel Festlandsüdostasiens«, in Asien, Nr. 101 (23–45)
Rehbein, Boike (2007a): Globalization, Culture and Society in Laos, London/New York: Routledge
Rehbein, Boike (2007b): »Globalisierung, Soziokulturen und Sozialstruktur. Einige Konsequenzen aus der Anwendung von Bourdieus Sozialtheorie in Südostasien«, in Soziale Welt, Nr. 58 (191–206)
Rehbein, Boike/Jürgen Rüland/Judith Schlehe (Hg.) (2006): Identitätspolitik und Interkulturalität in Asien, Münster: LIT
Rehbein, Boike/Gernot Saalmann/Hermann Schwengel (Hg.) (2003): Pierre Bourdieus Theorie des Sozialen, Konstanz: UVK

Reid, Anthony (1993): Southeast Asia in the Age of Commerce, Vol. II, New Haven/London: Yale University Press

Renfrew, Colin/John Cherry (Hg.) (1986): Peer Polity Interaction and Socio-Political Change, Cambridge: Cambridge University Press

Risse, Thomas (Hg.) (2007): Regieren ohne Staat? Baden-Baden: Nomos

Ritzer, George (1983): »The McDonaldization of Society«, in Journal of American Culture, Vol. 6 (100–107)

Ritzer, George (1995): Die McDonaldisierung der Gesellschaft, Frankfurt: S. Fischer

Ritzer, George (2006): Die McDonaldisierung der Gesellschaft (4., völlig neue Auflage), Konstanz: UVK

Robertson, Roland (1990): »Mapping the Global Condition: Globalization as the Central Concept«, in Mike Featherstone (Hg.): Global Culture, London (15–31)

Robertson, Roland (1992): Globalization. Social Theory and Global Culture, London: Sage

Robertson, Roland (1998): »Glokalisierung: Homogenität und Heterogenität in Raum und Zeit«, in Ulrich Beck 1998a (192–220)

Robins, Kevin (1997): »What in the World's Going On?«, in Paul de Gay (Hg.): Production of Culture/Cultures of Production, London: Sage

Robison, Richard/David S. G. Goodman (1996): »The New Rich in Asia. Economic Development, Social Status and Political Consciousness«, in dies. (Hg.): The New Rich in Asia. Mobile Phones, McDonalds and Middle-Class Revolution, London/New York (1–16)

Rodrik, Dani (2000): Grenzen der Globalisierung. Ökonomische Integration und soziale Desintegration, Frankfurt: Campus

Rolf, Hauke Jan (2006): Urbane Globalisierung. Bedeutung und Wandel der Stadt im Globalisierungsprozess, Wiesbaden: Deutscher Universitäts-Verlag

Rosenberg, Justin (2005): »Globalization Theory: A Post Mortem«, in International Politics 42 (2–74)

Rostow, Walt W. (1960): The Stages of Growth: A Non-Communist Manifesto, Cambridge: Cambridge University Press

Rüland, Jürgen, Clemens Jürgenmeyer, Michael H. Nelson and Patrick Ziegenhain (2005): Parliaments and Political Change in Asia, Singapore: ISEAS

Rushdie, Salmon (2001): »Yes, This Is About Islam«, New York Times, November 2, 2001

Saalmann, Gernot (2006): »The Encounter, Exchange and Hybridisation of Cultures«, in Schirmer, Saalmann, Kessler 2006 (125–141)

Said, Edward (1978): Orientalism, New York: Pantheon Books

Sassen, Saskia (1991): The Global City. New York, London, Tokyo, Princeton: Princeton University Press

Sassen, Saskia (1998): Globalization and Its Discontents, New York: New Press

Sassen, Saskia (2002) (Hg.): Global Networks, Linked Cities, New York: Routledge

Sassen, Saskia (2007): »Die Dialektik von Welt und Nation. Zur Transformation von Territorium, Autorität und Recht«, in: Blätter für deutsche und internationale Politik, Nr. 6 (695–704)

Savitch, Hank/Paul Kantor (2002): Cities in the International Market Place. The Political Economy of Urban Development in North America and Western Europe, Princeton: Pricneton University Press

Schabert, Tilo (Hg.) (1991): Die Welt der Stadt, München: Piper

Schiller, Herbert (1979): »Transnational Media and National Development«, in K. Nordenstreng/Herbert Schiller (Hg.): National Sovereignty and International Communication, Norwood: Ablex (21–32)

Schiller, Herbert (1991): »Not Yet the Post-imperialist Era«, in Critical Studies in Mass Communication, Vol 8 (13–28)

Schiller, Nina Glick (1992): Towards a Transnational Perspective on Migration, New York: Academy

Schirmer, Dominique/Gernot Saalmann/Christl Kessler (Hg.) (2006): Hybridising East and West, Münster: LIT

Schissler, Hanna (2005): »Weltgeschichte als Geschichte der sich globalisierenden Welt«, in Aus Politik und Zeitgeschichte, Nr. 1/2 (33–39)

Schmidt, Vivien (2002): The Future of European Capitalism, Oxford: Oxford University Press

Schmierer, Joscha (2007): »›Rekonstruktion des Westens‹: Umrisse des Problemfelds«, in Tine Stein/Hubertus Buchstein/Claus Offe (Hg.): Souveränität, Recht, Moral, Frankfurt: Campus (171–184)

Schneider, Jane (1977): »Was There a Pre-Capitalist World System«, in Peasant Studies, Vol. 6 (20–29)

Scholte, Jan A. (2000): Globalization: A Critical Introduction, Basingstoke: Macmillan

Scholte, Jan A. (2001): »Global Trade and Finance«, in John Baylis/Steve Smith (Hg.): The Globalization of World Politics, Oxford: Oxford University Press (519–539)

Schriewer, Jürgen (Hg.) (2007): Weltkultur und kulturelle Bedeutungswelten. Zur Globalisierung von Bildungsdiskursen, Band 2, Frankfurt/New York: Campus

Schweller, Randall L. (1999): »Managing the Rise of Great Powers: History and Theory«, in Johnston/Ross 1999 (1–31)

Schwengel, Hermann (1999): Globalisierung mit europäischem Gesicht, Berlin: Aufbau-Verlag

Schwengel, Hermann (Hg.) (2005): Wer bestimmt die Zukunft? Die Gliederung der Vergangenheit im Zeichen der Globalisierung, Frankfurt: Europäischer Verlag der Wissenschaften

Schwengel, Hermann (2006): Optimismus im Konjunktiv. Gesammelte Aufsätze 2001–2006, Freiburg: Freiburg Dokumentenserver: http://www.freidok.uni-freiburg.de/volltexte/2808/

Schwengel, Hermann (2008a): »Emerging Powers as Fact and Metaphor. Some European Ideas«, in Nederveen Pieterse/Rehbein 2008

Schwengel, Hermann (2008b): »Society matters. Die kommunikationspolitische Dialektik von aktiver Gesellschaft und aktivierendem Sozialstaat«, in: Adalbert Evers und Ulrich Heinze (Hg.): Sozialpolitik und Enträumlichung, Wiesbaden: VS

Schwengel, Hermann (2008c): »The Public Sociology of Emerging Powers: The Third Macchiavellian Moment for the Social Sciences«, in: Sociological Bulletin of the Indian Sociological Association, Vol. 56, No. 3 (im Erscheinen)

Schwinn, Thomas (Hg.) (2006): Die Vielfalt und Einheit der Moderne, Wiesbaden: VS

Scott, Allen John (Hg.) (2001): Global City-regions. Trends, Theory, Policy, Oxford: Oxford University Press,

Scott, James C. (1976): The Moral Economy of the Peasant, New Haven/London: Yale University Press

Sen, Amartya (1973): On Economic Inequality, Oxford: Clarendon Press

Sen, Amartya (2002): »How to Judge Globalism«, in The American Prospect, Vol. 13, January

Sen, Amartya (2006): »Conceptualizing and Measuring Poverty«, in Grusky/Kanbur 2006 (30–46)

Senghaas, Dieter (2006): »Interkulturelle Dialoge angesichts kultureller Globalisierung«, in Mihran Dabag/Kristin Platt (Hg.): Die Machbarkeit der Welt, Paderborn: Wilhelm Fink Verlag (216–227)

Shohat, Ella (1994): Unthinking Eurocentrism: Multiculturalism and the Media, London: Routledge

Siebel, Walter (Hg.) (2004): Die europäische Stadt, Frankfurt: Suhrkamp

Sieverts, Thomas (1997): Zwischenstadt. Zwischen Ort und Welt, Raum und Zeit, Stadt und Land, Braunschweig: Vieweg

Simmel, Georg (1989): Philosophie des Geldes, Frankfurt: Suhrkamp

Sklair, Leslie (1991): Sociology of the Global System, New York usw.: Harvester Wheatsheaf

Sklair, Leslie (2002): Globalization, Oxford: Oxford University Press (3. Auflage)

Skocpol, Theda (1987): States and Social Revolution, Cambridge: Cambridge University Press

Skocpol, Theda (1994): Social Revolutions in the Modern World, Cambridge: Cambridge University Press

Smith, Adam (1983): Der Wohlstand der Nationen, München: dtv (3. Auflage)

Smith, Anthony (1990): »Towards a Global Culture?«, in Featherstone 1990 (171–191)

Souza, Jessé (2008): Die Naturalisierung der Ungleichheit, Wiesbaden: VS

Spengler, Oswald (1918/22): Der Untergang des Abendlandes (2 Bände), München: Beck

Spurk, Jan (2007): »Von den Sozialwissenschaften in Europa zu europäischen Sozialwissenschaften«, in Jürgen Schriewer (Hg.): Weltkultur und Bedeutungswelten. Zur Globalsierung von Bildungsdiskursen, Frankfurt: Campus

Steans, Jill (1998): Gender and International Relations, New Brunswick (NJ): Rutgers University Press

Stein, Gil J. (1999): Rethinking World-Systems. Diasporas, Colonies, and Interaction in Uruk Mesopotamia, Tucson: The University of Arizona Press
Stichweh, Rudolf (2000): Die Weltgesellschaft, Frankfurt: Suhrkamp
Stiglitz, Joseph (2002): Die Schatten der Globalisierung, Berlin: Siedler
Strange, Susan (1994): »Rethinking Structural Change in the International Political Economy: States, Firms, and Diplomacy«, in Stubbs/Underhill 1994 (103–115)
Strange, Susan (1996): The Retreat of the State: The Diffusion of Power in the World Economy, Cambridge: Cambridge University Press
Stubbs, Richard/Geoffrey R. D. Underhill (Hg.) (1994): Political Economy and the Changing World Order, Basingstoke: Macmillan
Sugimoto, Yoshio (2003; 2. Auflage): An Introduction to Japanese Society, Cambridge: Cambridge University Press
Therborn, Göran (2000): »Globalizations. Dimensions, Historical Waves, Regional Effects, Normative Governance«, in International Sociology, Vol. 15 (151–179)
Therborn, Göran (2006): »Post-Western Europe and the Plural Asias«, in Delanty 2006 (24–44)
Therborn, Göran/Habibul Khondker (Hg.) (2006): Asia and Europe in Globalization, Leiden: Brill
Thompson, John B. (1995): The Media and Modernity, Cambridge: Polity Press
Thukydides (1966): Der Peloponnesische Krieg, Stuttgart: Reclam
Tilly, Charles (1990): Coercion, Capital, and European States, AD 990–1990, Cambridge: Blackwell
Tilly, Charles (1998): Durable Inequality, Berkeley/Los Angeles: University of California Press
Todd, Emmanuel (2003): Weltmacht USA – ein Nachruf, München: Piper
Tomlinson, John (1991): Cultural Imperialism: A Critical Introduction, London: Pinter
Tomlinson, John (1999): Globalization and Culture, Cambridge: Polity Press
Touraine, Alain (2001): Beyond Neoliberalism, Cambridge: Polity Press
Toynbee, Arnold J. (1949/58): Der Gang der Weltgeschichte (2 Bände), Zürich: Europa-Verlag
Tyrell, Hartmann (2005): »Singular oder Plural – Einleitende Bemerkungen zu Globalisierung und Weltgesellschaft«, in Heintz/Münch/Tyrell 2005 (1–50)
UNDP (1999): Human Development Report
UNDP (2000): Human Development Report
Urry, John (1990): The Tourist Gaze, London: Sage
Urry, John (2000): Sociology beyond Societies. Mobilities for the Twenty-first Century, London/New York: Routledge
Urry, John (2003): Global Complexity, Cambridge: Polity Press
Vico, Giambattista (1981): Die neue Wissenschaft von der gemeinschaftlichen Natur der Wissenschaft (Auswahl, Übersetzung und Einleitung von Ferdinand Fellmann), Frankfurt: Vittorio Klostermann

Vries, Peer (2003): Via Peking back to Manchester. Britain, the Industrial Revolution, and China, Leiden: CNWS Publications.

Wachtel, Howard (1986): The New Mandarins, New York: Pantheon

Wade, Robert (1990): Governing the Market. Economic Theory and the Role of Government in East Asian Industrialization, Princeton: Princeton University Press

Walker, Richard/Daniel Buck (2007): »The Chinese Road. Cities in the Transition to Capitalism«, in New Left Review, Vol. 46 (39–66)

Wallerstein, Immanuel (1974): »The Rise and Future Demise of the World Capitalist System: Concepts for Comparative Analysis«, in Comparative Studies in Society and History, Vol. 16 (387–415)

Wallerstein, Immanuel (1983): »Klassenanalyse und Weltsystemanalyse«, in Reinhard Kreckel (Hg.): Soziale Ungleichheiten, Göttingen (301–320)

Wallerstein, Immanuel (1984): »Household Structures and Labor-Force Formation in the Capitalist World-Economy«, in Joan Smith/Immanuel Wallerstein/Hans-Dieter Evers (Hg.): Households and the World-Economy, Beverly Hills/London/New Delhi: Sage (17–22)

Wallerstein, Immanuel (2000): The Essential Wallerstein, New York: The New Press

Watson, James L. (Hg.) (1997): Golden Arches East: McDonald's in East Asia, Stanford: Stanford University Press

Watson, James L. (1997a): »Transnationalism, Localization, and Fast Foods in East Asia«, in ders. 1997 (1–38)

Watson, James L. (1997b): »McDonald's in Hong Kong: Consumerism, Dietary Change and the Rise of a Children's Culture«, in ders. 1997 (77–109)

Webb, Michael C. (1994): »Understanding Patterns of Macroeconomic Policy Co-ordination in the Post-War Period«, in Stubbs/Underhill 1994 (176–189)

Weber, Max (1972; 5. Auflage): Wirtschaft und Gesellschaft, Tübingen: Mohr

Weber, Max (1978; 6. Auflage): Gesammelte Aufsätze zur Religionssoziologie (3 Bände), Tübingen: Mohr

Wendt, Reinhard (2007): Vom Kolonialismus zur Globalisierung. Europa und die Welt seit 1500, UTB (Schöningh)

Werbner, Pnina/Tariq Modood (Hg.) (1997): Debating Cultural Hybridity. Multi-cultural Identities and the Politics of Anti-racism, London/New York: Zed Books

Wertheim, Willem F. (1964): East-West Parallels, Den Haag: van Hoeve

Whitaker, Francisco (2007): Das Weltsozialforum. Offener Raum für eine andere Welt, Hamburg: VSA

Winters, L. Alan/Shahid Yusuf (Hg.) (2007a): Dancing with Giants. China, India, and the Global Economy, Washington/Singapore: The World Bank

Winters, L. Alan/Shahid Yusuf (2007b): Introduction: Dancing with Giants, in dies. 2007A (1–34)

Wobbe, Theresa (2000): Weltgesellschaft, Bielefeld: transcript

Wolf, Eric (1982): Europe and the People without History, Berkeley: University of California Press

World Bank (Hg.) (2007): Atlas of Global Development, Glasgow: Collins
Worsley, Peter (1973): The Third World, London: Weidenfeld and Nicholson
Yearley, Steven (1996): Sociology, Environmentalism, Globalization, London: Sage
Yergin, Daniel A./Joseph Stanislaw (1999): Staat oder Markt. Die Schlüsselfrage unseres Jahrhunderts, Frankfurt/New York: Campus
Young, Jordan M. (1982): Brazil: Emerging World Power, Malabar (Florida): Robert E. Krieger
Yan, Yunxiang (1979): »McDonald's in Beijing: The Localization of Americana«, in James L. Watson 1979 (39–76)
Yusuf, Shahid/Kaoru Nabeshima/Dwight H. Perkins (2007): »China and India Reshape Global Industrial Geography«, in Winters/Yusuf 2007 (35–66)
Zhao, Quansheng (2002): »Modernization, Nationalism, and Regionalism in China«, in Hook 2002 (66–91)
Ziegler, Jean (2003): Die neuen Herrscher der Welt und ihre globalen Widersacher, München: Bertelsmann
Ziegler, Jean (2005): Das Imperium der Schande, München: Bertelsmann
Zürn, Michael (2004): Verrechtlichung – Baustein für global governance? Bonn: Dietz

Abkürzungen

ASEAN	Association of Southeast Asian Nations
BSP	Bruttosozialprodukt
EU	Europäische Union
FDI	Foreign Direct Investment
G7	Gruppe der sieben führenden Industrieländer
G8	Gruppe der acht führenden Industrieländer
G20	Gruppe von 20 führenden Ländern des globalen Südens gegen die G7
GATT	General Agreement on Tariffs and Trade
IT	Informationstechnologie
IWF (engl.: IMF)	Internationaler Währungsfonds (International Monetary Fund)
MERCOSUR	Mercado Común del Sur (Gemeinsamer Markt Lateinamerikas)
NAFTA	North American Free Trade Arrangement (Gemeinsamer Markt Nordamerikas)
NGO	Nichtregierungsorganisation (Non-Governmental Organisation)
OECD	Organization for Economic Cooperation and Development
OPEC	Organization of Oil Exporting Countries
R&D (dt.: F&E)	Research and Development (Forschung und Entwicklung)
TNC	Transnational Corporation (transnationales Unternehmen)
UN	Vereinte Nationen (United Nations; manchmal auch UNO)
UNESCO	United Nations Educational, Scientific and Communicational Organization
UNDP	United Nations Development Programme
WTO (dt.: WHO)	World Trade Organisation (Welthandelsorganisation)